한울정치학강좌

민주주의와 시장

•

아담 쉐보르스키 지음
임혁백 · 윤성학 옮김

한울
아카데미

DEMOCRACY AND THE MARKET

Political and Economic Reforms in Eastern Europe and Latin America

Adam Przeworski

Cambridge University Press

옮긴이 서문

현재 세계는 20세기에서 21세기로 넘어가는 전환기적 시점에 있다. 이는 단순히 달력의 날짜가 바뀌는 것을 의미하는 것만은 아니다. 20세기를 마무리하는 시점에 기존 패러다임의 전환을 강요하는 지각변동이 있었다. 그것은 민주화와 시장으로의 복귀이다.

1970년대까지만 하더라도 서구를 제외한 세계 대다수의 사람들은 권위주의 독재하에서 살고 있었다. 당시 정치학은 어떻게 민주화가 일어날 것인가보다는 왜 권위주의가 유지될 수밖에 없는가를 우울하게 분석하고 있었다. 대다수의 정치학자들은 혁명적인 방법을 동원하지 않고서는 권위주의 체제가 자체적으로 붕괴할 것이라고 예상하지 않았다. 많은 사람들은 권위주의 체제가 사회경제적 구조와 고착화된 정치문화의 소산이라고 믿고 있었다. 권위주의를 낳은 그 구조와 문화가 바뀌지 않고서는 그 속에 사는 사람들에게는 미래가 없다는 비관론이 지배하고 있었다.

그러나 1970년대 중반에 이르러 오랫동안 지중해(스페인, 포르투갈, 그리스)를 지배해 왔던 독재자들이 퇴장하면서 분위기는 변하기 시작하였다. 1979년 이 책의 저자인 쉐보르스키를 비롯한 일군의 학자들이 워싱턴의 우드로 윌슨 센터에 모여서 '권위주의로부터의 전환'이라는 연구를 시작하였고, 지중해의 민주화가 남미로 전염되면서 민주화 연구는 비교정치학의 중심 주제로 자리잡게 되었다. 윌슨 센터 프로젝트 참가자들은 민주화 과정에서 구조적 조건보다는 행위자들의 전략적 행동을 강조함으로써 '민주화 연구학(transitology)'의 새로운 지평을 열었다. 많은 경우 민주화의 계기는 권위주의 독재체제를 구성하고 있었던 권력 블록이 블록으로서의 응집력을 유지하지 못하고 분열하였거나 권위주의를 반대해 왔던 세력들이 대안을 조직함으로써 일어났다. 많은 나라에서 민주화의 과정이 이전과는 달리 평화적으로 일어난 것은 관련 당사자들이 자신의 미래를 불확실한 민주적 경쟁에 내맡기는 데 타협함으로써 이루어졌기 때문이다.

1989년 동구의 사회주의가 무너지기 전까지 민주화는 '전 지구촌적인 물결(global wave)'은 아니었다. 1986년 윌슨 프로젝트의 결실인 4권으로 구성된 『권위주의로부터의 전환』에서 동구의 민주화에 관한 언급은 찾아볼 수 없었다. 여전히 전체주의 모델이 동구와 소련을 분석하는 지배적인 이론틀이었고, 내부로부터의 변화의 가능성 자체를 부인하는 전체주의 모델은 동구의 몰락에 관해 한 마디의 예언도 할 수 없었다. 그런데 동구에서 공적 소유제와 계획에 의해 인간의 필요를 충족시킬 수 있는 사물의 합리적 관리를 목표로 하는 사회주의의 청사진을 실현하려 했던 공산주의 운동은 1989년에 도미노처럼 무너져 버리고 말았다. 동구는 서구 '제국주의'에 의한 외부침략에 의해서가 아니라 내부로부터 무너지고 말았던 것이다.

동구의 몰락으로 민주화는 전 지구촌적인 물결이 되었고 시장이 화려하게 복귀하였다. 2차대전 이후 1970년대까지만 하더라도 시장은 존경받는 말이 아니었다. 자율조절적인 시장은 신화로만 남아 있었다. 사회주의 동구뿐만 아니라 제3세계에서도 반시장주의적 대안을 추구하는 것이 유행이었다. 선진 자본주의 국가에서도 시장에 대한 국가의 개입을 정당화하는 케인즈주의가 황금기를 구가하고 있었다. 그러던 것이 1973년의 오일쇼크 이후 서구의 케인즈주의는 사양길에 접어들었고, 제3세계의 '발전국가'는 실패를 자인하고 퇴장하였으며, 마침내 동구의 사회주의가 붕괴하면서 반시장주의적 대안은 소멸하고 시장이 최종 승자로 선언되기에 이르렀던 것이다.

아담 쉐보르스키 교수의 『민주주의와 시장』은 제목 그대로 정치영역에서 민주주의와, 경제영역에서 시장에 순응하는 체제로의 이중적 전환이 동구와 남미의 시대적 구호가 된 시점(1991년)에 출판되었다. 먼저 그는 민주주의에 관한 이론적 논의로부터 출발하고 있다. 많은 민주화 연구는 민주주의에 관한 연구를 소홀히 해왔던 것이 사실이다. 민주화 과정의 목적지인 민주주의에 관한 명확한 개념 없이 민주화를 논의함으로써 권위주의가 퇴장한 뒤 나가야 할 방향을 제시하지 못했던 것이다. 그의 민주주의 개념은 최소강령적이다. 민주주의는 지배자가 선거경쟁을 통해서 선출되는 정치체제이며, 시민들이 피를 흘리지 않고 정부를 교체할 수 있는 체제이다. 정치공동체의 집단의사가 특정인이나 특정집단에 의해 자의적으로 결정되지 않고 오직 시민들간의 경쟁에 의해서 결정될 때 인민주권이 작동하는 것이다. 시민들이 민주적 과정에 계속 참여하게 하기 위해서 경쟁의 결과는 불확실해야 한다. 민주주의는 이러한 불확실성이 제도화된 정치체제이다. 민주화가 지향하는 목표는 이러한 민주주의를 공고화하는 것이다. 즉 모든 사람들에게 민주주의만이 '우리 동네에서 할 수 있는 유일한 게임'이 되게 하는 것이다. 모든 관련된 정치세력들이 그들의 이익과 가치를 민주적 제도의 불확실한 상호작용에 계속 맡기는 것이 최상이라는 것을 발견하게 하는 것이다.

민주화로 태어난 신생 민주주의가 부딪혀야 했던 문제는 경제체제의 선택이었다. 그러나 그들의 선택은 불완전한 차선의 선택이었다. 쉐보르스키에 의하면, "자본주의는 비합리적이며 사회주의는 실현가능하지 않다." 사회주의의 청사진은 생산적 부의 공동소유가 경제행위자들로 하여금 자발적으로 집단적 복지를 극대화하는 방식으로 행동하게 할 때에만 실현가능하다. 그러나 사회주의의 공적 소유제는 "모든 사람의 재산은 누구의 재산도 아니다"라는 모순을 해결하지 못했다. 공적 소유제가 경제적 인간(Homo Economicus)을 사회주의적 인간으로 변화시키지 못했을 때, 사회적 복지를 극대화하려는 계획은 실현가능하지 않게 된다. 그러나 사회주의의 실패가 자본주의의 효율성을 증명해 주지 않는다. '보이지 않는 손'에 의한 최적의 자원배분은 완전경쟁시장이라는 조건이 충족되었을 때에 가능하나, 현실세계에서는 불완전한 정보, 불완전한 시장으로 인해 완전경쟁시장은 조직할 수 없다. 현실세계에서 존재하지 않는 완전경쟁시장이라는 가정하에 자원배분의 처방을 내릴 때 자본주의는 경제적 효율성을 달성할 수 없다. 결론적으로 이야기한다면, 자본주의와 사회주의는 불완전한 대안일 뿐이다. 개혁 자본주의의 대안으로 사회민주주의가, 개혁 사회주의의 대안으로 시장사회주의가 거론되고 있으나 냉전체제의 해체, 경제의 세계화, 신보수주의의 득세와 같은 전환기의 정치적·경제적 상황하에서 현실적으로 선택할 수 있는 대안이 되고 있지 않다.

결국 동구와 남미의 신생 민주주의는 서구의 자본주의가 걷고 있는 길을 따라갈 수밖에 없었다. 유럽으로 가기 위해서 시장지향적 경제개혁이 추진되고 있다. 그러나 시장지향적 경제로 개혁하기 위해서는 고통스러운 전환의 계곡을 건너가야 한다. 시장지향적으로 경제구조를 개혁함으로써 효율적인 배분과 더 나은 분배를 달성할 수 있다 하더라도, 그에 도달하기까지는 인플레이션, 실업, 소득의 변동을 감수해야 한다. 말하자면 전환의 비용을 치러야 하는 것이다. 따라서 어떻게 전환의 계곡을 건널 것인가, 누가 전환의 비용을 부담할 것인가를 둘러싸고 사회세력간에 갈등이 격화될 수 있고, 이는 갈등의 해결을 제도화하지 못하고 있는 신생 민주주의를 불안하게 할 가능성이 크다.

아담 쉐보르스키의 『민주주의와 시장』은 세기적 전환기에 동구와 남미에서 추진되고 있는 민주화와 시장지향적 경제개혁을 분석하고 있는 역작이다. 쉐보르스키는 이 책을 통해 민주화의 과정을 전략적 사고를 가지고 분석하는 것이 가능할 뿐 아니라 바람직하다는 것을 보여주고 있다. 민주화가 역사, 구조, 이데올로기에 의해서 결정되는 것으로 볼 경우 인과적 문제에 대한 해답을 제시할 수 없을 뿐만 아니라 정치적인 무력감을 낳는다. 민주화를 위한 구조적 조건들이 성숙되기를 무기력하게 기다릴 것이 아니라, 주어진 조건하에서 독재자를 퇴장시키고 민주주의를 건설할 수 있는 길을 모색해야 한다는 것이다.

이 책은 먼저 윤성학 박사가 번역할 것을 제안하였고, 먼저 초고를 완성하여 필자에게 가져왔다. 초고를 수정하고 고치는 작업을 하면서 필자는 처음부터 끝까지 단어 하나하나에 신경을 쓰면서 고쳐나갔다. 그러므로 이 번역본의 용어 사용과 해석은 전적으로 본인에게 책임이 있음을 알려둔다. 필자는 시카고대학 유학시 쉐보르스키 교수가 이 책을 준비하기 위해 쓴 논문들을 읽고 토론할 수 있었고, 이 책의 주제를 다룬 대학원 세미나에 참가하였다. 따라서 이 책에서 쉐보르스키 교수가 의도하는 바와 그가 사용하고 있는 방법론과 용어에 대해 필자가 다른 사람보다 더 잘 알 수 있는 위치에 있다고 생각했기 때문에 번역작업에 들어갔다. 이 책의 번역작업은 필자가 워싱턴에서 연구작업을 하고 있을 때(1995~96년) 이루어졌고, 그 과정에서 저자와 자주 번역에 관해 논의하였다. 그리고 필자는 쉐보르스키 교수에게 한국어 번역판에 부치는 저자후기를 부탁하였고, 그는 흔쾌히 후기 답지 않는 긴 논문을 보내주었다. 후기는 민주화 연구에 관한 개인적 회고담을 담고 있다. '민주화 연구가 어디에서부터 시작되었으며 어디로 가고 있는가'라는 '민주화 연구학'의 어제와 오늘이다. 후기에서 쉐보르스키 교수는 이제 민주화 연구학이 나아가야 할 방향은 민주화가 어떻게 일어났는가라는 과거의 길을 추적하기보다는 미래에 무엇이 민주주의를 지속시킬 것인가에 관한 연구여야 한다고 강조한다. 지속성 있는 민주주의에 대한 연구와 더불어 자의적 폭력으로부터의 자유, 법적·정치적 평등, 물질적 안전과 같은 규범적으로나 정치적으로나 모든 사람들이 갈구하는 결과를 만들어 낼 수 있는 '작동하는 민주주의'에 관한 연구가 이루어져야 한다는 것이다. 민주주의학의 미래의 주제는 '민주주의의 질'이 되어야 한다는 것이 쉐보르스키 교수의 결론이다.

끝으로 인내와 정성으로 『민주주의와 시장』 한국어 번역판을 출판해 준 도서출판 한울 사장님과 오현주 편집과장에게 감사를 표한다.

1997년 9월

임혁백

서문

먹고 이야기하는 것—기아와 억압으로부터 자유로워지는 것, 이러한 기본적인 가치가 정치적 민주화와 경제적 합리성을 향한 운동을 전 세계적으로 활성화시켰다. 지난 15년 동안 그리스, 스페인, 포르투갈, 아르헨티나, 볼리비아, 브라질, 칠레, 파라과이, 페루, 우루과이, 한국, 파키스탄, 필리핀, 터키, 폴란드, 헝가리, 체코슬로바키아, 불가리아, 슬로베니아, 알바니아, 알제리는 역사상 처음으로, 또는 적어도 몇 십 년만에 처음으로 민주적 선거를 치렀다. 심지어 소련에서도 처음으로 시도된 소심한 개방은 엄청난 인민의 의사의 분출을 가져왔고 민주화를 정치적 의제에 올려 놓았다. 이렇게 많은 나라들이 민주주의를 향유하거나 적어도 경험한 적은 없었다.

동시에 지난 몇 십 년 동안 성공적이었던 경제발전의 모델들이 몇몇 나라에서 붕괴되었다. 아르헨티나, 브라질, 멕시코 그리고 폴란드, 헝가리, 유고슬로비아가 직면한 경제적 위기는 이들 나라에서는 역사상 전례가 없는 일이었다. 그 결과 우리는 이들 나라들이 지속적 경제성장을 낳을 수 있는 새로운 전략과 모델을 미친듯이 찾고 있음을 목격하게 된다. 또한 현재도 많은 나라에서 개혁이 실패한 이후 경제체제 전체가 바뀌고 있다.

우리는 정치와 경제영역에서 과거와 급진적인 단절을 시도하고 있는 사례들을 보고 있다. 실제로 정치와 경제영역에서 '전환'이라는 단어는 많은 나라에서 시도되고 있는 그 과정을 가장 잘 설명한다. 이것은 다양한 권위주의로부터 민주주의로의 전환이며, 국가에 의해 관리, 독점, 보호되어 온 경제체제로부터 시장에 순응하는 경제체제로의 전환이다. 이러한 두 가지 형태의 전환은 급진적인 성격을 띠고 있으며, 또한 상호의존적인 관계에 있다.

민주주의와 시장으로의 길로 가려고 과감히 시도하고 있는 이러한 국가에서 우리는 무엇이 일어나기를 기대하는가? 전환을 연구하는 목적은 정치적 민주주의와 물질적 번영으로 이끄는 길과 조건에 관한 질문에 대답하려는 것이다. 전환이 민주주의로 끝날 것인가, 아니면 구독재와 다른 새로운 형태의 독재로 귀착될 것인가? 신생 민주주의는 안정적인 민주주의로 갈 것인가? 어떠한 제도들이 신생 민주주의를 구성할 것인가? 새로운 정치체제는 실질적인 결과를 낳는 데 효과적일 것인가? 새로운 정치체제는 개인적 자유와 사회적 정의를 촉진할 것인가? 어떠한 경제체제들이 나타날 것인가? 어떠한 소유형태들이 지배적인 것이 될 것이며, 어떠한 기제들이 자원을 배분하고, 어떠한 발전전략들이 추구될 것인가? 이러한 체제들이 모든 사람들에게 물질적 안전을 동반한 발전을 가져다 줄 것인가?

이 질문들에 대한 간단한 답변은 없다. 우리 사회과학자들이 모르고 있는 것들이 아직도 너무나 많다. 그러나 미래에 대해 추측하고 현재 우리가 직면하고 있는 선택들을 이해하기 위해서 우리는 몇 가지 가설을 만들어야 할 것이다. 특히 우리는 우리 자신에게 끊임없이 질문하는 민주주의와 발전에 관한 네 가지 문제에 답변하여야만 한다.

1. 어떠한 종류의 민주적 제도가 가장 잘 지속될 수 있는가?
2. 어떠한 종류의 경제체제—소유의 형태, 배분기구, 그리고 발전전략—가 인간적인 복지의 분배를 동반한 성장을 가장 잘 일으킬 수 있는가?
3. 경제체제의 성공적인 작동과 모든 사람들에게 물질적 안전을 가져다 줄 수 있는 정치적 조건은 무엇인가?
4. 모든 집단들에게 두려움 없이 규정에 따라 자신의 이익과 가치를 조직하고 추구하는 것을 허용하는 민주주의를 공고화하기 위해 필요한 경제적 조건은 무엇인가?

이 책은 공산주의 몰락의 이야기라는 프롤로그로부터 시작한다. 어느 누구도 예측하지 못했던 이 사건은 몇 주만에 동유럽 사람들에게 새로운 세계를 열어 주었다. 그러나 어떤 세계가 될 것인가? 탈공산주의 국가들은 민주주의, 풍요, '서구(West)'로 가는 길을 발견할 수 있을까? 아니면 그들은 '남반구(South: 제3세계)'에 거주하는 수십 억의 인민들과 마찬가지로 다시 궁핍과 억압에 대항하여 싸우고 있는 자신들을 발견하게 될 것인가? 이것이 프롤로그에서 제기하고 있는 나의 질문이다.

제1장은 지속적인 민주주의 제도에 관한 이론을 제시할 것이다. 나는 민주주의가 모든 중요한 정치세력들로부터 자신의 이해에 기초한 자발적인 복종을 불러일으킬 수 있을 때에만 지속된다고 주장한다. 그러한 복종을 야기하기 위해서는 민주주의는 제도적 틀내에서의 경쟁과 실질적인 결과를 발생할 수 있는 공정한 기회를 모든 사람들에게 동시에 제공하여야 한다는 것을 보여줄 것이다. 민주주의는 공정하고 효율적이어야 한다. 그런데 어떤 역사적 조건하에서는 이러한 필수적인 요건이 어떠한 민주적 제도에 의해서도 동시에 충족될 수 없다. 그러한 역사적 조건의 가장 두드러진 예로는 광범위한 경제적 변동의 시기를 들 수 있다.

설사 지속적인 민주적 제도들이 주어진 환경 속에서 가능하다 하더라도 민주주의하에서 미래의 기회를 둘러싸고 갈등하는 정치세력들이 그러한 제도를 선택할 것인가에 대한 보장은 없다. 권위주의 체제의 자유화에 관해 다루고 있는 프롤로그와 그 다음 제2장에서는 민주주의로의 전환기의 제도적 선택에 관하여 초점을 맞출 것이다. 나는 그러한 제도들이 항상 협상을 통해 등장한다고 주장한다. 특수한 민주화의 사례를 다른 사례와 구별시켜 주는 것은 이러한 협상에 구권위주의 체제와 연관된 세력들이 참여하는가, 아니면 오직 권위주의에 반대하여 투쟁한 세력들만이 참여하는가에 있다. '퇴장'—오직 구권위주의 체제와의 협상에 의한 전환—은 권위주의 체제의 제도적 흔적을 남기기 쉬우며, 가장 두드러진 예는 군부의 자율성이다. 그러나 설사 억압의 공포로부터 자유로워졌다 하더라도 새로운 체제의 구성을 시도하는 친민주주의 세력들은 그들 중 몇몇 사람들이 단지 임시적인 방편이라고 여기는 제도적 틀을 채택하는 경향이 있다. 그러므로 기본적이고 제도적인 문제들이 전환기 동안에 해결되기는 어렵다. 마지막으로, 제도적 문제들이 사소한 정치적 갈등영역에서 계속 제기된다면, 나는 이데올로기적 요소들이 전면에 등장하게 될 것이라고 주장한다. 그리고 갓 태어난 많은 민주주의의 지배적인 이데올로기들은 민주적 경쟁에 내재한 관용을 조성하지 않는다.

제3장에서 논의는 경제적 이슈로 넘어간다. 중심적 문제는 어떤 종류의 경제체제—소유형태와 배분기제—들이 인간적인 복지의 분배를 동반한 성장을 낳을 수 있는가 하는 문제이다. 나는 자본주의는 특정한 종류의 비합리성으로부터 고통받고 있다고 생각한다. 이기적인 경제 행위자가 희소한 자원을 배분할 때, 만약 그들이 자신의 기여에 대한 완전한 대가를 받지 못한다면, 생산적 잠재력은 실현되지 못하게 된다. 그러나 사회주의—중앙집권적 명령에 의한 자원의 배분—는 계획자, 노동자, 그리고 소비자의 행동에 관한 지지할 수 없는 가정에 의존하고 있기 때문에 실현가능하지 않다. 이러한 딜레마에 직면하여 나는 소유형태는 배분기제보다 덜 중요하다고 주장한다. 가장 합리적이고 인간적인 경제체제는 규제된 시장이 자원을 배분하고, 국가가 모든 사람들에게 최소한의 물질적 복지를 보장하는 경제체제이다. 이 체제는 여전히 많은 비효율성과 불평등의 문제를 안고 있지만, 나는 그보다 나은 것을 발견할 수 없다.

설사 우리가 어떤 경제체제가 최상이라는 것을 알고 있더라도, 거기에 도달하는 길은 쉽지가 않다. 제4장은 경제개혁의 정치적 역동성을 다룰 것이다. 나는 개혁의 전환기적 효과들에는 인플레이션, 실업, 배분적 비효율성, 상대적 소득의 변덕스러운 변화를 포함하고 있다는 것을 보여줄 것이다. 문제는 그러한 전환기적 비용들이 정치적으로 관용될 수 있는가에 있다. 몇 가지 단순한 가정을 채택하여, 나는 가장 멀리까지 가면서 정치가들이 가장 선호하는 개혁전략이 사회적 비용을 최소화하는 것은 아니라는 것을 보여주고자 한다. 그러나 설사 이러한 전략이 처음에는 광범위한 민중의 지지를 받는다 하더라도, 비용이 느껴지기 시작되면 정치적 반대운동이 자리잡게 된다. 이에 대응하여 정부는 시장지향적 프로그램에 내재한 기술관료적 스타일과 정치적 지지를 유지하는 데 필요한 참여주의적 스타일 사이에서 왔다갔다 하기 시작한다. 이러한 동요는 개혁에 대한 신뢰를 부식시키고 민주적 안정을 위협하게 될 것이다.

이 책의 예고편이 암시하듯이, 분위기는 냉랭하며, 어쩌면 어둡기까지 할지도 모른다. 폴란드 사람들이 말하는 바와 같이, 아마도 비관주의는 낙관주의로 넘어가는 단순한 과정일지도 모른다. 그러나 나의 의도는 비관적인 또는 비관적이지 않은 예측을 제공하려는 것이 아니다. 단지 민주주의를 건설하고 경제를 변화시키는 데 직면하고 있는 장애물을 밝히려는 데 있다. 이러한 장애물 가운데 많은 것들은 어디에서나 똑같이 있다고 믿는다. 왜냐하면 그것들은 출발점의 차이가 아니라 공통의 목적지에 의해서 결정되기 때문이다. 그러나 그 결과들은 다르게 나타날 것이다. 왜냐하면 결과들은 역사적으로 물려받은 조건, 선의, 정보, 그리고 행운에 의존하기 때문이다.

차례

프롤로그
공산주의의 붕괴

민주주의로의 전환은 1970년대 중반에 남유럽—그리스, 스페인, 포르투갈—에서 일어났으며, 칠레를 제외한 남미의 남부원추(Southern Cone)—아르헨티나, 브라질, 우루과이—에서는 1980년대 초에 시작되었다. 그리고 1989년 '인민의 가을' 동안에 동유럽에서도 시작되었다. 우리는 보다 뒤에 일어난 사건들을 이해하기 위하여 먼저 일어난 사건을 끌어들여야 하는가? 역사로부터 배울 수 있는 교훈은 있는가?

남유럽과 남미의 민주화의 물결에도 불구하고 공산주의의 몰락은 모든 사람들을 놀라게 하였다. 어떤 사람도, 바로 변화할 수 없다는 이유로 전체주의로 이름지워진 공산주의 체제가 그렇게 갑자기, 그리고 평화스럽게 붕괴되리라고는 예기치 못하였다. 무엇이 동유럽에서 민주주의로 전환을 가능하게 만들었는가? 무엇이 민주화를 그렇게 쉽게, 그리고 부드럽게 일어나게 만들었는가?

동유럽에서 공산주의의 몰락은 앞으로 전개될 분석에 대한 프롤로그이기 때문에 내가 목격했던 그 이야기를 다시 정리해 보자. 그러나 우리는 손쉬운 분석들에 대해 경고할 필요가 있다. '인민의 가을'은 정치학의 참담한 실패이다. 공산주의의 몰락에 관한 어떠한 소급적인 설명도 그 역사적 사태의 전개뿐만 아니라 우리들로 하여금 사태의 전개를 예견하는 것을 가로막았던 이론적 가정들을 설명해야 한다. 왜냐하면 지금 우리가 현명하다면, 왜 이전에는 똑같이 슬기롭지 못하였는가?

대부분의 말기 암 환자들은 폐렴으로 죽는다. 그리고 사회과학은 밑에 깔린 원인과 촉진하는 조건들을 분류하는 데 매우 능숙하지 못하다. 여기서 바이마르 공화국의 붕괴에 관한 50년간의 논쟁을 주목해 보자. "왜 공산주의가 붕괴하였는가?"라는 질문에 대한 답변은 "왜 1989년 가을에 공산주의가 붕괴하였는가?"라는 질문에 대한 답변과 똑같은 것은 아니기 때문이다. 왜 공산주의가 붕괴하였는가보다 왜 공산주의가 붕괴할 수밖에 없었는가를 설명하는 것이 쉽다.

'전체주의'는 이 두 질문에 대답할 수 없었다. 그것은 암을 진단할 수 없었기 때문에 폐렴에 대해 취약한 것과 같다. 전체주의 모델은 자신이 전체주의로 묘사하는 사회보다 더 이데올로기적이다. 이 모델은 공산주의 사회를 도그마와 억압에 기초하고 있다고 보기 때문에 공산주의 사회 안에서의 갈등의 가능성을 부정했다. 그러나 그람시의 표현을 사용하자면, 1950년대부터 이데올로기는 이러한 사회들을 묶어주는 접착제가 아니었다. 나는 1964년 폴란드 노동절에서의 핵심적인 슬로건이 "사회주의는 우리 국경의 보장이다"라는 것에 놀랐던 것을 기억한다. 새로운 미래를 위한 프로젝트였던 사회주의가 더이상 목적이 되지 않았다. 사회주의는 전통적 가치의 도구가 되어 버렸다. 그리고 1970년대에 억압이 가라앉기 시작했다. 공산주의 지도자들이 부르주아화되었기 때문에 공산주의는 더이상 모든 반대자들을 억압하는 데 요구되는 자기 기율을 불러일으킬 수 없었다. 당 관료들은 이제 저녁시간을 회의로 보내지 않게 되었고, 노동계급의 유니폼을 입지도 않았고, 슬로건을 외치면서 행진하지도 않았고, 과시적 소비를 절제하지도 않았다. 발전한 것은 '굴라쉬 공산주의(goulash communism: 소위 헝가리 방식으로 소비재 생산에 의해서 생활수준을 높이는 공산주의－역자 주),' '카다리즘(Kadarism),' '브레즈네피즘(Brezhnevism)'이 발전하였다. 이들은 엘리트들이 침묵에 대한 대가로 미래의 물질적 복지를 제공한다는 암묵적인 사회협약이었다. 그리고 이러한 협약의 암묵적 전제는 "사회주의는 더이상 새로운 미래의 모델이 아니라 저발전적인 어떤 것이다"라는 점이다. 흐루시초프는 영국을 따라잡는 것을 소련의 목표로 삼았다. 1970년대에 서유럽은 이 비교의 기준이 되었고, 그 비교는 점점 더 굴욕적인 것이 되었다.

그 결과—폴란드와 헝가리의 여론조사가 보여주는 것처럼—지극히 물질적이고 원자화되고 냉소주의적인 사회가 되어 버렸다. 사람들은 그들도 믿지 않으며, 다른 어떤 사람들도 믿을 것이라고 예상하지 않는 공식들을 이야기하고 있었다. 연설은 의식에 지나지 않게 되었다. 소비에트 유머가 내 머리에 떠오른다.

> 어떤 사람이 붉은 광장에서 유인물을 나누어 주고 있었다. 그는 경찰관에 의해 제지당했다. 경찰관은 유인물이 단지 빈 종이라는 것을 발견하였다. "당신은 무엇을 퍼뜨리고 있는거요? 이것은 빈 종이들이잖아. 아무 것도 쓰여 있지 않잖아!" 다른 경찰관이 소리쳤다. "쓸 필요가 어디 있어? 모두가 다 알고 있는데…"

말은 위험한 것이 되었다. 어느 정도였는지는, 1968년 체코를 침공한 5개국 군대가 침공의 이유로 바쿨리크(Ludvik Vaculik)의 '이천 단어'들을 인용한 것으로도 알 수 있다. 그리고 이 사회의 질서를 떠받치고 있는 합리성, 평등, 심지어 노동계급과 같은 이상들이 가장 체제전복적인 것으로 되고 말았다. 1960년대 초기에 폴란드의 여론조사는 공대 학생들이 사회주의 경제를 비판하는 데 가장 급진적이라는 것을 보여준다. 왜냐하면 그들은 합리성의 가치를 주입받았기 때문이다. 1970년대 중반에 폴란드의 반체제인사들에 의해 채택된, 정치체제를 전복시키는 단순한 전략은 공산당의 헌법에 의해 선포된 권리를 주장하는 것이었다. 그리고 이러한 체제에 대한 결정적인 위협은 바로 자신의 정통성의 원천이라고 주장하는 노동자계급으로부터 나왔다. 공산주의 이데올로기는 그 자신이 구현한 사회질서에 위협이 되었다. 사람들은 그들의 사고와 말들이 끊임없이 다르게 나타나고, 삶이 참을 수 없게 되었을 때, 상당한 인식론적 일관성을 필요로 한다.

이것이 왜 '진리'를 향한 외침이 빵을 달라는 절규만큼 적어도 이 체제를 무너뜨리는 데 중요한 것이 되었고, 체제가 붕괴되기 시작했을 때 왜 역사가 강박관념이 되었고, 왜 소련 공산당의 지도적인 반대인사가 국립 문서보관소의 소장이었으며, 왜 고등학교 역사시험이 소련에서 2년 동안 중단되었고, 왜 작가와 지식인들이 탈공산주의 체제의 지도자가 되었던가를 설명해 준다.

그러나 권위주의 체제나 전체주의 체제를 구별할 어떠한 이유도 없다고 보는 사람들과, 스페인, 그리스, 아르헨티나, 브라질, 혹은 필리핀의 민주화에서 폴란드, 소련, 헝가리를 위해 이미 만들어진 민주화 모델을 발견한 사람들은 폐렴의 증상을 찾을 수 있었지만 암을 진단할 수는 없었다. 우리들은 일단 갈등이 발화되기 시작하면 갈등의 동태를 분석할 수는 있지만 갈등의 발화를 규명해 낼 수 없었다. 비록 애쉬(Ash, 1990: 252)가 1988년 9월에 조심스럽게 소비에트 제국의 '오트만 제국화'—'퇴화에 의한 해방'—의 가능성에 대해 말하였지만 어느 누구도 공산주의 체제가 그렇게 약화되었는지 감지하지 못했고, 조금만 밀어도 붕괴할 것이라는 예측을 하지 못했다.

그 '인민의 가을'은 하나의, 또는 하나 반의 사건으로 구성되어 있다. 키신저(Henry Kissinger)의 도미노 이론이 승리하였다. 그가 실수한 것은 그 도미노가 무너지는 방향이었다. 루마니아에서 발생한 것은 체코에서 벌어진 사건에 의해서였다. 체코에서 일어난 사건은 동독의 붕괴로부터 유래하였다. 동독에서 수많은 시민들을 거리로 나오게 만들도록 자극한 것은 헝가리의 정치적 변화 때문이었다. 헝가리 사람들은 폴란드에서의 협상의 성공에서 탈출구를 찾았다. 나는 수많은 거시역사적 비교사회학자들이 이 나라들에서 벌어진 사건의 배경에 대해 수천 권의 책을 쓸 것이라는 점을 알지만 그것은 시간낭비라고 생각한다. 왜냐하면 전체 사건이 단일한 한 눈덩이(snowball)였기 때문이다. 그 눈덩이를 기술적으로 설명하면 다음과 같다: 어떤 나라에서 사태가 발발하면, 다른 곳에 있는 사람들은 성공의 확률을 계산한다. 다른 나라까지 붕괴에 직면하면, 그 계산은 점점 더 확신을 주게 된다. 그리고 마지막까지 버티고 있던 나라들도 뒤따를 것이라는 점은 의심의 여지가 없다.

공개적 반란은 1976년 폴란드에서 시작되었으며, 1980년에 처음으로 불타올랐다. 공산주의 체제 붕괴의 첫 번째 사례는 1989년이 아니라 1981년 12월 13일로 거슬러 올라간다. 야루젤스키(Jaruzelski) 장군의 쿠데타는 공산당이 더이상 인민들로부터의 수동적인 묵인으로 지배할 수 없게 되었고 이제부터는 강압에 기초하여 권력을 유지해야 한다는 것을 증명해 주었다. 1970년대의 경제전략이 붕괴하고 지식인들이 자신의 목소리를 발견하고 노동자들이 그들의 공장을 접수하게 됨에 따라 당 관료들은 그들의 지배를 유지할 수 없게 되었다. 특권을 계속 누리기 위해, 그들은 조직화된 억압을 선호하는 대신에 정치권력을 포기해야만 했었다. 이같은 방식에 의해서만 사회의 반란으로부터 살아남을 수 있었기 때문에 공산당 지배는 군사화되었다.

그 때부터 외부적이든 내부적이든 물리적 힘의 공포에 의해서만 체제를 유지할 수 있었다. 폴란드의 노동자들이 1988년 여름에 다시 파업을 벌이자 이러한 힘조차 충분하지 못하게 되었고, 그것을 이해하고 있던 야루젤스키 장군에 의해서 다른 조치를 취하지 않을 수 없었다. 군부는 폴란드 공산당의 반대세력과 타협하는 결정을 강요하였다. 헝가리 당은 아래로부터의 압력과 군부의 강제 없이 위로부터 분열되었다. 1989년 봄에 있었던 폴란드의 협상의 성공은 헝가리인들에게 평화적인 권력이양으로 가는 길을 보여주었다. 그 때 두 나라의 당 관료들은 그들이 계속 정치권력을 장악할 수 있으며, 핸키스(Elemer Hankiss)의 적절한 표현을 빌리면, 더 늦기 전에 그 권력을 경제적 권력으로 '전환'시켜야 한다는 것을 깨닫기 시작하였다.

연쇄적인 사건들의 사슬을 점화시킨 불꽃은 동독의 피난민들을 서독으로 갈 수 있도록 허용한 헝가리의 결정이었다. 부다페스트로부터 서독으로 가는 길이 열려 있다는 것을 알게 된 동독인들은 프라하(Prague)로 몰려들었다. 그 때 동독의 지도부는 치명적인 실수를 하였다. 그들은 피난민들이 서방에 넘어가는 것에 동의하였지만 그들에게 '굴욕'을 안겨주기로 결정하였다. 동독의 지도부는 피난민들로 하여금 열차편으로 동독을 통과하도록 함으로써, 피난민들을 조직된 시위대의 조롱에 노출시켰다. 그러나 피난민들을 비난하는 대신, 후에 불가리아와 루마니아에서 그랬던 것처럼, 군중들은 체제에 대항하는 시위대로 돌변하였다. 그 다음 이야기는 역사가 되었다. 일단 수십만 명의 시위대들이 라이프치히와 드레스덴, 베를린의 거리를 메우고 벽이 무너지자, 체코에 대한 압력은 저항할 수 없는 수준이 되었고, 불가리아 공산주의자들이 한 일이란 피해를 최소화하는 것뿐이었다.

동유럽의 사건들을 촉발시키는 데 있어 소련에서의 고르바초프 혁명은 확실히 결정적인 역할을 하였다. 그것은 하나의 촉발적인 사건, 즉 폐렴이었다. 그러나 이 평범한 사건이 쉽게 혼란을 야기하였다.

1956년 헝가리와 1968년 체코의 기억에서 소련 개입의 위협은 동유럽의 내적 발전에 대한 제약 요인이었다. 그러나 그것은 단지 흘러 넘치는 물을 막는 댐이었다. 이 댐에 금이 가기 시작했을 때, 바로 갇혀 있던 물이 흘러 넘쳤다. 소련에서의 변화가 헝가리와 폴란드의 변동을 가속화시키지는 않았다. 그것이 한 역할은 변동을 가로막고 있었던 결정적 요인들을 제거하는 것이었다. 소련의 제약 요인은 외적이었을 뿐, 변화의 추동력은 내부로부터 나왔다. 이것이 왜 '소비에트 요인'이 남미 모델을 동유럽에 적용시키는 것을 무효화시키지 않았는가를 설명해 준다.

더구나 고르바초프 혁명은 역사적 요행이 아니다. 소련은 동유럽의 체제를 붕괴하도록 만든 똑같은 압력으로부터 면제—그것은 명백하다—되지 않았다. 불만을 가진 목소리를 설득하거나 침묵시킬 수 없고, 국민들을 먹여 살릴 수 없으며, 아프가니스탄 산맥의 부족들의 저항에 무력하고, 그리고 국제 기술경쟁에 뒤떨어져 있는 것이 1984년의 소련이 아닌가? 그리고 우리가 이 목록을 만들 수 있다면, 어떤 이론적 차이가 우리를 갈라 놓더라도, 그러한 체제는 유지될 수 없다는 결론을 내릴 수 있지 않겠는가?

1981년에 소련은 폴란드를 침입할 수 있었는가? 소련은 자신의 제국을 주장할 수 있었는가? 자신의 국내 평화와 번영을 위해 어떤 대가를 지불하여야 했는가? 나의 관점으로는 동유럽에 대한 전략적 자세의 수정을 포함하여 소련의 변화는 상당 정도 내생적이었다. 즉 소련의 변화는 부분적으로 동유럽의 사태 발전에 의해 일어났지만 대부분은 제국을 유지하기 위한 정치·경제적 비용의 증가에 의해 야기되었다.

맑스주의자들뿐만 아니라 모든 사람들은 항상 이 거대한 변화가 단지 폭력적일 수밖에 없을 것이라고 믿었다. 그런데 루마니아와 소련과 유고의 민족주의적인 분규를 제외하고, 한 사람도 이 혁명에서 죽지 않았다. 왜?

이 체제가 그렇게 급속하면서도 조용히 붕괴한 이유는 이데올로기와 물리적 힘의 영역에서 발견된다. 나로서는 이 붕괴의 가장 놀라운 측면은 당 관료들이 그들의 권력을 방어할 수 있는 단 한 마디의 말도 하지 않았다는 것이다. 그들은 단지 침묵하였다. 그들은 사회주의, 진보, 미래, 번영, 합리성, 평등, 노동계급에 대해 말하지 않았다. 그들은 자신들이 권력을 계속 유지하면 얼마나 많은 사람들이 다치고, 타협하게 된다면 얼마나 많은 각료직을 내놓아야 하고, 항복하게 된다면 얼마나 많은 자리들을 유지할 것인가를 계산하고만 있었다. 그들이 할 수 있었던 최고의 것은 애국적으로 행동하겠다는 선언이었지만 그들의 신용은 이미 의심받고 있었다. 그리고 다른 이름으로 개명하거나 체제를 개편한 공산당이 사회민주주의에 헌신하겠다고 선언한 지금에도 여전히 그들이 무엇을 이야기하고 있는지 모르고 있다. '폴란드야말로 당이 추구하는 최고의 가치'라는 선언으로 시작된 폴란드 사회민주당의 기본 프로그램은 정치적 민주주의에 대한 공약을 확인하고 '어떤 소유형태가 … 경제적으로 가장 효율적인가?"에 관한 자신의 선호를 계속 표현하고 있다. 이러한 선언이 당으로 하여금 새로운 체제하에서 자신의 위치를 찾는데 도움을 줄지는 모르나 이것들은 낡은 구체제의 가치를 옹호할 수 있는 가치는 아니었다. 1989년에 이르면 당 관료들은 그들 자신의 연설을 믿지 않았다. 그리고 총을 쏘기 위해서는 어떤 것에 대한 믿음이 있어야 한다. 방아쇠를 가진 사람들이 할 말이 없었을 때, 그들은 방아쇠를 당길 힘도 있을 수 없다.

더구나 그들은 총도 갖고 있지 않았다. 동유럽의 어느 나라에서도 경찰력과 구별되는 군대가 구조하러 오지도 않았다. 폴란드에서는 무장세력이 개혁을 이끌었다. 1989년 2월 당 중앙위원회의 모임으로부터 3명의 장군들이 걸어 나오는 것을 보고서야 당 관료들은 그들의 시대가 끝났음을 알았다. 루마니아를 포함한 모든 나라에서 군부는 억압의 역할을 거부하였다. 비록 애국적인 동기가 중요한 역할을 했다는 것을 인정하고 있음에도 불구하고 나는 이러한 군부의 태도에 대해 냉소적인 관점을 갖고 있다. 남미의 경험에 관해 교육받은 나는 동유럽의 장군들이 이야기했던 표준적인 어구에서 동유럽의 몰락의 전조를 발견하였다. 군부가 "군대는 정당이 아니라 국가를 위해 봉사한다"고 선언하였을 때, 나는 그들이 문민통제에서 벗어나 자신을 국가 운명의 중재자로 격상시킬 수 있는 기회를 발견하였다는 것을 보았다. 그러나 내가 옳든 틀리든 간에 실제로 당 관료들은 총을 통제할 수 없었다. 전체적인 이야기를 요약하기 위해서 다시 폴란드 유머를 언급하지 않을 수 없다.

> 늙은 노인이 생선을 사려고 하였다. 긴 줄이 이미 형성되어 있었다. 물건은 오지 않았고 사람들은 점점 인내심을 잃어 가기 시작하였다. 어떤 사람이 지도자와 당과 체제를 욕하기 시작하였다. 다른 사람이 그에게 다가와 그의 머리를 가리키며 말하였다. "동무! 당신이 옛날에 이렇게 말하였다면 당신은 수용소로 끌려갔을 것이고, 그러면 모든 것이 끝장이었을 것이야!" 그 늙은 사람은 빈손으로 집에 돌아갔다. 그의 아내가 "더이상 생선이 없어요?"라고 물었다. "생선이 없는 것보다 더 나쁜 일이 있소. 그들은 이제 총알도 갖고 있지 않다오"라고 노인은 대답했다.

동유럽에서 무엇이 붕괴하였는가? 더이상 옹호자도 없는 상표가 된 공산주의는 이 질문에 대한 가치중립적인 대답일 뿐이다. 그러면 사회주의가 아닐까? 민주주의 없이 어떠한 사회주의도 없다고 믿는 사람들은 동유럽에서 실패한 체제는 아마 스탈린주의, 국가주의, 관료주의, 혹은 공산주의이지 사회주의는 아니다라고 주장한다. 그러나 나는 역사적 교훈은 훨씬 더 급진적이지 않을까 하고 두려워 한다. 동유럽에서 죽은 것은 인간의 필요를 만족시키기 위하여 사물을 합리적으로 관리할 수 있다는 바로 그 생각이다. 중앙집권화된 명령을 통한 생산적 자원의 공적 소유를 실행하는 것이 가능하다는 것, 즉 비이기적인 협력 위에 사회를 세우겠다는 프로젝트, 사회적 기여와 개인에 대한 보상을 분리하는 것이 가능하다는 생각이 죽은 것이다. 새로운 사회 질서에 대한 아이디어가 오늘날 단지 우익으로부터 나오고 있다면, 그것은 사회주의 프로젝트—1848년과 1891년 사이에 서유럽에서 잉태되고 그 이후 전 세계에 걸쳐 사회운동으로 활성화된 프로젝트—가 동구와 서구에서 실패하였기 때문이다. 사실 정치적 민주주의와 사회적 정의에 대한 가치는 계속 나와 같은 사회민주주의자들을 인도하고 있지만 사회민주주의는 사적 소유와 시장적 배분의 효과를 완화시키는 프로그램이지 새로운 사회를 건설하려는 대안적 프로젝트는 아니다.

지금 폴란드의 선도하에 동유럽의 몇몇 국가들은 1929년 강압적인 스탈린주의적 산업화 이후 가장 큰 역사적 실험에 몰입하고 있다. 비록 지배적인 분위기는 아데나워(Adenauer)의 금언인 '작은 실험(*keine experiment*)'을 따르고 있음에도 불구하고 이러한 나라들이 그리고 있는 경제적 변혁은 아이로니컬하게도 공산주의적 프로젝트를 닮았다. 그들은 미국 학계내에서 개발되고 국제금융기구들이 구체화한 지적 청사진을 수행하고 있다. 이 청사진들은 모든 현존하는 사회적 질서를 뒤집으려고 하기 때문에 급진적이다. 그들은 한 번 휘두르면 모든 악들을 치유할 수 있는 하나의 요술지팡이, 즉 만병통치약을 제공하고 있다. '생산수단의 국유화'를 '사적 소유'로 대체하고 '계획'을 '시장'으로 대체하라. 그러면 당신은 상처받지 않고 이데올로기의 구조로부터 벗어날 수 있다. 새로운 동구의 혁명은 동구의 인민들이 반대하였던 바로 그 체제에 의해 만들어지고 있지 않는가?

그렇다면 동유럽의 미래는 무엇인가? 나는 동유럽 사회가 세 가지 길, 즉 자신의 길과 남유럽의 길, 남미를 비롯한 다른 자본주의 남부의 길을 따라 갈 수 있다는 것을 안다. 이것은 동유럽의 미래에 대한 토론에 관한 모든 것이다. 이 세 가지 길 중 무엇이 가장 가능성이 높은가?

좌파들은 과거에 제3의 길이라고 불려졌고, 오늘날 제2의 길이라고 일컬어지고 있는 자본주의와 공산주의 모두에 대한 사회체제 대안을 발전시킬 수 있는 역사적 기회를 보고 있다. 이 체제는 민주적 시장사회주의이다. 즉 정치영역에서의 민주주의와 경제적 영역에서의 시장적 배분과 거대한 협동조합적 부문의 결합이다. 비록 시장사회주의의 청사진에 관한 정치적 논의가 체코슬로바키아, 헝가리, 그리고 폴란드에서 활성화되고 있지만 나는 시장사회주의가 발전한다면, 그것은 주로 공산주의 실패가 가져다 준 부전승이라고 생각한다. 낮은 국내 저축수준과 외국 자본의 지배에 대한 두려움을 감안할 때, 사적 소유자들에게 모든 공공부문을 매각한다는 계획은 참으로 비현실적이다. 따라서 국가 부문을 사려고 하는 사적 구매자들이 부족하기 때문에 많은 기업들이 국가 수중에 남아 있거나 종업원들에게 넘겨져야 한다. 이러한 소유구조가 기업의 실적, 기업에서의 노동자의 역할, 기업 외부의 정치적 조직, 정치제도들에 대해 심각한 결과를 야기할 것인가는 여전히 논란거리이다. 이에 대해 나는 아직 회의적이다.

소유권 유형의 혼합이 어떻게 나타나든, 새로운 엘리트들과 동유럽의 인민들이 가고자 하는 길은 유럽으로 가는 길이다. 구호는 '민주주의, 시장, 유럽'이다. 낙관주의적인 시나리오는 스페인이 간 길을 따라가는 것이다. 1976년 이후 불과 15년만에 스페인은 역전할 수 없을 정도로 민주적 제도를 공고화시켰다. 스페인은 정권의 평화적 교체, 경제의 현대화와 국제 경쟁력의 확보, 군부에 대한 문민통제, 복잡한 민족문제의 해결, 시민권의 확대, 유럽 민주국가 공동체의 일부분으로서의 문화적 변화를 달성하는 데 성공하였다. 그리고 이것은 동유럽의 모든 사람들이 일어나기를 갈구하는 것들이다. 동유럽의 모든 사람들은 만약 그 '체제'가 없었다면 그들은 스페인과 같이 되었을 것이라고 깊게 믿고 있다. 그리고 지금 그러한 체제는 사라지고 있다. 따라서 그들은 유럽에 다시 진입할 것이다. 그들은 서구의 일부가 될 것이다.

그러나 스페인은 기적이다. 스페인은 1차대전 이후 가난한 자본주의의 경제, 정치, 문화로부터 탈출하는 데 성공한 몇 안 되는 국가들 중의 하나이다. 포르투갈은 스페인이 이룩한 업적과 견줄 수 없다. 그리스는 심각한 경제적 어려움과 정치적 동요를 겪고 있다. 그리고 터키를 주목해보자. 터키는 유럽에 들어갈 수 있는 경제적·정치적·문화적 변동을 시도했지만 실패하였다.

그렇다면 우리는 이러한 희망이 충족될 것이라고 기대할 수 있는가? 동유럽은 서구로 가는 도정에 있는가, 아니면 헝가리와 폴란드, 루마니아의 민중들은 자본주의 남부에 살고 있는 수십 억의 사람들과 합류할 것인가?

제1장
민주주의

민주주의

스페인의 민주화를 주도한 수상 아돌포 수아레스(Adolfo Suárez)는 헌법제정회의 개막 연설에서 "미래는 쓰여져 있지 않다. 왜냐하면 오직 인민들만이 미래를 써내려 갈 수 있기 때문이다"라고 선언하였다(Verou, 1976). 스페인의 민주주의가 미지의 세계에 뛰어들고 있다는 것을 알리면서, 그는 두 가지 핵심적인 민주주의의 특징을 포착하였다. 민주적 과정의 결과는 불확실하며, 사전적으로(*ex ante*) 결정되지 않는다는 것이다. 그리고 자신들의 이익과 가치를 증진시키기 위하여 경쟁하는 정치 세력인 바로 그 '인민들'이 민주적 과정의 결과를 결정한다는 것이다.[1)]

민주주의는 정당들이 선거에서 패배할 수 있어야 하는 체계이다. 이익, 가치, 의견들이 다른 많은 정당들이 있다. 규칙에 의해서 조직되는 경쟁이 있다. 그리고 주기적 승자와 패자가 있다. 명백히 모든 민주주의가 다 똑같은 것은 아니다. 누구나 셀 수 없을 정도로 다양한 민주주의들간의 차이를 열거하면서 민주주의 제도의 몇 가지 유형을 구별해 낼

1) 선거에서 승리하는 당의 존재가 민주주의 체제를 정의하는 것이 아니다라는 데 주목하라. 알바니아 인민당(The Albanian People's Party)은 정기적으로 압도적인 승리를 하였다. 패배하는 정당들이 있고, 패배하는 것이 사회적 불명예(Kishlansky, 1986)나 범죄가 되지 않을 때에만 민주주의가 번영한다.

수 있다. 그러나 이 모든 제도적 다양성 밑에 깔려 있는 하나의 기본적인 특징은 모든 사람에게 참여가 개방된 경쟁(Dahl, 1971)이 정치체제로서의 민주주의를 규정하는 데 충분하다[2)]는 것이다.

민주주의는 린츠(Linz, 1984)가 정의하였던 것처럼 시한부적 정부이다. 갈등은 확립된 규정하에 주기적으로 종결된다. 즉 갈등은 최종적으로 해결되기보다 '종결되며'(Coser, 1959) 일시적으로 정지된다. 선거는 공직자들을 충원하고, 의원들은 법을 제정하며, 관료들은 결정을 내리고, 결사체들은 합의에 도달하며, 법원은 갈등을 심판한다. 이 결과들은 규칙에 따라 변화되지 않는 한 구속력을 가진다. 동시에 이 모든 결과들은 일시적이다. 왜냐하면 민주주의하에서 패자들은 선거에서 경쟁할 수 있는 권리, 다시 협상할 수 있는 권리, 입법에 영향을 미칠 수 있는 권리, 관료들에게 압력을 가할 수 있는 권리, 또는 법정에 호소할 수 있는 권리를 박탈당하지 않기 때문이다. 심지어 헌법 조항도 불변하는 것이 아니다. 규칙들 역시 다른 상위 규칙에 따라서 변할 수도 있다.

민주주의하에서는 다수의 정치세력들이 제도적 틀 안에서 경쟁한다. 민주적 경쟁의 참여자들은 불평등한 경제적·조직적·이데올로기적 자원을 지니고 있다. 어떤 집단들은 정치에 사용하는 돈을 다른 집단들보다 더 많이 가지고 있다. 어떤 집단들은 다른 광범위한 조직적 기술과 자원을 보유하고 있다. 또한 어떤 집단들은 남들을 설득할 수 있는 보다 강력한 이데올로기적 수단을 가지고 있을지도 모른다. 만약 민주적 제

---

2) 달(Dahl)을 포함하여 민주주의에 대한 대부분의 정의는 참여를 경쟁과 동등하게 취급한다. 실제로 민주주의에 대한 참여주의적인 시각과 경쟁주의적인 시각들이 있다. 투표권을 쟁취하기 위한 투쟁이 책임 정부의 문제보다 더 많은 갈등을 초래하였다는 사실을 이해하기를 원한다면, 참여에 대한 강조는 본질적이다. 더욱이 그러한 강조는 규범적인 관점에서 볼 때 매력적이다. 그러나 분석적인 관점에서 볼 때, 갈등하는 이익들간의 경쟁 가능성은 민주주의의 역동성을 설명하는 데 충분하다. 경쟁적 이익들의 존재를 인정할 정도로 정치적 권리가 충분히 존재한다면, 설사 효과적인 참여가 보편적인 것과 거리가 멀다 하더라도 민주주의는 제대로 작동할 것이다. 그리고 남아프리카를 제외하고 정치적 권리를 광범위하게 제한한다는 것은 현재의 조건 아래에서 상상할 수 없기 때문에 경쟁에 초점을 맞추는 것이 현재의 민주화를 연구하는 데 충분하다.

도가 참여자들의 정체를 심판하지 않을 정도로 보편적이라면, 보다 더 많은 자원을 가진 집단들이 민주적 방식으로 진행되는 갈등에서 승리할 가능성이 높다.3) 내가 주장하는 것은, 결과들은 자원과 제도에 의하여 복합적으로 결정된다는 것이다. 이것은 시민사회에서의 위치로 구별되는 어떤 집단도 자신들의 이익을 특별한 정도와 특정한 방식으로 실현시킬 수 있는 가능성이 일반적으로 다른 집단과 다르다는 것을 의미한다.

민주적 상호작용의 주역들은 집단적으로 조직된다. 즉 그들은 집단적 이익을 형성하고 그것을 촉진시키기 위하여 전략적으로 행동할 수 있는 능력을 가지고 있다(Pizzorno, 1978). 나아가 그들은 그들이 행동하고 있는 제도적 틀내에서 특정한 방식으로 조직된다. 대표하기 위해서 정당들은 반드시 지도자와 추종자들로 나누어져야 한다. 말 그대로 대의제는 대중이 아니라 개인들을 의석에 앉히는 것이다. 대표하고 대표되는 관계는 민주적 제도의 본질적 성격에 의해 사회에 부과되는 것이다(Luxemburg, 1970: 202). 민주주의하에서 개인들은 그들 자신의 이익을 위하여 직접적으로 행동하지는 않는다. 그들은 자신들의 이익을 보호해 줄 대표에게 이를 위임하는 것이다. 대중들이 지도자에 의하여 대표되는 것이야말로 민주주의 제도하에서 집단적 조직의 방식이다.4) 더 나아가 슈미터(Schmitter, 1974), 스테판(Stepan, 1978), 오페(Offe, 1985)가 주장했던 것처럼 대부분의 이익들은 강제적이고 독점적인 양식으로 조직된다. 이익결사체들은 그들의 구성원들을 위하여 행동할 수 있는 능력을 획득한다. 왜냐하면 결사체들은 구성원들을 강제할 수 있기 때문이다. 특히 집단적 이익의 희생 위에 자신들의 특수한 이익을 증진시키려고 하는 특정한 개인들과 하위집단들에 대하여 제재를 가할

---

3) 이것은 제도가 편파적이지 않다는 것을 말하는 것은 아니다. 제도들은 분배적 결과를 낳는다. 이 주제들은 앞으로 많이 다룰 것이다.

4) 민주주의하에서 사회운동은 모호한 행위자였고, 항상 오래가지 못했다는 것을 주목하라. 노동조합들은 산업관계 제도나 국가를, 정당들은 의회를, 로비는 관료를 대상으로 하지만 사회운동은 그들 자신들을 이끌어 주는 어떠한 제도도 없다.

수 있기 때문이다. 시장에 대한 지배력을 갖기 위해서 노동조합들은 파업하고 있는 동료 노동자들의 자리를 넘보는 노동자들을 처벌하지 않을 수 없다. 전략적 능력을 갖기 위해서는 사용자 조합도 특정한 산업이나 부문내에서 회사들간의 경쟁을 통제하여야 한다. 민주사회는 자유롭게 행동하는 개인들이 아니라 자신들이 대표하고자 하는 개인들을 강제할 수 있는 집단 조직들의 사회이다.

민주주의는 갈등을 처리하는 체제이다. 민주주의하에서 결과들은 참여자들의 행동에 따라 결정되지만, 어떠한 단일한 세력도 어떤 일이 발생할 것인가를 통제할 수 없다. 특정한 갈등의 결과들은 경쟁하는 정치세력 중 어느 누구에 의해서도 사전에 알려지지 않는다. 왜냐하면 그들의 행동의 결과는 다른 사람들의 행동에 따라 결정되고, 이들은 특정한 방식으로 예측될 수 없기 때문이다. 그러므로 각 참여자의 관점에서 보았을 때, 결과는 불확실하다. 민주주의는 모든 사람들이 자신들에게 최선의 결과가 기대되는 것을 하고 난 뒤, 그 결과가 무엇인지를 보기 위하여 주사위가 던져지는 체제이다. 민주주의는 지식이 불가피하게 국지적일 수밖에 없는 분산적인 전략적 행동의 체계이기 때문에 불확실성의 모습을 띠게 된다.

불확실성이 민주주의에 내재하고 있다는 사실은 민주주의하에서 모든 것이 가능하거나 또는 아무 것도 예측할 수 없다는 것을 의미하는 것은 아니다. 모든 종류의 보수주의자들이 즐겨 주장하는 것과 반대로, 민주주의는 혼란도 아니며 무정부도 아니다. '불확실성'이라는 말이 의미하는 것은 행위자들이 어떤 일이 일어날 것인지를 알 수 없으며, 그들은 무엇이 일어나기 쉬운가가 아니라 무엇이 가능한지 알 수 있고, 또는 어떤 일이 발생할 것인가가 아니라 무엇이 가능하고 일어나기 쉬운가를 알 수 있다는 것을 의미한다.[5] 민주주의는 단지 마지막 순간에만 불확실한 것이다. 행위자들은 무엇이 가능한지를 알고 있다. 왜냐하면 가능한 결과들은 제도적 틀내에서만 일어나기 때문이다.[6] 그들은 어

5) 이 특징들은 리틀차일드(Littlechild, 1986)에 근거하고 있다.

6) 나는 '안다는 것'을 논리적인 의미로 사용하고 있다. 그들은 자신들이 각각의

떤 일이 발생할지를 알고 있다. 왜냐하면 특정한 결과가 발생할 확률은 제도적 틀과 서로 다른 정치적 세력들이 경쟁에 동원하는 자원에 의하여 결정되기 때문이다. 그들이 알 수 없는 것은 어떠한 특정한 결과가 일어날 것인가이다. 그들은 승리하는 것과 패배하는 것이 무엇을 의미하는지를 알고 있으며, 그리고 어떻게 하여야 승리하고 패배하는지를 알고 있지만, 그들 자신이 승리하거나 패배할 것인지는 알지 못한다. 그러므로 민주주의는 끝이 열려 있는 체계, 또는 규칙에 의거하여 조직화된 불확실성의 체계이다.

민주주의에 내재한 불확실성은 도구적 행동을 허용한다. 행위자들이 그들의 행동의 결과에 관해 확률을 매길 수 있기 때문에, 그들은 기대를 형성하고 어떤 일을 하는 것이 그들에게 최선이 될 것인가를 계산한다. 그들은 참여할 수 있다. 즉 민주적 제도내에서 그들의 이익, 프로젝트 또는 가치를 증진시키는 행동을 할 수 있다. 역으로 모든 사람이 공유하고 있는 제약 조건하에서 결과들은 오직 경쟁하는 정치세력들의 행동에 의해서만 결정되며, 민주주의는 모든 사람들에게 자신의 이익을 추구할 수 있는 기회를 부여한다. 만약 결과들이 사전에 결정되어 있거나 또는 완벽하게 결정되어 있지 않는다면, 집단들이 참여자로서 조직할 어떠한 이유도 없다. 그들을 민주적 상호작용으로 이끄는 것은 불확실성이다.

제도적 틀을 구성하고 있는 특정한 규칙을 분산된 행동들이 낳은 공동의 결과에 적용함으로써 민주적 과정의 결과들을 읽을 수 있다. 그러나 다수결주의적 기초에도 불구하고, 현대 대의민주주의제도는 압도적으로 보편적인 심의(deliberation) 과정이 아니라 정치세력 지도자들간

결과들을 연역하는 것을 가능하게 해주는 정보를 가지고 있다. 그들은 그것을 연역할 수 있다. 왜냐하면 가능한 결과는 규칙에 의해 이루어지며, 규칙은 단지 규칙에 따라서만 변화할 수 있기 때문이다. 규칙의 전반적 체계로 이해되는 '제도적 틀'은 고정되어 있지 않고 갈등의 결과로 계속 수정된다. 그러나 이러한 갈등들은 실현가능한 세트의 한계를 정해주는 규칙체계내에서만 항상 일어난다. 명백히 위의 어떤 것도 정치적 행위자들이 항상 심리학적 의미로 무엇이 가능한지를 안다는 것을 의미하는 것은 아니다. 특히 논리적 관계가 종종 '불명확'하기 때문에 그들은 실수를 하고 놀라기도 한다.

의 협상의 결과물을 산출해 내고 있다. 투표의 역할은 간헐적으로 이러한 결과물을 승인하는 것이거나 아니면 그것을 산출한 사람들을 관직에 앉히는 것을 승인하는 것이다.[7] 모든 현대 민주주의하에서 심의 과정과 정부에 대한 일상적 감독은 대중의 영향력으로부터 잘 보호되고 있다. 실제로 특정한 정책 이슈에 대해 유권자들에게 직접 호소하는 것은 종종 부정적 의미의 용어인 '국민투표주의(plebiscitarianism)'로 언급되고 있다. 그러므로 투표—즉 다수의 지배—는 민주주의의 최종적인 중재자일 뿐이다.

결과는 승자와 패자들에게 각각 다른 특정한 행동의 과정을 따르도록 하는 지표를 구성한다. 만약 이러한 지표를 따른다면 패자들은 승자들보다 원하는 것을 덜 얻게 될 것이다. 이러한 지표를 따르는 것이 순응하는 것이다.

민주주의하에서 결과는 정확하게 예측되지 않기 때문에, 결과가 일단 알려지면 규칙에 대한 공약(commitment)이 결과에 대한 순응을 일으키기 위해 충분해야 할 필요는 없다. 결과가 확실하다면, 즉 만약 참여자들이 결과를 독특하게 예측할 수 있다면, 그들은 특정한 규칙을 공약함으로써 특정한 결과를 받아들인다는 것을 알 수 있다. 결과에 대한 순응은 규칙에 대한 공약으로 충분하다. 그러나 민주주의하에서 규칙에 대한 공약은 기껏해야 '아직 결정되지 않는 내용을 가진 결과를 받아들이겠다는 의지'를 구성하고 있을 뿐이다. 이것이 왜 민주주의의 절차주의적 평가들이 결과적 판단과 다른가 하는 이유이다. 콜만(Coleman, 1989: 197)이 이야기한 바와 같이, "과정에 동의하는 것은 과정의 결과에 동의하는 것과 같은 것은 아니다." 참여자들에게 결과들이 불확실하기 때문에, 그들의 사전적, 그리고 사후적 평가는 다를 수밖에 없다. 그

7) 보비오(Bobbio, 1989: 116)는 "집단적 결정은 투표가 작동하는 의회가 아닌 사회적 세력(조합)과 정치적 세력(정당들)을 대표하는 집단들 사이에 협상과 합의의 산물이다. 집단이 아니라 개인이 정치적으로 의미가 있다고 하는 현대 대의제 국가의 헌법의 원칙을 고수하기 위하여 이러한 투표는 실제로 일어난다. … 그러나 개인은 다른 곳에서의 협상 과정에 의하여 도달된 결정들을 비준하는 순수한 형식적 투표권만을 가진 것으로 끝나고 마는 것이다"라고 지적하였다.

리고 립셋(Lipset)과 하버마스(Habermas)가 동의한 바와 같이, 사후적 평가는 사전적 공약을 수정한다.[8] 그러므로 순응이 문제가 되는 것이다.

요약하자면, 민주주의하에서 모든 세력들은 계속해서 자신들의 이익을 실현하기 위해 투쟁하여야만 한다. 그들의 정치적 위치에 의해 보호되는 것은 아무 것도 없다.[9] 어떤 사람도 사후적으로 결과를 수정하기 위해서 기다릴 수 없다. 모든 사람은 이익의 실현을 경쟁과 불확실성에 맡겨야 한다. 권위주의에서 민주적 규칙으로 이행함에 있어서 결정적인 계기는 어떤 사람도 형식적 정치과정의 결과를 뒤집기 위해 개입할 수 없는 문턱을 넘어서는 것이다. 민주화는 모든 이익 실현을 경쟁에 맡기는 것, 즉 불확실성을 제도화하는 것이다. 특정한 사람들의 집단으로부터 규칙체계로의 권력 이전이야말로 민주주의로 가는 결정적인 발걸음이다.

---

8) 립셋(Lipset, 1960)은 '정통성(사전적 공약)'과 '효율성(사후적 결과의 평가)'을 구별하였다. 하버마스(Habermas, 1975)는 '합법성(사전적 규칙의 승인)'과 '정통성(사후의 평가)'을 구별하였다. 두 사람 모두 사후적 평가는 사전적 공약을 수정한다고 주장하였지만 규칙에 의해 발생된 결과들이 사전적으로 불확실하기 때문에 바로 순응이라는 문제가 일어난다는 것을 주목하지 못했다.

9) 어떤 이익들, 특히 생산적 자원을 소유한 자들의 이익은 경제내에서의 구조적 위치에 의해서 보호되고 있는지 모른다. 만약 모든 사람들의 물질적 복지가 투자를 하는 자본가들의 결정에 달려 있다면, 모든 정부들은 고용과 투자를 떨어뜨리는 정책을 채택하는 데 제약을 받게 될 것이다. 이것이 국가의 자본에 대한 구조적 종속의 이론이다. 논쟁되고 있는 문제는 이러한 종속이 모든 민주적으로 선출된 정부를 구속하여 민주적 과정이 정부의 정책에 아무런 영향도 미칠 수 없는가 하는 것이다. 나의 관점은 모든 정부는 어느 정도 자본에 종속하지만 이 종속은 민주주의를 가짜로 만들 정도로 결정적이지 않다는 것이다. 여전히 민주적 과정이 정부정책에 영향을 미칠 수 있는 여지가 있는 것이다. 이러한 이론에 대한 기술된 분석은 쉐보르스키와 월러스타인(Przeworski & Wallerstein, 1988)을 보라.

민주주의하에서 결과들은 어떻게 강제되는가?

문제—민주주의, 합리성, 그리고 순응

이러한 예비적인 지식을 가지고 우리는 민주주의의 내구력에 관한 핵심적 질문을 제기할 준비가 되어 있다. 어떻게 하여 경쟁에서 패배한 정치세력이 경쟁의 결과에 순응하고 민주적 제도를 전복하기보다는 계속 민주적 제도에 참여하는가? 군부에 대한 통제를 확립하려는 정부를 한번 생각해 보자. 왜 군부는 복종하는가? 국회가 노동자들에게 기업내에서 광범위한 권리를 부여하는 법을 통과시킨다고 상상해 보자. 왜 부르주아지는 반민주적 수단에 의해 재산을 보호하려 하지 않는가? 대량실업과 광범위한 빈곤을 야기하는 정부의 정책을 생각해 보자. 왜 가난한 사람들은 그것을 뒤집기 위해서 거리로 나가지 않는가? 왜 그들 모두는 그들의 이익을 해치는 민주적 제도를 통해서 계속 그들의 행동을 연결시키려 하는가? 왜 그들은 순응하는가?

이러한 질문들이 왜 문제가 되는지를 이해하기 위해서 우리는 먼저 몇 가지 문제를 정리할 필요가 있다. 만약 민주주의가 18세기 민주주의 이론에서 볼 때 합리적이라고 한다면, 순응의 문제는 전혀 나타나지 않거나 또는 적어도 그것은 어떤 다른 형태를 띠게 될 것이다. 만약 사회의 이익들이 조화로운 관계에 있다면—18세기 민주주의 이론에 있어서 중심적 가정—무엇이 공동선인가에 대한 의견의 불일치 외에는 갈등이 없을 것이다. 그 불일치도 합리적인 토론에 의해 극복될 것이다. 정치적 과정의 역할은 단지 진리 발견적일 뿐이다. 즉 진정한 일반의사를 찾는 과정이다. 우드(Wood, 1969: 57-58)가 1776년과 1787년 사이의 미국의 정치사상에 관하여 지적한 것과 같이, 정치는 "사회의 서로 다른 이익을 조정하는 것이 아니라 서로 다른 이익들을 초월하는 단일한 공통선을 추구하는 것이다." 만약 대표들이 특정한 이익에 대한 열정에서 자신을 해방시킬 수 있고 제도들이 적절하게 고안되어 있다면, 그리고 만약 심의의 과정이 서두르지 않고 충분한 시간을 갖고 진행된다면, 만장일치가 나오게 될 것이고 정치과정은 진정한 일반의사로 수렴될 것이다. 오늘날에도 어떤 이론가들은 투표에 의거하는 것을 단지 시간을 벌려는 장치로 본다. 투표는 단지 심의과정에 내재해 있는 거래비용을 절약하는 것일 뿐이다.[10] 콜만(Coleman, 1989: 205)이 지적한 바와 같이 이러한 관점에서 볼 때, "소수파는 패자이고 다수파는 승자가 아니라, 소수파는 일반의사에 관해 잘못된 신념을 가지고 있는 사람들이며, 다수파는 바른 신념을 가지고 있는 사람들이다."

어떠한 의미에서도 민주주의는 합리적인가?[11] 18세기적인 의미에서 민주주의가 집단적으로 합리적이려면, ① 공동선, 일반이익, 공동이익 등과 같은 정치 공동체의 복지를 극대화할 수 있는 독특한 점이 '존재(existence)'하고, ② 민주적 과정은 이 극대화 점에 '수렴(convergence)'하여야 한다. 더 나아가 만약 ③ 민주적 과정이 이러한 복지의 극대화로 수렴하게 하는 '독특한(uniqueness)' 기제(어떤 자애로운 독재자도 일반의사가 무엇인지 알 수 없다)라면, 민주주의는 다른 어떤 대안보다 우월한 체제일 것이다.

이러한 의미에서 민주주의가 합리적인가 아닌가라는 문제는 다섯 가지 특징적인 대답을 야기시키는데, 그 대답들은 주로 ① ⓐ 그러한 복지를 극대화하는 점이 개인들의 선호 형성 이전에, 그리고 선호와 독립적으로 존재하고 있는가, ⓑ 아니면 개인 선호들의 함수관계로만 존재하고 있는가, ⓒ 아니면 복지를 극대화하는 점이 계급적 또는 다른 화

---

10) 뷰캐넌과 툴럭(Buchanan & Tullock, 1962)의 견해를 요약·동의하면서 브래넌과 로마스키(Brennan & Lomasky, 1989: 3)는 다음을 주장하였다. "모든 개인들이 모든 집단적 결정에 대해 거부권을 갖는 것과 같은 만장일치 규칙의 헌법이 만들어진 이후에도 적용된다면, 터무니없는 협상 비용이 발생할 것이며… 따라서 투표는 이처럼 다수결주의를 피하고자 하는 이론에 근거하고 있는 효율성 향상장치로 출현하는 것이다."

11) 경제학자들의 구분에 따라 우리는 먼저 기술적 합리성과 집단적 합리성을 구별하여야 한다. 민주주의는 경제발전을 증진시키는 것, 또는 (내가 취하고 있는 관점인) 자의적 폭력을 최소화하는 것과 같은 어떤 소망스러운 목적에 효율적으로 봉사한다면, 기술적으로 합리적이라고 말할 수 있다. 그러나 현재의 논의에서 우리의 관심은 기술적 합리성보다는 집단적 합리성의 개념에 있다.

해할 수 없는 사회의 분열 때문에 전혀 존재하지 않는가에 따라 달라질 것이다. 그 대답들은 또한 ② 민주적 과정이 이러한 복지의 극대화로 수렴할 것인가 아닌가에 따라 달라질 것이다. 루소(Rousseau, 1986)는 일반의사는 선험적으로 주어진 것이며, 민주적 과정은 일반의사로 수렴될 것이라고 믿었다. 프랑스혁명의 시기에 영국과 프랑스의 보수주의자들과 오늘날의 다양한 권위주의 이데올로기들은 그러한 복지의 극대화가 존재하지만 민주적 과정은 복지의 극대화로 인도하지 못하였다고 주장한다. 민주주의의 경제적 이론, 특히 뷰캐넌과 툴럭(Buchanan & Tullock, 1962)은 공공이익이란 그것을 식별해 주는 민주적 과정의 판결과 동일하다고 주장하였다. 애로우(Arrow, 1951)는 몇 가지 가정하에서 그러한 극대화가 존재한다 하더라도 개인들의 선호를 결집하는 어떠한 과정도 그것을 드러내 주지 못한다고 주장하였다. 마지막으로 맑스와 그의 사회주의 추종자들은 계급으로 분열된 사회에서 어떠한 일반 이익도 발견될 수 없다고 주장한다. 슈미트(Schmitt, 1988: 13, 16)가 "인민들이 동질적이어서 본질적으로 만장일치가 이루어져 있는 곳에서만 진정한 국가가 존재한다"라는 루소의 가정을 거부하였을 때, 그는 맑스의 편을 들고 있고, "현대 대중민주주의는 논쟁적인 공공의 토론을 공허한 형식적 의례로 만들었다"고 관찰하였을 때 그는 민주주의가 복지의 극대화로 수렴한다는 것을 공격하고 있는 것이다.

최근의 논의는 수렴의 문제에 집중하고 있다. 특히 라이커(Riker, 1982)에 의해 주장된 사회적 선택이론의 관점에서 볼 때, 복지를 극대화하는 독특한 점이 존재한다고 하더라도 민주적 과정은 이 점으로 수렴하지 않는다. 그 이유는 애로우(Arrow, 1951)에 의해 제공되고 있다. 독특한 결과를 보장하는 선호를 모으는 어떠한 절차도 없기 때문이다. 그러므로 우리들은 투표 결과를 어떤 특정한 사회적 선호를 확인하는 것으로 읽어서는 안된다. 더구나 맥켈비(McKelvey, 1976)는 투표 결과는 집단적으로 최적이 아니다라는 것을 증명하였다. 그러나 민주적 과정에 대한 이러한 관점은 개인적 선호는 고정되어 있고 민주적 과정에 외생적(exogenous)이라는 암묵적인 가정에 근거하고 있다. 경제학자들은 선호가 고정되어 있으며 순간적으로 균형에 적응하는 것으로 보고 있다. 이것은 많은 경제학자들이 왜 민주적 과정을 '지대추구(rent-seeking),' 즉 자원의 낭비로 간주하는지를 설명해 준다(예를 들어 Tollison, 1982).

그러나 '선호'가 민주적 과정에 대해 외생적이라는 가정은 명백히 비현실적이다. 슘페터(Schumpter, 1950: 263)는 "인민의 의사는 정치적 과정의 원동력이 아니라 산물이다"라고 관찰하였다. 선호가 의사소통의 결과로서 변화하더라도, 민주주의는 여전히 사회적 복지 극대화를 발견하거나 정의내릴 수 있을 것이다. 심의는 의사소통의 결과로 나타나는 선호의 내생적 변화이다.[12] 그렇다면 문제는 심의가 사회적 복지의 극대화로 수렴할 수 있는가이다.

하버마스와 코헨(Cohen, 1989)은 수렴한다고 생각한다. 그러나 그들의 가정은 너무 강력하여 현실적이지 않다. 그들은 ① 메시지들은 진실이 아니면 거짓이다, ② 사람들은 진실에 직면할 때 진실을 받아들인다. 그리고 ③ 메시지들은 공평한 방식으로 제기되어야 한다는 것을 주장하여야 했다. 이 중 마지막 가정이 가장 모호하다. 만약 사람들이 전략적으로 그들의 이익을 추구한다면, 그들은 또한 전략적으로 메시지를 보낼 것이다. 그러나 이러한 가정들이 받아들여진다고 하더라도 거기에 단 하나만의 진실이 존재한다는 것을 말해주지 않는다. 처음 두 가정만으로는 독특한 복지의 극대화로 이끌만큼 충분하지 않다.[13]

---

12) 덜 추상적인 방식으로 논의를 해보자. 세 명의 젊은 숙녀들이 단지 한 사람이 좋아하는 맛의 아이스크림만 살 수 있는 정도의 돈밖에 없다고 가정해 보자. 초콜릿을 나타내는 C, 바닐라의 V, 딸기의 S, 아무 것도 아닌 것은 N, 그리고 >는 '보다 선호하는 것'으로 읽혀지는 경우에 그들의 처음의 선호는 각각 C>V>S>N, V>S>C>N, S>C>V>N이다. 지금 초콜릿을 좋아하는 숙녀가 초콜릿이 지워지지 않는 자국을 옷에 남긴다는 이야기를 들었다고 가정해 보자. 이 정보를 받은 뒤, 그녀는 초콜릿을 두 번째로 좋아하는 것으로 맞추면서, 자신의 선호를 C>V>S>N에서 V>C>S>N로 바꾸었다. 이것이 심의이다.

13) 다시 아이스크림으로 돌아가 보자. 초콜릿에 관한 메시지에 대응하여 딸기 추종자가 다른 사람들에게 바닐라는 뚱뚱하게 만든다는 메시지를 주었다고 가정해 보자. 이에 대해 바닐라 애호가는 암을 유발하는 물질인 적색 염료 No.5를 함유하고 있다고 주장하였다. 더 나아가 모든 합리적인 주장들이 이

반대로 심의가 작동하는 방식을 현실적으로 묘사한 마냉(Manin, 1987)은 심의가 독특한 복지의 극대화로 수렴하는 데까지 이르지 못한다고 결론을 내린다. 그의 관점에 의하면, 심의는 선호를 교육시키고 그것을 보다 일반적으로 만든다. 심의는 특정한 순간에 가능한 가장 광범위한 선호의 일치를 가능하도록 이끈다. 그러나 갈등은 해결되지 않고 방치된 가운데 심의과정은 여기서 끝나고 마는 것이다. 실제로 갈등의 강도가 마냉의 심의과정에 의하여 줄어들었는지 아닌지는 명백하지 않다. 아마 그들의 이해가 반대되고 있다고 믿도록 교육받은 두 집단 사이의 갈등은 허쉬만(Hirshman, 1985)의 용어를 빌린다면, 파편화되고 '까닭 없는(wanton)' 욕구들간의 갈등보다 더 해결되기 어려울 것이다. 바로 이것이 심의과정에 대한 사회주의자들의 이해이다. 그들의 관점에서 볼 때, 이러한 과정은 계급적 동질성의 확인으로 이끌 뿐만 아니라 심의에 의해 해결될 수 없는 계급갈등을 초래한다(Przeworski and Sprague, 1986).

실제로 합리적 심의로서의 민주주의 이론에 대한 반격이 1923년 슈미트(1988)에 의해 가해졌다. 그는 모든 정치적 갈등들이 토론에 의해 화해될 수 없다고 주장한다. 어느 한 시점에서 이유와 사실들이 다 나왔더라도 갈등은 남아 있다는 것이다.[14] 슈미트는 이 시점에서 갈등하는 이슈들은 투표에 의해 결정되며, 투표는 한 사람의 의사를 그에 저항하는 다른 모든 의사에 강요하는 것을 의미한다는 것을 관찰하였다. 이러한 관찰로부터 그는 갈등은 단지 물리적 힘에 의존할 때에만 해결될 수 있다는 결론을 내렸다. 정치는 궁극적인 중재자가 폭력일 수밖에 없는 '우리'와 '그들'간의 적대적 관계인 것이다.

메시지들로 인하여 소진되어 버렸다고 가정해 보자. 그러나 합리적 심의부터 유래하는 선호는 여전히 순환적이다. 민주주의는 참여자들을 교육시키지만 독특한 해결책으로 인도하지는 않는다.

14) 슈미트(Schmitt, 1988: 4-5)는 "의회는 어떤 경우에도 공공의 토론이 진지하게 행해지고 수행될 때만이 '진짜'이다. 여기서 '토론'이란 단지 협상을 의미하는 것이 아닌 특별한 의미를 가지고 있다…. 토론은 어떤 진리 또는 정의에 대한 주장을 통해 자신의 반대자를 설득하거나, 아니면 어떤 진리 또는 정의에 대한 주장에 설득당하는 것을 허용하기 위한 목적에 의해 지배되는 의견의 교환을 의미한다"고 주장하였다.

따라서 풀리지 않는 문제는 다음과 같다. 만약 우리가, 나와 마찬가지로, 모든 갈등이 심의에 의해 해결될 수 없으며 따라서 민주주의는 승자와 패자를 발생시킨다는 것을 받아들인다면, 여전히 패자들이 민주적으로 처리된 갈등의 평결에 순응할 수 있을까? 왜 민주적 상호작용의 결과로서 고통받는 사람들이 그러한 결과를 발생시킨 체제를 전복하려고 시도하지 않는가?

이익은 흔히 갈등관계에 있다. 그렇기 때문에 승자와 패자가 있으며, 순응이 문제가 된다. 그러나 슈미트는 제도의 역할을 이해하는 데 실패했기 때문에 너무 강한 결론을 내렸던 것이다.[15] 민주적 제도들은 정치적 갈등에 대해 시간에 따라 변화하는 특성을 부여한다. 그들은 정치적 행위자들에게 장기간의 전망을 제공한다. 그들은 정치 행위자들로 하여금 현재만을 배타적으로 고려하기보다 미래에 대해서도 생각하게끔 한다. 내가 아래에서 전개하고자 하는 주장은 다음과 같다. 어떤 특정한 조건하에서 몇몇 제도들은 의미 있는 정치세력들에게 자신들에게 비호의적인 결과에 대해 즉각 순응하도록 하기에 충분한 정도로 자신들의 이익을 궁극적으로 향상시킬 수 있다는 전망을 제공한다. 정치적 세력들이 현재의 패배를 받아들이는 이유는 민주적 경쟁을 조직하는 제도적 틀이 그들로 하여금 미래에 그들의 이익을 향상시키는 것을 허용하고 있다고 믿기 때문이다.

순응에 대한 경쟁적 주장들

이 논쟁이 발전되기 전에 순응에 대한 대안적 관점을 살펴보는 것이 도움될 것이다.[16]

---

15) 실제로 슈미트와 동시대의 논객은 "슈미트는 결코 유럽이 의회주의냐 아니면 독재냐 하는 딜레마에 직면하였다는 것을 증명하지 못했다. 민주주의는 의회주의보다 많은 다른 조직적 가능성들을 가지고 있다"라고 지적하였다(Thoma, 1988: 81).

16) 내가 제기하는 문제는 경험적이다. 정치적 세력들로 하여금 민주적 과정의 결과에 순응하게 함으로써 민주주의를 지속시키게 하는 환경과 제도를 위한 조건은 무엇인가? 민주주의에 대한 도덕적 정당화, 특히 순응을 강요하기 위

다음과 같은 방법으로 민주주의를 생각해 보자. 자신들의 이익을 향상시키기 위하여 모든 사람들은 자신들의 손으로 작동할 수 있는 동력수단에 의해 특정한 교차점을 지나간다고 하자. 어떤 사람들은 동쪽에서부터 도착하고 다른 사람들은 항상 남쪽으로부터 도착한다. 일단 그들이 도착하면 무작위적 장치(random device)가 불빛을 발산한다. 녹색은 앞으로 가라는 신호이며 빨간색은 멈추라는 것이다.[17] 통과하거나 또는 멈추는 신호를 얻을 확률은 어떤 사람이 오는 방향과 불빛이 작동되는 방법에 달려 있다. 만약 동서 방향의 불빛의 80%가 녹색이라면, 동쪽으로부터 오는 사람들은 앞으로 나아갈 기회를 많이 얻게 된다. 그러나 만약 남쪽 방향의 불빛의 80%가 녹색이라면 상황은 반대로 된다. 그러므로 가능한 결과는 어떤 사람이 어느 쪽으로부터 오고 있는가, 어떻게 불빛이 작동되는가에 달려 있다. 이것이 참여자들이 민주적 경쟁과 경쟁의 제도적 틀로 불러들이는 자원인 것이다.

어떤 특정한 순간에 무엇이 발생할 것인가는 위에서 밝힌 의미에서 불확실하다는 것이다. 행위자들은 가능한 결과들은 앞으로 나가거나 멈추어야 하는 네 가지 조합이라는 것을 알고 있으며, 그들은 불빛이 녹색이 되고 빨간색이 되는 확률(그들이 오고 있는 방향에 기초하여)을 알고 있으며, 따라서 두 개의 균형적인 결과의 확률을 알고 있지만 그들은 무사통과할 수 있는지, 아니면 다른 사람들이 지나갈 동안 기다려야 하는지는 모른다.

참여자들이 불빛을 준수한다고 생각해 보자. 그들은 차례로 충돌을 피하면서 지나간다.[18] 그들은 왜 그렇게 하는가? 왜 대형차들은 신호를

해 적용되는 강압의 정당화에 관한 엄청난 철학적 문헌들이 있다. 철학자들은 그들의 규범적인 견해를 현실과 혼동하는 경향이 있기 때문에 사람들이 특정한 저자의 도덕적 관점에 따라 문헌을 읽는 경우 흔히 민주주의는 이렇게 되어야 하는가, 저렇게 되어야 하는가로 읽는다. 이 책에서 소개된 구별이 이 문제를 명확히 해주고 있지만 나는 그것이 우리 주위에 부딪히고 있는 경험적 문제와 대체로 무관하다는 것을 발견하였다.

17) 이 비유는 물랭(Moulin, 1986: ch.8)에서 이끌어 냈다.

18) 이것이 만약 모든 사람들이 신호에 순응한다면 일어날 수 있는 두 개의 결과이다. 교통신호제도의 목적은 집단적으로 준최적(suboptimal)의 결과, 즉 서로

무시하고 교차로를 무단으로 통과하려고 하지 않는가?

이 문제에 대해서는 세 가지 대안적인 답이 가능하다. 첫째는 순응이 분산적이고 자발적으로 일어나기 때문이라는 것이다. 둘째는 교차로에 경찰이 신호를 위반한 사람을 맨 마지막 줄로 되돌려 보내기 위해 대기하고 있기 때문이라는 것이다. 마지막 답변은 사람들이, 자신의 이익도 아니며 아무도 순응하지 않은 사람을 벌주지 않더라도, 이러한 사회적 질서에 대한 도덕적 공약에 따라 자신들의 차례를 지킨다는 것이다.

초보적인 게임이론적 용어는 이러한 행동의 가능성을 생생하게 보여주는 데 도움이 될 것이다. 세 가지 유형의 전략적 상황에 따른 결과를 살펴보기로 하자.

(1) 자발적인 자기강제 또는 균형

각 행위자는 다른 사람들이 무엇을 하는가(할 것인가)가 주어졌을 때, 자신을 위해 최상의 것을 선택한다. 차가 남쪽으로부터 교차로에 도착하였다. 운전자는 주위를 살핀 뒤, 이제 자기가 기다려야 할 차례라는 결론을 내린다. 왜냐하면 동쪽에서 오는 운전자들이 통과를 기대하고 있다고 생각했기 때문이다. 그의 머리 속의 신호는 '빨간색'이고 빨간색에 대한 최상의 반응은 기다리는 것이기 때문에(다른 대안은 충돌) 그는 기다린다. 동쪽에서 오는 운전자들은 신호를 녹색으로 해석했는데, 왜냐하면 그들은 남쪽에서 오는 사람들이 기다릴 것이라고 기대했기 때문이다. 그들의 최상의 반응은 앞으로 나아가는 것이기 때문에(다른 대안은 차례를 놓쳐서, 뒤의 차로부터 부딪히는 것이다) 그들은 앞으로 나아간다. 그 결과는 '기다리는 것, 나아가는 것'이다. 이 결과는 균형이다. 다른 사람들의 행동에 대한 기대가 주어졌을 때, 어떤 사람도

[전진, 전진], [기다림, 기다림]을 제거하는 것이다. 이러한 의미에서 민주주의는 모든 사람들이 자신의 방법을 강요하려고 하는 자연상태보다 나은 파레토 개선(Pareto improvement)이다. 그러나 이것은 민주주의의 합리성에 관한 매우 약한 주장일 뿐이다. 왜냐하면 자연상태는 단지 현존하는 질서를 정당화하기 위해 고안된 상상 속의 모조품이기 때문이다. 이것이 효율성의 관점에서 재산권을 옹호하는 주장이 규범적으로 설득력이 없는 이유이다.

다르게 행동하기를 원치 않으며 기대들은 상호충족된다.

좌익과 우익의 정당 지도자들이 얼마나 더럽게 선거운동을 할 것인가를 결정하고 있다고 가정해 보자. 만약 우익이 깨끗하게 행동한다면 좌익이 더럽게 행동하는 것이 최상이며, 그 반대도 마찬가지이다. 만약 그들이 자신들의 전략을 독립적으로 동시에 선택한다면, 그들은 '더러운, 더러운' 전략 조합을 선택할 것이며, 이는 상대방이 해왔던 것에 대한 정보를 가지고 있을 때, 어느 당도 다른 방식으로 하려고 하지 않을 것이라는 의미에서 '자기강제적'이다. 그들의 기대는 충족될 것이다. 좌익은 우익이 어느 정도 더러운 선거운동을 할 것인가에 관한 가정에 기초하여 자신이 어느 정도 더러운 선거운동을 할 것인가를 선택할 것이고, 우익은 좌익이 실제로 했던 것을 선택했다는 가정하에서 동일한 정도의 더러운 선거운동을 선택하게 될 것이다. 이것이 그림 1에서 묘사되고 있는 균형이다.

그러나 다른 예가 있다. 민간정부가 군부를 건드리면 쿠데타를 초래할 것이고, 만약 그들을 내버려두면 병영에 남아 있을 것이라고 정확히 기대하고 있다고 가정해 보자. 정부는 자신의 선호를 '건드리고, 쿠데타 가능성'보다 '건드리지 않고, 병영에 남아 있는 것'이 낫다는 것을 발견한다. 정부는 건드리지 않기로 결정한다. 이것 역시 균형이다. 군부의 반응을 예상하면서 정부는 달리 행동하지 않으며, 정부의 행동이 주어졌을 때, 군부는 달리 행동하기를 원치 않기 때문이다.[19] 기대들이 다시 충족된다. 정부는 군부가 병영에 남아 있기를 기대하였고 군부는 실제로 그렇게 하였다.

그러한 결과에서 문제가 되고 있는 것은 그들이 균형을 구성하고 있

19) 이것은 우리가 정당들 사이의 게임을 해결하기 위해 사용했던 것과는 다소 다른 균형이라는 것에 주목해 보자. 문민정부 대 군부 게임에서 군부의 최상의 반응을 예상하면서 문민정부가 먼저 움직인 반면에, 정당들은 그들의 전략을 동시에 선택한다. 첫 번째 균형 개념은 매우 그럴듯하지 않으며, 여전히 무엇이 균형의 의미 있는 개념을 구성하고 있는가가 크게 문제된다. 그러나 우리는 이론적 정밀성에 너무 사로잡힐 필요는 없다. 내쉬(Nash) 균형은 가장 단순하고 고전적인 게임이론의 개념이다.

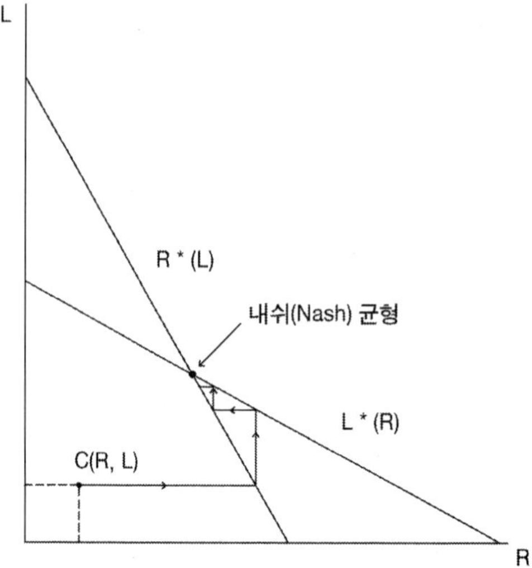

그림 1

다는 것이다. 어떤 사람도 다른 사람들이 어떻게 대응하는가(할 것인가)를 알고 있을 때, 다르게 행동하기를 원하지 않는다. 그러므로 결과는 자기강제적이게 된다. 그들은 독립적이고 자발적 반응에 의하여 스스로를 강제하는 것이다.

(2) 흥정 또는 계약

적어도 한 행위자가 다른 일을 하게 되면 더 낫게 되는 결과가 있지만 그 결과가 유지되고 있는 것은 그것이 외부로부터 강제되기 때문이다. 이러한 결과로부터 '이탈'을 처벌하는 어떤 제3자가 있다.

어떤 두 정당이, 상대방이 더러운 선거운동을 하지 않을 경우 자신이 더러운 선거운동을 하는 것이 가장 유익함에도 불구하고 서로 더러운 선거운동을 하지 않기로 합의했다고 가정하자. 만약 정당들이 선거에 승리하려고 한다면 외부적 강제 없이 이러한 결과는 유지될 수 없다. 정당들이 그림 1에서 C(R, L)점이 대표하고 있는 더러운 선거운동의 정도를 넘어서지 않기로 합의했다고 상상해 보자. 지금 우익의 지도자들은 좌익이 약속한 것을 보면서, 그에 대한 반응으로 어떻게 하는 것이 자신에게 최선인가라고 스스로 묻는다. 그들은 좌익정당을 헐뜯어서 그들에게 최상의 반응 지점인 R*(L)포인트까지 가려고 할 것이다. 그러나 그 때 좌익정당은 만약 우익이 그들 지도자의 성추문에 대해 이야기하기 시작한다면, 그들도 반대당 지도자들의 부의 축척과정을 지적하는 것이 최선의 방법임을 발견하게 될 것이다. 그래서 균형적 결과에 도달하기 전에 합의는 깨지게 될 것이다. 최초의 합의를 유지하기 위해서는 공정선거위원회가 합의를 위반하는 모든 사람들을 단호하게 처벌할 수 있어야 한다. 흥정이나 계약은 적어도 한쪽이 배신하게 하는 인센티브가 있는 합의이지만 유지되는 것은 제3자가 효과적으로 이탈을 제재할 수 있기 때문이다.

그러나 민주주의하에서 처벌을 가할 수 있는 제3자는 누구인가?

이 문제에 대한 대답은 두 가지이다. 하나는 강제가 분산적으로 이루어지는 것－즉 협력적 결과를 지지하기 위해서 비순응 행동을 자신의 이익에 근거하여 제재하려는 충분한 수의 행위자들에 의해서 이루어지는 것－이고, 다른 하나는 중앙집권적으로 이루어지는 것－즉 이탈자들을 제재하는 데 실패하거나 순응자들의 행위를 제재하였음에도 불구하고 이탈자들을 제재할 수 있는 동기와 권력을 가진 전문적 기관에 의해 이루어지는 것－이다.[20] '궁극적으로' 단지 두 개의 대답밖에 없는 이유는 비순응자를 제재하는 데 베버적인 의미의 국가가 필요한가 아닌가의 문제가 아니기 때문이다. 모든 민주주의 국가하에서 국가제도는 바로 이러한 문제를 전문적으로 하고 있다. 문제는 정치적으로 조직화된 시민사회에 대한 국가의 자율성에 관한 것이다. 만약 국가의 제재행위가 사회의 제재에 의해 구속받지 않는다면 국가는 자율적이다. 사회의 질서를 세우는 데 드는 비용은 리바이어던(Leviathan)이다. 그러나 외부로부터 강제된 리바이어던은 민주주의가 아니다.[21] 평화를 유지하기 위

20) 만약 어떤 차나 사람이 자신의 차례를 지키지 않고 지나갈 경우 충돌의 위험을 일으킨다면 강제는 분산된다. 왜냐하면 현재의 희생은 미래에 통과할 수 있는 기대 확률을 증가시켜 주기 때문이다. 이 결과는 게임이론적 용어를 사용한다면, '하위게임적 완전균형(subgame perfect equilibrium)'이다.

한 비용은 시민으로부터 독립적인 국가이다. 반대로 만약 국가 그 자체가 순응을 보장하기 위해 형성된 연합의 대리인(불완전하더라도)이라면, 그 때 민주주의는 사회계약이 아닌 균형이다. 국가가 순응을 강제하는 이유는 순응을 강제하지 않거나 참여를 막기 위해 강제력을 사용할 경우 그 자신이 처벌되기 때문이다. 그리고 관련된 정치세력들의 이해관계하에서 국가는 처벌될 것이다.

그러므로 민주주의가 사회계약이라는 개념은 논리적으로 앞뒤가 맞지 않다. 계약은 단지 외부적으로 강제될 때만이 준수된다. 민주주의는 말 그대로 어느 누구도 계약을 맺은 당사자들의 의사 위에 서 있을 수 없는 체제이다. 하딘(Hardin, 1987: 2)이 기술한 바와 같이, "헌법은 계약이 아니며, 실제로 헌법은 계약의 제도를 만들어 내는 것이다. 그러므로 다시 말하자면, 헌법의 기능은 계약 이전의 문제를 해결하는 것이다."

(3) 규범

게임이론에 의하면 균형과 홍정만이 유일하게 실현가능한 세계이다. 게임이론의 모든 결과들이 유지되는 것은 오직 그 결과들이 자기이익에 따라 상호 강제되거나 또는 어떤 제3자에 의해서 외적으로 강제되기 때문이라고 주장한다. 특히 이 이론은 전략적인 이익 추구가 아닌 다른 것에 의하여 지지되는 결과를 금지한다.

그러나 민주주의에 관한 문헌들은 가치와 도덕적 공약의 언어로 가득차 있다.[22] 특히 민주화에 관한 문헌들은 자주 민주주의에 대한 규범적으로 고양된 공약을 기술하고 있다. 이들은 협약(pacts)으로 불려지는

---

21) 카브카(Kavka, 1986: 181)가 관찰한 것처럼, 홉스에게 있어 "주권자는 주권자이며 사회계약의 당사자가 아니기 때문에 사회계약에 의해 구속받지 않는다." 카브카(1986: 229)는, 내가 한 것과 마찬가지로, 만약 정부가 '나누어져 있고 제한되어' 있으면, 순응을 불러일으키기 위해 이러한 홉스적 해결책이 필요하지 않다는 공허한 주장으로 끝을 맺고 있다.

22) 이러한 관점에서 민주주의의 연약함에 대한 전형적인 설명은 최근 브라질의 다음과 같은 책의 타이틀에 잘 나타나 있다. *A cidadania que no temos*(우리가 가지고 있지 않은 '시민').

경향이 있다.[23] 제도적 협약은 심지어 특정한 제도의 체계가 어떤 정치 세력들에게 최상이 아니더라도 민주주의를 수립한다는 합의이다. 정치적 협약은 민주주의를 위협하는 지배적인 전략으로부터 벗어나기 위한 담합적 합의이다. 사회적, 실제로는 경제적 협약은 현재의 소비를 억제하기 위한 노동조합과 기업의 공약이다. 군사적 협약은 "만약 당신이 우리를 건드리지 않으면 우리도 당신을 건드리지 않겠다"고 말할 수 있는 민간 정치가와 군부 사이의 거래이며 종종 비밀에 부쳐져 있다.

나는 게임이론적 시각을 채택하였다. 나는 민주주의에 대한 규범적인 공약이 드물다거나 의미가 없으며 민주주의가 작동하는 방식을 이해하는 데 필요하지 않다고 주장하는 것은 아니다.[24] 나는 민주주의가 가치로부터 나온 행동에 의해서 지지된다든지, 아니면 전략적 이익 추구에 의해서 지지된다는 주장들이 증거를 직접 제시함으로써 문제가 해결될 수 없다고 확신한다. 위의 두 성향은 우리들 주위의 세계를 이해하기 위해 서로 경쟁해야 할 것이고 실제로 경쟁하고 있다. 내가 밝히고자 하는 유일한 주장은 자기이익에 따른 전략적 순응의 가정에 기초한 민주주의 이론이 가능할 뿐만 아니라 충분하다고 하는 것이다.

이 주장은 자기이익에 따른 분산적 결정에 의한 처벌의 체계내에서 자발적으로 협력이 강제될 수 있다는 메시지를 첨가한, 여전히 급속한 변화의 한가운데 있는, 게임이론의 최근의 발전에 의해서 가능해진 것이다.[25] 이러한 주장이 진실로 드러나는 여러 다양한 상황들이 있다. 즉

23) 나는 민주화에 관한 문헌에서 발견되는 모든 '협약'이 이러한 의미의 협약이라고 주장하지는 않는다. 어떤 것은 홍정일 수 있고 다른 어떤 것은 균형이 될 수도 있을 것이다. 식물학적 분류를 좋아하는 성향에도 불구하고 민주화의 문헌들은 개념적 명확성으로 특징지어지고 있지 않다.

24) 이 주장은 문화가 문제가 되지 않는다는 것을 함축하지는 않는다. 문화는 사람들에게 그들이 원하는 것이 무엇인지를 이야기해 주는 것이다. 문화는 무엇을 해서는 안되는가를 말해 준다. 문화는 다른 사람들에게 무엇을 숨겨야 될지를 일러준다. 나는 사람들이 의사소통적 그리고 도덕적 맥락에서 기능하고 있다는 것을 공리로 받아들인다. 예를 들어 투표를 매수하는 것은 비록 집단적으로 효율적인 행위일 수도 있지만 모든 민주주의 국가에서 비도덕적이라고 간주된다. 만약 정치가들이 미래에 이득을 주겠다는 약속과 표를 거래한다면 왜 그들은 표를 매수하기 위해 바로 돈을 지불하려 하지 않겠는가?

행위자들이 미래를 고려하지 않고 특정한 라운드에서 게임이 끝날 확률이 낮은 반복적 상황, 즉 게임이 무한정으로 계속될 것으로 예상되고 행위자들이 너무 높지 않은 비율로 미래를 고려하는 반복된 상황, 그리고 행위자들 중의 하나가 비합리적인 가능성이 매우 낮은 반복적 상황이 그것이다. 많은 처벌전략들은 순응을 지지하고 있다. 다시 말해 한 번 때리면(tit) 두 번 되받아 치고(tat), 두 번 때리면 한 번 되받아 치고, 세 번 때리면 두 번 되받아 치고 등등.26)

따라서 규범적인 공약이나 '사회계약'은 민주적 결과를 동반한 순응을 야기시키는 데 필요하지 않다. 다시 말하지만, 모든 민주주의하에서 확실히 국가는 순응을 강제하는 전문적인 대리인이다. 더구나 국가가 조직화된 강제기구를 독점하고 있기 때문에 국가가 독립적이 되어 정치세력에 의한 효과적인 감시 없이 자신의 이익에 따라 행동할 영구적인 가능성이 있다. 이것은 자율적인 국가의 위협이 영구적이고, 또한 국가 자율성을 통제하는 제도적 틀이 어떠한 민주주의하에서도 근본적인 중요성을 갖는다는 것을 말해 준다.27) 어떤 형태를 막론하고 정치적 권력

---

25) 우리들은 도처에 집단행동의 문제를 발생시키는 죄수의 딜레마의 확대판으로 세계를 바라보는 올슨(Olson, 1965)의 시각을 포용하는 데 너무 성급했던 것 같다. 우리는 이제 광범위한 범위의 반복적 상황하에서 협력적 균형이 자기이익에 따른 행동에 의해 자발적으로 지지될 수 있다는 것을 알고 있다. 이 효과의 몇 가지 정리(theorems)에 관해 푸덴베르크와 매스킨(Fudenberg & Maskin, 1986)을 보라. 특히 주의할 점은 그들의 '정리 2'이다. 그들의 '정리 2'는 다소 느슨한 조건하에서 (보상이 충분히 달라져야 하는) 이 결과는 'n-person game'에서 유효하다는 것을 보여주고 있다. 그들의 설명(p.544)은 다음과 같다. "만약 어떤 플레이어가 (협력으로부터) 이탈한다면, 그는 그의 이탈로 인해 얻는 어떤 이득을 상쇄하기에 충분할 정도로 다른 플레이어들에 의해서 최소화되어야 한다. 다른 플레이어들을 그에 대해 최소화로 밀고 나가게끔 유도하기에 충분할 정도로 그들은 궁극적으로 '보상'을 받게 된다." 더 나아가 협력을 유도하는 데 필요한 처벌 전략은 과거의 이탈 기록에 근거할 필요가 없다는 것을 주의하라. 따라서 플레이어들은 비협력자들을 효과적으로 처벌하기 위해서 서로를 알고 있을 필요가 없다(Abreu, 1988).

26) 여기에서 때린다는 것(tit)은 제재이고, 되받아 친다는 것(tat)은 비순응을 가르키는 언어이다.

27) 이 주제에 관한 문헌을 살펴보기 위해서는 쉐보르스키(Przeworski, 1990: ch.2)를 참조하라.

의 중심적인 어려움은 그 권력이 규모에 따라 수익의 증가를 발생시킨다는 것이다(Lane, 1979). 한편으로 다른 사람들로 하여금 관직을 차지하기 위해 경쟁하지 못하도록 현직이 직접적으로 사용될 수 있으며, 다른 한편으로 경제력이 정치력화할 수 있으며, 정치력은 경제력을 향상시키기 위하여 이용될 수 있다. 그러나 국가가 제3자가 아니라 정치세력의 연합의 대리인이 되는 방식으로 제도적 틀이 디자인된다면, 순응은 자기강제적일 수 있다. "수호자를 누가 수호할 것인가?"라는 문제에 대한 해답은 수호자(국가)를 수호(통제)하는 것이 자신의 이익이라는 것을 발견하는 시민사회내의 세력들일 것이다. 민주주의는 균형이 될 수 있다. 민주주의는 지배자와 피지배자의 구별이 사라지는 '자기통치'의 체계이다. 몽테스키외의 말처럼 "인민들은 한편으로는 군주이며, 다른 한편으로는 신하이기 때문이다."[28]

균형으로서의 민주주의

주어진 정치적·경제적 조건하에서 특정한 제도 체계가 우리 동네에서 유일한 게임이 되었을 때, 어떤 사람도 민주적 제도 밖에서 행동한다는 것을 상상조차 할 수 없게 되었을 때, 패배자들이 원하는 모든 것은 그들이 패배한 바로 그 제도내에서 다시 경쟁하는 것일 때 민주주의는 공고화된다. 민주주의는 자기강제적일 때, 즉 모든 관련된 정치세력들이 그들의 이익과 가치를 제도의 불확실한 상호작용에 계속 맡기는 것이 최상이라는 것을 발견하였을 때 공고화된다. 관련된 정치세력들이 패배하였다 하더라도 현재의 결과에 순응하고 제도적 틀내에서 모든 행동을 하는 것이 민주주의를 전복하려고 하는 것보다 더 낫다는 것을 발견하였을 때, 민주주의는 공고화된다. 좀더 기술적으로 표현하자면, 순응—즉 제도적 틀내에서 행동하는 것—이 모든 관련된 정치세력들간의

28) 이것이 줄리아(Camille Julia)가 편집하고 논평한 1905년판 『법의 정신(*L'esprit des lois*)』에서 인용한 것이다. 줄리아는 각주에서 아리스토텔레스의 문구를 참고하고 있다. "모든 사람들은 각자에게 명령할 수 있어야 한다."

분산적 전략들의 균형을 이루고 있을 때, 민주주의는 공고화된다.[29)]

그 가설은 세 가지 가정에 기초하고 있다. 첫째, 제도들이 중요하다. 제도들은 경쟁의 규칙과 비순응에 대한 처벌 법전이라는 두 가지 중요성을 가진다. 규칙이 결과에 영향을 미친다는 것은 논의의 여지가 없다. 바로 다음의 예를 살펴보자. 아돌프 수아레스가 이끄는 스페인의 중도민주연합(Unión Centro Democratio)과 최초의 민주적 선거에서 35%의 득표를 받은 한국의 노태우의 경우를 보자. 수아레스는 의원내각제에서 승리하였다. 정부를 구성하기 위하여 그는 연합을 형성하여야 했으며 그는 그 연합이 충분히 지지를 받는 동안만 자신의 직위를 유지할 수 있었다. 노태우는 5년 임기의 대통령으로 선출되었으며, 그는 이 기간 동안 정치적 지지의 단기적 변동에 상관 없이, 포고령을 발동할 수 있는 권력을 이용하여 통치할 수 있었다.[30)]

처벌 법전으로서 제도에 관한 문제는 보다 복잡하다. 나는 앞에서 행위자들이 제도를 불러오지 않고서도 어떤 (협력적인) 결과에 순응하는 것이 개인적으로 합리적이라는 것을 발견할 수도 있다고 주장하였다. 몇 가지 조건이 충족되었을 때, 다른 사람들에 의해 협력으로부터 이탈한 자를 처벌하는 것은 모든 이기적인 합리적 행위자에게 있어 최상의 전략이다. 그러나 게임이론적 계산은 몇몇 행위자들이 처벌할 수 있는 능력을 가지고 있다는 암묵적인 가정에 기초하고 있다. 제재를 집행하기 위해서 행위자들은 다른 사람들의 보상을 낮출 수 있고 효과가 있는 행동을 취할 수 있어야 한다. 제도는 처벌이 할당되는 규칙, 처벌을 집행할 수 있는 물리적 수단, 처벌을 집행할 전문적인 대리인을 위한 인센티브를 선천적으로 갖고 있다. 바로 세금에 관해 생각해 보자. 순응을 유도하기 위해 처벌의 규칙과 비순응을 적발하는 관료들로 하여금 비순

29) 여기서 '정치세력들'이란 투표자의 역할을 수행하는 개인들뿐만 아니라 이미 집단적으로 조직된 집단들과 특정한 제도적 틀하에서 조직될 수 있는 집단들을 의미한다. 나는 정치세력들이 특정한 제도적 틀 이전에, 그리고 그와 독립적으로 조직되고 있다고 가정하지 않는다. 제도는 정치적 조직 형상을 구체화한다.

30) 이 예는 린츠(Juan Linz)로부터 나온 것이다.

응을 적발하게 할 수 있고 비순응에 관한 처벌의 규칙을 적용하게 할 수 있게 하는 인센티브 체계가 있어야만 한다. 만약 세무 공무원에게 적발 수단이 없고 관료들이 쉽게 뇌물에 넘어간다면 처벌은 효과적이지 않게 된다. 제도는 예측 가능한 위협으로 물리적 강제력을 대체한다.

둘째, 민주주의를 조직하는 다양한 방법이 있다. 어떤 민주주의 국가에서는 직접적으로 선출된 대통령이 의회로부터의 지지와는 독립적으로 정부를 이끈다. 다른 민주주의 체계하에서 정부는 반드시 의회의 지지를 받아야 되며, 의회의 지지를 받는 동안에만 유지된다. 또 다른 중요한 구별은 이익이 조직되고 특정한 경제정책이 결정되는 방식에 관한 것이다. 그것은 기능적 이익을 대표하고 기능적 이익들간의, 그리고 거시경제정책에 관해 정부와 보조를 맞추는 데 있어서 정당의 지배적 역할이 공적 지위를 부여받은 노동조합연맹과 고용주 연합에 의해 도전받는가 아닌가이다. 그러나 또 다른 중요한 차이는 현재의 다수에게 거의 무제한적 권력을 주는 체제와 종교적·지역적·언어적 집단에 대한 특별한 보장의 제공을 통하여 다수의 지배를 엄격하게 제한하는 체제간에 존재한다. 이것은 단지 몇 가지 예에 지나지 않는다. 사법적 심사의 존재 또는 부재, 군부에 대한 문민 통제의 방식, 직업 공무원 제도의 존재 유무 등과 같이 민주주의를 구별하는 방법은 계속 이어진다.[31)]

마지막으로 현재의 유행과는 반대로, 제도들이 효율성에 있어 차이를 만들어낼 뿐만 아니라, 나이트(Knight, 1990)가 강력하게 우리에게 상기한 바와 같이, 심각한 분배적 효과를 통해 차이를 만들어 낸다. 예를 들어 '단순다수제(first-past-the post)' 선거 공식은 '불로소득 다수(unearned majority)'를 발생시킨다. 즉 소수의 유권자 지지로 의회에서 다수를 차지하는 것이다. 집단 교섭의 틀은 임금 협상의 결과에 영향을 미친다. 재산법은 불의의 손실에 대한 책임의 할당에 영향을 미친다. 대학 입학에 관한 규칙은 공부하는 학생들의 계급적 구성에 영향을 미친

31) 게임 이론가들은 행위자들에게 처벌 전략이 있다는 것을 당연하게 받아들인다. 그러나 이 문제는 카브카(Kavka, 1986: ch.4, sect.3)가 보여준 것처럼 복잡하다. 자연상태에서 처벌은 단지 물리적 강제에 의해 집행될 뿐이다. 제도는 이러한 물리적 강제를 조직하고, 예측가능하게 하고, 위협한다.

다.

제도는 분배적 결과를 초래하기 때문에—즉 제도는 특정 집단에게 서로 다른 기회를 제공하기 때문에—특정한 경제적·정치적 조건하에서 어떤 제도적 틀은 공고화되며, 다른 제도적 틀은 공고화되지 못한다. 그렇다면, 문제는 어떤 종류의 민주적 제도가 관련된 정치세력의 순응을 야기시킬 것인가이다.

그러나 순응하지 않는다는 것은 무엇을 의미하는가? 이는 골치아픈 질문은 아니다. 무엇이 문제가 되고, 되지 않는가를 구별해 보자. 어떠한 체제에서도 모든 개인들이 그들에게 기대되거나 요구되는 모든 것에 순응하지는 않는다. 왜냐하면 강제의 한계비용이 계속적으로 증가하고 있기 때문에 모든 국가는 때때로 큰 규모로 몇몇 개인적 비순응을 관용한다. 또한 반직관적 의미에서 볼 때, 비순응은 개인적인 참여의 철회를 의미한다. 즉 민주적 제도로부터 발생하는 결과에 대한 무관심을 의미한다. 때때로 비참여는 엄청난 비율을 차지한다. 적어도 미국 시민의 35%는 영원히 민주적 과정의 아웃사이더로 남아 있다.

이러한 형태의 개인적 비순응이 대규모화하여 산발적인 거리 폭동이나 단명의 반민주적 운동의 잠재력을 키울 때, 민주주의를 위협할 수 있다. 그러나 고립된 개인들은 사회질서를 흔들지 않는다. 이것은 왜 개인적 용어로 이해되는 '정통성'이 심지어 이스턴(Easton)적 구별에도 불구하고 체제안정의 문제와 관계가 없는가를 보여준다. 단지 조직된 정치세력만이 민주주의 체제를 해칠 수 있는 능력을 가지고 있다.

그러므로 민주주의의 자기강제에 문제가 되는 유일한 비순응의 형태는 ① 사후적으로 민주적 과정의 결과를 바꾸려는 전략, ② 민주적 제도에 대한 다른 행위자들의 신뢰를 급격히 떨어뜨리게 하려는 전략이다.[32] 그러므로 순응하지 않는다는 것은 그 결과를 깔아 뭉개기 위해서 민주주의 체제를 전복시키는 것과 같다.

민주주의 체제에서 어떻게 자연발생적이고 분산적으로 자기이익에

---

32) 만약 어떤 행위자가 사후적으로 결과를 뒤집을 수 있다면, 다른 행위자들은 규칙에 따라 게임에 승리할 수 있는 기대치를 하향조정하여야 한다.

따른 순응이 작동되는지를 도식적으로 제시해 보자.

군부나 또는 부르주아와 군부의 연합과 같은 특정한 행위자의 관점에서 상황을 검토해 보자. 항상 민주적 과정의 결과는 행위자를 승자, 또는 패자로 만든다. 여기서 승리했을 때의 가치는 패배했을 때의 가치보다 크다($W>L$). 어떤 미래의 민주적 경쟁에서도 자신들이 승리할 수 있는 확률은 p이다.[33] 행위자들에게 가능한 행동은 순응 또는 전복이다. 만약 그들이 전복을 기도한다면, 그들은 S를 얻는다. 여기서 S는 그들이 실패해서 처벌받을 위험을 포함하고 있다.[34] 그리고 만약 이러한 행위자들의 순응이 문제가 되었을 때, $W>S>L$로 나타날 것이다.[35] 그때 그들이 금방 패배했다고 가정해 보자. 이것을 $t=0$라고 하자. 만약 그들이 순응한다면 그들은 L(0)을 얻을 것이다. 만약 그들이 전복을 기도한다면 그들은 S(0)를 얻게 될 것이다. 만약 그들이 즉각적인 이익에 따라서만 행동한다면 그들은 전복을 기도할 것이다. 그러나 제도는 행위자들에게 시차적인 관점을 제공한다. 비록 금방 패배했다 하더라도, 행위자들은 만약 이번에 순응한다면 그들은 $C(1)=pW+(1-p)L$을 다음 번에 얻을 수 있으며, 그리고 비록 $L<S$이지만 그것은 실제로 $L(0)+C(1)>S(0)+S(1)$이 되어, $t=0$에서 그들로 하여금 순응을 인도한다는 것을 안다.

이 주장을 일반화시켜 보자. 행위자들은 할인율(위험부담률—역자주)이 $0<r<1$일 때, 미래에 대해 할인한다고 가정하는 것이 합리적이다. 이 경우 다음 번에 그들이 순응에 주는 가치가 rC가 되며, 그 다음에 주는 가치가 r^2C가 된다. 따라서 누적된 순응의 가치는 C^*이다. 만약 그들이 전복을 기도한다면 그들은 이번 게임에서 손실을 만회할 수가 있고, 지금과 미래에 S를 얻을 것이라고 기대할 수 있다. 누적된 전복의

---

33) 이 (p)는 현재 시점에서 그들이 붙인 확률이다. 그들은 자신들이 승리할 것인가 패배할 것인가에 관해 알게 되면 이러한 확률을 조정할지도 모른다.

34) S는 결과를 전복하고자 하는 시도가 성공적 확률과 전복의 성공과 실패의 효용에 의존한다. 만약 q가 이러한 확률이고 D가 성공적인 전복의 가치이며 실패한 전복의 가치를 F라고 한다면, $S=qD+(1-q)F$가 된다.

35) 어떤 행위자들에게 $S>W>L$가 주어졌을 때, 항상 전복을 기도할 것이다. 만약 그들에게 $W>L>S$가 주어지면, 그들은 결코 전복하려 하지 않을 것이다.

가치는 S^*이다. 만약 $C^*>S^*$가 되면 패배자들은 $t=0$에서 순응할 것이다.

성공적인 전복의 가능성과 그 전복의 실패와 관련된 비용은 민주적 제도를 수호하고자 하는 다른 정치세력들의 의지에 의존하고 있다는 것에 주목해 보자. 따라서 사람들은 '균형을 다른 방향으로 기울어지게 하기'라는 관점에서 생각해 보려는 유혹에 빠질 수도 있다. 각 행위자의 민주주의의에 대한 지지는 민주주의를 지지하는 다른 행위자들의 수에 의존하고 있다는 것이다. 그러나 민주적 게임에서 행위자들은 동일하지 않다. 민주주의는 단지 수의 문제만이 아니다. 확실히 군부에 대한 문민 통제의 제도적 틀은 민주적 공고화의 중추적인 지점을 구성한다.

사람들은 더 분화된 전략, 불완전한 지식과 학습, 더 합리적인 승자와 패배의 개념을 허용하는 더 현실적인 방법을 사용하였으나 오히려 문제를 더 복잡하게 만들고 말았다.[36] 그러나 이러한 단순 모델로부터 근본적인 결론들이 이미 나왔으며, 이 모델이 서술적으로 보다 현실화된다면, 계속 유지될 수 있다. 순응은 민주적 제도내에서의 승리 가능성에 의존하고 있다. 특정한 행위자 i는 민주적 경쟁에서 승리할 수 있는 가능성 $p(i)$가 어떤 최소치보다 크다면 순응하게 될 것이다. 이것을 $p^*(i)$라고 하자. 이 최소한의 확률은 민주주의 전복의 결과에 부여하는 가치, 민주적 과정의 결과에 특정한 집단적 행위자가 부여하는 가치, 그리고 미래에 대한 위험 인식에 의존하고 있다. 어떤 행위자가 정치세력들간의 관계가 민주적 제도내에서 뒤바뀌지 않을 것이라고 확신하면 할수록 그는 더 순응하게 될 것이며, 전복이 덜 위험스러워질수록 잠재적 반민주 세력이 민주주의에 순응할 확률은 낮아진다.[37]

---

36) 여기서 승리와 패배의 개념이 매우 단순화되었다는 것에 주목해 보자. 각 집단들은 결과의 광범위한 스펙트럼에 대해 자신들의 이익을 정의하고 이러한 이익들이 실현되는 특정한 방법과 정도에 가치를 부여한다. 그러므로 승리하는 것과 패배하는 것은 다차원적 선호 등고선에 의해 계속적으로 정의된다. 그러나 만약 논리적으로 함축하고 있는 의미가 단순 모델에서 동일하다면, 수학에 그렇게 신경을 쓸 필요는 없다.

37) 바로 이 결론이 아니라 그 논리에 대해 호기심을 느끼는 사람들을 위해 여기에 그 모델이 있다. 만약 행위자가 시간 t에서 패배하였고, 기호법적 편리를

위에서 살펴본 것은 역사적 사건을 묘사하려는 의도에서 제시한 것은 아니다. 내가 테일(Theil, 1976: 3)을 인용하면서 자주 느끼는 것은 "모델들은 사용되기 위해서 만들어지는 것이지 믿도록 만들어지는 것은 아니다"는 것이다. 이 모델이 제시하는 것은 어떤 구체적인 상황을 분석하는 데 있어 우리들은 민주주의하에서, 그리고 민주주의 바깥에서 자신의 이익을 향상시키려고 하는 특정한 정치세력이 부여하고 있는 가치와 기회를 고려하여야 한다는 것이다. 민주주의는 모든 관련된 정치세력이 특정한 제도의 체계하에서 잘할 수 있는 최소한의 확률을 가질 때, 일반적인 순응을 불러일으키며, 그 순응은 자기강제적이 되는 것이다.[38)]

이 확률은 집단에 따라 달라진다. 우리는 앞에서 그 확률이 특정한 제도적 장치와 참여자들이 민주적 경쟁에 동원하는 자원에 의존하고 있다는 것을 배웠다. 우리는 지금 그 확률이 민주주의를 몰락시키기 위해 특정한 행위자가 동원할 수 있는 힘에 의존하고 있다는 것을 또한 배웠다. 군부는 민주주의하에서 자신의 이익을 추구할 수 있는 전망이 약하지만 무력으로 민주주의를 전복시킬 수 있다. 그들의 W는 낮고, S는 높다. 그러므로 그들의 p^*는 상당히 높을 것이다. 부르주아지는 민주주의하에서도 잘할 수 있고, 민주주의 바깥에서도 잘할 수 있지만, 성공적인 체제 전복을 위해서는 군부를 필요로 한다. 노동조합과 다른 임금노

위해 t=0라고 하면, 순응으로부터 대가는 $C^*=L+\sum r^t C(t)=L+[r/(1-r)]C$가 된다. 전복으로부터 얻는 대가는 S^*이고, 이는 행위자가 전복의 성공에 부여하는 확률과 행위자의 비민주적 미래에 대한 할인율에 의존한다. 그러므로 만약 $C^*>S^*$가 되거나 또는 $p>(1/r)\frac{(1-r)S*-L}{W-L}=p*$가 되면 행위자는 순응한다. 여기서 $dp^*/dr<0$라는 것에 주목해 보자: 특정한 행위자가 민주주의하에서의 자신의 미래에 대해 보다 많은 신뢰를 가지고 있으면 있을수록 순응을 야기하는 데 필요한 최소한의 확률은 낮아진다. 반대로, q를 전복의 성공의 가능성이라 하고, $dS^*/dq>0$이면, $dp^*/dq>0$가 된다. 특정한 집단에게 전복이 덜 위험 부담스러워질수록 민주적 결과에 복종하는 데 필수적으로 요구되는 확률은 높아진다. 마지막으로 어떤 행위자가 금방 패배하였을 때, p^*가 순응을 야기하는 데 충분하다고 하면, 승리하였을 때도 순응을 야기하는 데 충분할 것이다. 그러므로 $p>p^*$는 최소한의 조건이다.

38) 관련된 정치적 세력들이란 S>L인 세력들이다. L>S인 세력들은 어떤 장외적인 선택도 없으며 어떠한 보장도 필요없다.

동자 조직들은 민주적 경쟁에서 아주 잘할 수 있지만, 그들은 종종 민주주의가 몰락하면 야만적으로 억압받는다. 그들은 L>S이며 항상 순응을 선호하는 집단일지도 모른다.[39] 더구나 특정한 집단에게 필수적으로 요구되는 보장은 역사적 조건에 따라 다르다. 1976년 이후 스페인에서 군부는 항상 S와 L 사이에서 무관심하였다. 그들은 프랑코 통치 아래에서 너무 굶주렸기 때문에 민주주의하에서의 어떠한 비정치적 삶도 그들에게는 만족스러운 것처럼 보였다. 반대로 1983년 이후 아르헨티나 군부는 L을 S보다 훨씬 열등한 것으로 보았다. 그들에게 패배한다는 것은 장기간의 감옥행을 의미하였다. 이 예들에서 내가 보여주기를 원하는 것은 심지어 가장 단순한 모델조차도 특정한 행위자들과 서로 다른 역사적 조건들을 구별해 주는 어떤 힘이 있다는 것이다.

그러므로 민주주의 체제에 남아 있기 위해 필수적으로 요구되는 최소한의 기회는 이익들간의 민주적 상호작용에서의 패배의 가치에 의존하고 있다. 민주주의를 전복하거나 다른 세력들로 하여금 전복하도록 교사할 수 있는 장외적 선택을 가지고 있는 정치적 세력들도 만약 그들이 민주주의하에서 계속 패배하는 것마저도 대안적 체제하에서의 미래보다 더 낫다는 것을 확신한다면 민주적 게임내에 남아 있을 것이다. 결국 민주주의는 많은 집단들로 하여금 다른 대안적 체제보다 민주주의를 더 선호하게끔 만드는 데 충분한 하나의 근본적인 가치를 제공하고 있다. 그것은 자의적 폭력으로부터의 안전이다. 스페인 공산당 서기장이었던 산티아고 카릴로는 1974년에 "우리들은 노동자계급을 거역하는 상황을 만들기보다 이 부르주아지들에게 잉여가치를 지불하는 편이 낫다는 것을 노동자계급에게 설명할 용기를 가져야 된다"라고 말했다 (Carrillo, 1974: 187).

심지어 순수한 경제적 관점에서 보더라도 민주주의의 경제적 유효성에 대한 신념은 민주적 제도내에서의 분배적 갈등에서 승리할 기회가 거의 없다고 보는 사람들에게도 민주주의에 대한 공약의 원천이 된다. 만약 민주주의가 장기적으로 경제발전에 유용한 것으로 믿어진다면 다

39) 아르헨티나의 페론주의 노동조합이 가장 예외가 될 법하다.

양한 집단들은 분배를 둘러싼 갈등에서 승리할 기회가 거의 없다고 하더라도 이 체제를 선택할 것이다. 민주주의하에서 패배의 기대 가치가 높으면 높을수록 승리의 기회를 잡아야 할 필요성은 낮아진다.[40)]

이 마지막 가설은 끊임없이 제기되는 민주주의의 사회적 조건의 문제에 대한 함축을 가지고 있다. 이 가설은 거꾸로 바꾸어 놓으면, 만약 어떤 중요한 정치세력들이 분배적 갈등에서 승리할 기회가 전혀 없고, 또한 민주주의가 패배자들의 물질적 조건을 향상시켜 주지 않는다면 민주적 제도하에서 계속된 박탈로 고통받을 것으로 기대되는 사람들은 민주적 제도에 적대적일 것이다. 순응과 참여를 불러일으키기 위해서 민주주의는 실제적 결과를 발생시켜야만 한다. 민주주의는 모든 관련된 정치적 세력들에게 그들의 물질적 복지를 향상시킬 수 있는 기회를 제공하여야 한다. 실제로, 1946년과 1988년 사이에 민주주의이든, 권위주의이든 남미의 모든 체제는 그 다음 12달 동안 살아 남았고, 마이너스 성장을 기록한 체제는 81.8%가, 그리고 2년 연속 심각한 소득의 감소를 기록한 체제는 67%만이 살아 남았다.

그러나 이 가정이 의미하지 않는 것이 무엇인가를 이해하는 것이 더 중요하다. 첫째, 제도들이 순응을 불러일으키기 위해서 민주주의가 사회적 내용이 있어야 한다는 것을 의미하는 것은 아니다. 만약 민주주의를 결과가 항상 불확실한 체제라고 한다면 민주주의의 '사회적 내용'은 평등, 정의, 복지 등에 대한 사회적 공약을 의미하지 않는다.[41)] 그러한 공약은 실현 가능하지 않다. 민주주의하에서 결과들은 정치세력들간의 경쟁에 의해 결정되며, 따라서 불가피하게 사전적으로 불확실할 수밖에 없다. 일반적 복지를 증진시키고, 민족적 단결을 도모하며, 인민의 문화를 향상시키거나 또는 모든 사람에게 품위 있는 삶의 조건을 제공하겠

40) 만약 분배적 갈등에서 승리할 수 있는 기회가 낮은 정치세력이 민주주의에서 전체의 몫을 증가시킨다고 믿는다면 이것은 사실이다. 다시 p^*에 되돌아가 보자. 그 도함수는 $dp^*/dl=-(1/r)[W-(1-r)S^*]/(W-L)^2$이며 이는 0보다 작다.

41) 이것은 나와 베포트(Francisco Weffort)와의 계속된 논쟁의 주제이다. 가장 최근에 나온 그의 변명에 관해서는 "Incertezas da transsiçâo na Aḿerica latina"(1989)를 보라.

다고 맹세한 헌법들은 카타르시스를 위해서 필요할지는 모르나[42] 실제로 준수되는가는 다른 문제이다. 헌법들은 맹세가 아닌 법으로 표현되는 수준에서만 준수된다.[43] 만약 제도적 틀이 민주적 경쟁에 들어가는 서로 다른 세력들이 불평등한 자원을 가지고 있음에도 불구하고, 사회정의를 선호한다면 민주주의는 사회적 내용을 가지고 있는 것으로 끝난다. 그러나 민주주의는 제도의 문제이지, 실질적인 공약의 문제는 아니다.

둘째, 만족할 만한 경제적 실적을 내지 못한다면, 민주주의는 지속될 수 없다는 주장은 무자비한 객관적 법칙은 아니다. 최근 신생 민주주의 국가에서 우리가 반복해서 듣는 구절은 "민주주의는 무엇인가를 가져다 주어야 한다. 만약 그렇지 못하다면…" 이다. 이 생략된 부분을 다시 표현할 필요는 없다. 왜냐하면 너무도 자명하기 때문이다. 아르헨티나 장군들이 "경제 상황이 민주주의를 위험에 빠뜨리고 있다"(*New York Times*, 3 January, 1990)고 계속해서 선언하였을 때, 그들은 마치 객관적 법칙의 무의식적인 대변인인 것처럼 주장하였다. 그들은 경제적 위기가 시민들로 하여금 민주주의를 반대하도록 만들고 성공적인 체제전복의 가능성을 증가시켜 민주주의의 전복을 통해 그들의 선호를 실현시켜 주기를 기대하였다. 그러나 민주주의가 악화된 경제적 조건에서도 살아 남는가, 남지 않는가는 조건과 제도의 결과에 따라 결정될 것이다. 대공황기(Great Depression)의 유럽의 경험이 보여주는 것처럼 어떤 제도적 틀은 다른 제도적 틀보다 경제적 위기에 대한 저항력이 크다.

결론적으로 정태적인 관점에서 볼 때, 민주적 제도가 '공정'하여야 된다. 민주적 제도들은 모든 관련된 정치적 세력들에게 이익와 가치의 경쟁에서 때때로 승리할 수 있는 기회를 주어야 한다는 것이다. 동태적인 관점에서 볼 때, 민주적 제도들은 효율적이어야 한다. 민주적 제도들

---

42) 10명 이상을 고용하는 모든 회사들은 반드시 새로 고용하는 노동자들의 10% 이상을 45세 이상의 노동자들로 채워야 한다는 조항은 언급할 필요조차 없다.

43) 이것들은 현재 폴란드의 헌법 논쟁으로부터 유추하였다(*Trybuna Ludu*, 17 September, 1989를 보라).

은 민주주의하에서 패배마저도 비민주적 대안하에서의 미래보다 더 매력적이 되게 해야 한다. 이 두 가지 측면들은 어느 정도 상호 교환적이다. 그것은 정치세력들이 민주적 게임의 규칙을 계속 따라간다면 그들의 미래가 더 나을 것이라고 기대할 때, 그들은 민주적 결과에 순응한다는 주장을 다른 방법으로 표현하고 있는 것이다. 그들이 승리할 수 있는 공정한 기회를 가지거나, 아니면 패배하는 것도 나쁘지 않다는 것을 믿어야만 한다. 그러므로 순응을 불러일으키고 공고화되기 위해서 민주적 제도들은 어느 정도 공정하여야 하며 보충적으로 효율적이어야만 한다.

그러나 어떤 조건하에서는, 특히 경제적 문제와 관련된, 필수적인 요건들은 모순적이다. 공정성은 모든 주요한 이익들이 한계적으로 보장될 것을 요구하며 효율성은 심각한 이익의 침해를 필요로 한다. 경제적으로 효율적이기 위해 정부는, 예를 들어 토지개혁이나 효율적인 경제를 위해 대규모 실업을 발생시키는 등과 같은 어떤 재산권을 침해하여야 한다. 주요한 경제변혁을 촉진하는 제도들은 모든 이익을 보호할 수 없다. 모든 이익을 보호하는 제도들은 주요한 경제적 변혁을 위한 적절한 틀이 아니다.

실제로 좌익의 전통적인 딜레마는 심지어 절차적으로 완벽한 민주주의조차도 과두제를 존속시킨다는 것이다. 즉 부자의 빈자에 대한 지배이다. 역사적 경험이 보여주는 것처럼 민주주의는 사회적 영역에서 빈곤과 불평등과 공존하며, 그리고 공장, 가족, 학교, 감옥에서의 억압과도 양립할 수 있다는 것이다. 그리고 우익의 전통적인 딜레마는 민주주의가 소수의 부자에 대한 가난한 다수의 지배로 바뀔 수 있다는 것이다. 민주적 절차는 재산을 위협할 수 있다. 보통선거권과 결사의 자유를 통한 정치권력은 재산권을 제한하기 위해 행사될 수도 있는 것이다. 그러므로 민주주의가 자율적인 정치세력의 분산적 전략의 균형이 되는 조건은 제한적이다. 이것이 왜 민주주의가 역사적으로 깨지기 쉬운 정치적 갈등의 조직형태인가를 보여준다.

제도적 디자인

이 추상적 논의가 특정한 제도에 대하여 무엇을 함축하고 있는가? 어떤 종류의 제도적 장치가 오래갈 수 있고 문제가 되는가? 헌법은 정치적 경쟁과 소수자의 보호에 관한 규칙만을 담아야 하는가, 아니면 실질적인 공약을 포함시켜야만 하는가? 의원내각제는 대통령제보다 갈등을 보다 더 잘 조절할 수 있는가?44) 위기의 시기에 경제정책에 대한 동의를 불러일으키는 데 필요한 어떤 조합주의적 이익조직의 요소는 없는가?

헌법과 정치적 현실과의 관계는 명백한 것은 아니다. 영국과 이스라엘을 제외하고 모든 국가는 공식적으로 채택된 성문 헌법을 가지고 있다. 그러나 이 헌법들은 실제 정치생활에서 극히 다양한 역할을 수행하고 있다. 미국에서 동일한 헌법이 200년 이상이나 살아 남아 계속해서 정치생활에 영향을 미쳤고, 하나의 중요한 예외를 제외하고, 정치적 갈등은 헌법의 규정에 따라 틀이 지워졌다. 1853년 채택된 아르헨티나의 헌법은 1949년에서 1957년의 짧은 기간을 제외하고는 문서상으로는

44) 린츠(Linz, 1984)는 대통령제를 반대하고 의회제를 옹호하는 많은 주장을 발전시켰다. 나는 의회제가 전체적 보상(payoff)을 증가시키는 반면에 대통령제는 제로섬 게임을 발전시킨다는 그의 관찰에 특히 설득당하고 있다. 그 이유는 다음과 같다. 대통령제에서 승리자는 모든 것을 차지한다. 그는 연합을 구성하는 데 있어 어떠한 패배자도 포함시키지 않고 정부를 구성할 수 있다. 실제로 패배한 후보는 어떠한 정치적 지위도 가지지 못하지만, 의회제에서 그는 야당의 당수가 될 수 있다. 그러므로 위의 모델의 관점에서 다른 조건이 같다면(그것은 W+L=T가 두 체제에서 동일한 경우이다), 의회제보다 대통령제하에서의 승리의 가치 W는 크고, 패배의 가치 L은 보다 작다. 이제 정치적 행위자가 1년마다 r(미래에 대한 할인률—역자 주)의 비율로 미래를 고려한다고 가정해 보자. 대통령제에서 그 기간은 어떤 시기로 고정되어 있고(t=PRES), 그리고 다음 번의 기대되는 가치가 $r^{PRES}[pW+(1-p)L]$이 된다. 의회제에서 승리자는 단지 의회제에서 충분한 지지를 받는 동안 지배할 수 있으며, 즉 기간은 t=PARL이고 다음 번에 기대되는 가치는 $r^{PARL}[pW+(1-p)L]$이다. 만약 의회제하에서 기대되는 기간이 대통령제보다 현저하게 길지 않다면, 패배자는 의회제하에서의 민주적 게임에 남아 있으려고 하는 인센티브를 더 크게 가지고 있다는 것을 기초 대수학이 보여준다.

지금도 남아 효력을 발휘하고 있다. 그러나 아르헨티나의 정치적 갈등이 헌법 규정에 따라 처리된 것은 전체 기간의 반에 지나지 않는다. 1789년 이후 프랑스에서는 헌법이 여러 번 바뀌었는데, 실제로 모든 중요한 정치적 대변동은 새로운 헌법을 만들어 냈다. 그러나 헌법이 힘을 가지고 있을 때에만 각 헌법은 권력의 행사와 계승의 유형을 규제하였다. 마지막으로, 2×2 테이블의 마지막 빈 칸을 채우기 위해서 한국에 대해서 이야기해 보자. 한국에서 주요한 헌법적 개혁은 1948년 이후 매 3년 9개월마다 일어났으며 어떠한 권력의 계승도 헌법에 따라 이루어지지는 않았다. 오랫동안 지속되고 준수되는 헌법, 오랫동안 지속되고 무시되는 헌법, 종종 변하고 그 때마다 존중되는 헌법, 자주 수정되고 계속 무시되는 헌법 등이 있다. 헌법의 역사적 경험이 헌법에 관한 정확한 지식을 제공해 주지 않는다.

실제로, 나는 놀랍게도 제도적 디자인에 관한 문제에 대답할 수 있는 충분히 경험적으로 신뢰할 만한 지식을 우리가 가지고 있지 않다는 것을 발견하였다. 우리는 대통령제와 의원내각제의 영향에 관한 직관을 가지고 있고 서로 다른 선거제도의 효과를 알고 있으며, 그리고 우리는 독립적인 사법부가 갈등에 직면하였을 때 중요한 중재 세력이라고 믿는 경향이 있지만, 우리의 현재의 경험적 지식은 제도적 디자인에 관한 폭넓은 불일치를 남기고 있다. 폴란드에서 민주주의는 강한 대통령제에서 더 잘 공고화될 수 있는가, 아니면 약한 대통령제에서 더 잘 공고화될 수 있는가, 또는 단순 다수제에서인가, 아니면 비례대표제에서인가? 공동의 가치에 대한 공약을 확인하는 헌법하에서인가, 아니면 확인하지 않고 열어 놓은 헌법하에서인가? 우리는 특정한 역사적 조건에 부딪힐 때, 위의 문제에 대해 대답할 수 있는 충분한 지식을 갖고 있지 않다.

우리가 그러한 문제에 신뢰할 만한 방법으로 대답할 수 없는 이유는 민주주의의 공고화가 조건들과 제도들이 결합된 결과일지 모른다는 것이다. 제도들은 조건들에 들어 맞아야 한다. 루소(Rousseau, 1986: 1)는 폴란드 헌법을 디자인하는 과정에서 "우리는 우리들이 건설하는 국가를 철저히 알아야 한다. 그렇지 못하면 최종의 헌법 작품이 뛰어나다 하더라도 그 헌법을 작용하려고 할 때, 그 헌법은 불완전하다는 것이 증명될 것이다. 만약 국가가 이미 형성되어 취향, 관습, 편견, 결점이 너무 뿌리 깊게 박혀 있다면, 새로운 헌법은 이식되기도 전에 질식하고 말 것이다"라고 정확히 쓰고 있다. 그리고 우리는 그러한 결합 효과에 관해 신뢰할 만한 지식을 획득할 수 있는 충분한 경험적 조사를 하지 못했다.

그러므로 나는 단지 초보적인 추측을 해보겠다. 준수되고 오랫동안 지속되는 헌법은 정치적 전쟁에 걸린 이해관계를 줄이는 헌법이다. 공직을 노리는 사람들은 그 공직에 도달할 수 있다는 기대를 할 수 있어야 한다. 패자들은 다시 도전할 수 있다는 것을 기대할 수 있어야 한다. 그러한 헌법은, 나폴레옹이 말했던 것으로 추정되는데, "짧고 모호하여야" 한다. 헌법은 실제적 결과는 정치적 상호작용에 맡겨둔 채 정부의 범위를 규정하고 경쟁의 규칙을 세우는 데 그친다. 일시적인 정치적 우세를 강화하기 위해 채택된 헌법, 그리고 가장 최근의 승자들 사이에 지배의 협약에 불과한 헌법은 그 정치적 승리를 발생시킨 조건들이 유지되는 동안만 지속될 뿐이다. 또한 모든 사람들로 하여금 실제적인 요구를 삽입하는 것을 허용하는 헌법, 실질적 공약을 헌법 조항에 안치시킴으로써(바이마르 헌법의 사회권리 조항이 그 대표적이다) 타협을 비준하는 헌법은 종종 실행되기가 불가능하다.[45]

이 주장을 한 단계 더 밀고 나가기 위해서 여전히 극도로 추상적이지만, 세 가지 관찰을 제시해 보겠다. 첫째, 성공적인 민주주의 국가의 역사에서 선거 다수는 드물었다는 것은 주목할 만한 가치가 있다. 전후 15번의 선거 가운데 단 한 번의 선거에서만 일당에 대해서 다수표를 던진 것으로 나타났다. 그러므로 대부분의 민주주의 국가들은 자신의 혼자 힘만으로 통치할 수 없는 정당들 사이의 명시적인 연합, 또는 다수 정당들의 암묵적인 지지의 보장에 기초한 소수 정부에 의해 통치되어 왔었다. 둘째, 성공적인 민주주의 국가들은 제도가 일시적 우세를 장기

45) 브라질의 룰라(Lula)는 선거 전의 인터뷰에서 "만약 우리가 신 헌법의 사회권리 조항을 실천에 옮기려 한다면, 우리는 혁명을 해야 할 것이다"라고 말했다(Luis Inacio Lula da Silva, *Veja*, 29 November, 1990: 4.).

적으로 굳히는 것을 어렵게 만들고 있는 나라들이다. 권력으로부터 나오는 수익의 체증이 제도적으로 완화되지 않는다면, 패자들은 그들이 패배한 그 시간부터 투쟁하여야만 한다. 왜냐하면 다음 기회를 기다릴 경우 성공할 확률이 거의 없기 때문이다. 셋째, 그러나 정부는 통치할 수 있어야 한다. 정부는 어떤 요구들이 공공영역에 도달하지 못하게 하는 것을 막을 수 있어야 하며, 모든 중요한 집단들이 공공정책에 대해 비토권을 가지는 것을 허용하지 않을 수 있어야 한다는 것을 의미한다.

이러한 관찰에 두 가지의 부정적인 규칙을 첨가하자. 안정적이고 효율적이기 위해서 민주주의 제도는 정치세력들의 변화하는 힘의 관계에 대해 반응을 보이지 않는 정부정책을 입안할 때, 협의와 합의의 의무로부터 자유로운 정부정책을 집행할 때, 규칙을 준수하지 않는 정부를 낳아서는 안된다. 그리고 정부는 또한 정책의 결정과 집행을 마비시켜서는 안된다. 모든 이익들이 정책 형성 과정에서 대표되어져야 한다. 그러나 어느 누구도 정책의 입안과 집행을 일방적으로 봉쇄할 수 없어야 한다. 이 결론을 정식화하는 또 다른 방법은 안정적인 민주주의는 정부가 통치하기에 충분할 정도로 강력해야 하지만 중요한 이익들에 반하여 통치할 수 없을 정도로 충분히 약해져야 한다는 것이다.

만약 이러한 관찰이 유효하다면, 성공적이기 위해서 민주적 제도들은 좁은 한계내에 남아 있어야 한다. 그리고 어떤 역사적 조건하에서 그 한계들 사이의 공간은 없을 것이다. 민주주의의 공고화가 항상 가능한 것은 아니다.

민주주의로의 전환

자기강제적인 민주주의가 독재가 붕괴되었을 때 일어나는 전략적 상황으로서의 '전환'의 가능한 유일한 결과는 아니다.[46] 권위주의 체제의

46) '전환(transition)'이라는 말은 이러한 상황에 잘 어울리는 말은 아니다. 왜냐하면 이 용어는 결과가 사전에 결정된다는 것을 암시하기 때문이다. 그러나

붕괴는 역전되거나 또는 새로운 독재로 나아갈 수 있다. 그리고 설사 민주주의가 세워졌다고 하더라도, 그것이 반드시 자기유지적이지는 않다. 민주적 제도들은 정치적으로 중요한 세력들로 하여금 민주주의의 전복을 야기시키는 결과를 체계적으로 발생시킬 수도 있다. 그러므로 공고화된 민주주의는 권위주의 체제가 붕괴했을 때 일어날 수 있는 가능한 결과들 중의 하나일 뿐이다.

현재의 경제적·정치적·제도적 조건하에서 자율적인 사회세력들이 다른 세력들에게 자신의 정치적 우위를 굽혀주는 체제를 강요하려고 투쟁한다고 할 때, 자발적으로 채택되고 분산적인 순응을 이끌어 낼 수 있는 제도가 있는가? 갈등하는 이익들이 자신들의 권력을 제도에 이전함으로써 현재의 정치적 우위를 미래에 이용하는 것을 자발적으로 자제하는 것이 합리적인 것이 되는 때는 언제인가? 갈등하는 이익들이 순응을 야기하며 민주주의를 자기강제적으로 만드는 '민주적 협약'에 도달하게 되는 때는 언제인가?

우리는 지금 자유주의적 정치이론의 고전적 문제에 바로 직면하고 있다. 17세기 이후 정치철학자들은 갈등의 야만적인 혼란으로부터 협력의 평화로운 생활로의 연금술적인 변동을 시킬 수 있는 비법을 찾으려고 해왔다. '리바이어던'을 시작으로 수많은 제안들이 나왔으며, 최근 점점 더 낙관적인 제안들이 나오고 있다. 우리는 사회질서의 문제가 관습(Lewis, 1969; Sugden, 1984), 협력의 자발적인 진화(Taylor, 1976; Axelrod, 1984), 규범(Ullman-Margalit, 1977; Axelrod, 1986), 도덕(Gauthier, 1986), 그리고 자비로운 제도(Schotter, 1981)에 의해서 해결될 수 있다는 주장을 듣고 있다.

일반적으로 제기되는 문제는 다음과 같다. 갈등과 조정의 다양한 혼합으로 분류되는 어떤 전략적인 이익구조가 있고, 그에 대한 비협력적 해결책이 규범적으로 소망스럽지 않은 모습을 띠고 있을 때, 자발적으로 채택되고, 일단 채택되면 자생적인(자유롭고 분산적인) 순응을 불러

나는 민주주의의 전환에 관한 거대한 문헌들에서 보편적으로 사용되는 어법에 따르기로 결정하였다.

일으킬 수 있는 어떤 장치(국가, 계획, 관습, 도덕, 규범, 제도, 복권)가 있는가? 즉 집단적(파레토적) 합리성 또는 정의, 공정, 공평 또는 평등과 같은 다른 복지의 기준을 만족시킬 수 있는 규범적 소망을 지지하는 행동들을 불러일으킬 수 있는 어떤 장치가 있는가? 철학자들은 규범적으로 소망스러운 행동을 이끌어 낸다 하더라도, 순응을 강제하는 제도를 찾으려 하지 않고 자발적인 순응을 불러일으키는 장치를 추구하여 왔다는 사실에 주목해 보자.

이 방식은 그것의 유용성을 제한하는 몇 가지 가정에 기초하고 있다.[47] 가설적인 '개인들'이 자연상태에서 협력의 문제에 직면하고 있다는 자유주의의 출발점은 구체적인 역사적 조건하에서 실제적 행위자들이 직면한 문제를 분석하는 데 도움이 되지 않는다.[48] 관련된 행위자들은 추상적인 개인들이 아니라 정치적 세력들이다. 과거에 이미 구성된 집단적 조직, 자극을 받으면 집단적으로 조직될 수 있는 몇 가지 민중의 범주, 그리고 유권자로서의 개인들이다. 그들은 항상 기왕에 존재하고 있는 관습, 규범, 제도적 맥락하에서 갈등에 들어간다.

그러나 이러한 결합에도 불구하고 민주적 협약의 역할은 바로 그러한 연금술적인 변화를 일으키는 효과가 있다. 협약은 현재의 조건을 개

---

47) 왜 홉스적 공식이 우리의 맥락에서 매우 유용하지 못한가 하는 한 이유는 홉스에 있어서 개인들이 국가를 세우는 첫 번째 이유는 외부의 침입으로부터 자신을 방어해 줄 수 있기 때문이다. 국가가 개인들이 서로가 서로를 해치는 것으로부터 그들을 보호해 줄 수 있다는 것은 국가를 세우는 부차적인 이유에 지나지 않는다(*Leviathan*, ch.17). 비록 영토적 갈등이 때때로 타오른다 하더라도, 우리가 분석하고 있는 이슈는 국가를 세우는 것이 아니라 주어진 영토 위에서 국가를 조직하는 것이다. 국경을 안전하게 하는 것이 파레토 우위라고 하더라도 그것은 민주주의로의 전환과정에서 제도를 둘러싼 갈등을 고찰하는 데 있어서 중요한 고려는 아니다.

48) 게임이론의 문제점은 유용한 방법론과 이데올로기적으로 파생된 명백히 비현실적인 '개인들'의 존재론을 결합한 데 있다. 즉 게임이론은 개인들을 동일한 전략들과 또는 동일한 보상이 주어진 '동질적'인 것으로 가정하고 있다. 이 주제에 관한 나의 편견은 쉐보르스키(Przeworski, 1985)에 취급되고 있다. 카브카(Kavka, 1986: 148)가 신중하게 자연상태를 "시민적 무질서나 국가의 제거에 의해 해소될 수 없는 현실 인간 사회의 모델"로 정의하였다는 것을 주목하라.

인적으로 최적인 분산적·자발적 순응으로 변환시키는 전략들간의 (일회적·비협력적)[49] 균형이다. 협약은 의견을 달리한다는 데 대한 합의이다. 합의에 의해 의한 이러한 조건을 변화시킬 수 있는 유일한 방법은 새로운 제도를 만드는 것이다.

그러므로 민주화 문제의 해결책은 제도에 있다. 정치적 세력들의 자원들은 주어져 있다. 그들의 선호와 조건도 마찬가지이다. 자발적인 순응을 불러일으키는 제도의 체계가 전환의 균형점에 있을 때 게임은 해결된다. 민주주의를 확립하는 문제는 다음과 같다. 정치적 행위자들이 그들의 순응을 불러일으키는 민주적 제도의 틀에 동의할 것인가?

이 문제는 분리된 두 가지 이슈를 포함하고 있다.[50] 첫째, 주어진 조건하에서 일단 확립되었을 때 자발적이고 분산적인 순응을 불러일으키는 어떤 민주적 제도의 체계가 있는가이다. 어떤 이해 구조 속에서는 중요한 정치적 세력들로 하여금 일단 자리를 잡은 제도의 전복을 중지시킬 만한 어떠한 제도도 없다. 둘째, 자기강제적인 민주적 제도의 체계가 제도의 선택에 관련된 갈등의 결과로서 확립되는가이다. 왜냐하면 일단 확립되었을 때 자기강제적인 제도를 발견한다고 하더라도 그 제도들이 특정한 정치세력들의 기회가 다른 대안적·제도적 장치하에서는 매우 달라지게 되는 전환기적 상황들의 균형을 구성하고 있어야 할 필

---

49) 일회적·비협력적이라는 것은 단지 외부적으로 강제되지 않는다는 것을 의미하고 있을 따름이다.

50) 이러한 이슈들은 사회계약론에서 붕괴하였다. 이러한 이론들은 다음과 같은 문제들을 제기한다. 가설적 개인들이 자연상태에서 순응할 만한 가치가 있는 것으로 보는 정치적 질서는 어떤 종류인가? 개인들에 부과되고 있는 가정에 관해 그들은 의견을 달리 한다. 만약 개인들이 새로운 사회질서하에서 그들이 복지에 관해 아무 것도 모르도록 방해하는 베일 뒤에 있다면, 그 때 제기되는 문제는 한때 거기에 있었고, 거기서 얼마나 잘 되는가를 알고 있는 이러한 질서에 왜 그들이 순응하는가이다(Braybrooke, 1976). 또한 만약 개인들이 새로운 사회질서 속에서 그들의 기회를 안다면, 그 때 문제는 왜 그들이 자신들의 상태를 더욱 나쁘게 만드는 결과에 순응하도록 야기하는 사회질서에 동의하는가이다. 만약 민주적 체제가 군부가 순응하는 것이 최상인 문민 통제를 강요할 것이라는 것을 알고 있다면, 군부는 자신의 독재를 선호할지도 모른다. 그러므로 정치적 세력들이 이미 수립된 주어진 제도에 순응하는가 안하는가, 그들이 그것을 수립하는 데 동의하는가, 안하는가의 문제는 별개이다.

요는 없다. 일단의 사람들이 룰렛 게임, 포커 테이블, 블랙잭 카운트가 있는 카지노에 들어갔을 때를 상상해 보자. 플레이어들이 주어진 자원을 가지고 열 번 연속으로 졌을 때에도 계속 플레이할 수 있는 게임이 있는가? 그리고 만약 있다면 잠재적인 플레이어들이 어느 게임을 할 것인가에 대해 동의할 것인가?

이것이 민주주의로의 전환에 내재된 일반적인 문제이다.

부록－왜 결과들은 불확실하게 나타나는가?

민주주의의 한 특징적인 양상은 결과가 모든 참여자들에게 특정한 방식으로 불확실하게 나타난다는 것이다. 민주주의는 마치 모든 사람들이 자신이 생각하고 있는 최선의 것을 하고 난 뒤, 어떤 무작위적인 장치가 결과를 선택하는 것과 같다. 즉 주사위를 던져서 결과를 결정하는 것과 같다. 실제로 그러한가? 만약 그렇지 않다면 왜 그런 것처럼 보이는가? 이 부록의 목적은 민주주의가 낳고 있는 불확실성의 본질과 기원을 명확히 하는 데 있다.

먼저 우리는 민주주의가 작동하는 방식을 묘사해 보자. 몇 가지 사례들이 이에 대한 직관을 도와줄지 모른다.

선거 경쟁은 명백한 것 중의 하나이다. 정당들은 유권자들을 바라보면서, 어떠한 정책적 입장이 최대의 지지를 이끌어 낼 수 있는가를 결정한 뒤, 그 정강하에서 승리할 수 있는 확률을 극대화시킬 수 있는 정책들을 선택한다. 선거일에 결과가 나타난다. 모든 민주주의하에서 다소간 독특하게 정의되는 방식에 따라 정당들은 정부를 구성하거나 야당의 길로 들어서라는 신호를 받는다.

사립학교에 대한 공공원조의 지지자와 반대자는 헌법재판소에서 그들의 입장을 옹호한다. 만약 법이 그들의 편이라면 헌법을 인용하고, 반대의 경우라면 사실을 옹호한다. 법정은 심의하며 판정을 내리고, 그것은 이제 법률적인 현상유지의 표현이 된다.

은행들은 그들이 저지른 과거의 잘못으로 일어난 손실을 메워 주도록 의회에 압력을 가한다. 모든 사람들은 보편주의적인 호소가 특정한 호소보다 설득력 있다는 것을 안다. 은행들은 일생 모은 저축을 잃어버릴 유령 과부들을 소집한다. 정치가들은 적자의 위험을 경고하는 납세자를 대표해야 한다고 주장한다. 의회는 투표로 은행에 대한 긴급구조를 결정하고, 관료들은 수표를 발행한다.

이러한 예에서 불확실성의 여지가 없다는 것을 주목하자. 참여자의 자원과 제도적 틀이 주어졌을 때, 결과는 결정되어 있다. 각 행위자는 자원의 분배 상태를 검토하고 규칙을 알아본 뒤, 만약 그들 모두가 행동에 들어가면, 즉 그들 모두가 최선의 전략을 따른다면 누가 승리하고 패배할 것인지를 결정한다. 그러나 이 때 행위자들은 마치 그들이 결과를 확신하지 않는 것처럼 행동한다.

그들이 결과를 확신하지 않는 것처럼 행동하고 있다는 증거는 이중적이다. 만약 승리하고 패배하는 것이 이분법적이라면, 패배할 것으로 기대되는 사람들은 아무 것도 하지 않을 것이다. 왜냐하면 그들이 할 수 있는 것이 아무 것도 없기 때문이다. 법정은 다른 편이 더 나은 주장을 했다는 이유로 그들의 주장에 반대되는 것을 결정할 것이다.[51] 그러므로 만약 그들이 경쟁한다면 그것은 그들이 자신의 행동의 결과에 대해 알지 못하기 때문이다. 만약 보상이 계속된다면 궁극적인 패배자는 끝까지 행동하도록 강요될 것이다. 그렇지 않으면 그들이 할 수 있는 것보다 더 나쁜 상황을 맞이하기 때문이다. 정치가는 단지 표를 잃지 않기 위해서 그들이 은행을 지원해 주는 것으로 끝난다는 것을 안다고 하더라도 정부의 비대화에 대해 불평하여야만 한다. 그러나 나는 정치적 행위자들이 결과에 대해 종종 확신하지 못하는 데 대한 증거가 있지 않나 생각한다. 민주주의 속에서 모든 사람은 적어도 한 번은 선거의 드라마를 경험한다. 그러한 예는 1970년 칠레 대통령 선거에서의 아옌데(Salvador Allende)의 당선에 대해 "어느 누구도 비밀, 보통, 부르주아

51) 보상(payoff)에 관한 이분법적 관점을 보려면 라이커(Riker, 1962)를 보라. 이 관점은 스티글러(Stigler, 1972)에 의해 반박되어졌다.

선거가 맑스주의 후보의 승리를 가져다 줄 수 있을 것이라고 기대하지는 않았다"라고 적고 있는 칠레의 보수우익 신문 ≪엘 메큐리오(*El Mercurio*)≫의 사설에서도 알 수 있다.

그러면 민주주의에 내재한 불확실성의 원천은 무엇인가?

몇 가지 카드 게임을 살펴보자. 그 첫 번째는 LEN이라고 불린다. 게임을 하는 사람들은 테이블로 다가가 스페이드 에이스에 대한 값을 부른다. 최고 높은 값을 부른 사람은 누구든지 그의 돈을 되찾고 테이블에 있는 돈을 거두며, 경기에 참여하지 않는 사람들로부터도 1달러씩 받는다. 이 규칙은 완벽하게 보편적이다. 모든 사람이 게임을 할 수 있다. 그러나 어떤 플레이어는 다른 플레이어보다 부자이고, 부(富)가 독특하게 결과를 결정한다.[52] 그러므로 여기에 불확실성은 없다. 이것은 왜 레닌이 민주주의를 부르주아 독재라고 개념 정의한 것이 옳았는가 하는 것을 보여준다.[53] 확실한 한 승자를 제외하고, 이 게임에서 1달러 이상 넣은 사람은 누구나 속기 쉬운 얼간이(dupe)이다.

이제 우리는 JON이라는 게임을 해보자. 플레이어들은 카드에 대한 값을 불러 사고난 뒤, 덮어 놓는다. 모든 카드가 돌려지고 난 다음에 그들은 자신들이 무엇을 가졌는지 본다. 스페이드 에이스를 가진 사람이 승자이고 보상은 이전과 똑같다. 이 게임에서 만약 모든 플레이어들이 가능한 한 플레이를 할 수 있다면, 돈을 가장 많이 가지고 있는 사람은

---

52) 미식 축구를 생각해 보자. 운동장, 공, 그리고 일련의 규칙들이 있다. 그 규칙은 팀에 구별 없이 일률적으로 적용된다. 심판과 부심들은 공평하게 어떠한 행동이 규칙에 부합되는지를 판정한 뒤, 구체적인 벌칙을 준다. 그러나 어떤 한 팀은 300파운드의 선수들로 이루어져 있고, 다른 한 팀은 150파운드의 약골로 이루어져 있다면 결과는 확실하다.

53) "재산권과 부르주아지의 지배가 보호되는 가장 민주적인 공화국 중에서도 가장 민주적인 부르주아지 의회조차도 한 줌의 착취자 집단에 의한 수백만 명의 노동자들에 대한 억압기제이다. … 자본주의적 재산권이 존재하는 한 보통선거권은 부르주아 국가의 도구이다"("The Letter to the Workers of Europe and America"[1919], Lenin, 1959: 482). 이 주제에 관한 레닌의 가장 강력적인 선언은 "Theses on Bourgeois Democracy and Proletarian Dictatorship Presented to the First Congress of the Communist International," 4 March, 1919.

가장 많은 카드를 살 것이고 에이스를 얻을 기회가 가장 클 것이다. 만약 N명의 사람들이 똑같이 부유하다면, 승리할 수 있는 사전적 확률은 '1/N, 1/N, …, 1/N'이다. 사실 확률은 끔찍스럽게도 평등하지 않을 수도 있다. 사실 확률 분포는 '(N-1)/N, 1/N, 0, …, 0'로 기울어 질 것이다. 그러나 돈이 살 수 있는 모든 것은 더 좋은 기회뿐이다. 왜냐하면 순수한 기회가 역할을 하기 때문이다. 심지어 단지 한 장의 카드밖에 살 여유가 없는 사람도 상금을 거머쥘 수 있는 확률은 52분의 1이다. 이것이 민주주의의 모습일까?

이러한 분석에 대해 명백히 반대되는 한 주장은 최소한 현대적인 민주적인 국가들은 무작위적인 장치로 기능하는 어떤 제도도 가지고 있지 않다는 것이다.[54] 의회, 관료, 법원은 주사위를 던지지 않고 정당한 근거 위에서 심의하고 결정하고 있는 것이다.

그러나 이것은 사회선택이론에 의해 제시되는 불확실성의 설명이라는 것을 주목하자. 집단적 선호는 끊임없이 순환하기 때문에 그것을 읽는 시점은 특정한 정당성이 결여되어 있으며, 그 결과는 개인적 선호의 관점에서 이해될 수 없다. 그러나 사회선택이론이 의미하는 불확실성은 너무 급진적이다. 그것은 어떤 합리적 행동도 허용하지 않기 때문이다. 사회선택이론은 민주주의를 마치 복권 추첨(LOTTO)처럼 묘사한다. 행위자들은 한 장의 티켓을 살 것인가를 결정한 뒤, 스크린에 나타나는 당첨 번호를 기다린다. 그 결과는 공정하지만, 공정성만이 유일한 정당화일 뿐이다. 이것은 민주주의에 참여하는 충분한 동기가 될 수 없다. 참여하기 위해서, 행위자들은 그들이 하고 있는 것과 그들에게 발생하는 것 사이의 어떤 관계를 보아야만 한다. 만약 모든 사람이 '불가능성의 정리(impossibility theorem)'를 믿는다면, 어떤 사람도 참여하지 않을 것이다. 실제로 엘스터(Elster, 1989)는 집단적 합리성이 무작위적 장치를 요구하는 어떤 상황이 있다는 것을 보여주었다. 결정의 비용이 결정이 만들어 내는 차이보다 더 크다면 그럴 것이다. 예를 들어, 아이의 양

54) 행운에 의한 선거의 역사적 사례들과 그를 옹호하는 심각한 주장들이 있다. 엘스터(Elster, 1989)를 보라.

육권을 차지하려는 싸움이 자질을 덜 가진 부모에게 맡기는 것보다 그 아이에게 더 큰 상처를 줄 수 있는 경우이다. 그러나 일반적으로 사람들이 결과가 무작위적으로 결정된다고 믿는 민주주의는 유지될 수 없다.

그러므로 나는 이것이 민주주의가 작동되는 방법이라고는 생각하지 않는다. 순수한 기회의 요소가 민주적 게임에 들어가지만, 그러나 그것은 민주주의에 외생적으로(exogenously) 작용할 뿐이다. 지도자의 우연적인 사망은 상황을 급격하게 변화시킬 것이다. 그러나 여기서 기회의 역할은 끝난다.

결과들이 불확실하게 되는 또 다른 이유는 행위자들이 무엇을 할지를 알지 못하기 때문이다. 민주주의에는 불확실성이 내재하고 있다는 나의 이전의 주장에 대해 어떤 평론가들은 이것은 개인들이 무엇을 해야 할지에 대해 불확실해야 된다는 것을 의미한다고 결론을 내렸다.[55] 실제로 브라질에서 나는 논문 중의 하나를 'Ama a incerteza e seras democŕatio'라는 제목을 썼다. "만약 당신이 불확실성을 좋아하면 당신은 민주주의자이다."[56] 이제 마냉(Manin, 1987)이 주장한 바와 같이, 민주주의는 시민들로 하여금 기꺼이 그들의 선호를 바꿀 것을 요구한다는 것이 진실일지 모른다. 그러나 시민들은 불확실성을 좋아해야 할 필요는 없으며, 무엇을 할지에 대해 불확실해야 할 필요는 없다.

NOR라는 게임을 행위자들이 어떤 전략이 최고의 결과를 산출하는지를 모르는 게임이라고 하자. 즉 지배전략이 없는 게임이다. 왜냐하면 결과들이 동시적으로 다른 사람들의 행동에 의존하기 때문이다. 이 게임은 다음과 같이 행해진다. 카드에서 값을 부르고 난 뒤, 덮는다. 일단

55) 특히 레츠너(Lechner, 1986)와 허쉬만(Hirshman, 1986). 행위자들이 무엇을 해야 할지를 알지 못하는 데는 실제로 두 개의 명확한 이유가 있다. 하나는 논의된 것으로 그들이 어떤 행동이 그들에게 최상인가를 알지 못하기 때문이다. 그러나 허쉬만과 마냉(Hirshman and Manin, 1987)은 다른 생각을 가지고 있다. 즉 심의에 의해 교육된 행위자들은 자신들의 현재의 선호에 기초해 행동할 것인지 또는 다른 사람들의 선호에 굴복할 것인지를 확신하지 못한다는 것이다. 허쉬만과 마냉의 경우에 있어서 행위자들은 어떤 행동을 할 것인가보다는 자신의 선호에 관해 확신하지 못한다.

56) *Novos Estudos*, 1985.

모든 카드가 돌려지면 게임을 하는 플레이어들[게임을 단순하게 하기 위해 두 명의 플레이어, 로우(Row)과 컬럼(Column)만이 있다고 하자]은 한 카드를 덮어 놓은 채 테이블에 올려놓고 난 뒤, 동시에 카드를 뒤집는다. 그 보상은 '첫 번째는 로우의 보상, 두 번째는 컬럼의 보상'을 나타낸다.[57)]

로우는 무엇을 해야 할지 모른다. 만약 컬럼이 하트의 킹 외에 어떤 다른 카드를 친다면 스페이드의 에이스를 치는 것이 다른 카드를 뽑는 것보다 낫다. 그렇게 하지 않으면 그에겐 더 나쁜 결과가 나올 것이다. 표 1과 똑같은 것이 컬럼에게도 해당된다.

표 1

		Column	
		하트의 킹	어떤 다른 카드
Row	스페이드 에이스	Nothing, All	All, Nothing
	어떤 다른 카드	Something, Something	Something, Something

어떤 다른 게임이론가들은 그 상황에서 할 수 있는 합리적 플레이어는 무작위적 장치를 사용하여 자신의 행동을 선택하는 것이라고 주장한다. 만약 어떤 정당이 좌익이나 우익으로 이동하였을 때, 결과가 다른 정당의 움직임에 따라 좌우되기 때문에 더 많은 표를 얻을 수 있을지를 알지 못한다면, 그 정당은 적절하게 가중치를 준 동전 던지기에 의해 결정해야 할 것이다. 만약 은행들이 과부들에 관한 주장이 직업을 잃을 위험에 처해 있는 직원들에 관한 주장보다 더 설득력이 있는지를 알지 못한다면, 그들은 운에 맡기는 식으로 결정할지 모른다. 이 경우에 결과는 불확실하다. 왜냐하면 결과가 확률적으로 선택된 전략으로부터 나오기 때문이다. 다른 사람들이 무엇을 할 것인가가 주어졌다면, 어떤 사람도 다른 방식으로 전략을 섞기를 원치 않는 속성을 가진 전략들의 조합은 독

57) 자원의 불공평성이 결과에 영향을 미치는 것을 제한하기 위하여 '공정 접근법(the Law of Fair Access)'은 동일한 행위자가 하트의 킹이나 스페이드의 에이스를 동시에 가질 수 없게 하는 것을 보장한다.

특하게 나타나지만 그 결과는 단지 확률적으로만 알 수 있을 뿐이다.[58)]

민주적 행위자들은 그들에게 무엇을 해야 할지를 가르쳐 주는 순서에 가치를 부여하기 때문에, NOR이 민주주의에 대한 그럴듯한 이해가 아니라고 지적한 레츠너(Lechner)의 주장은 옳았다. 칠레에서 혼란스러웠던 통일민중정부(Unidad Popular government) 시기의 아픈 상처에 영향을 받은 레츠너는 무질서는 민주주의를 불안정하게 만든다고 주장한다. 나도 이에 동의하지만, 그러나 나는 결과에 대한 불확실성이 제도적 수준에서의 혼란이나 또는 자신의 행동에 관한 불확실성을 초래하게 된다고 생각하지 않는다.

내가 가장 설득력 있다고 발견한 불확실성에 관한 설명은 아우만(Aumann, 1987)에 의해 제시되었다. 그는, 만약 행위자들이 어떤 것을 알지 못한다면, 만약 그들이 자신들이 얻는 정보에 따라 세계에 관한 그들의 신념을 변화시킨다는 의미에서 인지적으로 합리적이라면,[59)] 그리고 만약 그들이 이러한 신념에 기초해 행동한다면, 그들이 독립적으로 선택한 전략들은 마치 그들이 공동으로 무작위적 장치를 사용하며 선택된 것처럼 확률적인 분포를 나타낼 것이라는 것을 보여주었다.

행위자들이 알지 못하는 것은 무엇인가? 아우만 모델의 가장 강력한 함축 중의 하나는 전통적 게임이론이 행위자들에 허용하는 무지뿐만 아니라 다른 행위자들의 전략에 대한 무지를 포함하는 모든 종류의 것에 행위자들이 무지하다는 것이다. 실제로 아우만의 설명에서 행위자들이 알지 못하는 것이 이것이다. 아마도 각 행위자는 각 전략 조합과 관련

---

58) 이 생각은 유행이 지난 것처럼 보인다. 아우만(Aumann, 1987)과 루빈스타인(Rubinstein, 1988: 9)을 보라. 후자는 "혼합 전략을 게임을 하기 이전에 행위자에 의해 실행되는 제비뽑기의 결과에 의해 조건지어진 행위로 순진하게 해석하는 것은 직관적으로 볼 때 우스꽝스러운 것이다"라고 이야기한다. 또한 어떤 비율로 전략을 섞는 물리적인 혼합 전략은 불확실성을 초래하지 않는다.

59) 아우만 모델에 깔려 있는 하나의 중요한 가정은 지식의 유일한 근거는 관찰이라고 주장하는 소위 하사니(Harsanyi) 독트린이다. 특히, 그 가정은 모든 행위자들은 똑같은 사전적 지식을 갖고 있기 때문에, 만약 그들이 어떤 순간에 교차로를 건너는 데 대해 다른 확률을 부여한다면, 그것은 단지 그들이 관찰한 것이 달랐기 때문이라는 것이다.

된 독특한 결과를 알지도 모르며, 각 행위자들은 자신들이 어떤 것을 하였을 때 다른 사람이 할 수 있는 최선이 무엇인지 알지도 모른다. 불확실성을 발생시키기 위해 요구되는 것만이 가장 최소한의 가정일 뿐이다. 즉 나는 다른 사람이 나를 어떻게 보는지 알 수 없다는 것이다. 어떤 정당의 지도자들은 만약 그들이 반대당의 골격을 계속 깨뜨리면, 다른 정당들은 반격하는 것이 최선이라는 것은 알지만, 만약 반대당이 스캔들을 퍼뜨릴지에 관해 확신하지 못한다면 불확실성이 뒤따를 것이다. 최소한의 가정은 상대방이 나의 선호나 성격을 아는지를 내가 확신하지 못한다는 것이다. 만약 그들이 나를 승리 지향적이거나, 또는 무모한 사람이라기보다 도덕주의자로 볼지도 모른다는 것을 내가 허용한다면, 나는 그들이 무엇을 할지에 관해 확신하지 못할 것이다.

그러므로 민주적 과정의 결과는 불확실하지 않다. 단지 그것은 모든 참여자들에게 불확실하게 나타날 뿐이다. 그러나 '나타난다는 것'을 '허위의식'과 같이 치료할 수 있는 무지를 가르키는 것으로 받아들여져서는 안된다.[60] 불확실성의 출현은 다른 사람들이 나에 관해서 무엇을 생각하는지에 관해 전혀 알 수 없게 하는 분산적 의사결정체계에 의해서 필연적으로 발생된다. 전지전능한 관찰자는 어떤 상황에 대해서도 독특한 결과를 결정할 수 있지만, 어떤 참여자도 관찰자가 될 수는 없다. 왜냐하면 그 관찰자의 이론을 반드시 다른 참여자들이 보편적으로 공유하고 있지 않기 때문이다. 그리고 만약 이론이 공유되지 않는다면,

60) 이러한 맑스주의적 언어(허위의식－역자 주)로 빠지는 것은 우연적인 것은 아니다. 아우만 모델은 맑스의 물신화된 지식 이론의 미시적 기초를 제공한다. 물신화된 지식은 단순한 지엽적 지식, 즉 각 행위자의 관점에서 본 체계의 관점이다. 자본주의에서 교환하는 개인적 행위자들은 교환으로부터 얻거나 잃는다. 만약 내가 산 것보다 많이 판다면 나는 얻을 것이고 그것을 산 사람은 자신들의 노동가치(그러나 반드시 효용은 아닌)를 잃을 것이다. 이것이 지엽적인 자본주의 체계 이론이다. 이 체계내에서 활동하는 모든 사람들은 이 이론에 기초하여 행동하여야 한다. 맑스주의 이론가들에게서 정보를 얻은 모든 사람들은 노동에 의해서만 가치가 창조되고 교환에 들어가는 모든 가치를 합할 때, 그것들의 총합은 제로라는 것을 알게 될 것이다. 그러나 이 지식은 그 체계내의 개인적 행동을 변화시키지 않으며, 변화시킬 수도 없다. 자본주의에 대한 비판이 개인적 행동을 변화시키는 데에는 충분하지 못하다.

다른 사람이 어떻게 그를 인식하는지 확신할 수 없게 되고, 따라서 그들이 무엇을 할지에 관해서도 확신할 수 없게 된다. 전략들은 독립적으로, 그리고 결정론적으로 선택된다는 데 주목하자. 각 행위자는 독립적으로 무엇을 할 것인가를 결정하고, 각 행위자는 어떠한 순간에 무엇을 하는 것이 최선인지를 알고 있다. 그러나 이러한 조합과 연관된 결과는 확률적으로 분포된다.

민주주의에 내재한 불확실성의 특징적 모습을 조명하기 위해서는 권위주의 체제(나는 이 체제의 어떤 중요한 특징을 구별하지 않고 독재와 동의어로 사용하고 있다)의 정형화된 모델을 살펴보자.61)

권위주의 체제의 한 본질적인 특징은 어떤 특정한 사람이 어떤 특정한 결과가 발생하지 못하도록 할 수 있는 효과적 능력을 가지고 있다는 것이다. 프랑코(Franco)에 대해서도 이야기했던 바와 같이, "모든 카드가 그의 손 안에 있다. 그는 정치를 '만들지' 않는다. 그가 바로 정치이다"(Carr and Fusi, 1979: 1에서 재인용). 그 '어떤 사람'은 통치자, 군부와 같은 조직, 정당, 관료 또는 쉽게 확인할 수 없는 집단이나 개인들의 도당일 수도 있다. 나는 아래에서 권위주의 권력기구에 관해 이야기할 것이며, 그리고 우리가 당면한 문제에 관해 더 계몽적인 지식을 제공한다고 생각될 때에만 권위주의 체제들간의 구별을 시도할 것이다.62) 권력기구는 사전적으로(*ex ante*) 행동할 수 있을 뿐만 아니라 사후적으로(*ex*

---

61) 그리고 권위주의 체제를 구별하는 방식은 많이 있다. 전체주의 체제, 권위주의 체제, 프롤레타리아 독재, 일당독재, 전제(samoderzhavie), 국가자본주의 체제, 노멘클라투라(nomenklatura), 관료제 등등으로 이름 붙여지는 소련을 바로 생각해 보자. 나의 목적은 정부 형태의 분류를 제공하려는 것이 아니라 내가 알고 있는 민주주의의 본질적 모습을 두드러지게 보여주려는 것뿐이다. 가장 중요한 것은 나의 논의가 몽테스키외가 전제라고 불렀던 것, 즉 폭군의 의사가 그 날의 질서가 되는 체제와 법을 통해 지배하는 독재(왕정: 법에 의한 지배이지만 법의 지배는 아닌 체제)와의 구별을 무너뜨리고 있다는 것이다. 역사에 나타난 정치체제들의 다양한 유형의 논의를 위해 보비오(Bobbio, 1989: 100-125)를 보라.

62) 권위주의하에서 권력의 중심을 확인하는 어려움에 관해서는 쉐보르스키(Przeworski, 1982)를 보라. 보다 체계적인 분석은 카르도소(Cardoso, 1972)에 의해 제공된다.

port) 행동할 수 있다. 즉 권위주의 권력 기구는 소망스럽지 못한 결과로 이끄는 행동을 금지시키는 규칙을 제정할 수 있을 뿐만 아니라, 자신이 제정한 규칙을 따라 일어난 결과라 하더라도 그것을 뒤집을 수도 있다. 여기에 아르헨티나에서 일어난 예가 있다. 군사정권에 의해 임명된 교육부 장관이 일련의 전문가 집단에게 국민학교 수학 교과서를 준비하라는 일을 맡겼다. 교과서가 준비되었고, 교육부에 의해 검인·출판·배포되었다. 그 교과서가 지역 군관구 사령관의 손에 들어갔을 때, 그 사령관은 학교로부터 그 교과서를 수거하라고 명령하였다. 문제가 된 그 교과서가 지하 유인물이 아니고 권위주의 기구 그 자체의 산물이라는 것에 주목해 보자.[63] 민주주의와는 대조적으로 권위주의하에서 가능한 결과들이 규칙으로부터 연역되지는 않는다.[64] 독재하에서는 법과 정책 사이에 어떤 구별도 없다.[65] 이러한 의미에서 독재는 자의적이다. 민주주의하에서 민주적 과정의 결과들은 그것이 사전에 수립되고 알려진 규칙을 위반하였

---

63) 이 사례의 다른 측면, 즉 명확하게 정의된 권위의 부재에 주목해 보자. 군관구 사령관들에게 국민학교 교과서에 대해 행동지침을 줄 수 있고, 권위를 부여하는 어떤 규칙도 없다. 그는 어떤 것이라도 할 수 있는 총괄적인 권력을 쥐고 있는 것이다. 다른 예를 보자. 폴란드 정부는 1960년 초에 바르샤바 중심부를 재건하기로 결정하였다. 건축 설계 경쟁이 발표되었고 입상 프로젝트는 정부에 의해 선정되었고 승인되었다. 그러나 공산당 비서 중의 한 사람이 제안된 빌딩들이 도시를 지배하고 있는 스탈린 식의 괴물과 같은 건물과 경쟁할지도 모른다고 결론을 내리고, 높이를 줄일 것을 명령하였다. 그는 그가 원하는 어떤 것도 할 수 있다.

64) 이것은 민주주의하에서 소급적인 행동이 불가능하다는 것을 말하는 것은 아니다. 대통령은 에이즈(AIDS)에 관한 보고서를 준비하는 전문가 집단을 관장하는 공중위생국 장관을 임명할 수 있다. 보고서가 발표되었을 때, 대통령은 그 보고서를 거부하거나, 심지어는 그가 임명한 장관을 해임할 수 있다. 그러나 우리는 사전적으로 대통령이 이 모든 것을 할 수 있다는 것을 알고 있다. 그는 거부할 수 있는, 그가 임명한 장관을 해임할 수도 있는 권력을 가지고 있다. 그러나 그에게 대법원의 규칙을 거부하고 판사를 해임할 수 있는 권력은 없다는 것을 우리는 알고 있다. 내가 주장하고 있는 것은 독재하에서는 권력기구가 실제 무엇을 할 수 있고, 할 수 없는지 우리가 사전적으로 알 수 없다는 것이다. 왜냐하면 가능한 결과가 어떤 규칙체계에 따라 일어나지 않기 때문이다.

65) 이것은 몽테스키외가 전제주의의 치명적 약점으로 본 특징이다.

을 때에만 사후에 뒤집어질 수 있다. 독재하에서 가능한 결과들은 어떤 규칙체계에 따라 일어나지는 않는다.

이 주장이 민주주의가 독재보다 불확실성을 덜 발생시킨다는 것을 의미하는가? 나는 이 질문에 대답할 수 없다. 왜냐하면 대답은 보는 관점에 따라 다르기 때문이다.[66] 민주주의와 독재의 차이는 결과를 연역하는 가정에 있다. 독재하에서 결과는 단지 한 행위자의 선호로부터 연역되며, 민주주의에서는 갈등하는 선호와 규칙들로부터 연역된다. 매우 변덕스러운 지도자나 분열된 권력기구를 갖고 있는 권위주의는 우여곡절이 심해서 사람을 계속 당황하게 만든다.[67] 실제로 독재하에서는 결과를 예측할 수 없다. 결과는 단지 독재자의 의사, 또는 갈등하는 파벌들 사이의 세력균형을 알고 있을 때에만 예측할 수 있다. 대조적으로 민주주의 체제는 집권당이 교체될 때에도 높은 예측 가능한 결과를 산출한다. 그러므로 사후적으로 권위주의 체제는 민주주의 체제보다 더욱 다양한 정책의 변화를 보여준다. 독재하에서는 결과에 대해 확실히 알고 있는 사람이 있을 뿐만 아니라 권력기구가 무엇을 원하는지를 알고 있는 사람은 앞으로 무엇이 발생할지도 알고 있다.[68] 민주주의하에서는 그런 행위자가 없다. 그러므로 불확실성에 있어 민주주의와 독재의 차이는 다음과 같은 의미에서 조건부적이다. 권위주의 체제에서 권력기구의 의사에 반하는 것들이 정치적 결과들에 포함될 수 없다는 것이 확실한 반면에, 민주주의에서는 결과들을 거의 확실하게 예측할 수 있는 선

66) 게임이론에의 주관주의적 접근방법에 대한 진술을 위해서는 루빈스타인(Rubinstein, 1988)을 보라. 루빈스타인은, 게임이론이 우리 주위의 세상을 이해할 수 있게 해주기 위해서는, 게임을 물리적 서술로서가 아니라 행위자의 인식과 이성적인 절차에 관한 가정으로 해석하여야 한다고 주장한다. 그러므로 어떤 관찰자의 관점에서 볼 때 확실한 어떤 것은 다른 행위자의 관점에서 볼 때에는 불확실하다.

67) 여기에 이 문제에 대한 소비에트적 관점이 있다. 세 사람이 집단수용소에서 만났다. 한 사람이 다른 사람에게 "당신은 여기에 왜 왔느냐"고 물었다. "나는 라덱(Radek)에 반대하였기 때문입니다. 그러나 당신은 무슨 일로?" "나는 라덱에 찬성하였기 때문입니다." 그들은 침묵을 지키고 있는 세 번째 사람에게 물어 보았다. 그는 "내가 바로 라덱이요"라고 말했다.

68) 명백히 자연은 주사위를 던지지 않는다고 가정하면서.

호나 자원을 가진 어떤 집단도 없다. 자본가들이 민주적 방식으로 진행된 결과에서 항상 승리하는 것은 아니며[69] 심지어 정치체제내에서의 자신의 현재 지위마저도 미래에서의 승리를 보장해 주지 못한다. 현직의 정치가가 유리할 수 있지만 또한 현직이 패배하기도 한다.

그러므로 권위주의하에서 도구적인 행동은 권력기구가 어떤 결과에 대해 무관심한가를 알고 있는 여유를 갖고 있는 행위자들의 사례에만 한정된다. 예를 들어, 특정한 지역의 당비서들만이 어떤 경제계획을 위해 필요한 투자를 얻기 위해 경쟁할 것이다. 서로 다른 부분의 생산자 조합은 경쟁적인 수입품의 관세를 낮추는 데 반대함으로써 자신을 보호할 수 있을지 모른다. 그들에게 도구적으로 행동하는 것이 의미 있는 경우는 오직 권력기구가 그들의 행동에 대해 처벌하지 않으며, 그들이 원하는 결과에 대해 관용할 수 있다는 점을 그들이 알고 있을 때뿐이다. 권위주의 체제하에서 모든 사람이 결과가 현존하는 제도적 틀내에서의 행동을 통해 결정되는 것처럼 행동한다면 그것은 비합리적이다. 모든 사람은 권력기구의 반응을 예상하기 위해 노력하여야 한다.[70]

이러한 독재와 민주주의의 구별을 시험하기 위해 다음의 예를 살펴보

69) 이것은 맑스를 언급하고 있는 것은 아니다. 맑스는 프랑스에서 1848~51년 사이에 쓴 저작에서 보통선거권은 자본에 대한 영원한 위협을 대표한다고 주장하였다. 대신 이것은 위의 견해를 요약한 레닌을 언급하고 있는 것이다.

70) 그러나 권위주의 체제는 진정한 선호에 대한 자신의 정보를 체계적으로 숨기고 있다는 데 주목하라. 그들의 주요한 관심은 권력기구내에 분열이 있다든지, 또는 특정한 결정을 이끌어 내는 권력기구 내부의 토의과정에서 어떤 반대 주장이 정당한 것으로 고려되고 있다는 것을 대중들에게 공포하려 하지 않을 것이다. 공개적으로 유포되는 것은 논쟁의 여지가 없는 만장일치로 묘사되는 결정인 '노선'뿐이다. 그러나 어떤 교육받은 관찰자들에게도 그 노선이라는 것은 통치자의 선호에 대한 신뢰할 수 없는 정보일 뿐이다. 나는 이 관찰을 탕 쪼우(Tang Tsou) 교수와의 대화에서 얻었다. 권력기구의 비밀은 때때로 기괴하게 나타난다. 체르넨코가 죽었을 때, 소비에트 라디오는 하루 반나절이나 그 사실을 보도하지 않았다. 그들은 라디오에 장송곡을 계속 내보냄으로써 그것을 추측하도록 만들었다. 그동안에 ≪르 몽드≫지는 정치국원 중 다른 사람의 죽음을 발표하고 또 다른 사람이 축출되었다는 루머를 보도하였다. 소비에트 사람들은 여전히 독재자가 죽었는지 살았는지 알지 못하였다. 마르케스(Gabriel Garcia Marquez)의 *The Autumn of the Patriarch*가 지구의 다른 반대편에서 실연으로 연출되었던 것이다.

자. 1954년 이후 폴란드의 공산당 체제는 정기적으로 농업정책을 바꾸었다. 농민들이 도시를 위해 농산품을 생산하기를 중지할 때마다 당은 그들에게 "너 자신을 부자로 만들어라"라고 말했다. 그리고 농민들이 부자가 되어, 과시적인 소비를 하기 시작했을 때마다 공산당은 모든 부자들의 재산을 몰수하였다. 그러므로 당의 정책은 예측가능한 주기를 따르고 있다. 낮은 생산성은 재정적 자극을 유도하며, 가시적인 불평등은 징벌적인 세금을 유도한다 등등.71) 우리는 민주주의하에서도 비슷한 역동성을 상상할 수 있다. 생산성정당(Productivity party)은 재정적 자극을 위한 캠페인을 한다. 평등당(Equality party)은 부자 농민들에게 세금을 부과하는 것을 옹호한다. 식량이 부족할 때에는 농민들이 부자가 될 때까지 생산당이 선거에서 승리하고 그 반대의 주기가 되는 경우에는 평등당이 승리한다. 그러므로 사후적으로 볼 때, 정책 주기와 다음 기의 세율이 t%가 되는 확률은 두 체제하에서 동일하다.

그러나 두 체제에 내재한 사전적인 불확실성은 세 가지 방식에서 다르다. 첫째, 당은 규칙을 사후에 변화시켰다. 그 정책의 핵심 수단은 소급적인 부가세, 도미아르(*domiar*)이다. 세율이 40%일 때 농민들은 소득을 번다. 그리고 이 소득이 투자되고 소비된 한참 후에 추가로 부과세가 매겨지는 것이다. 이것은 민주주의하에서도 발생하지만 민주주의에서는 소급세를 허용하는 확립된 규칙에 따라서 부과되는 것이다. 독재하에서는 소급세 부과가 규칙을 어기면서 부과되는 것이다. 둘째, 몰수의 성격을 띤 보복의 양과 시점이 위에 정의된 의미에서 볼 때, 자의적이다. 그것은 어떤 규칙체계에 따라 일어나지 않는다. 민주주의하에서 농민들은 불평등이 심화될 때 세율이 오를 것이라고 예측하지만, 그들은 또한 규칙은 오직 규칙에 따라서만 바뀔 것이라고 예상을 할 수 있다. 마지막으로 민주주의하에서 새로운 세율은 농민과 다른 세력들의 정치적 행동에 의해 공동으로 결정된다. 말하자면 농민들은 새로운 세율을 결정하는

71) 결국 농민들은 투자하지 않아야 한다는 것을 배우게 되었다. 노동자들은 굶주리게 되었으며 당 관료들은 축출되었다. 그러나 그렇게 되는 데 40년이나 걸렸다.

데 참여할 수 있고, 그들은 자신들의 이익을 방어할 수 있는 것이다. 그들이 읽은 여론과 규칙에 대한 그들의 지식에 기초하여, 농민들은 어느 정도 특정한 양만큼 증가할 것인가에 관해 이전의 확률을 적용시켜 볼 수 있는 것이다. 그러므로 농민들은 기대 가치를 계산할 수 있고, 얼마나 투자해야 할까를 결정할 때, 그 기대 가치에 의거하여 행동할 수 있다. 독재하에서 그들이 할 수 있는 모든 것은 당이 관용할 것인가를 추측하는 것이다. 만약 그들이 추측하지 못한다면 그들은 언제 얼마만큼의 세금을 맞을지 알지 못한다.

위의 어떤 것도 민주주의하에서 농민들이 더 나아질 수 있다는 것을 의미하는 것은 아니다. 만약 권력기구가 농업 생산을 발전시키기를 원하고, 기꺼이 부를 관용한다면, 농민들은 번영을 누릴 것이다. 심지어 다른 사람들이 굶고 모든 사람들이 낮은 농산물 가격을 원한다 하더라도 농민들은 번영할 것이다. 그들의 이익이 독재자의 의지에 의해 보장되기 때문이다. 그러나 이것이 그들의 이익을 의존할 수 있는 모든 것이다. 그들이 할 수 있는 것은 거의 없다.[72)]

그러므로 민주주의는 불확실성의 모습을 낳는 체계이다. 왜냐하면 민주주의는 지식이 불가피하게 지엽적이 될 수밖에 없는 분산적인 전략적 행동의 체계이기 때문이다. 독재자들은 다른 사람들이 그에 관해 무엇을 생각하는지를 고려할 필요가 없기 때문에 옵서버일 뿐이다. 만약 다른 사람들이 독재자가 원하는 것을 잘못 추측한다면, 독재자는 사후적으로 결과를 고칠 수 있다. 반대로 독재자가 무엇을 원하는가를 아는 사람은 무엇이 발생할지를 예측할 수 있다. 민주주의하에서 어떤 사람도 독재자가 아니다. 그러므로 민주주의는 불확실성의 모습을 낳는 것이다.

---

72) 네프(NEP)가 명백한 예이다. 부자가 되라는 레닌의 말을 들으면서 소비에트 부농(*kulaks*)들은 레닌의 죽음과 부하린의 패배를 기다렸으나 스탈린에 의해 대량학살을 당했다.

제2장
민주주의로의 전환

서론

민주화의 전략적인 문제는 무기를 가진 자들에 의해 살해당하지 않고 생산적 자원을 통제하고 있는 자들에 의해 아사당하지 않으면서 민주주의에 도달하는 것이다. 바로 이 방식이 암시하는 바와 같이, 민주주의로 가는 길에는 지뢰가 깔려 있다. 그리고 민주화의 최종 목적지는 민주주의로 가는 과정에 따라 달라진다. 민주주의가 확립된 대부분의 나라들에서도 민주주의는 깨어지기 쉬운 것으로 드러났다. 그리고 몇몇 나라들에서 전환은 교착상태에 있다.

민주화에 관련된 중심적인 문제는 민주화가 공고화된 민주주의로 이끌 수 있는가이다. 여기서 공고화된 민주주의란 정치적으로 관련된 세력들이 자신들의 가치와 이익을 민주적 과정의 불확실한 상호작용에 맡기고, 민주적 과정의 결과에 순응하는 체계를 말한다. 민주주의는 다음과 같이 진행될 때 공고화된다. 대부분의 갈등들이 민주적 제도화들을 통해 처리되고, 어느 누구도 사후적으로 결과를 통제할 수 없으며, 결과는 사전적으로 결정되어 있지 않고 단지 제한적인 예측 가능성만을 갖고 있으며, 관련된 정치적 세력들의 순응을 야기할 때, 우리는 민주주의가 공고화되었다고 말할 수 있다.

우리는 1968년의 체코, 1974년의 브라질, 1981년의 폴란드에서 일어난 바와 같이, 권위주의 체제의 붕괴가 역전될 수도 있으며, 또는 이란과 루마니아에서 일어난 바와 같이, 새로운 독재로 나아갈 수도 있다는 데 주목해야 한다. 그리고 설사 결과들이 낡은 독재, 또는 새로운 독재로 끝나지 않았다 하더라도 경쟁을 제한하거나 군사적 개입의 위협으로부터 고통받는 체제에서는 민주화 과정은 교착상태에 있다. 마지막으로 설사 민주주의가 확립되었다 하더라도 반드시 공고화되었다고 볼 수는 없다. 어떤 조건하에서는 민주적 제도가 정치적으로 중요한 세력들로 하여금 권위주의를 선택하도록 야기하는 결과를 체계적으로 발생시킨다. 따라서 공고화된 민주주의는 단지 권위주의 체제 붕괴로 일어날 수 있는 결과들 중의 하나에 불과하다.

다음에 분석되어야 할 문제를 정식화하기 위하여 우리는 다른 민주화의 계기, 즉 권위주의 체제가 붕괴되고 민주주의가 정치적 의제로 등장하는 계기에 내재한 전체적인 가능성의 범위를 살펴볼 필요가 있다. 특정한 정치세력들의 목표와 자원, 그들이 직면한 갈등구조가 주어졌을 때, 5개의 결과들을 상상할 수 있다.

① 어떠한 민주적 제도도 지속되지 않고, 정치세력들이 새로운 독재를 수립하기 위하여 싸우는 갈등구조

종교, 인종, 언어의 정치적 역할을 둘러싼 갈등은 어떤 일련의 제도에 의해서도 해결되기가 가장 어렵다. 아마도 이란이 대표적인 사례이다.

② 어떤 민주적 제도도 지속되지 않지만 정치세력들이 전환기적 해결책으로서 민주주의에 동의하는 갈등구조

이러한 상황의 대표적인 사례는 1953년과 1976년의 아르헨티나에 관한 오도넬(O'Donnell, 1978b)의 분석에서 제공하고 있다. 주요한 수출상품이 임금상품인 아르헨티나 경제구조하에서 도시 부르주아지와 도시 대중들 사이의 연합, 즉 도시-도시 동맹으로부터 아르헨티나의 민

주주의가 나왔다. 이러한 동맹으로부터 출현한 정부들은 국내시장에서의 소비를 유도하기 위하여 통화를 평가절상한다. 얼마간의 시간이 지난 후, 이 정책은 국제수지의 위기를 야기하고, 도시 부르주아지와 토지 부르주아지와의 동맹을 유도하여 부르주아지-부르주아지 동맹을 낳는다. 이 동맹은 민중의 소비를 줄이는 것을 추구하고, 그렇게 하기 위해서 그들은 권위주의를 필요로 한다. 그러나 얼마 후에 도시 부르주아지는 시장을 가지고 있지 않은 자신을 발견하고 다시 동맹을 바꾸어 이번에는 민주주의로 복귀한다.

독재가 바로 붕괴된 시점에서 이 주기를 살펴보자. 주요한 행위자인 도시 부르주아지는 다음과 같은 선택에 직면한다. ⓐ 즉각 새로운 독재를 선택하는 것, ⓑ 지금 민주주의에 동의하고, 국제수지의 위기가 나타날 때 동맹을 바꾸는 것, ⓒ 지금 민주주의에 동의하고 미래에도 계속 민주주의를 지지하는 것 등이 그것이다. 주어진 도시 부르주아지의 이익과 갈등의 구조하에서, 두 번째의 전략이 최적이다. 여기서 어떠한 근시안적 시각도 개입되어 있지 않다는 것에 주목하자. 도시 부르주아지는 미래의 어떤 순간에 자신의 전략을 바꿀 것이라는 것을 알고 있다. 민주주의는 단지 최적의 전환기적 해결 방식일 뿐이다.

③ 민주적 제도가 채택되었을 때, 몇몇 민주적 제도들은 지속되지만, 갈등하는 정치세력들이 독재를 수립하기 위해 싸우는 갈등구조

이 결과는 정치적 세력들이 특정한 제도적 틀, 예를 들어 단일정부제(unitary system)와 연방제와 같은 것에 대해 서로 다른 선호를 가졌을 때에 발생한다. 나라의 일부는 단일정부제에 대한 강한 선호를 가지고 있지만, 다른 일부는 연방제를 선호한다. 그러한 조건하에서 무엇이 일어날 것인가는 명백하지 않다. 이 문제에 대해서는 다음에 수차례 다룰 것이다. 아마도, 만약 어떤 제도적 틀이 일시적으로 채택된다면, 그것은 관습적인 힘을 획득할 수 있을 것이며(Hardin, 1987) 지속될 수도 있을 것이다. 그러나 또 한 가지 상상할 수 있는 결과는 내전과 독재로 빠져들어가는 공개적인 갈등이다.

④ 만약 채택된다면 몇몇 민주적 제도는 지속되지만, 갈등하는 정치 세력들이 오래 지속될 수 없는 제도적 틀에 동의하는 갈등구조

이러한 결과는 변태적인 것처럼 보이지만 이러한 것이 예상되는 상황들은 존재한다. 어떤 것이 일어날지를 예상하기 위해 군부체제가 권력으로부터 퇴진에 관해 협상하고 있는 모습을 상상해 보자. 군부체제를 대표하는 세력들은 독재의 영구화보다는 그들의 이익을 보장해 주는 민주주의를 선호하지만, 그들은 현상유지보다 보장이 없는 민주주의를 더 두려워하며, 만약 민주적 반대세력들이 그러한 보장을 제공하는 제도를 채택하려 하지 않을 경우, 그들은 독재를 유지할 수 있는 능력을 가지고 있다. 그 때 민주적 반대세력이 만약 군부 이익을 보장해 주는 제도에 동의하지 않는다면 군부가 다시 자신들을 탄압할 것이라는 점을 알고 있다. 그 결과는 보장이 없는 민주주의이다. 그러나 일단 확립된 민주적 제도들이 군부의 억압적 권력을 침식한다면 이러한 제도들은 지속될 수 없다. 이러한 상황은 지식의 부족이나 근시안적 안목을 포함한다. 폴란드의 최근 사태가 이에 대한 대표적인 사례를 제공하고 있다.

⑤ 마지막으로, 그리고 희망적으로, 만약 채택된다면 민주적 제도가 지속될 수 있고 실제로 지속되는 갈등구조

이러한 결과들이 출현할 수 있는 조건들과, 그 조건들로 인도하는 경로가 이 장의 주제이다. 권위주의 체제의 자유화는 이 이야기의 서문을 제공하며 제일 먼저 분석될 것이다. 그 다음에 두 가지 다른 맥락에서 일어나는 제도의 선택을 둘러싼 갈등에 관한 논의가 뒤따를 것이다. 구체제가 협상에 의해 권력으로부터 퇴진할 때, 구체제가 산산이 부서질 때, 새로운 민주적 제도를 구성하는 문제는 전적으로 친민주세력의 수중에 놓이게 된다. 마지막 장은 제도와 이데올로기의 상호작용에 관한 논의가 될 것이다.

내가 사용하고 있는 접근방법은 비교론적 성격을 지닌 가정을 낳고 있다. 즉 자신의 의사와는 독립적인 조건하에서 활동하고 있는, 특정한

이익과 가치를 가진 행위자들간의 갈등의 결과들에 대해 특성을 부여하는 가정들이다. 이러한 가정들은 비교론적 증거에 의거하여 검증되어야만 한다. 그리고 동유럽의 사건들의 전모가 밝혀지면서, 그러한 가설들을 체계적으로, 나아가 통계적으로 검증될 수 있는 충분한 사례를 가질 수 있는 기회를 맞이하고 있다. 나는 여기서 그러한 가정들을 검증하지 않고, 제시하기만 할 것이다.

자유화

독재의 공통적인 특징은 독재자들이 어떤 방식으로 유인과 제약을 혼합하여 사용하는가에 관계없이 자주적인 조직들을 관용할 수 없고, 관용하지도 않는다는 것이다.[1] 그 이유는 어떤 집단적인 대안이 주어지지 않는 한 체제에 대한 개인들의 태도는 체제의 안정성에 거의 문제를 야기하지 않기 때문이다.[2] 막스 베버까지도 "사람들은 받아들일 수 있

1) 명백히 모든 독재가 똑같은 것은 아니다. 어떤 독재는 어떠한 종류의 자율적 조직도 관용하지 않는다. 심지어 동물보호협회도 위에서부터 조직되며, 치안을 담당하는 정부부처의 손을 벗어난, 민족통일전선의 일부인 '단체들의 단체'의 한 부분이 된다. 그러나 다른 독재들은 보다 선택적이다. 그들은 노동조합과 정당은 금지하지만 우표수집자협회, 교회, 또는 생산자조합을 관용한다. 그러나 어떠한 독재도 정치세력들의 자율적 조직은 허용하지 않는다.

2) 이것이 왜 정통성의 개념으로 체제 붕괴를 설명하는 것이 동어반복적이 아니면 허구인가를 보여주는 이유이다. 우리가 정통성의 상실을 집단적으로 조직된 대안의 출현으로 이해한다면, 그것은 동어반복적이다. 왜냐하면 대안이 집단적으로 조직되었다는 사실은 체제가 붕괴했다는 것을 의미하기 때문이다. 만약 우리가 라무니에(Lamounier, 1979: 13)가 '주어진 규범과 가치에 대한 주관적 합의에 의해 일어나는 묵인'으로 정의한 바대로 정통성을 개인적 태도의 개념으로 본다면, 정통성의 상실로 체제 붕괴를 설명하는 것은 허구이다. 어떤 권위주의 체제도 출발부터 정통성을 가지고 있지 않지만 40년이나 지속되고 있다. 자유화 이전에, 그리고 자유화의 결과로 얼마나 많은 태도의 변화가 일어났는가를 평가하는 것은 힘들다. 스페인에서 1966년에 35%의 응답자가 1인 통치에 반대하여 민주적 대의제를 지지했으나, 1974년에는 60%, 1976년 5월에는 78%가 지지했다. 1971년에는 12%만이 정당이 유익하다고 생각하였으나 1973년에는 37%가 정당이 존재하여야 한다고 생각하고 있으

는 대안이 없기 때문에 개인적인 연약함과 무력감에서 복종하는지 모른다"라고 관찰하였다. 권위주의 체제에 위협적인 것은 정통성의 붕괴가 아니라 대항 헤게모니의 조직이다.[3] 집단적 대안이 존재하고 있을 때에만 고립된 개인들에게 정치적 선택이 가능해지는 것이다.[4] 이것이 왜 권위주의 체제가 자주적인 조직을 싫어하는가를 설명해 준다. 권위주의 체제는 자주적인 조직들을 중앙권력의 통제하에 흡수하거나 무력으로

며 1975년 4월에는 56%로 올라갔다. 그러나 1976년 1월에는 41%로 떨어졌으며 1975년에 5월에는 다시 67%로 상승하였다(López-Pintor, 1980). 1985년 헝가리에서 88%의 응답자가 국가 지도자들에 대해 신뢰한다고 선언했고(그 중 57.3%는 '절대적으로'으로 신뢰), 81%는 의회에 대해, 66%는 정당, 62%는 노동조합이었다(Bruszt, 1988). 1976년부터 조직된 반대가 공개적으로 존재했고, 1981년에 억압을 받았던 폴란드에서는 공산당(PUWP)에 대한 신임은 1985년에 1월의 66.2%에서 1987년 1월에 53.1%로 떨어졌다가, 1988년 8월 파업의 와중에서 26.6%로 급전직하하였으나, 1988년에 11월에는 다시 38.6%로 상승하였고, 1989년 1월 마그달렌카 회담(Magdalenka Talk) 직전에는 26%로 다시 떨어졌다. 같은 기간에 반대세력에 대한 신뢰는 1985년 20.5%에서 1988년 8월 26.2%, 1989년 1월에는 45.9%로 상승하였다(Ostrowski, 1989).

3) 이러한 가정에 대한 그람시적 영감은 명백하지만, 강압과 동의라는 이중성을 갖고 있는 그람시의 틀은 직접적인 문제에 대한 지침을 주기에는 제도적으로 충분히 구체적이지 못하다. 특히 그람시는 정치체계를 통제하는 어떤 사람에 의해 주어진 양보와 제한적이더라도 공개적 경쟁을 통한 이익의 실현을 구별하는 데 실패하였다.

4) 시위 효과(demonstration effects)는 민주화에 있어 중요한 역할을 한다. 독재정권의 황혼기에 브라질에서 나온 유명한 조크가 있다. 리오의 만원 버스에서 한 남자가 곁에 서 있는 관리의 뺨을 친다. 또 다른 남자가 같은 행동을 한다. 버스 뒤쪽에서 인디언(mulatino)이 뛰쳐나와 세 번째로 관리의 뺨을 쳤다. 버스가 멈추고 경찰이 포위하였다. "당신은 왜 관리의 얼굴을 때렸는가?"라는 취조에 대해 첫 번째 남자는, "그는 내 딸의 명예를 더럽혔다. 나는 가만 있을 수가 없었다."라고 대답하였다. 두 번째 남자는 그 관리가 자신의 조카딸을 더럽혔다고 진술하였다. 마지막으로 그 인디언은, "사람들이 관리를 때리고 있는 것을 보았을 때, 독재가 이미 무너졌다는 생각이 들어 따라 하였다"고 진술하였다. 목격한 바와 같이 공산주의 권력 독점이 붕괴하는 데 폴란드에서는 10년, 헝가리에서는 10달, 동독에서는 10주, 그리고 체코에서는 10일이 걸렸다. 폴란드와 헝가리의 사태는 동독 사람들에게 공산당의 붕괴 가능성을 보여주었다. 베를린 장벽이 부서지는 광경은 체코인들에게 체제 변동이 가능하다는 사실을 암시해 주었다.

억압하려 한다.[5] 이것이 왜 그들이 모든 사람들이 어떤 방법으로든 알고 있는 것을 전하는 말조차도 두려워 하는가를 보여준다. 왜냐하면 잠재력을 동원하는 것은 말의 내용이 아니라 말을 할 수 있다는 것이기 때문이다.

어느 시점에서 권위주의 권력체계내의 어떤 한 집단이 시민사회의 자율적인 조직을 묵인하는 것을 결정하게 되는 것은 어떻게 일어나는가? 어느 시점에서 스페인 체제는 콤미시오네스 오부레라스(Commissiones Obreras)를 억압하는 것을 멈추었다. 피노체트(Pinochet) 장군은 정당의 출현을 허락했고, 1986년 7월에 야루젤스키(Jaruzelski) 장군은 상습적 범행 조항이 포함되지 않는 정치활동에 대한 사면법을 통과시켰는데, 이것은 실제적으로 야당을 합법화하는 것이었다. 에곤 크렌츠(Egon Krenz)는 태동기의 신포럼(Nueue Forum)의 존재를 받아들였다. 이들은 권위주의 권력블록내에 균열이 발생하였다는 것을 전하는 신호가 되었고, 시민사회에게 적어도 어떤 형태의 자율적인 조직은 억압받지 않으리라는 것을 암시하였다. 이것들은 자유화의 시작을 알리는 것이다.[6]

---

5) 소비에트의 지하 신문 ≪크로니클 익스프레스(*Chronicle-Express*)≫(no.16, 17 November, 1987)는 '자율적인 청년단체에서의 과업을 강화시키기 위하여'라는 제목의 콤소몰(Komsomol)의 문서를 공개하였다. 이 문서는 "최근의 민주주의의 확장은 자율적 사회-정치적 청년단체의 숫자가 증가하는 현상을 초래하였다…. 그들의 이익의 범위는 국제 정보, 생태와 역사적 기념물의 보호로부터 아직 극복되지 못한 페레스트로이카의 난관에 대한 수치스러운 고찰에 이르기까지 매우 광범위하다"고 기술하였다. 이 문서는 나아가 좋은 단체와 나쁜 단체를 구별하기까지 한다. 좋은 단체의 경우, 콤소몰 조직은 그들과의 협력을 확대해야 하고 그들에게 '감독관의 역할을 할 수 있는 가장 뛰어난 전사'를 보내어야 한다. 덜 좋은 단체의 경우에는 그들의 지도자들은 매수되어야 하거나, 또는 "그들의 능력을 실현시킬 수 있는 구체적인 방법이 사적으로 제공되어야 한다." 마지막으로 "이러한 전략이 실패하면 콤소몰은 '그 자신의 대안적 조직을 창설할' 준비가 되어 있어야 한다"고 이 문서에서 주장한다.

6) 자유화에 관해 나는 오도넬(O'Donnell, 1979: 8)의 용법을 사용하고 있다. 오도넬에 의하면, "자유화는 구관료적 권위주의 체제의 중요한 개방(개인적 권리에 대한 효과적인 사법적 보장, 또는 자유선거경쟁에 기초하지 않는 의회제 형태의 도입과 같은)을 수반하지만 정치적 민주주의라 불리어질 수 없는 조치들로 구성되어 있다."

이러한 권위주의 체제의 결정을 설명하는 방식은 두 가지 범주로 나눌 수 있다. 위로부터 설명하는 방식과 아래로부터 설명하는 방식이다. 이러한 설명은 어느 정도 현실적 차이를 반영한다. 예를 들어 헝가리는 일반적으로 권위주의 권력블록내에서 분열로 인해 일어난 거의 순수한 사례로 보여지고 있다. 그로스(Karoly Grosz)의 말에 의하면, "당은 반대세력에 의해서가 아니라 역설적이게도 당 지도자들에 의해서 산산조각이 났다."[7] 동독은 다른 극단적 사례를 대표한다. 수만 명의 시민들이 라이프치히 거리를 점령하기까지 권력블록내에서 분열의 어떠한 징조도 발견되지 않았다. 그러나 사례연구 문헌들에서 발견되는 놀라운 측면은 종종 똑같은 사건들을 설명하는 데 있어서 서로 다른 원인들을 인용하고 있다는 것이다. 예를 들어 브라질의 경우 카르도소(Cardoso, 1979)는 억압완화(distensão)를 오랫동안 계속된 군부 내부의 분열의 결과로 보았으나, 라무니에(Lamounier, 1979)는 민중 동원의 결과로 보고 있다. 실제로 자유화를 설명하는 데 있어서 위로부터의 모델과 아래로부터의 모델은 서로 경쟁하고 있다.[8]

이러한 분석적 어려움이 일어나는 이유는 단지 두 가지 방향만을 구별하고 있는 모델들이 너무 조잡하다는 데 있다. 억압기구의 해체를 이끄는 대중 봉기라는 실제 혁명에 못 미치는 상황하에서[9] 자유화의 결정에는 위로부터와 아래로부터라는 요소가 결합되어 있다. 설사 어떤

---

7) 전 헝가리 공산당 제1비서 그로스와의 인터뷰, *Przeglad Tygodniowy*, no.51 (403), Warsaw, 22 December, 1989, p.15.

8) 헝가리와 폴란드까지도 대안적 해석으로부터 면제되지 않는다. 셀레니(Szelenyi, 1989)는 헝가리 민주화의 아래로부터의 측면을 강조하였고, 코미소(Comisso, 1989)는 셀레니가 위로부터의 요인을 무시하였다고 반박한다. 발릭키(Walicki, 1990)는 솔리다리티에게 결정적 역할을 부여하는 폴란드 민주화의 표면적 해석에 반대하고 엘리트들 사이의 합의의 결과라고 주장한다. 아마 가장 도발적으로, 비아트르(Wiatr, 1989)는 폴란드의 민주화를 군과 교회 사이의 협약으로 묘사한다.

9) 루마니아까지도 진정한 혁명의 사례를 대표하지 못한다. 이 비극적인 사건의 배경에 우리가 여전히 알지 못하는 많은 것들이 있는 것처럼 보이지만, 차우세스쿠 체제의 파괴에도 불구하고 루마니아 군대가 명령구조를 전혀 손상시키지 않고 살아 남았다는 데 주목해야 한다.

민중동원이 일어나기 훨씬 이전에 권위주의 체제의 분열이 가시화된 경우에서도 제기되는 문제는 왜 체제가 특정한 순간에 갈라지는가이다. 해답의 일부는 항상 체제내의 자유주의자들은 그때까지만 해도 조직되지 않는 상태로 남아 있는 세력과의 동맹의 가능성을 발견했기 때문이라는 것이었다. 즉 시민사회내에서 동맹할 수 있는 어떤 세력이 있다는 것을 발견했다는 것을 의미한다. 거꾸로, 대중동원이 체제내에서 가시적 분열보다 앞서 일어나는 경우, 문제는 왜 체제가 무력으로 대중시위를 억압하지 않는다는 결정을 내렸는가이다. 여기서도 해답의 일부는 권위주의 체제가 자유주의자와 강경파로 분열되었다는 데서 찾을 수 있다. 자유화는 권위주의 체제의 분열과 시민사회의 자율적인 조직 사이의 상호작용의 결과이다. 민중동원은 잠재적 자유주의자에게 권력블록내에서 세력관계를 그들에게 유리하게 변화시킬 수 있는 동맹 가능성의 신호를 보내준다. 권력블록내에서의 가시적인 분열은 시민사회에게 자율적 조직을 위한 정치적 공간이 열려질 수 있다는 것을 가르쳐 준다. 따라서 민중동원과 체제내의 분열은 서로 먹이를 주는 관계에 있는 것이다.

가시적 분열과 민중동원 중 무엇이 먼저 일어나든지 간에 자유화의 논리는 똑같다. 다른 것은 속도이다. 민중동원이 변동의 리듬을 지시한다. 왜냐하면 민중동원은 체제로 하여금 억압할 것인가 협력할 것인가, 아니면 권력을 넘겨 줄 것인가에 관해 결정을 내리기를 강요하기 때문이다. 그런데 자유화가 몇 년, 몇 달, 몇 일을 지속하든지 간에 체제와 반체제 세력은 똑같은 일련의 선택의 문제에 직면한다.

권위주의 권력체계내의 세력에 의해 착수되는 자유화의 프로젝트는 항상 통제된 정치 공간의 개방으로 의도된다. 그것은 전형적으로 민중폭동의 신호를 포함해서 거대한 위기를 예고하는 다양한 신호에 의해서 점화된 권위주의블록의 분열로부터 출현한다. 자유주의자의 프로젝트는 사회적 긴장을 해소시키고, 체제의 사회적 기반인 권력블록내에서의 자신들의 입장을 강화시키고자 하는 것이다. 시민사회내의 몇몇 자율적인 조직을 허용하거나 새로운 집단들을 권위주의 제도내로 편입시키려는 것이다.10) 이 프로젝트에 의하면 자유화는 자유화의 결과와 권위주의블록의 이익, 또는 가치와의 양립 가능성에 계속해서 의존한다. 따라서 자유화는 '개방(apertura),' '억압완화(distensão),' '갱신(odnowa),' 또는 '재건(perestroika)'으로 언급된다. 이 용어들은 개혁의 한계에 대한 강한 함축을 표현하고 있다.

그러나 자유화는 본질적으로 불안정하다. 정상적으로 일어나는 것은 1954년에 에렌부르그(Ilya Ehrenburg)가 명명한 '해빙(ottepel),' 즉 시민사회의 빙산이 녹아 권위주의 체제의 댐이 흘러 넘치는 것이다. 어떤 이유에서이든 간에 일단 억압이 줄어들게 되면 그 첫 번째 반응은 시민사회내에서의 자율적인 조직의 폭발이다. 학생연맹, 노동조합, 그리고 정당들이 하룻밤 사이에 결성된다. 브라질에서는 법률가들과 언론인들과 학생들이 먼저 조직되었으며 그 뒤에 기독민중공동체 조직(comunidades debase)이 나타났다. 1980년 9월 폴란드에서 몇 주일만에 수백만 명의 사람들이 솔리다리티(Solidarnośc, 자유노조)를 결성하였다. 심지어 체제에 의해서 만들어졌고 통제되고 있던 조직들까지 독립을 선언하였다. 전문직인들의 결사체뿐만 아니라 관광협회, 우표수집가협회까지 독립을 선언하였던 것이다. 카롤(K. S. Karol, *Le Nouvel Observateur*, no. 1200, Paris, 6 November, 1787)의 이야기에 의하자면, 고르바초프하의 소련에서 최초로 결성된 자율적 집단은 모스크바의 축구팀 스파르타크(Spartak)의 팬들로 구성된 조직이었다.11)

---

10) 카와 후시(Carr and Fusi, 1979: 179)에 의하면, 스페인에서 "정치적 계급은 개방파(*aperturistas*)—보통 '참여'라고 불리는 보다 넓은 지지의 획득을 통해 생존하기 위해서 체제는 반드시 개방되어야 한다고 믿는 사람들—와 수구파(*immobilistas*) 사이의 투쟁에 의하여 분열되었다. 전 폴란드 연합노동당 제1비서 기에레크(Edward Gierek)는 최근 인터뷰(Rolicki, 1990: 146)에서 지난 70년대에 그는 "가톨릭계 대의원의 25%에 달하는 의미 있는 집단을 의회(Seym)에 불러들이려고 하였다." 그는 계속해서 "그것은 우리들로 하여금 정부의 정치적 기반을 넓히는 것을 허용해 주었을 것이다"라고 말했다.

11) 노동조합에 초점을 맞춘, 스페인에서의 민중동원에 대한 주의 깊은 연구로는 마라발(Maravall, 1981)의 연구를 들 수 있다. 이러한 수치 계산을 어느 정도까지 신뢰할 수 있는지 알 수 없지만 불가리아에 관한 수치를 보자. 1989년 11월 13일자 ≪뉴욕타임스≫는 "불가리아인들은 수동적이다"라는 머릿기사

시민사회의 동원의 속도는 권위주의적 균형이 거짓말, 공포, 또는 경제적 번영 중 어느 것에 주로 의존하는가에 따라 다르게 나타난다. 거짓말에 의한 균형은 가장 불안정하다. 모든 사람들이 자신도 믿지 않고 다른 사람들도 믿으리라고 기대하지 않는 말을 하면서 살아가는 의식적(儀式的)인 연설에 의존하는 체제에서는 신선한 말조차 체제전복적인 것이 된다. 일단 왕이 벌거벗었다고 선언되면 균형은 즉각 파괴된다. 루마니아에서 몇몇 사람이 이란으로부터 귀국하는 차우세스쿠를 환영하기 위하여 조직된 시위중에 반차우세스쿠 구호를 외치자 그 체제는 며칠 안에 붕괴되었다. 스탈린 사후의 폴란드와 1982년 이후의 멕시코와 같은 체제에서 일상적 언어는 공공영역에 들어가지 않는 한 허용되며, 불만은 화염으로 번지기 전까지 장기간에 연기를 태운다. 개인적 고립을 끊는 결정적 요소는 안전하다고 믿을 수 있게 하는 숫자일 것이다. 1979년 6월 교황이 폴란드를 방문할 때, 2백만 명이나 되는 폴란드인들은 거리로 나가면서 체제에 대한 반대의 힘을 발견하였다. 1989년 11월 17일 불가리아에서의 첫 번째 자율적인 시위는 믈라데노프(Mladenov)의 새정부로 발전되어 나갔다. 똑같은 일이 차우세스쿠가 이란으로부터 돌아왔을 때, 루마니아에서 발생하였다. 동독에서 대중시위는 피난민들을 실은 기차가 체코로부터 서독으로 건너가려 했을 때 발생하였다. 마지막으로 수동적 체제 묵인과 경제적 번영의 암묵적 교환에 기초한 체제는 헝가리의 카다르(Kadar)의 골라쉬 공산주의(goulash communism)와 폴란드의 기에르크(Gierek) 시대, 또는 1982년 이전의 멕시코 체제와 같이 주로 경제적 위기에 취약하다. 따라서 개방과 대중 동원 사이의 시간적 간격은 체제마다 다르다.

시민사회는 동원하고 새로운 조직을 형성하며, 스스로 체제로부터 독립을 선언하고, 그들의 목적, 이익, 프로젝트 등을 공포한다. 그러나 체제는 자신의 지시를 받아들이는 집단만을 수용하고 모든 정치과정을 사

가 게재되었지만 그 해 12월 28일에는 독립노동조합 포드크레파(Podkrepa)는 5천 명의 멤버를 가진 것으로, 1990년 1월 16일 파리의 ≪리베라시옹(*Liberation*)≫은 포드크레파가 10만 명의 조합원을 가지고 있다고 보도하였다.

후적으로 통제하려는 중앙집중적이고 비경쟁적인 제도만을 가지고 있다. 따라서 한편으로는 시민사회내에 자율적 조직이 나타나지만, 다른 한편으로는 그들의 관점을 나타내고 그들의 이익을 협상할 수 있는 제도가 전혀 없다. 시민사회의 자율적인 조직과 국가제도의 폐쇄된 성격 사이에 존재하는 이러한 괴리(décalage) 때문에, 새롭게 조직된 집단들이 궁극적으로 그들의 가치와 이익을 위해 투쟁할 수 있는 유일한 곳은 거리이다. 그 투쟁은 불가피하게도 대중적 성격을 띨 수밖에 없다.[12)]

이러한 것이 일단 발생하면 자유화는 더이상 지속될 수 없다. 거리를 뒤덮은 최루탄 가스는 자유주의자들의 눈을 찌른다. 대중운동의 폭발, 소요, 무질서는 자유화 정책이 실패하였음을 보여주는 증거이다. 자유화는 항상 위로부터 통제되는 과정으로 의도되었기 때문에, 자율적인 운동의 출현은 자유화가 적어도 더이상 실행 가능한 프로젝트가 아님을 증명해 준다. 거리의 시위들은 권위주의적 가치의 가장 신성한 덕목인 질서 그 자체가 침해당하고 있다는 표시이다. 대중 분출은 권위주의블록내에서 자유주의자들의 지위를 약화시킨다.

중국의 학생들의 시위는 자유주의자들로 하여금 후퇴하도록 강요하였으며 나아가 당 지도력을 잃어버리는 결과를 초래하였다. 그 결과 억압이 다시 증가하였다. 그러나 한국에서의 비슷한 시위는 체제의 균열

---

12) 브라질의 경험은 이러한 일반적 가정과 모순되지는 않는다. 브라질에서 민주주의를 향한 투쟁은 1984년의 '직선제 즉각 실시(Direitas, ja!)' 캠페인까지만 해도 거리로 나가지 않았던 것이 사실이다. 그 이유는 1974년의 '억압완화'가 즉각적으로 선거경쟁으로 바뀌었기 때문이다. 반대자들을 연결해 주는 제도적 틀이 이용 가능했다. 그러한 자유화 프로젝트는 브라질민주운동(MDB)의 예기치 않은 선거의 승리로 인하여 문제에 부딪히게 되었다. 이와 비슷하게 소련에서의 자유화는 러시아 지역에서 대중적 시위로 발전하지 않았는데, 내가 보기에는 두 가지 이유가 있다. 첫째, 민중동원은 관료에 대항하는 차르와 민중간의 전통적인 러시아 연합을 발전시키려는 시도를 했던 고르바초프에 의해 고무되었다는 것이다(이러한 효과에 대한 그의 명백한 진술은 그의 *Perestroika*를 보라). 둘째, 최고소비에트가 하룻밤 사이에 과반수를 조금 넘는 표로 법을 통과시키고 날카로운 논쟁을 목격할 수 있는 상당히 경쟁적인 제도로 변하였다는 것이다. 따라서 제도적 틀은 법률적(de jure) 지위에 일치하게끔 실제로(de facto) 변형되었다.

을 이끌었으며 자유주의자들을 민주주의자로 변형시켰다. 실제로 이 두 사례는 자유화의 대안들을 보여준다. 즉 포용할 수 있는 소수 집단을 포용하고 다른 나머지는 억압하여 권위주의로 복귀하거나, 아니면 제도의 문제에 관한 정치적 의제를 열어 놓는 것, 즉 민주주의로 가는 대안들이다.[13] 자유화는 다시 역전되어 완곡어법으로 이야기하자면 '정상화(normalization)'라는 무서운 시기로 이끌든지[14] 아니면 계속 민주화로 이끈다.

우리를 당혹시키는 사실은 그렇게 많은 권위주의 정치가들이 다른 사람들이 실패한 곳에서 자신들은 성공할 수 있다고 믿고, 그리고 실패하기 위해 계속 나아간다는 것이다. 브라질이 바로 그 고전적 사례이다. 스미스(Smith, 1987: 207)는 "자유화와 민주화 사이의 차이점은 골베리(Golbery)에게는 명확하였다. 만약 적절히 수행되기만 한다면 주의 깊은 자유화의 투약은 진정한 민주화를 대체할 수 있고, 따라서 하층 집단에 대한 정치적 배제를 유지할 수 있을 뿐만 아니라 경제모델에 대한 진정한 개혁 요구를 사전에 봉쇄할 수 있다"라고 관찰했다.[15] 폴란드의 야루젤스키 체제는 이같이 불가능한 일을 시도한 사례에 가깝다.

---

13) 1955~57년의 폴란드의 사건은 자유화가 권위주의적 정상화로 종결된 전형적인 사례이다. 학생운동은 억압당한 반면에, 노동자평의회는 체제에 통합되어졌다. 1974년에 브라질에서 자유화의 시도가 실패한 후, 1975~77년에 강화된 억압과 복지조치가 뒤따랐다. 안드레이드(Andrade, 1980)를 보라. 몇 가지 이유로 몇몇 브라질 작가들은 자유화 프로젝트가 그것이 의도하고자 하는 데로 잘 진행되지 않았다는 놀라운 사실을 발견한 뒤, '프로젝트'와 '과정'을 구별하게 되었다(Diniz, 1986). 그들은 페레즈(Perez)의 억압완화의 세 번째 법칙, "사물은 항상 우리 손을 벗어난다"는 것을 알지 못한 것이 틀림없다.

14) 이것은 밀란 쿤데라(Milan Kundera)에 의해 가장 잘 요약된다. "어떤 사람이 웬세스라우스 광장에서 구토하고 있었다. 지나가는 사람이 그에게 접근해서, '걱정하지 말게 나는 자네를 이해하네'라고 말했다."(나는 이 이야기가 어떠한 소설에서 나오는지 기억이 나지 않는다.)

15) 자유화 계획의 윤곽을 보여주는 매력적인 문서는 1980년 골베리 장군의 연설이다(Golbery, 1981). 그로스는 그의 보다 초기의 입장을 다음과 같이 요약한다. "나의 입장은 다음과 같다. 나라가 우리를 이해하고 따라오기 위해 우리는 용기를 가지고, 그리고 사려 깊게 앞으로 나아가자…. 나는 급진적 좌·우익을 상실한 단일 정당은 이 어려움을 극복할 수 있을 것이라고 생각하였다"(각주 7번을 보라).

야루젤스키의 전략은 행정법원, 헌법재판소, 자치관리위원회, 독립노동조합, 옴부즈맨과 같은 민주적 제도를 창설하면서 동시에 권력을 유지하려는 것이다.16) 심지어 자유화가 대중시위의 강력한 압력하에서 발생하는 경우(동독과 체코)에도 자유주의자 지도자들의 첫 번째 프로젝트는 반대자들을 권위주의 체제내로 흡수하는 것이다. 크렌츠는 '민중'들로 하여금 그들의 불평을 당과 함께 나누기를 고무하였으며 '당국'이 귀기울여 줄 것을 약속하였다. 블라디슬라프 아다멕(Vladyslav Adamec)은 손수 그의 첫 번째 내각에 비공산주의자들을 뽑았다. 두 사람 모두 이러한 조치에 의하여 민중 동원이 흩어지기를 희망하였다. 그러나 그들 모두의 기대는 어긋났으며, 궁극적으로 민주화를 받아들이지 않을 수 없었다. 왜?

체제 개방에 관한 선택이 문제가 되었을 때, 자유주의자의 관점에서 상황을 검토해 보자. 친자유주의자들은 권력블록내에서 그들의 현재의 지위를 유지할 수 있다. 그 결과는 그림 2.1의 SDIC(현상유지독재)에서 나타나는 것처럼 항상 현상유지이다. 아니면 그들은 권력블록 외부에서 약간의 자율적인 조직을 관용할 수 있다는 신호를 보내는 것을 결심할 수 있다. 만약 시민사회내에서의 조직화된 세력이 전형적으로 민족통일전선과 같은 체제에 의해서 만들어진 새로운 조직적 형태로 들어오겠다고 결심하고, 더이상의 자율적인 동원은 일어나지 않는다면, 그 결과는 BDIC(사회적 기반이 넓어진 독재)가 될 것이며, 자유화 전략은 성공하게 된다. 만약 시민사회가 계속 자율적으로 조직된다면, 자유주의자들은 자유화 조치를 닫아 버리는 조치로 되돌아가서 민중 동원을 억압하는 데 동의하거나 아니면 민주화의 길을 계속 가는 선택에 직면하게 된다. 그러나 억압은 비효율적일지 모른다. 만약 성공한다면 그 결과는 NDIC(더 편협한 독재)가 될 것이고, 그 속에서 자유주의자들은 자신들이 억압의 집행자들의 수중에 들어갔음을 발견하게 된다. 만약 실패한

---

16) 이 전략에 대한 빼어난 진술은 곤타르스키(Leszek Gontarski)의 "우리는 민주주의를 두려워하는가?"라는 논문이다("Czy boimy się demokracji?"), *Zycie Warszawy*, no.291, Warsaw, 12-13 December, 1987, p.3.

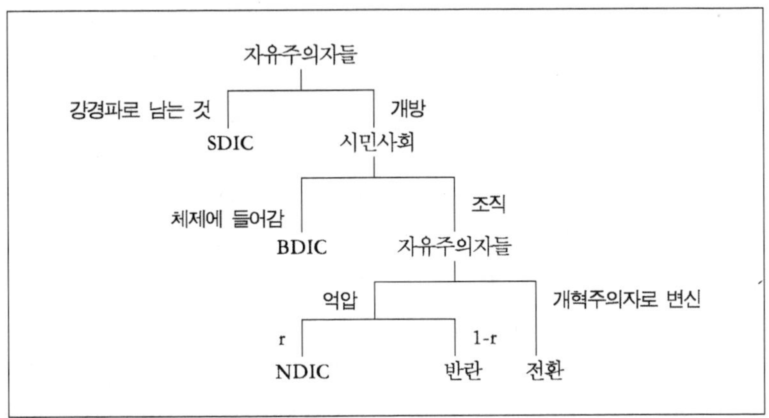

그림 2.1

다면 결과는 '반란(insurrection)'이 될 것이다. 자유주의자들이 성공적 억압에 r의 확률을 부여하고 있다고 가정하자.

권위주의 체제내의 몇몇 집단이 현상유지보다 확대된 독재를 선호할 때에만 자유화 과정이 즉각 시작될 수 있다는 데 주목하라. 자유주의자들은 SDIC보다 BDIC를 더 선호한다. 왜냐하면 사회적 기반의 확대가 체제 전체를 강화하고 새로이 체제에 들어온 집단들은 강경파에 대항하는 자유주의자들의 자연적인 동맹자를 구성할 것이기 때문이다. '반란'은 체제내의 모두에게 최악의 결과를 가져다 줄 것이다.

이제 모든 사람이 모든 것을 알고 있고 똑같이 알고 있다면 이 게임의 유일한 가능한 결과는 현상유지가 아니면 사회적 기반이 확대된 독재일 것이다. 자유화는 오직 그것이 성공적일 수 있을 때에만 일어난다. 자유주의자들의 선호도가 BDIC>SDIC>TRANSITION>NDIC>INSURRECTION이라고 가정하자. 이 때 자유주의자들은 만약 사회가 조직된다면 그들은 개혁주의자로 변신해야 할 것이다. 시민사회도 마찬가지이다. 따라서 자유주의자들이 개방하면 사회는 조직할 것이다. 그러나 자유주의자들은 TRANSITION보다 SDIC를 더 선호한다. 따라서 그들은 결코 개방하지 않는다. 이번에는 자유주의자들의 선호가 BDIC

>SDIC>NDIC>TRANSITION>INSURRECTION이며, 자유주의자들이 억압의 성공에 높은 확률을 부여하고 있다고 가정하자. 만약 사회가 조직하려 한다면 자유주의자들은 자신이 억압을 선택하게 될 것이라는 것을 알고 있다. 시민사회도 마찬가지이다. 사회는 BDIC>NDIC의 선호를 갖고 있기 때문에 시민사회는 자신이 조직한다면 자유주의자들이 억압을 선택할 것이라는 것을 알고서 체제에 들어갈 것이다. 그리고 자유주의자들은 SDIC보다 BDIC를 선호하기 때문에 그들은 개방할 것이다. 따라서 그 결과는 BDIC가 될 것이다.

그러면 어떻게 이 과정이 민주화(TRANSITION)에 도달할 수 있는가? 나는 두 개의 가능한 방법을 알고 있는데, 어떤 사람의 잘못된 가정에 기초하고 있다.

① 자유주의자들이 실제로 친민주주의자들이라고 가정해 보자. 즉 그들의 선호도가 BDIC>TRANSITION>SDIC>NDIC>INSURRECTION이라고 가정해 보자.[17] 그러나 자유주의자들이 자유화로 나갈 모든 준비가 되어 있다는 것을 체제내의 강경파들이 안다면 그들은 결코 자유화에 동의하지 않을 것이기 때문에 자유주의자들은 전략적으로 자신의 선호를 밝혀야 한다. 따라서 자유주의자들은 자신들의 선호를 BDIC>SDIC>NDIC>TRANSITION의 선호를 갖고 있다고 선언하고 강경파들은 자유주의자들을 믿는다.

이제 개방의 결정이 강경파의 동의에 달려 있다고 가정하자. 만약 자유주의자들이 개방을 제안한다면 강경파들은 이에 동의하여 나머지 민주화게임이 계속되게 하거나, 아니면 개방을 불허하여 현상유지를 꾀할 수 있다. 이제 ⓐ 강경파들이 SDIC보다 NDIC를 선호하고, ⓑ 강경파들은 자유주의자들이 실제로 친민주주의자들로 사회가 잘못 믿고 있다고 가정하자. 이 경우 강경파들은 상황을 다음과 같이 분석할 것이다. 만약 자신들이 개방을 선택한다면 사회는 자유주의자들이 억압을 선택하지 않을 것이라는 것을 믿으면서 조직할 것이다. 그러나 자유주의자

17) 또는 자유주의자들은 아마 양의 옷을 입은 민주주의자들인지 모른다. 즉 TRANSITION>BDIC>SDIC>NDIC>INSURRECTION을 선호한다.

들은 억압으로 인해 기대되는 결과를 선호한다. 따라서 강경파들은 개방의 결과는 NDIC라고 생각한다. 그들은 개방에 동의하게 된다. 그러나 자유주의자들의 선호에 비춰 볼 때 결과는 TRANSITION이다.

이 설명은 자유주의자들이 그들이 무엇을 하고 있는지에 관해 모든 것을 알고 있으며 의도적으로 강경파들을 속이고 사회에 대해서는 정확한 신호를 보낸다는 것을 가정하고 있다. 여기서 자유주의자들은 전략적으로 자신의 선호를 드러내야만 하기 때문에 이 시나리오의 실현가능성에 대해 평가하기는 어렵다. 우리는 자유주의자들이 자신들이 원하는 것은 체제의 기반을 확대하여 체제를 활성화시키는 것뿐이라고 주장할 때, 자유주의자들이 진지한지를 결정해야 한다.[18] 그들의 공식적인 진술에만 비추어 볼 때, 그들은 아주 훌륭한 거짓말쟁이거나 아니면 이 이야기 자체가 가능하지 않은 것이 된다.

② 자유주의자들의 선호가 BDIC>SDIC>NDIC>TRANSITION>INSURRECTION이며 결과가 BDIC를 의미하는 성공적 억압에 대한 그들의 사전적 평가가 높다고 가정하자. 강경파는 이 게임에서 아무런 역할을 수행하지 않는다. 아마도 체제는 분열되지 않거나 아니면 자유주의자들이 무력을 장악할 것이다. 자유주의자들은 사회가 체제내에 들어올 것이라는 것을 예상하면서 개방할 것이다. 그러나 사회는 성공적 억압에 대해 더 낮게 평가하고 있고 자유주의자들도 같은 평가를 하고 있는 것으로 믿고 있다. 따라서 사회는 조직한다. 자유주의자들이 사회가 계속 조직하는 것을 관찰하게 되면, 그들은 억압하에서 예상되는 결과보다 민주화를 더 선호하는 수준까지 성공적 억압에 대한 평가를 낮추게 될 것이다. 따라서 시민사회가 조직되고 자유주의자들은 거리의 시위대를 지켜보면서 억압의 효과에 대한 자신의 믿음을 새롭게 고친

18) 오도넬(O'Donnell, 1979: 13)은 아르헨티나의 라누세(Lanusse, 1971: 3)와 브라질의 가이셀(Geisel, 1975~79)이 시도한 자유화에 관해, 사태가 너무 멀리 나아간다면, 자신들은 그 과정을 중단시켜야만 하는 '의무'가 있다고 위협하였다고 언급하였다. 그러나 그들은 자유화에 대해 너무 깊숙이 공약하였기 때문에 자유화를 중단시킬 수 없었다. 자유화가 역전되었을 경우 그것은 '온건파(blandos)'에 대한 강경파의 승리가 되었을 것이다.

다.

이러한 가능성들은 그럴듯하게 보인다. 동독의 비밀경찰 두목이었던 에리히 미엘크(Erich Mielke)는 호네커에게 "에리히! 우리는 수십만 명을 구타할 수는 없소"라고 말한 것으로 전해지고 있다. 나는 이 진술을 도덕적인 경고가 아닌 기술적인 경고로 해석한다(≪뉴욕타임스≫ 1989. 11. 19). 만약 구타와 투옥에도 불구하고 대중동원이 증가한다면 체제는 발포의 효과에 대한 그들의 믿음을 하향 조정해야 한다. 더구나 어떤 순간에 억압에 걸린 것이 엄청나게 커지게 된다. 억압에 동참하지 않으면 반역 행위가 되는 것이다. 바로 이 이유로 루마니아 장군이 차우세스쿠의 마지막 권력 행사에 의해 '자살'을 강요받았던 것이다.[19] 그리고 실패한 억압에 동참하였기 때문에 프라하의 당서기는 두 주 후에 감옥에 들어가야만 했다. 이러한 조건하에서는 배를 갈아타는 것이 총을 쏘는 것만큼 자신의 생명을 보호할 수 있는 좋은 방법이 된다.[20]

이러한 두 설명은, 선호들은 고정되어 있으며, 행위자들은 충분한 정보를 갖고 있지 않을지라도 합리적이라고 가정한다. 그러나 다른 두 개의 설명이 가능하다.

하나는 사회학적이다. 시민사회의 조직이 구체화되고, 그들의 지도자

---

19) 우리가 여태 알고 있는 바로는 국방장관, 내무장관, 비밀경찰의장은 무력을 사용하라는 차우세스쿠의 초기 명령에 순응하지 않는 것처럼 보인다. 차우세스쿠가 열변을 통한 마지막 정치국 모임에서 마지막 내무장관과 비밀경찰의 장은 충분하게 복종의 자세를 보임으로써 살아 남았으나 며칠 뒤에는 다른 편에 서고 말았다. 이 모임의 순간에 대해서는 Jean-Paul Mari, "La dernìere col ̀ere de Ceausescu," *Le Nounel Observateur*, 11 January, 1990, pp.42-45.

20) 이러한 상황에 대한 공식화된 설명을 위해서는 쉐보르스키(Przeworski, 1986c)를 보라. 여기서 집단행동의 이론에 대한 논평이 필요하다. 올슨(Olson, 1965)의 관점의 주요한 약점은 그의 '전략 이전의(pre-strategic)' 현상유지에 대한 가정이다. 그의 이론에서 개인들은 아무 것도 하지 않는 것과 공공재를 낳는 행동을 하는 것 사이의 선택을 갖고 있다. 그러나 사르트르(Satre, 1960)가 관찰한 바와 같이, 상황은 오직 찬성하는 행동과 반대하는 행동 사이의 선택이다. 국왕의 군대가 바스티유 감옥으로 가는 거리에 늘어선 가택에서 무기를 수색하고 있을 때, 무기를 감춘 주민들은 바스티유 감옥에 갇히든지 감옥을 파괴하는 수밖에 없었다. 이러한 조건하에서 '집단행동의 문제'는 죄수의 딜레마가 아니다.

들이 알려지며, 개인적 연락망이 확립되면 자유주의자들은 반대파들이 그들이 생각했던 것만큼 위협적이지 않다는 것을 알게 된다. 여기에 야루젤스키 장군이 대통령에 선출되었을 때, 현재 자유노조의 일간신문 편집국장인 아담 미흐닉(Adam Michnik)과 1981년 자유노조 억압 8주년에 관해 행한 인터뷰가 있다. "점차적으로 우리의 세계관은 변하고 있었다. 오늘날 우리는 세계를 다르게 보고 있다. 그러나 우리는 거기에 도달해야만 했고, 우리는 우리의 머리를 부딪쳐야만 했다. 우리 모두가 그렇게 해야만 했다. 어떤 경우에도 우리는 왜 멀리 보아야 하는가 하고 물었다. 수년 동안 나뿐만 아니라 많은 사람들에게 당신은 특수한 악마와 같은 인물로서 눈앞을 지나갔다."[21] 협상은 반대파들이 남의 이야기를 들으려 하고 있고 양보하려 한다는 것을 보여준다. 개인적 접촉이 개인들간에 친교를 가져다 준다. 점차적으로 민주화에 관한 간격이 좁아지고 억압은 단지 야만적인 것처럼 보이게 된다. 자유주의자들은 반대파들과의 협상의 결과로서 자신들의 선호를 내생적으로 변화시킨다.

두 번째의 설명은 심리학적이다. 자유주의자들은 합리적이지 않을지도 모른다. 합리적 행위자들은 그들이 받는 정보에 기초하여 그들의 신념을 형성하고 이러한 신념에 기초한 그들의 욕구에 따라 행동한다. 실제로 만약 그들이 정말 합리적이라면 욕구를 조절하는 데 신념을 사용한다. 비합리적 행위자들은 그들의 욕구를 그들의 신념에 영향을 미치도록 하며 원하지 않는 정보는 지워버린다. 체제가 개방하는 이외에 다른 방법이 없다고 가정해 보자. 외국의 압력, 경제적·정치적 곤란은 자유화 이외에 어떤 선택의 여지를 남기지 않는다. 니카라구아는 바로 이러한 전형적인 예이다. 폴란드에서도 마찬가지로 민중 동원은 주체할

21) "Z generalem Jaruzelskim o stanie wojennym," *Gazeta*, Warsaw, 18 December 1989, pp.5-6. 반대로 키스자크(Kiszczak) 장군은 "MSW(Ministry of Interior) 요원, 즉 경찰들은 점차적으로 야당과 공존해야 한다는 관점, 즉 폴란드적 타협의 불가피성에 익숙해져 갔다. 그들이 준비되어 있지 않았다면, 오늘날 저항과 긴장만이 있었을 것이다"라고 진술하였다. "Przewrot niewykonywalny," interview with General Czeslaw Kiszczak, *Gazeta*, Warsaw, 11 September, 1989, p.4.

수 없게 되었다. 그러한 조건하에서 자유주의자들은 개방은 성공할 것이라고 설득할 것이고, 심지어 그들이 민주주의로 향해 가면 경쟁적 선거에서도 이길 수 있으리라고 스스로에게 설득한다.

만약 이러한 가정들 중에 어느 하나라도 사실이라면, 실현가능하지 않은 프로젝트를 무모하게 시도하고 그 과정의 중간에서 옷을 갈아입는 자유주의자들의 모습을 이해하는 것이 가능해진다. 자유주의자들은 실제로 민주주의를 시작할 준비가 되어 있으면서도 자신의 진정한 의도를 숨겨야만 했거나, 이 과정의 중간에서 억압이 성공할 것 같지 않다는 것을 발견했거나, 처음 생각했던 것보다 잃을 것이 없다는 것을 발견했거나, 아니면 다른 선택이 없어서 단지 모양새나 좋게 하려 했는지 모른다.

그러나 천안문 사태가 우리에게 상기해 주는 바와 같이 자유화는 항상 민주화로 나아가지 않는다. 언제 자유화의 결과로 자유주의자들이 제거되는 억압과 편협한 독재가 출현하는가? 우리는 모든 사람들이 모든 것을 알고 있고 모두가 똑같이 알게 된다면 이러한 결과는 가능하지 않을 것이라는 것을 알고 있다. 만약, ① 자유주의자들은 오직 체제의 기반을 넓히기만을 원한다 ② 자유주의자들은 사회가 그들이 민주화보다 기반이 확대된 독재를 선호하며, 필요할 경우 억압을 할 준비가 되어 있다는 것을 알고 있다고 믿고 있다. 그리고 ③ 사회는 자유주의자들이 실제로 민주주의자들이며 자유주의자들은 억압이 비효과적이라고 믿기 때문에 억압을 선택하지 않을 것이라고 잘못 믿고 있다고 가정하자. 이 경우 자유주의자들은 사회가 들어올 것이라는 것을 기대하면서 개방할 것이다. 사회는 만약 그들이 조직을 계속한다면, 자유주의자들이 민주화를 선택할 것이라고 믿고 있으나 자유주의자들은 억압을 선택한다.

따라서 체제의 구조를 변화시키지 않고 체제의 사회적 기반을 확대하려는 개방으로서의 자유화는 모든 사람이 모든 사람의 선호와 성공적 억압의 확률에 관해 완전하고 정확한 지식을 갖고 있지 않다면 실현가능한 프로젝트가 될 수 없다. 어떤 잘못된 인식이 자유화를 민주화로 이끌 것이고 또 다른 잘못된 인식은 억압으로 이끌 것이다. 자유주의자들이 끊임 없이 당하는 비극을 일찍이 맑스는 1851년에 묘사하였다. 그들은 그들을 계속 권력의 자리에 남아 있게 해줄 민주주의를 원한다. 그러나 그들은 민주주의가 그들에 반대하여 돌아섰을 때 다치게 된다. 그들은 가능한 한 권력을 오래 유지하려 한다. 그러나 어느 시점에서 그들은 권위주의로 복귀할 것인가 아니면 민주적 해방으로 나아갈 것인가를 결정해야만 한다.

민주화

서론

일단 독재가 붕괴하고 난 뒤 중심적인 정치적 의제로 떠오르는 문제는 제한적이긴 하지만 개방적인 경쟁을 허용하는 제도들이 관련된 정치세력들에 의해서 받아들여지는가이다. 그리고 이러한 제도들이 들어서자 말자 떠오른 문제는 이 제도들이 자발적 순응을 불러일으킬 것인가이다. 즉 기꺼이 자신들의 이익을 경쟁의 불확실성에 맡기고 그 결과에 순응하면서 관련된 정치세력들을 참여자로 흡수할 것인가의 여부이다.

이 분석을 조직하기 위하여 민주화에 내재한 갈등은 흔히 두 개의 전선, 즉 민주주의에 대한 권위주의 체제의 옹호자와 반대자 사이의 전선과 민주주의하에서 최선의 기회를 포착하려는 친민주주의적 행위자들 사이에 형성되는 전선에서 일어난다는 데에 주목하자. 전환의 첫 번째 시기에서는 민주화 캠페인을 국가에 대한 사회의 투쟁이라는 이미지로 그리는 것이 기존의 권위주의 체제에 반대하는 모든 세력들을 단결시킬 수 있는 슬로건으로서 유익한 픽션이 될 수 있다. 그러나 사회는 여러 가지 방식으로 분열되어 있으며, 민주주의의 핵심은 갈등하는 이익을 가진 정치세력들간의 경쟁이다. 이러한 상황이 딜레마를 야기한다. 민주주의를 이루기 위해서 반권위주의세력들은 권위주의에 대항하여 단결하여야 하지만 민주주의하의 승자가 되기 위해서는 그들은 서로 경쟁해야 한다. 따라서 민주주의를 위한 투쟁은 두 개의 전선에서 일어난다.

민주주의를 위해 권위주의에 대항해서 싸우는 전선과 민주주의하에서 최고의 자리를 차지하기 위해 자신의 동맹자들에 대항해서 싸우는 전선이다.

그러므로 이 두 개의 전선이 어떤 때에 일시적으로 일치한다 하더라도 민주주의의 두 가지 다른 측면을 분리하여 초점을 맞추는 것이 유익하다: 권위주의 체제의 퇴장(extrication)과 민주주의 체제의 헌법제정(constitution)이다. 퇴장과 헌법제정의 상대적 중요성은 권위주의 체제 내에서 억압기구를 통제하고 있는 정치세력들, 가장 흔한 군부의 퇴장의 위치에 달려 있다.[22] 군부가 체제를 방어하는 데 있어서 응집력을 유지하고 있는 곳에서는 퇴장의 요소가 민주화의 과정을 지배한다. 칠레와 폴란드는 이러한 퇴장의 전형적인 사례이다. 그러나 스페인, 브라질, 우루과이, 한국, 그리고 불가리아에서도 퇴장이 민주화 과정을 압도하였다. 대조적으로 그리스와 포르투갈, 아르헨티나와 같이 대외적인 군사적 모험의 실패로 군부의 응집력이 무너진 곳과 동구의 모든 나라에서와 같이 군부가 효과적으로 문민통제를 받고 있었던 체제에서는 새로운 체제의 헌정을 수립하는 과정이 퇴장의 요소에 덜 영향을 받았다.

퇴장

퇴장(extrication)에 관해서는 광범위하게 연구되었기 때문에 나는 도식적으로 문제를 논의할 것이다. 첫째, 오도넬(1979)과 오도넬과 슈미터(O'Donnell & Schmitter, 1986)의 네 가지 행위자의 구별을 따라 보자. 권위주의블록내의 강경파와 개혁파(자유주의자였을 수도 있고 아닐 수도 있다), 그리고 반대파내의 온건파와 급진파가 있다. 강경파는 경찰, 사법관료, 검열관과 같은 권위주의블록의 억압의 핵심부와 언론인 등에서 발견되는 경향이 있다. 개혁파들은 체제의 정치가나 국가기구

22) 이러한 필요는 단일적이지 않다. 스탈린 시대의 유산으로서 동구에는 두 개의 조직된 억압조직이 있었다는 데 주목하자. 국방성의 통제하에 외부적 방어를 담당하는 군부와 내무성의 통제하에 내부적 질서를 위한 군부이다. 비밀경찰의 자율성은 나라마다 그리고 시기마다 다르다.

바깥에 있는 자본주의하의 부르주아지 분파나 사회주의하의 경제관료들로부터 충원되는 경향이 있다.[23] 온건파들과 급진파는 서로 다른 이익을 대표할 수도 있으나 반드시 달라야 할 필요는 없다. 그들은 오직 위험부담을 회피하는 것에 의해서만 구별될지 모른다. 온건파는 강경파를 두려워하는 사람들일지 모르나 반드시 덜 급진적 목표를 가지고 있는 사람들일 필요는 없다.[24]

퇴장은 오직 개혁파와 온건파간의 상호이해로부터 나온다. 퇴장이 가능하려면, ① 개혁파와 온건파간에 그들이 대표하는 사회세력들이 민주체제하에서 중요한 정치적 존재로 남아 있게 하는 제도를 수립하는데 합의에 도달할 수 있어야 하며, ② 개혁파들은 강경파의 동의를 끌

---

23) 권위주의 체제에 대한 부르주아지의 태도는 단순히 일반화시키기 어렵다. 그 이유는 다음과 같다. 부르주아지가 자신의 이익을 방어하는 방법은 세 가지가 있다. ① 민주주의하에서 부르주아지는 스스로 정당을 조직하여 경쟁할 수 있다. ② 어떤 체제하에서도 스스로 압력집단을 조직하여, 국가에 접근하기 위한 특권적인 통로로 사용한다. ③ 어떤 체제하에서도 분산적인 이윤추구는 부르주아지의 이익에 반대하는 국가의 행동에 대한 제약요인을 구성한다. ['자본에 대한 국가의 구조적 종속'은 쉐보르스키와 월러스타인(Przeworski and Wallerstein, 1988)을 보라.] 이제 맑스의 이론과는 반대로, 마지막 제약요인은 국가로부터 부르주아지를 보호하는 데 충분하지 못한 것으로 드러났다. 사실 남미에서 몇몇 군부체제는 일부 부르주아지의 부문에 대해 엄청난 피해를 입혔다. 호즈(Martinez de Hoz)는 아르헨티나 기업의 거의 반을 파괴하였고, 브라질의 군부는 사기업들과 경쟁하는 국영부문을 건설하였다. 이것이 왜 1978년 상파울로(Paulista) 부르주아지의 지도세력이 군부체제를 위협으로 보았는지를 설명해 준다. 따라서 적어도 브라질에 있어서 반권위주의적 입장은 경제적 자유주의로부터 나왔다[이러한 입장의 해석을 위해서는 페레이라(Bresser Pereira, 1978)와 카르도소(Cardoso, 1983)를 보라]. 반면에 민중동원이 약한 나라에서 부르주아지는 민주적 조건하에서 훌륭히 경쟁할 수 있다. 이것은 기술관료의 자율성－코나간(Conaghan, 1983)에 의하면, 이것은 경제정책 결정의 실체라기보다는 스타일이다－이 부르주아지로 하여금 군부정권을 반대하게 하고, 선거경쟁을 두려워하지 않게 한 에쿠아도르의 사례인 것처럼 보인다. 이와 유사하게, 사회주의 국가에서도 몇몇 공장경영자들은 상대적으로 일찍이 그들의 정치력을 경제력으로 전환시킬 수 있는 가능성을 보고 난 뒤(Hankiss, 1989), 민주화를 지지하였다.

24) 실제로, 1981년 폴란드에서 온건파들은 소련의 개입이 임박했다고 인식했던 인물들이었으며, 급진파는 소련의 개입이 있을 것 같지 않다고 생각하였다.

어내거나 중립적이게 할 수 있어야 하며, 그리고 ③ 온건파는 급진파를 통제할 수 있어야 한다.

논리적으로 마지막 두 조건이 선행한다. 왜냐하면 마지막 두 조건이 개혁파와 온건파에게 가능한 해결책의 세트를 결정해 주기 때문이다. 그들이 어떤 합의에 도달했던 간에 그것은 강경파로 하여금 개혁파와 같이 가게끔 유인할 수 있어야 하고 급진파로 하여금 보다 깊은 변동을 위한 동원을 하지 않도록 설득할 수 있는 것이어야 한다. 언제 이러한 조건들이 충족될 수 있는가?

만약 군부가 퇴장 과정을 통제하고 있다면 그들은 개혁을 선택하거나, 아니면 개혁파와 협력하거나 또는 최소한 수동적으로 남아 있도록 꼬임을 당해야 한다. 온건파가 그 대가를 지불해야만 한다. 그러나 개혁파는 군부를 통제하거나 넘겨줄 수 있을 때에만 온건파에게 유효한 대화상자로 받아들여지며, 온건파가 급진파를 억제하지 못하는 한 정치적으로 중요한 세력이 될 수 없다. 넥타이를 맨 온건파 신사들이 정부 청사에서 예의를 갖춘 협상을 이끌 수 있을지는 모르나, 만약 거리가 시위군중들로 가득차고 공장들이 온건파의 대화 대상자들의 목을 달라고 요구하는 노동자들에 의해 점거되어 있다면, 온건파의 자제는 무의미하게 된다. 따라서 온건파는 급진파가 관용할 수 있는 협력을 만들어 내거나, 그러한 협약을 개혁파로부터 받아낼 수 없다면 그들은 급진파를 위협하기에 충분한 권력을 억압기구의 손에 남겨 놓아야만 한다. 한편으로, 온건파는 개혁파에 압력을 넣기 위하여 급진파를 필요로 하지만,

표 2.1

		온건파와의 동맹	
		급진파	개혁파
개혁파와의 동맹	강경파	낡은 형태로 권위주의 체제유지 2,1	양보를 한 권위주의 체제유지 4,2
	온건파	보장이 없는 민주주의 1,4	보장이 있는 민주주의 3,3

다른 한편으로 온건파는 급진파가 자신이 개혁파와 맺은 거래에 동의하지 않을까 두려워한다. 실현가능한 세트가 흔히 텅비게 되는 것은 놀랄 일이 아니다.

언제 이 모든 제약들을 만족시킬 수 있는 합의에 도달할 수 있는가? 개혁파는 강경파와의 권위주의적 동맹에 남아 있을 것인가, 아니면 온건파와 민주적 동맹을 추구할 것인가 하는 전략적 선택에 직면한다. 온건파는 급진파와 동맹하여 권위주의 체제하에서 조직된 정치세력을 전면적으로 파괴하는 것을 추구할 것인가, 아니면 개혁파와 협상하여 타협을 추구할 것인가를 선택해야 한다. 이 상황의 구조를 표 2.1과 같다고 하자.[25)]

만약 개혁파가 강경파와 동맹하고 온건파가 급진파와 동맹하면, 두 개의 서로 반대하는 연합이 형성되며 그들은 서로 싸우게 될 것이다. 만약 개혁파가 온건파와 동맹하고 온건파가 개혁파와 동맹한다면, 그 결과는 '보장이 있는 민주주의(Democracy with guarantees)'가 될 것이다. 다른 대각선상의 결과들은 다음과 같이 읽을 수 있다. 온건파가 급진파와 동맹하고 개혁파는 온건파와 동맹하면, 개혁파는 급진파-온건파 연합으로부터 나온 결과인 '보장이 없는 민주주의(Democracy without guarantees)'를 수용할 것이다. 만약 개혁파가 강경파와 동맹하면 온건파는 자유화를 받아들일 것이다. 그들은 앞에서 이야기한 의미에서, 권위주의 체제에 들어가는 것이다.

이러한 조건하에서 개혁파는 지배적 전략이 있다. 즉 항상 강경파와 동맹하는 전략이다. 만약 온건파가 급진파와 동맹한다면, 반대세력은 패배할 것이고 권위주의블록은 손상 없이 살아 남을 것이다. 개혁파에게 이 결과는 급진파와 온건파의 연합이 제시하는 보장이 없는 민주주

25) 각 방의 첫 번째 숫자는 개혁파들에 있어서 이러한 결과가 어느 정도 가치가 있는가를 나타낸다. 두 번째 숫자는 온건파(4는 3보다 낮다, 등등)의 가치에 해당한다. 이 숫자들은 사람 사이에 비교가능한 것이 아니다. 그들은 단지 대안들의 서열을 매기고 있을 뿐이다. 따라서 개혁파들은 자신들의 선택에 대해 만족하는 반면, 온건파들은 그들의 두 번째로 최악의 선택하에서 비참해질지 모른다.

의보다 낫다. 만약 온건파와 개혁파가 동맹을 추구한다면, 강경파가 비용을 부담하는 약간의 양보가 이루어질 것이다. 개혁파들에게 이 양보는 보장이 있는 민주주의보다 낫다. 따라서 잠재적인 개혁파는 강경파와 동맹하여 권위주의 체제를 방어하는 것이 항상 낫다.

이 상황을 정의해 주는 결정적 특징은 개혁파가 어떠한 자신의 정치적 힘도 없으며, 따라서 민주주의하에서 정치적으로 성공적일 수 있는 전망이 없다는 점이다. 특별한 보장이 없으면, 그들은 민주주의하에서 아주 형편 없는 존재가 되어 버릴 것이며, 보장이 있다 하더라도 권위주의 동맹과의 보호하에 있는 것이 여전히 낫다.[26] 1980~81년의 폴란드가 바로 이 사례를 보여준다. 어떠한 해결책도 두 가지 조건을 만족시켜야 했다. ① 반대파들은 공개적 선거경쟁의 원칙을 주장했다. 그리고 ② 당은 선거경쟁에서 이길 수 있는 보장을 원했다. 반대파들은 기꺼이 당이 선거에 이기도록 해주었다. 그들은 승리의 기회를 요구한 것이 아니라 단지 경쟁의 기회를 요구하였다. 당은 선거를 반대한 것이 아니라 이길 수 있는 높은 확률을 원했다.[27] 그러나 비밀투표를 해본 결과, 당에 표를 던지겠다는 수는 3%에 지나지 않았다. 이 장애를 극복할 어떤 방법도 발견할 수 없었다. 만약 당이 35%를 얻을 수 있었다면, 경쟁적이면서 동시에 당이 이길 수 있는 높은 확률을 부여하는 선거제

---

26) 게임이론적 용어로 폴란드 상황을 분석한 것은 Stephan Nowak, *Polityka* (Warsaw, September, 1981)이다.

27) 이러한 일반적 입장은 스탈린 시대에 폴란드의 제2인자였던 베르만(Jakub Berman)과의 1981년의 인터뷰에서 설명된다. 전후 선거를 언급하면서, 그는 다음과 같이 말했다. "누구에게 우리가 권력을 양도해야 하는가를 가정해야 할 것인가? 미콜라지크(Mikolajczyk, 농민당의 지도자)일까? 또는 미콜라지크보다 훨씬 더 오른편에 있는 사람들일까? 그가 누군지 도대체 어느 누가 알고 있단 말인가? 당신은 즉각 나에게 그들은 민주주의를 존중하는 사람들이라고 말할 것이다. 그래서 어쨌다는 말인가? 누가 그러한 민주주의를 필요로 하는가! 그런데 지금 우리는 10년이나 20년 전보다도 더 자유선거를 할 수 없게 되었다. 왜냐하면 우리가 선거에 패배할 것이기 때문이다. 이에 대해서는 의심의 여지가 없다. 그렇다면 그러한 선거의 의미는 무엇인가? 우리가 우리 자신을 그러한 초민주주의자들(super-democrats)이나 신사들로 보여주기를 원치 않는다면, 고개를 숙이고 말해야 한다. "환영합니다. 우리는 은퇴합니다. 당신이 권력을 가지십시오"(Torańska, 1985: 290)과의 인터뷰.

도를 고안한다는 것은 어린애 장난 같은 것이었을 것이다. 그러나 3%로는 그렇게 될 수 없었다. 갈등하는 정치세력들의 이익과 외부적 기회에 의해 부과된 제약을 만족시킬 수 있는 어떤 제도도 존재하지 않았다.[28] 이러한 조건하에서 개혁파는 온건파와 민주적 동맹을 시도할 수 없다.

제도적 보장이 주어졌을 경우, 개혁파가 민주적 조건하에서 경쟁할 수 있는 충분한 정치적 힘을 가졌다고 가정하자. 이것이 개혁파로 하여금 민주주의를 선택하기에 충분한 조건인가? 표 2.2를 보자. 여기에 개혁파는 강경파로부터 독립적인 정치적 무게를 지니고 있다. 그들은 경쟁적 조건하에서 상당한 지지를 얻을 수 있으며, 다른 대안들보다 보장이 있는 민주주의를 선호한다. 그러나 개혁파들에게 도래할 결과는 온건파의 행동에 달려 있다. 만약 온건파가 보장을 부여할 것을 선택한다면, 개혁파는 민주주의하에서 더 나아질 것이다. 만약 온건파가 급진파와 동맹한다면, 개혁파는 패배하게 된다.[29] 그리고 온건파는 보장이 없는 민주주의를 선호하게 된다. 이러한 갈등 상황을 확대된 살펴보자. 즉 개혁파는 먼저 온건파의 반응을 예상하면서 무엇을 할 것인가를 결정한다(그림 2.2)고 가정하자.

표 2.2

		온건파와의 동맹	
		급진파	개혁파
개혁파와의 동맹	강경파	낡은 형태의 구권위주의 체제의 존속 2,1	양보를 통한 권위주의 체제의 유지 3,2
	온건파	보장이 없는 민주주의 1,4	보장이 있는 민주주의 4,3

28) 똑같은 전략적 상황이 1989년 3월에 천재의 착안에 의해 해결되었다. 어떤 사람이 의회내에 상원을 만들어서 완전한 자유선거에 부치고, 공산당과 그 동맹세력들에게 하원에서의 다수와 정부를 구성할 권리를 보장해 줄 것을 제안하였다.

29) 이 게임에서 순수 전략으로는 어떠한 균형도 없다.

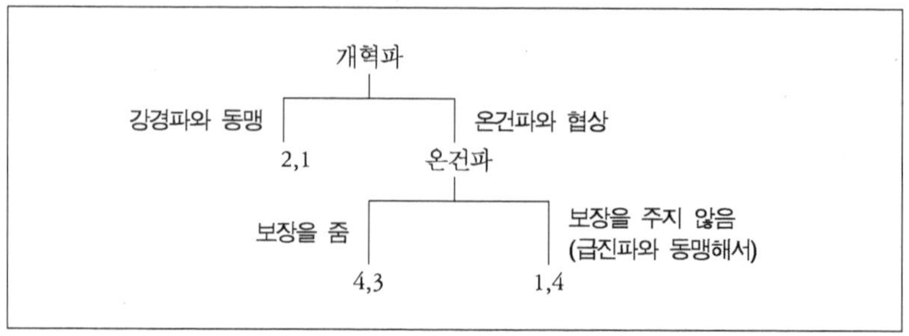

그림 2.2

개혁파는 상황을 다음과 같이 분석할 것이다. 만약 그들이 강경파와 동맹한다면 결과는 현상유지일 것이고 이는 차선의 결과이다. 그들은 보장이 있는 민주주의하에서 더 나아질 수 있다. 그러나 만약 개혁파가 온건파와 협상할 것을 결정한다면, 온건파는 급진파와 동맹할 것을 선택할 것이고, 이는 개혁파들에게 최악의 결과를 가져다 줄 것이다. 따라서 개혁파들은 체제에 남는다.

그럼에도 불구하고 이러한 상황이 반복된 결과로 민주주의가 실현될 수 있는가?[30] 모든 사람이 전략적 상황이 영구적으로 반복될 것이고, 거의 확실하다는 것을 알고 있다고 가정하자. 온건파는 만약 그들이 급진파의 요구를 수용하는 방향으로 개방에 대응한다면, 개혁파가 다음 번에는 강경파와 동맹할 것이라는 것을 알고 있다. 따라서 첫 회 게임에서 온건파가 '배반'함으로써 얻을 수 있는 보상가(payoff)는 {4, 1, 1, ···}, 또는 개혁파가 선택한 처벌전략에 따라 다른 4s와 1s의 혼합일 것이다.[31] 그러나 만약 온건파가 첫 회에서 보상을 줄 것을 결정하면, 개혁파는 같은 방법으로 반응할 것이고, 온건파에 돌아오는 보상가는

30) 이 구절은 항상 나로 하여금 내가 진정으로 무엇을 생각하고 있는지를 결정하라고 강요해 온 엘스터와의 뜨거운 논쟁으로부터 나왔다.

31) 실험적 상황에서 사람들이 선택하는 경향이 있는 "이에는 이로(tit for tat)" 전략은 초과시간보상(overtime payoff)을 극대화하지만, 완전한 균형을 위한 전략은 아니다. 반면에 협력적 결과를 지지하는 대단히 많은 전략들이 있다. 이것과 이에 관련된 다른 기술적인 문제들에 관해서는 라스무젠(Rasmusen, 1989)이 쓴 훌륭한 교과서를 보라.

{3, 3, 3, …}이 될 것이다. 우리는 개혁파가 온건파로 하여금 협력하도록 설득할 수 있는 많은 처벌전략이 있다는 것을 쉽게 알 수 있다. 따라서 최초의 상황이 반복된다면, 민주주의는 자발적으로 전개될 수 있을 것이다.

그러나 나는 체제의 변화가 걸린 상황이 반복될 것이라고 생각하지 않는다. 이들은 독특한 상황이다. 권위주의 권력기구내에서 균열이 일어난다. 어떤 집단이 힘에 의해서 권력을 독점하는 것보다 동의에 의해서 권력을 공유하는 것이 나을지 모른다는 생각을 하기 시작하면서, 행동에 옮기기로 결정하고, 민주주의하에서 자신의 역할에 관한 보장을 추구하기 위해 체제 바깥에 있는 궁극적인 동반자에게 돌아선다. 일단 개혁파가 행동하기로 결정한다면, 그들은 현상유지로 돌아갈 수 없다. 미래의 보상은 현재의 선택한 행동의 결과에 따라 변할 것이다. 되돌아간다는 것은 민주적 개방 전략의 실패를 인정하는 것이며, 강경파의 분노와 마주쳐야 한다는 것을 의미한다. 되돌아가기로 결정한 개혁파는 그들의 실패로부터 거의 살아남기 힘들 것이다. 그들은 파산을 위한 게임을 하고 있다.[32] 이는 미래에 새로운 개혁파에 의한 개방의 시도가 다시 없을 것을 의미하지 않는다. 이것은 한국과 폴란드에서 일어난 것이다. 그러나 이들은 새로운 상황에 직면한 새로운 세력들이다. 그리고 만약 개혁파의 전략이 성공적이고 민주주의가 제도화되면 보상가도 변화할 것이다. 민주주의는 다시 전복될 수 있다 하더라도, 민주적 제도로의 권력의 이전(devolution)은 되돌릴 수 없는 것이다.[33]

---

32) 나는 '거의'라고 말하는 이유는 1974년 브라질의 실패한 '탈억압'의 기획자들이 다시 모여 재시도하는 데 성공하였기 때문이다.

33) 이것이 내가 제도의 진화적 이론(Schotter, 1981; 1986)이 민주화를 설명할 수 있다고 생각하지 않는 이유이다. 어떤 기술적 문제들이 여기에 관련되어 있다. 반복적 게임에서의 협력 출현에 관련된 결과는 정확하게 반복되는 상황, 그 중에서도 특히 동일한 보상치를 갖고 있는 상황만을 지배한다. 내가 알고 있는 한, 우리는 구성자 하위게임(component subgame)이 한 라운드에서 다른 라운드로 옮아 갈 때 변화하는 게임에 대해 아무 것도 모르고 있다는 것이다. 벤하비브와 라드너(Benhabib and Radner, 1988)는 보상이 변화하는 노동-자본의 게임을 분석한 뒤, 한 하위게임에서 다음 게임으로 크게 변화하면, 균형은 비협력적이 된다는 것을 발견하였다. 만약 그 보상이 약간 변화한다

이 주장이, 민주주의는 균형의 결과로 확립되는 것이 아니고 오직 민주주의에 대한 규범적 공약의 결과일 뿐이다는 것을 함축하는 것은 아닐까? 아니다. 균형적 결과가 민주주의가 되는 독특한 상황이 존재할 수 있다는 것을 보기 위해 보상가를 가지고 충분히 조작해 볼 수 있다. 두 가지 가능성이 있다. 하나는 급진파가 보장이 있는 민주주의를 수용하는 것이고, 다른 하나는 온건파가 자율적 군부의 존재에 의해 계속 보호되는 것이다.

첫 번째 가능성—즉 급진파가 급진적이기를 그만두는 것—은 처음 보이는 것처럼 억지는 아니다. 민주주의가 확립될 때까지, 근본적인 정치적·경제적 변혁을 추구하는 세력들은 거리와 공장에 그들의 행동을 연결하는 것 외에 다른 대안이 없다. 그들의 요구가 폭력적 억압에 부딪치지 않게 할 수 있는 정치적 제도가 없는 것이다. 그러나 온건파와 개혁파간의 합의에 의해 민주주의의 틀이 확립되면, 급진파는 그들도 게임을 할 수 있고, 참여할 수 있다는 것을 발견하게 된다. 그들은 민주적 제도를 경계하고, 그 속에서 그들의 기회가 있는가에 대해 불신하며, 그들의 승리가 관용될 수 있는가에 대해 회의적인 경향이 있다. 그러나 공개적으로 개방된 민주적 상호작용의 매력은 거부할 수 없으며, 급진파는 참여 거부로 민중의 지지를 상실하게 된다는 것을 발견한다. 서구의 사회주의 정당의 역사가 보여주는 것처럼, 모든 정치세력은 동참할 것인가, 아니면 소멸할 것인가 하는 대안에 직면하고 있으며, '선거의 사이렌송'(Przeworski, 1985: ch.1)을 고집스럽게 거부하는 무정부주의자들을 제외하고 모든 세력들이 동참하였다.

만약 급진파가 온건파와 개혁파가 조성한 제도에 참여하기를 거부한다면, 온건파의 이익은 여전히 급진파에 의해 지배되는 시민사회에 남아 있는 것보다 개혁파에 의해 대표되는 시민사회내의 세력들이 의미 있는 존재로 남아 있는 데 있다.[34] 그러한 조건에서 위의 게임 나무의

면, 균형의 길은 협력적 균형으로 이동할 것이다. 이러한 결과는 직관적으로 의미가 있으며, 따라서 문제는 얼마나 많은 보상이 한 상황에서 다음 상황으로 이동할 때 변화하는가이다. 나의 주장은, 적어도 개혁주의자들에게 있어서, 이들은 과격하게 변화한다는 것이다.

보상가는 상호 교환될 것이다: 온건파는 급진파와 동맹하는 것보다 개혁파들에게 보장을 부여하는 민주주의를 선호할 것이다. 흔히 이것이 의미하는 바는 권위주의 체제와 관련된 몇몇 부문이 군부의 보호를 계속 향유한다는 것이다. 만약 개혁파가 상당한 정치적 힘을 갖고 있고, 그리고 온건파가 급진파의 요구에 대해 역으로 균형을 맞추기 위해 군부로 하여금 자율적인 세력으로 남게 하는 제도적 장치를 선호한다면, 개혁파는 민주주의를 두려워 할 것이 거의 없게 된다. 이러한 조건에서의 균형적 결과가 민주주의일 것이다. 그러나 이 민주주의는 군부가 문민통제로부터 자유로울 뿐만 아니라 민주적 과정 위에서 후견적 역할을 행사하는 민주주의이다.[35]

그러나 왜 온건파가 군부의 자율성을 관용하는가? 왜 그들은 민주적 결과의 가능 범위를 제한하는, 그리고 때로는 민간 정치가들에게 굴욕을 안겨 주고 민주체제의 불안정의 근원을 도입하는 군부의 후견에 동의하는가?[36]

폴란드를 제외하고 동구의 공산주의 체제는 문민체제를 창출하였다. 군부와 그리고 대부분의 질서를 유지하는 세력들은 심지어 세부 시행 문제까지 정교한 정치적 통제에 놓여 있었다.[37] 따라서 공산당의 지도

---

34) 그림 2.2의 보장이 있는 민주주의하에서 온건파들에 대한 보상은 3이 아닌 4가 된다.

35) 나는 이 게임이 실제로 나의 분석이 제시하고 있는 것보다 더 복잡하다는 것을 깨달았다. 왜냐하면 나는 강경파들의 행동을 매개변수로 취급했기 때문이다. 그러나 예를 들어 강경파들은 온건파들과 개혁파들간의 합의를 훼손시킬 목적으로 급진파들을 자극한다. 많은 민주화의 경우, 급진파들처럼 보이지만 사실은 도발자(Provocateurs)인 그림자집단이 나타난다. 스페인의 그라포(GRA-PO)가 그 한 예이고, 아르헨티나의 타블라다 사건(Tablada affair)은 또다른 예다.

36) 1987년 10월 브라질 정부는 지방도시에 주둔하고 있는 소규모 군부대에 의한 시청점거에 대한 반응으로 하룻밤 사이에 100% 이상 군인들의 봉급을 올렸다. 이는 재무부 장관이 공식적으로 군인들의 봉급을 인상하지 않을 것이라고 공언한 뒤에 일어났다.

37) 비밀경찰은 다른 문제이다. 비밀경찰과 공산당 사이의 갈등은 공산주의 체제하의 정치적 생활의 특징이다. 비밀경찰은 공산주의의 해체로부터 가장 많은 손실을 입는 집단이며, 몇몇 국가에서는 대중의 분노의 표적이 되었다.

적 역할에 둘러싼 갈등에서 모든 동구 국가들의 군부가 공산당의 권력 독점을 폐지하기를 원하는 세력편에 설 것을 분명히 했다는 것은 놀라운 일이 아니다. "군은 정당이 아니라 국가에 봉사하기를 원한다." 이것은 장군들의 한결같은 이야기이다. 남미적 시각에서 볼 때, 이러한 숭고한 감정은 불길하게 들린다. 왜냐하면 이것은 민주적 가치에 대한 맹세가 아니라 독립의 주장이기 때문이다.

대부분의 남미 국가에서 군부는 자신의 자율성을 보존하였고, 정치체제에 대한 후견적 역할을 계속 수행하고 있다. 이는 비단 민주화가 협상의 결과로 일어난 나라뿐만 아니라 군부가 굴욕적인 패배를 경험한 아르헨티나에서도 나타나고 있다. 군부 개입의 유령은 정치과정에 대한 영원한 제약이며, 군부의 궁극적인 반응이 신생 민주주의의 일상적 정치생활에 침투해 있음을 고려해야 한다. 아르헨티나의 경험은 특히 혹독하다. 왜냐하면 납치자, 고문자, 살해자들이 누리고 있는 형의 면제는 모든 정치생활을 심각하게 도덕적으로 타락시키고 있기 때문이다. 최근의 민주화 사례 가운데, 스페인과 그리스만이 민주정부가 군부에 대해 효과적인 문민통제를 확립하고, 자신을 군부의 후견으로부터 해방시켰다.

하나의 명백한 해답은 온건파가 문민통제를 부과하려는 어떤 시도도 즉각 그들이 제거하려고 의도했던 바로 그 군부 개입을 도발하지 않을까 두려워한다는 것이다. 이와 관련된 전략적 계산은 다음과 같다. 첫째, 문민통제를 확립하고자 하는 시도 이후 즉각적인 쿠데타의 가능성은 군부를 내버려두는 것보다 높은 것으로 보여진다. 따라서 일단 확립되면 문민통제가 군부개입의 가능성을 크게 낮춘다고 하더라도, 쿠데타가 다시 발생할 가능성은 문민통제가 없는 곳에서 더 낮을 것이다. 표 2.3을 보자. 만약 군부가 정치체제에 대해 후견적 역할을 계속 행사할 경우, 군부가 지금, 그리고 미래에 개입할 확률은 68%이나, 만약 정부가 문민통제를 추구할 경우, 그 확률은 80.2%이다.[38]

---

38) 군부의 후견하에서 즉각적인 쿠데타의 확률을 p라 하고, 궁극적인 쿠데타의 확률을 t라 하자. 정부가 문민통제를 부과했을 때, 즉각적인 쿠데타의 확률을 q라 하고, 궁극적인 쿠데타의 확률을 c라 하자. 이 때 후견하의 쿠데타의 총확률은 $p+(1-p)t$이고, 문민통제가 시도되었을 때의 총확률은 $q+(1-q)c$이다.

표 2.3

	쿠데타가 일어날 가능성	
	즉각적으로	지금이 아닌 종국적으로
후견하에	0.20	0.60
민간통제와 함께	0.80	0.01

이것이 어려움의 끝은 아니다. 왜냐하면 모든 쿠데타가 똑같지 않기 때문이다. 인권의 침해에 대해 처벌하여야 한다는 주장의 하나는 처벌이 그런 짓을 그만두게 하는 효과가 있기 때문이다. 군부는 일단 권력으로부터 물러나면, 자신이 처벌받을 것이라는 점을 알기 때문에 다시 개입하려고 할 때, 두 번 생각할 것이다. 이것은 사실일지 모른다. 그러나 만약 이 주장이 유효하다면, 이는 또한 처벌의 위협에 의해서 군부의 개입이 저지되지 않는다면, 군부가 이 위협 때문에 권력을 내놓을 가능성이 더 낮아진다는 것을 의미한다. 따라서 문민통제의 부과는 쿠데타의 확률을 낮출지 모르나 일단 다시 쿠데타가 일어나면, 그것은 매우 억압적인, 즉 강성쿠데타(golpe duro)의 조건부적인 확률을 증가시킨다.

그러므로 만약 정부가 쿠데타를 도발하지 않고 억압의 위험을 감수하려 하지 않는다면, 그 정부는 도덕적 모멸과 민주적 이상을 삼키면서 군부의 후견이 정한 한계를 받아들여야 할지 모른다.[39] 그러나 나는 이 논리가 군부에 대한 문민 정치인의 행동을 설명하기에 충분하지 않다고 생각한다. 왜 민주적 정치인이 설사 가능하더라도 군부로부터의 위협을 제거하려 않는 이유는 두 가지이다.

첫째, 폰타나(Fontana, 1984: 121)의 관찰에 의하면, 1981년 아르헨

39) 1987년 폰타나(Fontana)는 "La polititica del gobierno constitucional argentino"라는 논문에서 1983년에 정부가 군부내의 상황에 대해 잘 모르고 있어서, 기회가 주어진다면 군부가 자신을 정화할 수 있다고 잘못 믿었으며, 군부내의 세대간의 유대를 계속해서 과소평가했다고 강조한다. 이 모든 것은 사실일지 모르나, 나를 놀라게 한 것은, 이 논문이 정부가 어떤 군부정책을 갖고 있었다는 것을 보여주는 데 실패했다는 것이다.

티나의 정당들은 만약 군부의 위협이 제거된다면, 1973년과 마찬가지로, 새로운 민중동원의 물결이 그들을 자신들이 원했던 것보다 더 좌익으로 밀어붙일 것이라고 두려워했다는 것이다. 그들은 급진파들을 두려워했다. 언젠가 어네스트 베빈(Ernest Bevin)이 노동당에 관해 사용했던 표현을 바꾸어 말하자면, 그들은 "그들 자신이 사람들의 이야기에 귀를 기울여야만 하는 위치에 속하기를 원치 않았다." 만약 민중동원을 억압하는 데 군부가 의지할 수 있는 세력으로 믿어진다면, 군부의 후견은 기존 정당을 위한 보루이다.

둘째, 군부 개입의 오랜 전통을 갖고 있는 많은 나라에서의 문제는 군부에 대한 문민통제가 이루어질 수 있는 제도적 모델의 부재이다.[40] 명령계통을 통해 군부는 그들의 특정한 행동을 감독하는 의회위원회나 정부부처보다는 대통령에게 직접적으로 책임을 지고 있다. 그러한 문민통제 장치가 없을 때, 민주적 정부가 직면하는 선택은 군부의 자율성을 관용하든지 아니면 군부를 완전히 파괴하든지 둘 중의 하나이다.[41] 그리고 나는 여기에 민족주의가 중요한 역할을 하고 있지 않는가 의심한다. 국가가 스스로 방어할 수 있는 능력을 해치는 행동을 공약할 수 있는 대통령은 아무도 없다. 만약 군부에 관한 전략의 선택이 군부를 손대지 않고 내버려두거나 아니면 군부를 해체시키는 것이라면, 어쩌면 군부지배의 영구화가 민족주의적인 정치가들에게 덜 사악한 것(lesser evil)이 될 것이다.

군부에 대한 문민통제의 문제는 문민통제를 시도하는 것이 신중한 것인가 아닌가의 문제일 뿐만 아니라 누가 문민통제를 원하는가의 문제이기도 하다.[42] 군부의 후견은 더 큰 억압으로부터의 보호와 사회적·정

---

40) 이 관찰은 카발로(Jośe Murilo de Carvalho)에 의존하였다.

41) 예를 들어, 델리치(Delich, 1984: 135)는 다음과 같이 아르헨티나의 민주정부가 이용할 수 있는 선택을 제시하였다. 군부가 관련된 잔학행위는 명문화된 명령과 군대명령체계의 통제하에서 제도로서의 군부에 의해 승인받은 행동들을 구성하고 있었기 때문에, 민주정부는 군부 전체를 비난하든지 아니면 모든 문제를 잊어버릴 수밖에 없었다.

42) 이것은 1987년 카발로(Jośe Murilo de Carvalho, 1987: 18)가 헌법제정회의에 참가한 브라질 정치세력의 태도를 어떻게 특징지었는가를 보여준다. "시민

치적 혁명을 추구하는 사람들로부터의 압력을 저지한다는 이유로 몇몇 민간정치세력들에 의해 선호된다.43)

그러므로 퇴장은 제도적 자취를 남긴다. 자유선거에 동의한 대가로 피노체트가 강요한 요구를 주목해 보자. ① 군과 경찰의 현직 총사령관직의 영구적 유지, ② '군대와 경찰의 특권' 보호, ③ '테러리즘에 대한 정력적인 투쟁,' ④ 네 명의 군부대표와 네 명의 민간인들로 구성될 국가안보위원회 의견 존중, ⑤ 1973년과 1978년 사이에 자행된 정치적 범죄에 대한 사면의 유지, ⑥ 군사법원의 권한, 군대의 명령구조, 군 예산의 수정과 장군 승진(정상적으로는 대통령의 특권)에 개입하지 않는 것을 포함한 국방정책의 적용과 정의에 있어서 정치적 권위의 개입자제, ⑦ 9명의 상원의원 지명권, ⑧ 중앙은행의 자율성과 군부에 의한 중앙은행총재 임명, ⑨ 최종적인 군부체제 시기에 시행된 사유화 조치에

세력의 헤게모니를 건설할 수 있는 확고한 정치적 의지의 부상을 구체화하는 것은 보다 힘들다. 우리가 본 바와 같이, 그러한 의지는 공화국 대통령직을 실제로 차지하고 있는 자의 정치적 행동에는 존재하지 않으며, 다수당인 PMDB의 행동에도 모호하지 않는 방식으로 표명되지 않았다. PFL, PTB 등에서도 그러한 의지를 전혀 찾을 수 없다는 것은 말할 필요조차 없는 이야기이다. 새 공화국의 정치 무대를 관찰하는 사람은 누구나 군부의 후견이 정상적인 것이고 계속 군부의 후견이 행사될 것이라는 인상을 가지게 된다." 그러므로 1988년 9월 *Latin American Weekly Report,* WR, 88, p.36에서 "브라질의 군부는 피노체트가 소리 높여 요구했던 것을 조용히 얻다"라는 제목에서 "몇몇 브라질 군부 지도자는 다른 나라에서는 민간인들이 군부에게 얼마나 많은 자율성을 줄 수 있는가 또는 주어야 하는가를 걱정해 온 반면, 브라질에서는 군부가 민간인들에게 얼마나 많은 자율성을 주어야 하는가에 관해 조심스럽게 처방한다고 쉽게 인정하였다."

43) 체이법(Jose Antonio Cheibub: 개인적 의견교환)은 이러한 가정에 대해 다음과 같이 비판한다. "민중동원에 대한 엘리트의 두려움에 기초한 설명은 두 가지 이유에서 잘못된 것이다. 첫째, 군부에 대한 문민통제라는 문제에 직면한 나라의 지도자들은 군부가 제공하는 (한 시각에서 볼 때) 보호는 또한 (다른 시각에서 볼 때) 위협이라는 것을 알고 있다(알아야만 한다). 다른 말로 이야기하자면, 정치가로서의 그들의 직업이 민중동원으로부터 그들 자신을 계속 보호받기 위해 그들이 원하는 바로 그 후견에 의해 위협받고 있다는 것이다. 둘째, 이러한 설명은 이 국가들의 정치엘리트들이 선천적으로 보수적이라고 가정하고 있으며, 그들은 보다 더 대표성이 있는 체제의 위험보다 군부쿠데타의 위험을 무릅쓰는 것을 항상 선호한다는 주장으로 변형될 수도 있다."

관한 조사 없는 수용, ⑩ 구리판매 수입의 20%를 군 예산에 자동적으로 배당 등이다. 군부 스스로가 개혁파이고 개혁에 대한 저항이 관료들로부터 나오면, 때때로 극적이긴 하지만, 상황은 보다 단순해진다.[44] 그러나 개혁을 향한 추진력이 군부의 최고 우두머리에서 나왔고, 또한 공산당 체제가 몇 가지 보장을 강요하는 데 성공한 폴란드의 경우를 보자. ① 공산당은 국회의 양원 중에서 더 중요한 하원(Sejm) 의석의 35%를 보장받았을 뿐 아니라, 자신의 동맹 정당들도 30%를 보장받았다. 원칙적으로, 이는 정부를 구성하기에 충분한 지지의 확보였다. ② 야당은 야루젤스키 장군이 대통령이 되는 것을 반대하지 않는 것으로 이해하였었다. 그리고 ③ 대외적 국방과 대내적 치안질서는 공산당의 통제에 남겨둔다는 보장이었다.

그러므로 퇴장의 최적 전략은 일관성이 없다. 민주주의를 추진하는 세력은 사전적으로(*ex ante*) 신중하여야만 하나, 사후적으로(*ex post*) 단호하여야만 한다. 그러나 사전에 내린 결정은 사후적으로 되돌릴 수 없는 조건을 만든다. 왜냐하면 민주주의를 추구하는 세력들은 구체제와 관련된 세력들의 권력을 보존하기 때문이다. 사후적으로, 민주세력들은 그들의 신중함을 후회하지만, 사전적으로 볼 때, 그들은 신중하지 않을 수 없었다.[45]

그러나 구체제와의 협상을 통한 민주화에 의해 창조된 조건들을 뒤돌릴 수 없는 것은 아니다. 민주주의의 핵심적 특징은 어떤 것도 최종적으로 결정되지 않는다는 것이다. 만약 주권이 인민에 있다면, 인민은 협상 테이블에서 정치인들에 의해 도달된 모든 보장들을 훼손하는 결정

44) 1989년 전당대회에서 야루젤스키 장군이 제안한 정치개혁의 프로그램은 다수의 지지를 얻는 데 실패하였다. 그 때 총사령관이었던 장군, 국방부 장관과 내무부 장관(둘 다 모두 장군)이 사임을 표명하고 회의장을 나와 버리고 난 뒤에야, 당중앙위원회는 반대세력과 협상하는 방향으로 전환하는 것이 바람직하다는 생각을 하였다.

45) 많은 나라에서 민주주의가 공고화된 이후, 몇몇 북미의 지식인들은 이제 우리들에게 권위주의에 반대하는 투쟁의 주역들이 사회적·경제적 변혁을 밀어붙이는 데 있어서 보다 급진적이었어야만 했었다고 충고한다. 이러한 종류의 환상은 커밍스(Cumings, 1989)를 보라.

을 내릴 수 있다. 심지어 가장 제도화된 보장도 기껏해야 높은 수준의 보장일 뿐이지, 결코 확실한 보장은 아니다.[46] 지금까지 칠레, 한국, 파키스탄에서 권위주의 유산으로 남겨진 헌법을 수정하려는 시도들이 유산된 것과 우루과이의 국민투표가 군부에 의해 선언된 자동사면을 뒤집는 데 실패한 것은 사실이다. 폴란드에서 1989년 4월에 이루어진 최초의 합의는 1989년 6월 선거의 결과로 즉각 깨져 버렸고, 그 나머지도 점차 파괴되었다. 퇴장에 의한 민주화는 민주세력들로 하여금 권위주의의 유산으로 남겨진 보장들을 제거하게 하는 요인을 낳는다. 그러므로 그것은 선천적으로 불안정할 수밖에 없는 제도적 유산을 남긴다.

헌법제정

이러한 퇴장의 측면이 없다고 가정하자. 즉 그리스와 동독같이 군부가 분열하거나 많은 동구 국가에서처럼 군부가 민주화를 지지하는 경우이다. 갈등하는 정치세력들이 제한적이긴 하지만 개방적인 경쟁을 허용

46) 더구나 이 모든 분석은 주역들이 규범적으로 가지고 있거나 가질 수 있는 것보다 더 많은 지식을 가정한다. 폴란드에서 모든 사람들은 몇 가지 점에서 잘못 계산하였다. 공산당은 1989년 6월의 1차 선거에서 너무 적은 유권자의 지지를 받아 협상을 통한 거래의 정당성이 훼손되었고, 그 때까지 충성스러웠던 공산당 동맹세력들이 자신들의 길을 가겠다는 결심을 하기에 이르렀으며, 주의 깊게 고안된 민주화의 계획 전체가 무너져 버렸다. 야당은 개혁파들을 게임에 계속 묶어 두기 위해 마지막 순간에 추가적인 양보를 하지 않을 수 없었다. 나는 만약 당이 어떤 결과가 일어날 것인가를 알았다면 선거에 동의하지 않았을 것이고, 야당이 무엇이 일어날 것인가를 예상하였다면 양보를 하지 않았을 것이라고 생각한다. 당 전략가들은 왜 자유노조(solidarity)가 1989년 6월의 선거에서 나쁜 성적을 올릴 수밖에 없는가에 관해 모든 종류의 이유를 들었다. 유명한 개혁가는 당 후보들이 상원 선거에서 다수를 얻을 것이라는 것을 나에게 확신시켰다[실제로 그들은 선거에서 15.8%의 지지를 받았을 뿐이다(Ostrowski, 1989)]. 그러나 반대쪽도 똑같이 놀라고 말았다. 그의 계획 이후 정치발전이 뒤따랐는가에 관해 질문을 받았을 때, 바웬사는 "나의 프로젝트는 일어났던 것과는 다르다. 정치에 관해서 나는 협상테이블을 정복하는 선에서 멈추기를 원하였다. 정치는 거기서 중지하고 경제와 사회에 관한 문제에 전념하려 하였다. 그러나 불운하게도, 우리는 선거에서 승리하였다." *Le Figaro,* 26 September, 1989, p.4와의 인터뷰.

하는 제도적 틀에 동의하고 이 제도적 틀이 지속적인 순응을 낳을 때는 자기강제적인 민주주의가 수립될 것이다. 따라서 문제는 두 가지이다. ① 어떤 제도들이 선택될 것인가? ② 그 제도들은 자기강제적일 것인가?

먼저 모든 민주주의로의 전환은 협상에 의해 이루어진다는 데 주목하자. 즉 구체제의 몇몇 대표자와 새로운 체제의 형성을 추구하는 친민주 세력 사이에 이루어지는 협상이다. 권위주의 체제로부터 사회를 이탈시키기 위하여 반드시 협상이 필요한 것은 아니지만, 민주적 제도들을 구성하는 데는 협상이 필요하다. 민주주의는 명령될 수 있는 것이 아니다. 민주주의는 홍정으로부터 출현한다.

그러한 홍정 모델은 우리가 퇴장을 분석한 것과 똑같은 맥락에서 쉽게 구축될 수 있다. 그것은 다음과 같은 구조를 가지고 있다. 갈등은 제도에 관심을 갖고 있다. 각 정치세력은 자신의 가치, 프로젝트, 이익들을 가장 잘 추진할 수 있는 제도적 틀을 선택한다. 비민주적 해결책을 부과할 수 있는 특정 행위자의 능력을 포함한 세력관계에 따라서 어떤 민주적인 제도적 틀이 수립되거나 아니면 독재를 위한 투쟁이 일어난다. 이 모델은 세력관계, 그리고 객관적 조건과 제도적 결과를 연관시키는 가정을 함축하고 있다. 특히 민주화가 일어나는 조건들을 가지고 서로 다른 제도적 틀들이 설명된다.

이 모델을 발전시키기에 앞서, 먼저 제도적 선택과 관련된 이슈들을 충실히 살펴보자. 민주적 제도의 선택을 둘러싸고 갈등하는 집단들은 다음과 같은 세 가지의 일반적인 문제, 즉 실질 대 절차, 합의 대 경쟁, 다수결주의 대 입헌주의의 문제에 직면하고 있다. 사회적·경제적 결과들은 어느 정도로까지 끝없이 열려진 경쟁에 맡겨져야 하는가? 그리고, 그들 중 어느 것이 어느 정도로 경쟁적 상호작용의 결과에 상관 없이 보장되고 보호되어야 하는가?[47] 어떤 결정들이 합의에 의하여 내려져

---

47) 헌법의 절차적 측면과 실제적 측면간의 긴장에 관해서는 캐스퍼(Casper, 1989)를 보라. 최근의 경험들 가운데 스페인의 1977년 헌법은 단지 게임의 규칙만을 규정하고 결과에 관해서는 거의 이야기하지 않는(사유재산 문제를 제외하고) 가장 고전적인 자유주의적 헌법에 가까운 반면, 브라질의 1988년 헌법은 자세한 사회적·경제적 권리를 규정한 다른 극단으로 갔다.

야 하며, 어떤 결정들이 경쟁에 맡겨져야 하는가? 헌법재판소와 군부, 또는 국가원수와 같은 몇몇 제도들은 경쟁적 과정 위에 존재하는 중재자로 서 있어야 하는가, 아니면 그들 모두 주기적인 선거의 심판에 맡겨져야 하는가? 마지막으로, 사회는 어떤 미래의 변혁을 방지하기 위해서 어느 정도로까지, 그리고 어떤 수단에 의해서 스스로 자기자신을 결박해야 하는가?[48] 이것이 제도를 둘러싼 갈등에 내재하는 중심적 이슈이다.

따라서 필수적으로 요구되는 제도적 해결책은 구체적이고 정교해야 한다. 성공적인 협상의 고전적 사례는 스웨덴의 1905~1907년의 개혁을 들 수 있다.[49] 다음과 같은 이슈가 협상되고 해결되었다. ① 선거권을 확대할 것인가, 확대한다면 누구에게 확대할 것인가, ② 선거권 개혁이 상원을 포함할 것인가, 아니면 하원에만 한정할 것인가, ③ 의석은 일인일선거구로 배분할 것인가, 아니면 비례대표제에 의한 복수선거구로 배분될 것인가, ④ 만약 일인일선거구가 유지된다면, 최다득표자가 승자가 되어야 하는가, 아니면 결선투표의 승자가 되어야 하는가, ⑤ 행정부는 국회(Rikstag)보다 국왕(Crown)에 계속 책임을 져야 하는가 등이다.[50]

합의가 문제가 되는 이유는 제도들이 분배적 결과를 낳기 때문이다. 만약 제도의 선택이 단지 효율성의 문제뿐이라면 그것은 어떠한 논쟁도 야기시키지 않을 것이다. 어느 누구에게도 비용을 치르게 하지 않으면

---

48) 이 주제에 관해서는 엘스터와 슬랙스태드(Elster and Slagstad, 1988)를 보라.

49) 러스토우(Rustow, 1955)와 버니(Verney, 1959)를 보라.

50) 200년 전 미국과 프랑스의 헌법제정 과정에서 토의의 주제였던 제도적 이슈의 목록은 ① 보통평등 선거권 대 제한 선거권, ② 직접선거 대 간접선거, ③ 대표자들의 일괄갱신 대 단계적 갱신, ④ 단원제 대 양원제, ⑤ 비밀투표 대 공개투표, ⑥ 의원내각제 대 대통령제, ⑦ 선거일자를 고정하는 방식 대 정부의 자유재량에 맡기는 방식, ⑧ 재임가능한 행정부 대 재임불가능한 행정부, ⑨ 대표자의 불가침성, ⑩ 행정부의 비토, ⑪ 해임될 수 있는 책임 행정부, ⑫ 의회해산권, ⑬ 입법부의 법률제안권과 철회권, ⑭ 입법부의 예산권 독점, ⑮ 독립적인 사법권, ⑯ 공개적인 배심원 심의, ⑰ 소급입법 금지, ⑱ 절대적 언론자유, ⑲ 종교의 자유, ⑳ 군과 경찰 사이의 제도적 장벽, ㉑ 결정권력에 대한 지역적 분산 등을 포함하고 있었다. 이는 홈스(Stephen Holmes)의 목록이다(Hardin, Holmes & Przeworski, 1988을 보라).

서 어떤 사람을 더 낫게 만드는 체제를 두려워할 사람은 아무도 없다. 그러나 주어진 경제적·정치적·이데올로기적 자원하에서, 제도는 특정한 이익과 가치들이 실현되는 방식과 정도에 영향을 미친다. 그러므로 제도와 관련된 선호는 다를 수밖에 없다.

그렇다면 상이한 조건하에서 무엇이 발생하리라고 기대할 수 있는가? 두 가지 조건들이 두드러진다. 제도적 틀이 채택될 때, 참여자들에게 세력관계가 알려질 수 있는지, 만약 알려져 있다면, 세력관계가 불평등한지 아니면 균형 잡혀 있는지이다. 이러한 조건은 어떠한 종류의 제도들이 채택되고 이러한 제도들이 안정적인가의 여부를 결정한다. 이러한 논의로부터 세 가지 가정이 등장한다. ① 만약 세력관계가 사전적으로 불균등한 것으로 알려져 있다면, 제도들은 이러한 관계를 인준하고 원래의 조건들이 지배적인 한에서만 안정적이 된다. ② 만약 세력관계가 사전적으로 균형되어 있다고 알려져 있으면, 어떤 일도 발생할 수 있다. 내전이 장기화되거나 작동하지 않는 제도에 대해 합의하거나 또는 궁극적으로 관습에 의한 강제를 가정하고 있는 제도적 틀에 대해 합의하는 것이다. ③ 세력관계가 사전적으로 알려져 있지 않다면, 제도들은 광범위한 견제와 균형을 구성하며, 다양한 조건들에 직면하더라도 지속될 것이다. 이 가정들은 아래에 차례로 논의될 것이다.

(1) 세력관계가 알려져 있고 불균등한 경우

세력관계가 알려져 있고 불균등할 때, 제도는 특정한 개인, 정당, 동맹을 위하여 맞춤으로(custom-made) 만들어진다. 게데스(Geddes, 1990)는 남미에서 권위주의시기 이래 새로운 정당체계가 나타날 때마다, 새로운 헌법이 채택되었다는 것을 보여주었다. 그녀가 분석한 새로운 제도들의 특징은 새로운 세력관계를 고착시키기 위하여 고안되어졌다.

그러한 제도들의 기원과 역할은 의도적으로 프랑스에 관해서 쓴 헤이워드(Hayward, 1983: 1)에 의해서 가장 잘 묘사되었다. "프랑스 사람들은 체제가 단명할 것으로 기대했기 때문에—실제로 그들의 헌법은 흔히 정기간행물처럼 폐기되었다—언제나 헌법 그 자체에 어떠한 권위도 부여되지 않았다. 현재의 문서는 정치투쟁의 승자의 마음에 드는 권력배분을 잠정적으로 확정하는 조약으로 간주되었다. 프랑스 헌법은 기본적이고 중립적인 문서와 거리가 멀다. 헌법은 단지 그에 따라 정부가 통치를 해야 하는 형식적 조건들을 나열한 파당적인 절차적 장치로만 보여졌다."

폴란드의 1921년 헌법은 약한 대통령제를 고안하였는데, 왜냐하면 필수드스키(Pilsudski) 장군의 반대파들이 그가 대통령으로 선출될 것을 알았기 때문이다. 필수드스키는 이러한 조건하에서 출마하는 것을 거부하고, 1926년 5월 쿠데타를 통해서 권력을 장악하였다. 9년 후, 그의 실제적인 권력을 추인하기 위해 새로운 헌법이 제정되었다. 1년 후 그는 죽었다. 그러나 어느 누구도 그의 후임이 될 수 없었다. 프랑스의 제5공화국 헌법은 특별히 드골 장군을 위하여 만들어졌으나, 그 헌법은 사회당 대통령이 의회의 다수를 장악한 우파정당과 공존하는 '동거(co-habitation)' 시험에도 불구하고 살아 남았다.

현재의 세력관계를 비준하고 있는 헌법은 단지 이 세력관계가 유지되는 동안까지만 지속될 수 있으리라고 기대하는 것은 타당하다. 1925년 칠레 헌법의 경우가 아주 좋은 예를 제공하고 있다[다음은 스탠톤(Stanton, 1990)에 의존하였음]. 이 헌법은 농민 표에 대한 통제권을 지주들에게 남겨 두고 농촌 선거구의 과잉대표를 무한정으로 유지하도록 한 부속합의가 만들어진 1932년까지 일반적으로 받아들여지지 않았다. 그러므로 실제로 1932년에 출현한 헌법은 지주들에게 농촌 임금의 억압을 허용함으로써 농산물 가격을 낮게 유지시키도록 고안된 대지주(Latifundistas)와 도시부문의 카르텔이었다. 이 협약에 의해 만들어진 진입장벽은 기민당이 정권을 장악하고 난 뒤, 농민의 지지를 추구하였던 1960년대가 되어서야 무너지기 시작하였다. 1968년에 그 체제는 붕괴되었고, 1973년 민주주의가 전복되었다. 문제가 된 제도가 41년이나 지속되었다는 데에 주목하라. 그러나 출발부터 그 제도들은 그들을 유지하고 있는 조건들 중 특정한 한 조건만 변화하여도 살아 남을 수 없도록 고안되었다. 그 조건은 농촌대중에게 효과적인 참정권을 부여하는 것이었다.

(2) 세력관계가 알려져 있고, 균형인 경우

이것은 가장 복잡한 상황이다. 갈등하는 정치세력들이 사회의 정치적 생활을 조직하는 대안적 방법에 대해 강력한 선호들을 가지고 있다고 가정하자. 나라의 한 부분은 단방제 정부형태를 강력하게 선호하는 반면, 다른 부분은 연방제를 강력히 선호한다. 어떤 집단들은 그들의 이익이 의원내각제하에서 가장 잘 보호될 수 있다고 생각하고, 다른 집단들은 대통령제를 주장한다.[51] 어떤 세력동맹은 교회와 국가의 분리를 주장하고, 다른 동맹은 국교를 옹호한다. '행렬(Row)'로 불리어지는 세력동맹은 A라는 제도적 체계하에서 민주주의가 보다 유리하다는 것을 발견한 반면, '종렬(Column)'로 불리어지는 다른 세력동맹은 이 제도체계에 위협을 느끼면서 B를 선호한다. 그들은 합의하지 않는다(표 2.4).

순수 전략들하에서 이러한 상황은 어떠한 균형도 이룰 수 없으며, 한 가지 가능한 결과는 내전이다. 이것은 1810년과 1860년의 아르헨티나의 경우이다. 두 번의 헌법제정 시도가 실패하고 난 뒤, 전쟁에서 부에노스아이레스 지방이 패배한 뒤에야 비로소 안정적인 상황에 도달하였다(Saguir, 1990). 이는 민족주의자, 연방주의자, 통일주의 세력들이 어떠한 명백한 해결책도 없이 갈등하고 있는 1990년대 소련의 상황일지도 모른다.

표 2.4

		Column	
		A	B
Row	A	최고, 그저 그런	끔찍함, 끔찍함
	B	끔찍함, 끔찍함	그저 그런, 최고

51) 브라질에서는 엘리트 418명의 조사에서 응답자의 71%가 의원내각제가 채택되기를 원하였는데 그 중 정치가와 언론인의 80%, 노동조합 지도자의 60%, 군부의 45%가 의원내각제를 지지하였다. *Latin American Weekly Report*, 90-26, 12 July, 1990, p.5.

그러나 장기화된 갈등 또는 수세대 동안 지속되고 있는 내전에 대해 전망을 내리는 것은 금기이다. 그러므로 정치세력들은 단지 일시적 해결책일 수밖에 없는 제도적 틀을 (어떤 제도적 틀이라 할지라도) 채택하려 할지 모른다.52) 러스토우(Rustow, 1970)가 관찰한 바와 같이, 어느 정당도 자신의 해결책을 일방적으로 부과할 수 없을 때, "이 장기화된 대치(standoff)는 관련 정당들로 하여금 차선의 타협적 해결책을 추구하도록 이끈다"는 것이다.

실제로 이것은 몇몇 나라에서 일어난 일이다. 제도에 관한 갈등은 순식간에 종결되었다. 브라질의 새 헌법은, 준수되지 못할 것이라는 점을 충분히 알면서도, 모든 미래의 요구를 만족시켜 줄 것을 약속함으로써 갈등의 강도를 줄이기 위해 채택되었다. 아르헨티나에서 1853년의 헌법은, 비록 그 헌법이 과거에도 작동된 적이 없었을 뿐만 아니라 현재에도 작동되리라고 생각할 수 있는 아무 근거도 없었음에도 불구하고 복원되었다.53)

왜 그러한 일시적 해결책이 매력적인가? 한 가지 이유는 제도 자체가 계속되고 있는 갈등의 위험을 감수할 만한 충분한 가치가 없다고 생각하는 정치행위자들의 신념 때문이다. 실제로 제도의 인과적 힘에 대한 신뢰는 미국 정치문화의 독특한 특징인 것처럼 보인다. 미국의 정치가

---

52) 카브카(Kavka, 1986: 185)는 헌법의 선택을 '비순수적 조정'의 사례로 묘사하고 있다. 불합의는 양 정당 모두에게 재난이지만 각 정당은 서로 다른 것을 선호한다. 그는 그러한 조건하에서 정당들은 먼저 합의할 것에 합의하고 난 뒤, 무엇을 합의할 것인가에 관해 결정해야 한다고 주장한다. 그러나 나는 이것이 어떻게 이루어질 수 있는가에 관해 확신할 수 없다.

53) 1854년과 1983년 사이에 아르헨티나 대통령들이 헌법상의 임기를 채운 평균 비율은 52%이다. 1930년대까지는 72%에 달했으나, 최근에는 37%에 지나지 않는다(de Pablo, 1990: 113을 보라). 1853년의 헌법은 선거와 취임 사이에 9개월의 시간을 두었다. 그 이유는 당선자들이 부에노스아이레스에 도착하는 데 시간이 필요하였으며, 그 만큼의 시간이 걸렸던 것이다. 이 조항은 헌법이 복원되었을 때에도 남아 있었다. 그래서 알폰신과 메넴 사이의 첫 번째 민주적 권력이양은 이미 위헌이 되어 버렸다. 그들은 나라가 그렇게 오랫동안 레임덕(lame duck) 정부를 관용할 수 없다는 데 동의하고 조기에 권력을 이양하였다.

들과 학자들은 공히 제도가 사람들로 하여금 그렇지 않았을 때와는 다르게 행동하도록 하게 하며, 또한 미국에서의 정치적 안정을 건국의 아버지들의 천재성으로 돌린다. 앵글로 색슨 밖에서 제도들은 훨씬 덜 효율적으로 보인다. 학자인 동시에 정치가인 브라질의 한 명망가는 "헌법의 한 조항을 가지고 쿠데타를 중지시킬 수는 없다"라고 말했다.[54] 헝가리에서 대통령 선출방식에 관한 국민투표는 단지 유권자의 14%만을 투표장으로 불러내었을 뿐이다. 그러므로 정치적 전략들을 조정하기 위하여 어떤 제도적 틀이 필수적으로 요구되지만, 이 제도적 틀이 어떻게 될 것인가는 문제가 되지 않는다. 왜냐하면 어차피 그 제도적 틀은 구속력이 없기 때문이다.

더구나 정치가들이 제도가 문제가 되고 있다고 의심한다 하더라도, 그들은 자신이 대안적인 제도적 틀의 결과를 정확히 예측할 수 없다는 것을 알고 있다. 유럽의 보수주의자들은 기권하는 사람들이 자신들의 지지자라고 생각하면서 의무 투표를 요구하였고, 여성들에게 투표권을 주면 그들의 반대파들만을 이롭게 할 뿐이라고 예상하면서 여성참정권에 반대하는 투쟁을 전개했으나, 두 경우 모두 유럽의 보수주의자들이 잘못 생각하고 있었다는 것이 드러났을 뿐이다.

제도의 중요성에 대한 회의뿐만 아니라 제도의 효과에 관한 지식의 결여도 과장되어서는 안된다. 정치가들은 이를 알고 있으며, 선거체계가 어떻게 의석의 분배에 영향을 미치고 있는가도 알고 있다. 그들은 누가 정보 서비스를 감독하고 있는가가 문제가 된다는 것을 알고 있다. 정치인들은 정당 재정에 관한 규제에 민감하다. 역사는 제도를 둘러싼 갈등의 증거들로 가득차 있다. 즉 그 갈등에서 주역들은 사소한 제도적 장치들의 중요성에 관한 자신의 신념에 기초하여 행동하고 있다. 그러므로 위의 주장이 함축하는 가정을 정확하게 구체화하는 것이 중요하다. 나의 관점으로는, 주역들은 갈등의 지속이 집단적으로나 개인적으로 위협이 되는 내전을 초래하는 것을 두려워하기 때문에 제도에 관한

54) 카르도소(Fernando Henrique Cardoso)와의 인터뷰. *Veja* 9 September, 1987.

갈등을 종식시키는 데에 동의한다는 것이다. 어떻게 해서든지 통치는 계속되어야 하기 때문에 상황을 안정시키라는 압력은 거대하다. 대혼란은 모두에게 최악의 대안이다. 그리고 그러한 조건하에서, 정치행위자들은 보다 호의적인 제도적 틀이 그들에게 가져다 줄 수 있는 복지의 차이가 어느 정도이든 지속적인 갈등에 내재한 위험을 감수하는 것만큼 가치가 크지 않다는 계산을 하게 된다.

그러나 어떻게 그들은 갈등을 종식시킬 수 있는가? 그들은 어떤 제도적 틀을 수립해야 할 것이다. 그러나 만약 어떤 제도도 균형적 해결책을 구성하지 않는다면, 어떤 틀을 그들이 채택할 수 있겠는가? 유일한 해결 방법은 쉘링(Schelling)이 이야기하는 '초점(focal points),' 즉 즉석에서 이용가능하며, 자기자신의 이익에 봉사할 수 있는 해결책을 찾는 것이다. 그리고 만약 이용가능하다면, 민족적 전통에서 초점을 찾을 것이고, 이용가능하지 않다면, 외국의 사례에서 찾을 것이다. 이것이 왜 아르헨티나가 1853년의 헌법으로 복귀하였고, 스페인들은 서독 체계에 크게 의존했는가를 설명해 준다.[55] 실제로 폴란드에서는 "우리나라는 오래된 서구 헌법이면 어떤 것이라도 채택해서 그 헌법에 의거해서 일을 처리해야 한다"고 제시하는 몇몇 목소리들이 있었다.[56] 어떤 질서이든 무질서보다는 낫기 때문에 그것은 수립되어야 한다.

이는 우리들로 하여금 이러한 제도적 해결책이 지속될 수 있는가 하는 문제를 던진다. 게임이론에 따르면, 상황이 갈등을 포함하고 있을 때, 협력적 해결책은 불안정하다. 그러나 이 문제는 단순하지 않다. 하딘(Hardin, 1987)은 협력점은 일단 그들이 채택되었을 때에만, 인과적 힘을 획득한다고 주장하였다. 어떤 제도들은 거기에 오랫동안 존재하고 있었기 때문에 존재하고 있는 것이다. 변화는 비용이 많이 드는 것이다.[57]

---

55) 미뇽(Herrero de Mĩnon, 1979)은 스페인 헌법이 하나의 또는 몇몇 외국 모델의 비굴한 복사본이 아니라고 주장한다. 그는 증거를 제시하였지만, 외국의 사례, 특히 서독 헌법은 핵심 조항들에 크게 영향을 미치고 있다.

56) 이 제안은 그 자신의 전통을 가지고 있다. 18세기 말에 폴란드 사람들은 헌법을 제정하기 위해 루소에 관심을 돌렸다.

하딘의 이론은, 우루과이를 제외하고 20년 이상 민주주의가 존속한 국가에서 결코 민주주의는 내부적으로 전복되지 않았다는 달(Dahl, 1990)의 관찰에서 강력한 지지를 발견한다.58) 그러나, 이러한 '관습에 의한 계약'이론은 너무 강하다. 그것은 왜 미국의 헌법이 유지되어 왔는가를 설명할지는 모르나, 왜 어떤 헌법도 항상 실패할 수 있는가, 그리고 왜 그렇게 많은 헌법들이 단명했거나 무의미하게 된 것으로 드러났는가에 대한 이해를 제공하지 못한다.59)

일시적 해결책이 20년 이상 살아 남지 못하는 이유는 다음과 같다. 최초의 대결이 일어났을 때, 관련 정치세력들에게는 어떤 타결도 갈등의 지속보다 더 우위에 있다고 가정하자. 그런데 임시적 방편으로 채택된 체계는 어떤 집단들에게 다른 집단들보다 더 나은 기회를 부여하는 것을 선호한다. 이제 두 가지 메커니즘이 작동하기 시작한다. 첫째, 패배하고 있는 동맹은 이 체계하에서 승리할 수 있는 기회가 다른 대안적

57) 하딘(Hardin, 1987: 17)의 말에 의하면, "일단 우리가 헌법 장치의 문제에 대해 합의하면, 그 장치를 거역하는 것은 우리들 중 누구의 이익도 아닐 것 같다. 우리의 이익은 그러한 장치와 더불어 살아감으로써 더 잘 봉사될 것이다." 그리고 "1787년의 헌법이 궁극적으로 작동하고 있는 이유는 헌법의 제약내에서 활동하고 있는 충분한 수의 관련된 사람들에게 헌법의 제약내에서 활동하지 않을 수 있는 어떤 점도 없다는 기대가 확립되었기 때문이다" (p.23). 카브카(Kavka, 1986)도 비슷한 점을 지적한다.

58) 여기서 민주주의는 자유선거가 있고, 정부가 선출된 의회 또는 대통령에 책임을 지며, 그리고-많은 사례들을 강력히 제약하는 조건으로서-주민의 대다수가 투표권이 있는 체제로 정의된다.

59) 나와 하딘(Hardin, 1987) 그리고 카브카(Kavka, 1986)와의 견해 차이는 아마 민주주의하에서 보상에 대한 이해의 차이에서 기인하는 것 같다. 그들은 일단 어떤 특정한 제도체계가 채택되면, 보상은 확실한 것으로 취급하나, 나는 알려진 확률을 가진 불확실한 것으로 간주한다. 심지어 앞장에서 제기된 단순 모델에서도 한번 패배한 후에도 게임에 머무르는 데 요구되는 확률, $P^*(1)$은 사전적으로 민주주의를 선택하는 데 요구되는 $p^*(0)$보다 확률이 높다. 실제로 $p^*(1)=p^*(0)/r$에서 $r<1$이 된다. 덧붙여, 만약 행위자들이 결과를 관찰하면서 그들의 신념을 계속 수정해 나간다면, $p^* \mid L>p^*(0)$이 되는 다른 이유가 나온다. 그러므로 사전적으로 민주주의를 받아들이면서도 또한 첫 번째 게임, 두 번째 게임 등등에서 패배하게 되면 민주주의의 전복을 추구하는 행위자들이 있는 것이다.

체계보다 낮다는 것을 알고 있다. 이 예상은 실현되고, 그리고 이 동맹은 한 번 또는 연속적으로 패배한다. 그러므로 사후적인 상황은 사전적 상황과 동일하지 않다. 만약 그 동맹이 보다 적은 기회에도 불구하고 우연히 승리하는 일이 발생하게 되면, 계산은 달라지게 될 것이다. 둘째, 행위자들은 현재의 결과를 관찰하였을 때, 그들의 미래의 기회에 관해 배우게 된다. 패자들은 제도적 체계에 관련된 그들의 기대를 하향 조정하게 되고, 제도를 둘러싼 갈등을 재개하는 위험이 이전보다 덜 금기적이라는 것을 발견한다.

만약 이 주장이 유효하다면, 일시적 해결책들은 정확히 그 목적을 달성한 것으로 드러날지 모른다. 그들은 계속되는 갈등이 너무 위험한 것으로 보여졌기 때문에 채택된 것이다. 그러나 만약 일시적 해결책들이 어떤 정치세력들을 해치는 결과를 발생시키면, 그 정치세력들은 민주적 규칙하에서 경쟁하는 데 관련된 비용을 피하려 하거나 또는 적어도 이 경쟁에서 그들의 미래의 기회를 높이고자 하는 유혹에 빠지게 된다. 그러므로 대안을 추구할 수 있는 정치세력은 그렇게 할 것이다.

(3) 세력관계가 알려져 있지 않는 경우

어떤 한 나라가 오랜 기간의 권위주의 통치로부터 출현했는데, 이 나라에서는 어느 누구도 세력관계가 어떻게 될지를 모르고 있다고 가정하자. 이 경우 헌법제정의 시점이 중요하다. 만약 헌법제정이 선거 때까지 연기되고 다른 사건들이 세력관계를 명확히 한다면, 우리는 위에서 논의한 상황으로 돌아가게 된다: 초점은 불평등한 것으로 드러날지 모르며, 제도들은 현재의 우위를 비준하기 위하여 고안되거나 아니면 이러한 상황이 함축하는 모든 가능성과 함께 제도들이 균형적인 것으로 드러날지 모른다. 대통령 선거와 국회의원 선거, 그리고 폴란드에서 헌법제정의 상대적 시점은 격렬한 갈등의 주제였는데, 결정은 헌법이 제정될 때까지 대통령선거를 연기하는 것이었다. 그러나 그리스처럼 헌법이 먼저 제정된 경우와 또는 스페인처럼 선거는 실시되었으나 선거제도가 거의 아무 것도 지시해 주지 않는 경우도 상상해 보자.

만약 모든 사람이 롤즈(Rawls)적인 베일 뒤에 있다면, 즉 사람들이 궁극적인 민주적 제도하에서의 자신의 정치적 힘에 대해 알지 못한다면, 모든 사람들은 극대극소(maximin)의 해결책을 선택할 것이다. 즉 견제와 균형을 도입하고, 소수의 정치적 영향력을 극대화하는 동시에 정책을 변덕스런 여론의 변화에 극히 무감각하게 만드는 제도를 선택한다는 것이다. 각 갈등하는 정치적 세력은 일시적인 정치적 어려움뿐만 아니라 비호의적인 여론의 물결과 반대세력으로의 동맹의 이동으로부터의 보장을 제공해 주는 제도들을 추구할 것이다.[60] 스웨덴에서 자유당과 사회민주당은 보수당이 필요로 하는 보장을 기꺼이 제공하려 하였다. 보수당의 대변인 빌링(Bishop Gottfrid Billing)이 말한 바와 같이, 보수당은 '보다 약한 보장과 덜 확대된 선거권보다는 보다 강한 보장과 보다 확대된 선거권'을 가지기를 원했던 것이다(Rustow, 1955: 59에서 재인용).

그러므로 세력관계가 여전히 불명확할 때 쓰여진 헌법들은 권력자들에로의 수익체증을 억제하고, 궁극적인 패자들에게 보험을 제공하며, 경쟁에 걸린 판돈을 감소시킨다. 그들은 패자들로 하여금 결과에 순응하도록 유인하며, 더 나아가 참여하도록 유인한다. 그러므로 그 헌법들은 광범위한 역사적 조건들하에서 안정적이 될 것이다.

그러므로 체계적인 검증을 거쳐야 할 잠정적인 결론들은 다음과 같다. 세력관계가 알려져 있지 않거나 불명확할 때 채택된 제도들은 다양한 조건들 속에서 지속될 수 있다. 세력관계가 균형적이고 서로 다른 집단들이 대안적 해결에 대해 강한 선호를 가지고 있을 때, 일시적 해

60) 무지의 베일 논리의 몇 가지 예는 1789년 미국의 헌법제정회의에서 발견된다. 예를 들어 매디슨(Madison)의 노트에 의하면, 조지 메이슨은 다음과 같은 주장을 했다는 것이다. "우리는 모든 인민의 계급의 권리에 귀를 기울여야 한다. 사람들은 흔히 사회의 상층 계급이 얼마나 인간성과 정책에 대한 이러한 명령에 대해 무관심한지에 대해 놀라워하였다. 그들의 환경이 얼마나 부유한지 그리고 그들의 위치가 얼마나 고양되었는지는 모르나 그들은 아마도 확실히 사회의 최하층계급을 통하여 그들의 유산을 분배할 것이다. 그러므로 모든 이기적 동기, 모든 가족적 친근은 사회의 최하층 계급의 권리와 행복에 못지않게 최상층계급의 권리와 행복도 고려하는 그러한 정책체계를 권고하여야 한다"(Farrand, 1966: I, 49). 나는 이 인용을 하는 데 대해 엘스터에게 감사한다.

결책으로 채택된 제도들은 만약 충분한 기간 이상 살아 남는다면 '관습의 힘'을 획득할지도 모르나, 그들은 오랫동안 충분히 살아 남을 것 같지 않다. 마지막으로, 일시적인 우위를 비준하는 제도들은 그것을 발생시킨 조건이 유지되는 한에서만 지속될 수 있다.

경쟁

우리가 고려하여야 할 측면이 하나 더 있다. 오도넬과 슈미터를 따라서, 우리는 국가의 민주화와 체제의 민주화를 구별할 필요가 있다. 국가의 민주화는 제도에 관심을 가지나, 체제의 민주화는 국가제도들과 시민사회간의 관계에 관심을 가지고 있다.[61)]

권위주의에 반대하여 투쟁하는 각 세력은 민주주의하에서 자신의 미래의 위치에 관해서도 고려하여야 한다. 그들 모두 독재에 대해서는 단결하여 반대하지만, 그러나 서로가 서로에 대항하여 분열할 수밖에 없다.[62)] 만약 그들이 너무 일찍 분열한다면 결과는 한국의 경험을 반복하게 될 것이다. 한국에서는 두 반권위주의 대통령후보들간의 경쟁—이 경쟁은 개인적일 뿐만 아니라 지역적·경제적이었다—은 독재와 관련있는 후보에게 선거 승리를 허용해 주었다.[63)] 만약 민주세력들이 전혀 분열하지 않는다면, 새체제는 구체제를 거울같이 빼닮은 것이 될 것이

61) 오도넬과 슈미터(O'Donnell and Schmitter, 1986: IV, 73)에 의하면, 체제(regime)는 "주요 정부 직위에 대한 접근 형태와 통로, 그러한 접근이 허용되고 배제되는 행위자들의 특징, 그리고 그들이 접근을 획득하기 위해 사용하는 자원과 전략을 결정하는 유형들의 명시적 또는 묵시적 앙상블이다."

62) 그러므로 협상테이블의 모양에 관한 협상은 사소한 다툼거리가 아니다. 현집권 체제는 두 편을 마주보는 방식으로 나누는 것을 두려워해야 할 좋은 이유를 가지고 있다. 왜냐하면 이러한 자리배열은 야당을 단결시키기 때문이다. 폴란드의 해결책은 테이블을 둥글게 만드는 것이었다. 헝가리의 방식은 삼각형으로 만드는 것이었지만, 팔각형이 사용되었다.

63) 스페인에서 민주적 반대세력이 프랑코가 죽을 때까지 단결하지 않았던 데에 주목하라. 주요한 이슈는 공산당의 참가였다(Carr and Fusi, 1979를 보라). 칠레의 반대세력도 똑같은 어려움을 경험하였다.

다. 즉 대표성도 없고 경쟁성도 없는 체제. 이것이 몇몇 동구 국가들이 직면한 위험, 즉 혁명이 민주주의가 아니라 단지 반공산주의로 끝날 위험인 것이다.[64)]

똑같은 딜레마가 민주적 제도가 자리를 잡고 난 후 변형된 형태로 나타난다. 민주주의하에서 모든 야당이 직면한 고전적 문제는 얼마나 많이, 어떤 수단에 의거해서 반대할 것인가이다. 만약 야당이 반대하지 않는다면—대안을 제시하지 않고 그리고 그들을 위해 정력적으로 투쟁하지 않는다면—정치적 제도의 대표성—동원할 수 있고 통합시킬 수 있는 능력—은 약해질 것이다.[65)] 민주주의는 빈혈증적이다. 그러나 만약

---

64) 몇몇 동구 국가들의 상황은 특히 복잡하다. 왜냐하면 새로운 좌익정당은 누구나 약간의 구공산주의자를 포함하여야 하나, 그들간의 동맹은 죽음의 키스가 될 것이다. 폴란드에서 몇몇 반공산주의 연합집단들은 의도적으로 좌우익의 분열을 조장하였는데, 왜냐하면 좌익으로 간주되어 표를 얻는 집단의 선거적 결과를 알고 있었기 때문이다(*Tygodhik Solidarność*, Warsaw, 22 December, 1989의 사설을 보라). 반면에 좌익으로 그려진 자들은 좌우익 연합내에 어떤 실제적 분열도 없으며, 연합을 나누어 다수 정당을 형성해야 할 어떤 이유도 없다고 대응하도록 강요당했다. 브라질에서 브라질민주운동당(PMDB)이 이데올로기적 노선에 따라 분열되는 데 5년이 걸렸다는 것을 주목하라. 원래 권위주의 체제에 반대하는 세력들의 진열장으로 조직되었던 브라질민주운동(MDB)은 유일한 합법적 반대활동의 피난처였으며, 따라서 모든 정치세력들의 우산이 되어 주었다. 모든 사람들은 정당이 합법적으로 존재하는 것이 가능해지는 그 순간부터 이와 같은 인위적 창조물은 자연스럽게 부분으로 쪼개질 것이라고 확신하고 있었고, 실제로 우파가 민중당(Partido Popular)으로 분열해 나갔을 때 잠시 동안 그런 현상이 일어났다. 그러나 분열은 오래가지 않았다. 브라질민주운동의 새로운 구현체인 브라질민주운동당(PMDB)은 브라질의 최대 정당으로 변신하였고, 지방당 조직을 발전시켰으며, 1989년까지 계속 선거에서 승리하였다.

65) 대표(representation)에 관한 특정한 관점은 다음과 같은 주장에 기초하고 있다. 내가 대의제를 어떻게 보고 있는지 기억을 되살려 보자. 대의제는 ① 자율적인 조직들이 존재하고 있고, ② 그들은 내부적으로 지도자와 추종자들로 계층화되어 있으며, ③ 지도자들은 ⓐ 집단적인 동질성을 불러일으키고, ⓑ 추종자들의 전략적 행동을 통제하며, ⓒ 이반자들을 제재하고, ④ 지도자들은 대표자이며, 즉 대의기구에 참가하며, 그리고 ⑤ 대표가 추종자들의 복지에 차이를 낳는 체제를 의미한다. 조직화된 정치세력들이 이러한 제도들을 통해 연결된 행동이 자신들의 복지에 영향을 미친다는 것을 믿을 때 민주적 제도에 참가한다.

야당이 격렬하게 반대한다면, 민주주의는 위협받게 된다. 특히 어려운 경제적 조건하에서 비타협적인 야당은 통치불능의 상황을 초래할지 모른다. 만약 어떤 정당이 선거에 패배하였을 때마다 또는 정부가 인기 없는 정책을 채택할 때마다 야당이 총파업을 시도한다면, 민주적 제도들은 약해지고 군부가 개입할 수 있는 조건들을 만들게 된다.

이러한 딜레마를 관찰할 수 있는 곳은 아르헨티나의 페론주의(Peronist) 운동이다. 정통 페론주의자들은 여전히 '운동'으로 남아 가능한 모든 방법을 통해 '사회정의'를 위해 투쟁하기를 희망한 반면, '레노바도레스(개혁파, Renovadores)'는 선거 정당이 되어 그들의 전술을 선거와 의회 투쟁으로 축소하기를 원하였다. 그러므로 의회에서 페론당 의원들은 그들이 패배할지도 모른다고 생각할 때마다 불참함으로써 정족수가 미달되도록 한 반면, 우발디니(Ubaldini)는 선거 패배를 고려해서 노동총연맹(CGT)으로 하여금 총파업에 들어가는 것을 막아야 한다고 생각지 않았다.

이 딜레마에 대한 하나의 해결책은 정치 협약(pacts)이다. 즉 정당들(또는 준정당)의 지도자들 사이에 ① 선거 결과와 독립적으로 정부관직의 분할, ② 기본 정책방향의 고정, 그리고 ③ 국외자(outsiders)를 배제하거나, 필요하다면 억압하는 데 대해 합의하는 것을 말한다.[66] 이태리, 우루과이, 스페인에서의 협약은 소위 '병형주의(transformismo)'라고 불리는 오랜 전통을 가지고 있다. 1958년 베네수엘라의 푼토 피호(Pun to Fijo) 협약은 그러한 합의의 모델이다. 이 협약에 의하면, 세 정당들이 정부 관직을 분점하고, 사유재산제하에서 발전목표를 달성할 것을 공약하는 정책을 추구하며, 공산주의자를 정치체제에서 배제하는 것이다. 이 협약은 민주적 정권교체를 조직하는 데 매우 성공적이었다.

그러한 협약의 외견상의 목적은 정책과 인물을 둘러싼 갈등의 수준을 낮춤으로써 싹트고 있는 민주적 제도를 보호하고자 하는 것이다. 제도적 협약이 게임의 규칙을 정하고 나머지는 경쟁에 맡기는 반면, 이

66) 비아트르(Wiatr, 1983; 1989)는 폴란드에서 계약 민주주의라는 이름하에 비슷한 장치를 제안하였다.

협약은 주요한 정책적 이슈들을 경쟁과정으로부터 제거하는 것을 의도하고 있는 실질적 협약이다. 이러한 협약은 대응할 수 없는 압력으로부터 민주적 제도들을 보호하는 데 필요하다는 이유에서 제공되었다. 그러나 그러한 협약은 단지 협약참가자들이 민주주의로부터 사적 이익을 추출할 수 있는 곳에서만 실현가능하다는 점에 주목하라. 그리고 오직 국외자들을 경쟁에서 배제시켰을 때에만 그들이 그러한 지대를 추출할 수 있다는 점에도 주목하라.[67] 그리고 이러한 실질적 협약에 고유한 위험은 경쟁자들에 대한 현직의 카르텔을 초래한다는 것이다. 그 카르텔은 경쟁을 제한하고, 진입을 금지하며, 제도권내에 있는 사람들 사이에만 정치권력을 분배한다. 이 때 민주주의는 조직의 지도자들이 국외자들의 진입을 막기 위해 공모하는 과두제나 정당과 조합주의적 결사체 지도자들의 사적 이익추구 프로젝트로 바뀌게 된다.

기업가적 이윤이 민주적 프로젝트를 담당하고 있는 사람들에게 불가피한 사적 보상이 될 수 있다. 더구나 민주적 제도가 사회를 분열시키고 있는 모든 중요한 갈등들을 모두 다 다룰 수는 없다. 미국 헌법과정에서 종교적 이슈의 신중한 배제를 참조하라. 모든 민주체제는 어떤 형태의 진입장벽을 만든다. 선거정치는 아마 미국에서 가장 잘 보호받는 산업일 것이다. 그러나 만약 민주주의가 공고화되어야 한다면, 경쟁의 역할은 그러한 이윤을 영구적인 지대로 전환시키는 것이 아니라 그 이윤을 분산시키는 것이다. 우리는 푼토피호 협약의 성공이 베네수엘라로 하여금 남미에서 가장 큰 게릴라 운동이 일어나게 만들었다는 사실을 잊어서는 안된다. 배제는 강압을 요구하며, 따라서 민주적 제도를 불안정하게 만든다.[68]

---

67) 앞 장의 언어로 이야기하자면, 그러한 협약은 홍정일 수 없다. 왜냐하면 그것들을 강요하는 어떤 제3자가 없기 때문이다. 그 협약이 안정적이 되려면 협약은 균형을 구성하여야 한다. 그러나 경쟁을 제한하자는 합의는 오직 그것이 효과적으로 국외자들로 하여금 진입하지 못하도록 설득할 수 있는 경우에만 균형이 된다. 지대의 원천은 독점이다.

68) 이 가정의 주요한 어려움은 진입 장벽이 엄청나고, 정당의 대의 권력이 최소한이며, 경제적 불평등이 비교적 높으면서도, 정치적 억압이 상대적으로 낮은 수준인 미국으로부터 유래한다. 시민사회가 약해서 대의제 조직을 밀어붙일

이러한 정치적 협약 분석은 경제학자의 언어로 이야기하자면 공모로부터 나온 '지대(rent)'로 표현된다. 그러나 분열의 두려움은 권위주의 복귀라는 유령에 의해서뿐만 아니라 정치가들의 자기이익 추구행위에 의해서도 동기지어진다. 이데올로기적 이유에서 그것은 민주주의에 고유한 것이다.

하나의 이유는 민주주의 이론의 합리적 기원으로부터 유래한다. 18세기에 발전된 민주주의 이론은 민주적 과정을 만장일치와 일반이익으로 수렴되는 합리적 심의과정(rational deliberation)으로 보았다. 만약 시민들이 동질적이거나 혹은 그들의 이익이 조화를 이루고 있다면, 오직 하나뿐인 일반적이고 합리적인 이익이 있게 된다. 이러한 세계관하에서 모든 분열은 의견의 분열일 뿐이며, 합리적 토의에 의해 해결되지 않는 갈등이 있을 여지는 없다. 정치과정의 역할은 인식론적이다. 즉 정치과정은 진리에 대한 탐구를 구성하고 있다. 그리고 합의(consensus)의 상태는 도덕적이다. 그것은 일반이익의 구현을 대표하고 있기 때문이다. 민주주의의 우월성은 바로 이러한 합리성에 있다. 그러므로 루소와 매디슨은 이익과 열정, 그리고 그들이 불러일으키는 '분파'를 두려워하였으며, 민주주의를 합의에 도달하는 과정 또는 공공선(common good)을 발견하려는 과정으로 보았다.

이러한 이데올로기적 기원을 감안할 때, 지속적인 의견 차이, 열정적인 이익 갈등, 절차를 둘러싼 논쟁은 흔히 합리성에 대한 장애물로 보인다. 정치가들이 합리적 토의를 요구할 때, 정당정치의 소란에 시달려왔던 그들에게 '만약 우리가 동의할 수 있다면'이라는 말은 설사 대부분의 정치인들이 그 동의를 '만약 당신이 나에 동의할 수 있다면'이라는 뜻으로 이야기했다 하더라도 영원한 꿈이다. 합의는 수나 규칙에 의

수 없다는 몇몇 브라질인들(Andrade, 1980; Moisé, 1986)의 주장에 의해 이러한 예외성을 이해하려는 유혹을 받을 수도 있다. 그러나 미국의 시민사회는 우리가 적어도 투표 외에 다른 다양한 정치 참여수단이 있다고 믿는다면, 대단히 강력하다. 나는 역사적으로 미국에서 억압의 역할은 표준적인 해석이 허용하는 것보다 크다고 생각하지만, 그 효과를 증명할 어떤 체계적인 증거도 알고 있지 않다.

한 결정보다 보다 높은 도덕적 지위를 가지고 있다. 그러므로 정치적 갈등이 감당할 수 없게 되어 민주적 제도를 위협할 때마다, 동의나 축제처럼 축복받은 협약에 의해 갈등을 해결하려는 노력이 도처에 존재한다.

더욱 강력한 만장일치를 향한 추동력은 오랫동안 뿌리 박힌 유기체적 국가관의 전통을 지니고 있는, 그리고 흔히 가톨릭교회(Catholicism)에 의해 영감을 받아 온 나라들에서 나온다.[69] 만약 국가가 유기체라면, 국가는 분열과 갈등을 조장하는 몸체가 아니다. 그것의 통일은 유기체적이다. 즉 기존에 존재하고 있는 유대에 의하여 주어진다. 국가는 "인종적·역사적 기초에서 나온 정신적 특수성을 가지고 있는 '살아 있는 사회 유기체'이다"(Dmowski, 1989: 71).[70] 국가 정신을 나누고 있지 않는 사람들은 단지 국가에 속하지 않은 사람, 즉 국가의 몸체로부터 소외된 사람일뿐이다. 그리고 만약 국가가 유기체라면 소외된 요소를 관용할 수 있는 몸체는 아니다.[71] 개인주의와 반체제는 국가에 속하지 않았다는 표시일 뿐이다.

오도넬(1989)이 보여준 것처럼, 이익의 유기적 통일 개념은 각 정치세력들로 하여금 '국가이익(national interest)'을 독점적으로 대표하기 위한 투쟁에 나서게 한다. 정치세력들은 그들 자신을 다른 이익이나 프

---

69) 다음의 구절은 우리의 모국인 아르헨티나(오도넬)와 폴란드(쉐보르스키)에 관한 오도넬과의 몇몇 대화로부터 나왔다.

70) 드모브스키(Roman Dmowski)는 1939년 이전 폴란드 민족민주당(Polish National Democrats)의 정신적이며 정치적인 지도자였다. 드모브스키의 기념비적 에세이, *Mysli nowoczesnego polaka*의 제8판은 원래 1903년에 쓰여졌으며, 1989년 폴란드에서 출판되었다.

71) 이러한 유기체적 언어는 아르헨티나에서 악명이 높다. 몇 가지 예를 위해서는 오도넬(1988)을 보라. 나는 1988년 알폰신 정권의 육군총참모장의 연설을 기억한다. "우리는 다양한 종류의 폭동 바이러스로부터 국가를 보호하는 면역체계이다"(*Pagina 12*, Buenos Aires, September, 1988). 최근 폴란드 의회에서 있었던 낙태에 관한 논쟁에서 친바웬사 정당의 지도자인 상원의원 카진스키(Kaczynski)는 "모든 선한 폴란드인들은 낙태에 반대한다"고 선언하고 낙태를 지지하는 사람들은 "나라의 나쁜 부분이다"라고 주장하였다. *Liberation,* 1 October, 1990, p.19.

로젝트의 대표에 반대하는 특정한 이익이나 관점을 대표하는 정당으로 보지 않는다. 국가는 단지 하나의 의지를 가진 하나의 몸체이기 때문에 각 정치세력은 단 하나의 국가의 유일한 대표자가 되기를 열망하면서 자신을 '국가운동(el movimiento nacional)'의 옷으로 치장하려 한다. 그리고 거기에는 규칙하에서의 경쟁에 의해 해결되는 어떠한 갈등도 없기 때문에 민주주의는 단지 국가이익을 독점적으로 대표하기 위한 투쟁의 기회를 제공할 뿐이다.

가톨릭-민족주의 이데올로기는 여전히 많은 국가에서 살아 남아 있다. 실제로 공산주의를 반대하는 투쟁을 전개한 많은—물론 전부는 아니지만—동구 반체제 인사들에게 동기를 부여한 것은 이데올로기이다. 많은 사람들은 공산주의에 대한 반대와 공산주의에 대한 가장 효율적인 정치세력이었던 민족주의적·종교적 이데올로기에 대한 반대 사이에 사로잡혀 버렸다.[72] 전복의 힘을 가진 진리에 대한 바클라프 하벨(Vaclav Havel)의 우아한 찬사에도 불구하고, 공산주의에 반대하는 지속적 힘을 제공한 정신적 힘은 자유가 아니라—소련으로부터의 독립과는 구별되지만—종교와 민족주의였다. 이것은 실제로 두 개의 특정한 역사적인 혼합이다.[73] 교회의 정치권력의 부활[74]과 민족주의 이데올로기와 종족

72) 이러한 딜레마가 야기한 가장 적나라하고 가장 신랄한 긴장의 문서는 쿠론(Jacek Kuron)의 회고록 *Wiara i Wina. Do i od komunizmu,* 1990이다.

73) 나의 생각으로는, 하벨은 의식화된 연설의 체제하에서의 진리의 전복적인 역할과 이러한 체제에 반대하는 투쟁에서 자신들의 진리를 말하는 사람들에 의한 언론 자유의 공약을 혼동하고 있다. 공산주의하에서 "우리는 우리 자신의 문화를 가진 한 국가이다"라고 말하는 것은 소비에트 지배에 반대하는 것이다. 민주주의하에서 그러한 이야기를 하는 것은 이러한 문화를 거부하는 사람들에게는 말할 수 있는 어떤 권리도 없다는 것을 의미한다. 보헤미아를 제외하고, 2차대전 이후 공산주의에 의해 억압받은 정치문화는 양대전쟁기간 동안 몇몇 독재를 출현시켰던 민족주의적·종교적·권위주의적인 복합물이라는 것을 잊어서는 안된다. 이 문화는 공산주의 통치하에서 얼어붙었다. 그것은 프랑스, 이탈리아, 핀란드에서와 마찬가지로 민주주의의 방향으로 진화할 수 있는 어떠한 기회도 갖지 못하였다. 그리고 이 문화는 1989년 가을에 많은 부분이 해빙되었다.

74) 폴란드에서 가톨릭교회의 힘을 강조하는 것은 흔히 있는 일이다. 그런데 이것은 수수께끼같은 현상이다. 실제로 교회는 정치적으로는 가장 영향력이 있

갈등의 폭발, 그리고 반유태주의의 폭발은 동구에서 유기체적 이데올로기가 활발하다는 것을 보여준다.

그러므로 합의를 향한 갈망이 자기이익에 대한 고려에 의해 동기지어지는 것만은 아니다. 민주주의는 특정한 형태의 신념을 중지할 것을 요구한다. 즉 어떤 하나의 결과가 모두에게 최상이며, 합리적이라는 '확실성'의 신념을 중지할 것을 요구하는 것이다. 수와 규칙에 의한 결정이 합리성을 담보하는 것은 아니다. 민주정치의 일상생활은 경외감을 불러일으키는 대장관이 아니다. 민주정치의 일상생활은 하찮은 야심들을 가진 사람들 사이의 끝없는 말다툼, 숨기고 오도하기 위해 고안된 수사, 권력과 돈 사이의 더러운 야합, 정의가 있는 것처럼 보이게 하지도 못하는 법률, 특권을 강화시키는 정책들로 가득차 있다. 권위주의 억압에 반대하는 투쟁과정에서 민주주의를 이상화해야만 했던 사람들, 그리고 민주주의가 금지된 낙원이었던 사람들에게 이 경험들은 고통이다. 낙원이 일상생활로 바뀌었을 때, 민주주의에 대한 실망이 일어난다. 그러므로 모든 것을 단번에 투명하게 만들고, 다툼을 중지시키고, 정치를 행정으로 대체하고, 무정부를 규율로 대체하려는 유혹에 빠지게 된다. 합리적인 것을 하고자 하는 유혹, 그것이 권위주의의 유혹이다.

결론

이 모든 분석은 소망했던 것보다 결론이 나지 않았다. 우리가 논의한

는 반면, 도덕적 힘으로서는 효과가 없다. 산아제한은 폴란드에서 실시되고 있고, 낙태는 매우 자주 일어나며, 이혼율은 높고, 알코올 중독이 맹위를 떨치고 있으며, 범죄는 놀라울 정도로 증가하고 있는 나라에서, 일상적인 도덕적 행위에 대한 교회의 영향은 거의 찾아볼 수 없다. 그리고 교회가 도덕적 힘이 아니라 정치적 힘을 가진 상황은 자연스럽게 권위주의적 자세로 나아가게 된다. 설득에 의해 할 수 없는 것은 강제에 의해 할 수 있다. 이혼소송이 최고법정에서 다루도록 함으로써 이혼은 더 어렵게 되어 버린다. 유치원, 국민학교, 고등학교에 종교교육을 도입하라는 포고령이 여름휴가를 보내고 있는 교육부장관에 의해 내려졌고, 그리고 낙태는 범죄가 되었다.

주요한 가정들을 요약해 보자.

첫째, 구체제가 권력으로부터의 퇴장을 위한 협상을 할 때마다, 최적의 민주화 전략은 일관성이 없다. 사전적으로는 타협, 사후적으로는 결단을 요구하기 때문이다. 퇴장에 의한 전환은 제도적 흔적을 남긴다. 가장 중요한 것은 군부의 자율성이다. 이 흔적은 지워질 수 있지만, 민주화가 구체제와의 협상에 의해 이루어진 나라들에서 민주주의로의 전환은 더욱 문제가 많으며 전환기간도 더 길다. 아르헨티나보다 브라질, 체코보다 폴란드의 전환기간이 길다. 그리고 군부가 문민통제로부터 독립하여 살아 남아 있는 곳에서는 군부문제가 민주적 제도들을 불안정하게 하는 영구적인 문제의 원천이다.

둘째, 최근의 민주화의 경우, 제도의 선택은 가능한 빨리 근본적인 갈등을 종식시키고자 하는, 이해가 되는 욕망에 의하여 지배되고 있기 때문에, 상당한 정도로 위험한 것처럼 보인다. 일시적 해결책으로 채택되는 제도들이 바로 이러한 것으로 드러났다고 믿을 수 있는 이유들이 있다. 그러므로 새로운 민주주의 국가들은 기본적인 제도를 둘러싸고 계속되는 갈등을 경험할 수밖에 없을 것이다. 이러한 제도들의 상호작용의 결과로서 패배를 경험한 정치세력들은 반복해서 제도적 틀을 정치적 의제에 올려놓는다.

마지막으로, 우리는 특정한 권위주의 체제에 반대하는 운동에 성공적으로 동참한 어떤 세력의 민주적 수사학에 현혹되어서는 안된다. 모든 반권위주의가 친민주주의 운동은 아니다. 어떤 집단은 권위주의 반대파[75]와 구권위주의 체제에 반대하는 투쟁을 같이 한 동맹자들을 모두

75) 구노멘클라투라들이 개인적으로 적법한 과정 없이 정치적 권리를 박탈당하여야 하는가? 그들은 관료로부터 숙청되어야 하는가? 모든 동구 나라들에서 숙청의 요구는 광범위한 민중의 지지를 누린다. 그러나 그러한 숙청이 법의 지배와 양립하는가? 미슈닉(Adam Michnik)이 최근의 한 연설에서 거의 당통과 같은 톤으로 연설한 바와 같이, "우리가 다른 사람들의 정치적 권리들을 박탈하였을 때, 우리는 우리 자신으로부터 권리들을 제거하고 있는 것이다" ("Vienna Seminar on Democratization in Eastern Europe," June, 1990). 이러한 문제를 최고로 잘 다루고 있는 것은 벤스(Bence, 1990)이다.

집어삼키는 방편으로 민주주의의 슬로건에 동참한다. 합의의 모색은 흔히 새로운 권위주의로의 유혹을 감추려는 것 외에 다름 아니다. 많은 사람들에게 민주주의는 무질서, 혼란, 무정부를 의미한다. 맑스가 150년 전에 지적하였던 것처럼, 독재를 방어한 당은 '질서의 당(Party of Order)'이다.[76] 그리고 알려지지 않는 것에 대한 두려움은 구체제와 관련된 세력들에게만 한정되는 것은 아니다.

민주주의는 불확실성의 영역이다. 미래는 쓰여져 있지 않다. 가치와 이익의 갈등은 모든 사회에 내재하고 있다. 정확히 말해서 바로 우리가 동의할 수 없기 때문에 민주주의가 필요한 것이다. 민주주의는 서로를 죽이지 않으면서 갈등을 처리할 수 있는 유일한 체제이다. 민주주의는 차이, 갈등, 승자와 패자가 있는 체제이다. 오직 권위주의 체제하에서만 갈등이 부재한다. 선거에서 어떤 당이 두 번 연속해서 60% 이상의 득표를 한 나라는 민주주의가 아니다.

모든 사람이 동의하는 바와 같이, 신생 민주주의의 궁극적인 생존은 상당한 정도로 경제적 실적에 의존한다. 그리고 많은 신생 민주주의가 전례 없는 경제 위기 가운데서 나타났기 때문에, 경제적 요소가 그들의 생존에 반해서 작용하고 있다. 그러나 우리는 정치·경제적 조건의 상호작용을 분석하기에 앞서 경제체제에 고유한 선택을 살펴볼 필요가 있다.

부록-민주화 연구 접근법들

위에서 사용된 접근법은 몇 가지 가능한 접근법들 중 하나일 뿐이다. 그리고 방법론이 결론에 영향을 주기 때문에 대안적 시각들 가운데서

76) 우리 동시대 사람으로 체코 공산당 강경파인 당제1서기 야크스(Milos Jakes)의 말을 인용하자면, 그는 프라하의 시위조직가들을 '혼란과 무정부의 창조를 추구하는' 자들이라고 비난하였다(*New York Times,* 21 November, 1989). 호네커(Erich Honecker)도 그러하였으며, 몇몇 고르바초프의 반대파들도 1990년 2월 소비에트 중앙위원회 총회에서 그런 비난을 하였다.

우리가 사용한 접근법이 어디에 위치하고 있는가를 살펴보는 것이 도움이 될지 모른다. 나의 의도는 특정한 접근법들을 사용하는 다양한 문헌들을 검토하려는 것이 아니고, 단순히 대안들의 중심적 논리를 밝히려는 것이다.

민주화 연구에 있어서 제기되는 마지막 질문은 최종적 상태로 나타나는 체제의 유형에 관심을 갖고 있다. 민주화 과정이 새로운 민주주의 또는 구민주주의, 새로운 독재 또는 구독재 중 어디로 귀착될 것인가? 어떠한 제도들이 최종적 체제를 구성하는가? 새로운 체제는 실질적인 결과를 발전시키는 데 있어 효율적인가? 그것은 개인적 자유와 사회적 정의에 유용한가? 이들이 민주화를 연구하는 데 있어 우리가 답변하려고 노력하는 것들이다.

분석을 멋지게 하기 위하여, 민주화의 최종적 상태로 출현한 체제를, 브라질 용어인 '신공화국(Nova Republica)'이라고 부르자. 민주화 연구는 신공화국의 특징을 설명하려고 시도한다.

출발지점은 민주화에 선행했던 권위주의의 현상유지, 즉 '구체제(I'ancien régime),' 그리고 어쩌면 이러한 권위주의 체제를 출현시킨 '구사회(I'ancienne société)'이다.77) 그러므로 민주화는 구체제로부터 신공화국으로 진행된다.

1970년대 후반까지 지배적이었던 하나의 접근법은 출발지점의 특징과 종착지점의 특징을 상호관련시키는 것이다. 이 접근방법은 거시역사적 비교사회학으로 알려져 있으며, 기념비적 연구로서는 무어(Moore, 1965), 립셋과 로칸(Lipset & Rokkan, 1967)이 있다. 이 접근법의 특징적인 방법론은 민주주의 또는 파시즘과 같은 결과들을, 농촌계급구조와 같은 최초의 조건과 귀납적으로 관련시키는 것이다. 이렇게 공식화할 경우, 결과는 조건들에 의해서 독특하게 결정되며, 모든 사람이 아무 것도 하지 않더라도 역사는 흘러간다.

이 접근방법은 민주화의 가능성이 처음 남구에서 그 다음 남미의 일

77) 슈미터(Philippe Schmitter)가 나로 하여금 이러한 사회적 요인에 관심을 돌리게 하였다.

부 지역에서 역사의 지평에 나타나기 시작하면서 그 인기의 대부분을 상실하였다. 그 이유는 주로 정치적인 데 있다고 나는 믿는다. 거시비교 역사사회학적 시각은 너무 결정론적이어서 민주화의 성공은 과거의 조건들에 의해 항구적으로 주어지는 것이 아니라 어떤 정치 행위자들과 그 반대파의 전략에 달려 있다고 믿지 않을 수밖에 없는 정치행위자들에게 행동방향을 제시할 수 없었다.[78] 브라질 사람들에게 단지 그 나라의 농업 계급구조 때문에 그들의 모든 민주화 노력이 무산될 수밖에 없다고 말하는 것은 말이 안되는 일이다. 1975년의 스페인 민주주의자들에게 그들 조국의 미래가 산업화와 보통 평등 남자 선거권의 상대적 시점에 의해 항구적으로 결정되었다고 말하는 것은 우스꽝스럽게 보인다. 거시역사적 접근은 미시적 전망의 지적 가정에 대해 저항하는 학자 출신 활동가들에게도 이미 호소력을 상실하였다. 왜냐하면 거시역사적 접근은 그들을 정치적으로 무능력하게 만들어 버리기 때문이다.

사건이 발전하면서 그에 대한 학자적 반성도 발전한다. 첫 번째의 일련의 질문들은 구체제의 다양한 특징이 민주화의 유형에 미치는 충격에 관심을 가진다. '민주화의 양식'은 다양하게 분류된다. 특히 권위주의 체제의 붕괴와 스페인 용어로 쓰는 것이 좋은 말인 '단절적 협약(ruptura pactada)'과는 구별된다. 내가 보기에는, 이 주제에 대한 광범위한 문헌의 숙독이 보여주는 것은 이러한 연구가 거의 성과를 보이지 못했다는 것이다. 다양한 국가들에서 자유화를 촉발시키는 보편적 요인을 발견한다는 것은 힘든 것으로 드러났다. 어떤 권위주의 체제는 장기간의 경제적 번영 뒤에 붕괴하였지만, 다른 권위주의 체제는 심각한 경제적 위기 끝에 무너졌다.[79] 어떤 체제는 외국의 압력에 취약하지만 다른 체제는 그러한 압력을 이용하여 민족주의 슬로건하에 동지들간의 결속을

---

78) 나는 무어(Barrington Moore)의 저작이 1979년 오도넬과 슈미터의 민주화 프로젝트의 첫 번째 모임 기간중에 한 번도 언급되지 않았다는 데에 얼마나 놀랐던가를 기억한다.

79) 나의 직관은 보다 세련된 분석이 경제적 요인들은 단일한 방식으로 작동한다는 것을 보여줄지도 모른다는 것이다. 자유화는 장기간의 성장 뒤에 경제적 위기가 뒤따를 때 일어난다. 아마 결과들을 귀납적으로 실증할 수 있는 충분한 사례들이 없을 뿐이다.

굳히는 데 성공적이었다. 이러한 연구에서 부딪히는 문제는—그리고 동구에 관한 저작들의 홍수가 제공하는 새로운 예들에 의하면—특정한 체제가 언제 무너질까를 예측하는 것보다, 사후적으로 왜 그 체제가 붕괴될 수밖에 없었는가를 설명하는 것이 더 쉽다는 것이다. 사회과학은 깔려 있는 구조적 원인과 촉진하는 조건들을 분류하는 데 그렇게 능숙하지 않다. 그리고 구조적 조건에 의한 설명은 사후적으로 만족되는 반면, 사전적으로는 거의 쓸모가 없는데, 왜냐하면 붕괴의 시점에 관한 조그만 실수도 흔히 커다란 인명 손실을 낳기 때문이다. 프랑코 체제는 붕괴하기 1년 전인 1975년에도 여전히 사람들을 처단하고 있었다.

오도넬과 슈미터(1986)의 접근법은 서로 다른 행위자들의 전략들에 초점을 맞추고 이러한 전략의 결과로서 발생한 결과를 설명하는 것이다. 아마 이러한 접근법을 채택하는 이유는 그들의 민주화 연구프로젝트에 참가한 많은 사람들이 실제로 민주화 투쟁의 주역들이었고 대안적인 행위의 길을 걸음으로써 나타날 결과를 이해하는 것이 필요했기 때문이다. 그런데 이러한 접근법은 전략적 분석에 초점을 두었지만, 추상적 게임이론에 내재하고 있는 형식논리적이고 반역사적인 접근법을 채택하는 것을 꺼려하였다. 계급, 그 동맹, 그리고 '지배 협약(pacts of domination)'같은 거시적 언어가 시대의 지배적 단어였던 상황하에서, 그 결과는 흔히 거시적 언어 속에 깔려 있는 직관적인 미시적 접근법이었다.

오도넬과 슈미터 접근법의 주된 결론은 민주화의 유형이 새로운 체제의 특징을 결정한다는 것이다. 특히 군부가 붕괴하지 않으면, 성공적인 민주화는 오직 협상이나 협약의 결과로만 일어날 수 있다는 것이다. 그 정치적 함의는 친민주주의 세력은 신중하여야 한다는 것이다. 그들은 민주주의에 대한 대가로 양보할 준비가 되어 있어야 한다는 것이다. 그리고 '단절적 협약'에 의한 민주화는 불가피하게 경제적으로나 사회적으로 보수적이 될 수밖에 없다는 추론이 나온다.

일단 민주주의가 몇몇 나라에 수립되고 나면, 이러한 결론들은 지나치게 보수적이라는 비난을 받는다. 그러한 과거회고적인 평가는 지지받기가 쉽다. 특히 북미 아카데미아의 장벽 안에서 안전하게 떨어져서 관찰할 수 있었던 사람들의 지지를 받기 쉽다. 실제로 많은 주역들에 있어서, 그 시대의 중심적인 정치적 이슈는 정치적·경제적 변혁을 동시에 추진해야 하는 투쟁이어야 하는지, 아니면 오직 정치적 이슈에 관한 투쟁이어야 하는지이다. 민주주의와 사회주의가 동시에 추진되어야 하는가, 아니면 그 자체의 목적으로서 민주주의만을 위해 투쟁해야 하는가? 그리고 역사적으로 의미 있는 것으로 드러난 대부분의 세력들의 정치적 실천에 의해 내려진 대답은 명확하다. 즉 민주주의는 자율적인 가치이며, 민주주의를 가져오기 위한 성공적인 전략은 경제적·사회적 타협도 할 만한 가치가 있다는 것이다. 이것이 아르헨티나, 칠레, 우루과이의 짐승 같은 군부의 야만적인 행위로부터 끌어낸 단순한 교훈이다.

실제로 회고해 볼 때 의미 있는 질문은 정치적인 것이 아니라 경험적인 것이다: 민주화의 유형이 최종적 결과를 결정한다는 것이 사실인가? 나의 분석이 보여주는 것은, 퇴장에 의한 민주화는, 특히 민주화가 민주주의를 자율적인 군부의 후견하에 둘 때, 제도적 흔적을 남긴다. 그러나 첫째, 이러한 흔적은 점차적으로 지워질 수 있다는 것이다. 스페인의 민주 정부들은 프랑코의 흔적을 점차적으로 지우고 군부를 문민통제하에 두는 데 효율적이었다. 폴란드에서 세력관계의 전개는 대부분의 마그달렌카 협약(Magdalenka Pact)의 잔재를 제거하는 것으로 나타났다. 둘째, 나는 놀랍게도 '신공화국'의 특징이 실제로 구체제의 특징이나 민주화의 유형과 일치한다는 어떠한 증거도 발견하지 못했다. 이것은 아마 나의 분석이 불충분했기 때문일 것이다—우리는 이제 겨우 체계적이고 경험적 연구에 충분한 사례들을 확보하기 시작했을 뿐이기 때문이다—. 그러나 나는 왜 신생 민주주의 국가들이 민주화를 초래한 조건들의 차이에도 불구하고 비슷하게 되는가라는 질문에 대해 적어도 두 가지 이유를 생각할 수 있다.

첫째, 시점이 문제가 된다. 최근 민주화가 물결처럼 일어났다는 사실은 그 민주화가 세계적으로 동일한 이데올로기적·정치적 조건하에서 일어났다는 사실을 동시에 의미한다. 더구나 전염은 중요한 역할을 한다. 동시대성이 동질성을 유인한다. 신생 민주주의 국가들은 이미 공고화된 선진 민주주의 국가들로부터 배울 뿐만 아니라 서로서로 배운다.

둘째, 정치제도에 대한 우리들의 문화적 레퍼토리가 제한되어 있다는 것이다. 조그만 차이에도 불구하고 민주주의의 제도적 모델은 매우 적다. 민주주의 국가들은 대통령제나 의원내각제 또는 혼합정부를 가지고 있으며, 정치가들 사이에 이루어진 합의를 비준하기 위해 주기적인 선거에 의존하고 있고, 이익은 수직적으로 조직되어 있으며, 시민들이 관료를 직접적으로 통제하는 제도적 메커니즘이 거의 없는 체제이다. 확실히 민주주의의 유형간에는 중요한 차이가 있지만 민주화가 발생하는 조건들의 다양성만큼 많은 유형을 가지고 있지는 않다.

그러므로 우리가 어디로 가고 있는가 하는 것이 우리가 어디로부터 오고 있는가만큼 문제가 된다. 우리가 분석하고 있는 전환은 권위주의로부터이고, 구체제의 특징이 전환의 유형과 방향을 형성한다. 그러나 그 전환은 또한 민주주의로의 전환이며, 그 목적지는 거기로 가는 서로 다른 길들이 수렴하도록 만든다.

제3장
자본주의와 사회주의

"우리는 모든 사람들을 먹여 살릴 수 있다"라고 나의 딸이 저녁식사 중에 확신에 가득찬 말을 하였다. 과연 우리는 먹여살릴 수 있는가?

내 딸의 주장은 '우리,' 즉 인류가 가까운 미래에 지구상의 모든 사람들의 기본적 필요를 만족시키기에 충분한 기술적·조직적 생산능력을 보유하고 있다는 것이었다. 그러나 우리는 그러한 능력을 갖고 있지 않다. 오히려 우리는 경작자가 씨를 뿌리지 말도록, 포도재배자가 수확물을 독성이 있는 액체로 정제하도록, 양 사육자가 암양을 사육하지 않도록 하기 위해 그들에게 돈을 지불하고 있다. 우리는 농부들이 생산한 것을 가져다가 스키를 탈 수 있을 규모의 버터 산을 만든다. 그리고 우리는 수백만 명이 굶어 죽어가고 있음에도 불구하고 이런 짓들을 하고 있는 것이다.

그 어리석음은 명백하다. 그러나 우리는 그렇게 하면서 살아야 한다는 것을 배워 왔다. 실제로 우리는 우리가 만들어 내지 않은 제약 속에서 이 세상을 합리적이라고 언급하는 사람들에게 상을 나눠준다. 그리고 그러한 제약 속에서 '더이상 나아질 것이 없다면, 우리가 할 수 있는 최선의 것을 하는 것이 합리적'이라고 배워 왔다. 그러나 이러한 제약들은 바로 우리 스스로가 만들어 낸 것이 아닌가?

이 질문은 산업혁명까지 거슬러 올라갈 수 있다(Elster, 1975). 그러나 우리 세대는 1848년과 1891년 사이에 유럽에서 응고되었던 특별한 청사진에 상당한 신념을 갖고 헌신할 수 있는 마지막 세대일 것이다. 그 청사진은 '인류의 필요를 만족시킬 수 있는 사물의 합리적 관리,' 즉 사회주의이다. 시장지향적 개혁이 '지구상의 사회주의'를 경험했던 나라들을 휩쓸고 있는 오늘날 이 비전은 더이상 신뢰할 만한 것이 되지 못하고 있다.

좋은 경제체제는 자연자원과 노동의 사용을 최소화하면서 모든 사람들에게 최소한의 물질적 복지를 제공할 수 있는 방법으로 인민들이 원하는 것을[1] 가능한 한 많이 생산해 내는 체제일 것이다. 우리가 알고 있는 바와 같이 자본주의도 사회주의도 이러한 일을 제대로 잘하지 못해 왔다. 여기서 다음과 같은 질문이 제기된다. 우리가 생산적 가능성을 과소이용하고 있는 이유는 우리 경제체제의 조직 때문인가? 사회주의의 실패가 자본주의의 비합리성에 대한 사회주의의 비판을 근거 없는 것으로 만들었는가? 두 경제체제가 모든 사람들에게 물질적 복지를 보장할 수 있는 방향으로 개혁될 수 있는가?

이 질문들에 대해 대답하기 위해서 나는 개념정의를 먼저 내리고 나서 문제의 논리적 구조를 명확히 할 것이다. 그리고 나서 자본주의와 사회주의에 대한 다양한 비판들을 살펴보고자 한다. 논의될 비판들은 ① 청사진, ② 청사진의 실현 가능성, ③ 현실, 그리고 ④ 현실의 개혁 가능성에 관심을 두고 있다. 결론부분에서 다시 처음에 제기한 중심적인 문제로 돌아갈 것이다.

방법론적 서설

나는 '자본주의'를 ① 적절한 노동분업이 고도로 발달하여 대부분의

---

1) 나는 사람들이 그들에게 필요한 것이 무엇인지에 관해 알고 있거나 깊이 생각할 수 있다고 가정한다. 그러므로 나는 필요를 주관적으로 정의된, 모든 생산된 상품, 여가, 노력에 대한 선호와 동등한 것으로 이해한다.

사람들이 타인의 필요를 위해 생산하고, ② 생산수단과 노동력이 사적으로 소유되며, ③ 생산수단과 노동력에 모두 시장이 존재하는 모든 경제체제를 의미하는 것으로 정의한다. 그리고 '사회주의'를 ① 노동분업은 자본주의와 동일하게 발달하였으나, ② 생산수단이 공적으로 소유되며, ③ 적어도 노동 서비스를 제외한 대부분의 생산적 자원이 중앙집권적 명령에 의해서 배분되는 모든 경제체제를 의미하는 것으로 정의하고자 한다. '시장사회주의'와 같이 다른 방식으로 조직되는 경제체제도 어느 시점에서 논의는 되겠지만, 특별한 지적이 없으면, 내가 '사회주의'를 자원의 배분에 대한 중앙집권적 명령체제와 동의어로 사용하고 있다는 데 유의하기 바란다.

주제에 들어가기 전에, 유효한 추론을 위한 몇 가지 기준이 필요하다. 자본주의의 챔피언과 사회주의의 옹호자는 한 체제의 결함을 다른 체제를 옹호하기 위한 주장의 예로 흔히 인용한다. 자본주의하에서 만연하고 있는 비참함과 억압은 사회주의를 지지하기 위한 주장에 이용되며, 중앙집권적 계획의 터무니없는 실수들은 자본주의를 옹호하기 위한 주장을 강화하는 데 봉사되고 있다. 그러나 그러한 결론들은 몇 가지 조건들이 충족되지 않는 한 따를 수 없다(Dunn, 1984: ch.1). 적어도 자본주의(또는 사회주의)하에서 잘못된 것은 사회주의(또는 자본주의)하에서 고쳐질 수 있어야 한다. 만약 어떤 체제에서 잘못된 것이 다른 생각할 수 있는 모든 체제에서도 잘못된 것이라면, 그 주장을 따라가야 할 아무런 가치가 없는 것이다. 조건들을 열거하는 대신, 먼저 자본주의와 사회주의간의 비교가 왜 그렇게 어려운가를 곰곰히 생각해 보는 것이 가치 있는 일이 될 것이다.

내생적 선호들

경제체제에 대한 선호는 내생적(endogeneous)일 수 있다. 표 3.1을 검토해 보면, 선호 IJ는 'J보다 I를 선호하는 개인들'로 읽을 수 있다.[2] CC

2) 비슷한 표는 엘스터(Elster, 1986)에서 나타난다.

표 3.1

	선호	
	자본주의	사회주의
자본주의하에서 살고 있는 사람	CC	CS
사회주의하에서 살고 있는 사람	SC	SS

와 SS의 선호조합을 '보수적,' 그리고 SC와 CS의 선호조합을 '혁명적'으로 부르기로 하자. 보수주의자와 혁명가의 선호는 모두 내생적이다.

양 체제의 옹호자들은 때때로 보수적 선호는 무시될 수 있다고 주장해 왔다. 그 주장은 다음과 같다. ① I하에서 사는 사람들이 J보다 I를 선호하는 것은 단지 J를 더이상 잘 알지 못하기 때문이다. ② 그들이 J하에서 산다면 그들은 I보다 J를 선호할 것이다. 그러므로, I하에서 I를 선호하는 것(또는 J하에서 J를 선호하는 것)은 '진정한(authentic),' '유효한' 또는 '독립적인' 것이 아니다. 미 국방성의 자금으로 행해진 심리학적 연구는 사회주의하에서 사회주의를 선호하는 사람들은 세뇌받았다고 말한다. 공산주의하에서 '재교육'을 필요로 하는 사람들이 공산주의의 적성국민들이라는 이유로 과도기적 독재가 정당화된다.[3] 그러나 이러한 주장은 바로 이 주장과 대칭을 이루는 반대주장에 의해 패배당할 수 있다.

동일한 대칭적 주장이 혁명적 선호에 반하여 작동한다. 과거 수년간 전 세계에 걸쳐 자본주의의 정당성은 강화되었으나,[4] 많은 지식인들과

3) 맑스주의 문헌, 특히 1960년대와 1970년대의 맑스주의 문헌은 '가짜 필요(unauthentic needs)'에 관한 주장으로 가득차 있다. 그 책에 의하면, 자본주의하에서 살아가는 인간들은 단지 자본주의가 인위적으로 소비 필요를 창조하고 그 필요를 만족시켜 주기 때문에 자본주의를 선호한다는 것이다. 만약 사람들에게 이러한 소외된 필요가 아닌 진정한 인간적인 필요를 갖도록 허용된다면, 그들은 사회주의를 선호하게 될 것이다.

4) 브라질에 관한 관찰을 위해서는 베포트(Weffort, 1989), 프랑스의 젊은 사람과 늙은 사람들의 태도에 대한 비교를 위해서는 모아티(Moatti, 1989), 국유화에 대한 태도를 다루고 있는 영국의 자료를 개관하기 위해서는 칼리바스

가난한 사람들은 여전히 사회주의가 자본주의보다 우월한 경제체제라고 계속 주장하고 있다. 반면에, 비숙련 노동자와 당관료를 제외한 대부분의 집단들은 자본주의를 선택했다. 슬라보미르 므로체크의 희곡에서와 같이 그러한 선호하에서 우리는 한 세대내에 한 체제에서 다른 체제로 가는 탱고를 출 수 있는 것이다.

내생적 선호는 초체제적 판단을 위한 기초를 쌓는 데 봉사할 수 없다.[5)]

청사진과 현실

고통받고 있는 사람들에게 대안은 희망처럼 보인다. 그들은 그들이 살고 있는 체제의 현실과 대안적 체제의 청사진을 비교하려는 경향이 있다. 한 청사진은 그들의 필요를 충족시켜 줄 수 있는 합리적으로 계획된 경제이고, 다른 청사진은 기회를 개방하고 효율성을 보장하는 시장이다. 그리고 우리 모두 우리 자신의 생활 조건들을 알고 있지만, 우리들 중 대부분은 다른 체제에 관해서는 간접적으로밖에 알 수 없다. 나는 선호가 혁명적이 되는 것은 흔히 우리 체제의 현실과 다른 체제의 청사진을 비교한 데서 나온 것이 아닌가 하는 의심이 든다.

나는 '청사진'을 어떤 체제의 옹호자로 하여금 모든 가정을 하도록 허용하는 체제의 모델을 의미하는 것으로 정의한다. 그러나 실현 가능하지 않다는 것이 청사진에 반대하는 한 주장이 될 수 있다. 예를 들어, 자본주의 옹호자들은 사회주의의 청사진이 자본주의의 청사진보다 우월하다는 것을 인정하나 사회주의 모델에 깔려 있는 몇몇 가정들이 비현실적이라고 주장할 수 있는 것이다. 실현 가능성에 관한 주장들은 반증적 사실(counterfactuals)을 포함하고 있기 때문에, 그들은 해결 불능

(Kalyvas, 1989)를 보라.

5) 엘스터(Jon Elster)는 만약 우리가 기꺼이 사람들간의 효용을 비교하든지 또는 다른 체제내에서 살고 있는 똑같은 개인들에 관한 사실반증적(counterfactual) 주장을 인정한다면, 그러한 비교가 타당하다고 지적하였다. 그러나 이는 영웅적인 가정들이다.

일 수 있다. 그러나 우리가 청사진에 대한 판단을 내리고 있기 때문에 나는 '실현가능한 청사진'이라는 용어를 합리적인 반대자들이 허용하는 가정들 위에서만 기초한 체제의 모델로 사용할 것이다.[6)]

이제 청사진들이 어떤 현실보다 우월하다면, 청사진과 현실의 비교는 항상 내생적 선호가 된다. 이는 명백하다. 더구나 청사진과 현실 모두 선택의 세트에 들어가면, 선호들은 진실로 왜곡될 수 있다. 나는 얼마나 많은 좌파 지식인들이 사회주의 현실보다 자본주의 현실, 자본주의 현실보다 자본주의 청사진, 자본주의 청사진보다 사회주의 청사진을 선호하는지 의심이 간다. 우리는 정치적 동물이며, 그리고 청사진에 대한 판단이 현실에 대한 평가에 영향을 미치고 있는 것이다.[7)]

특히 우리들의 평가에 들어가는 한 기준은 각 체제에서 가능한 최상의 실제이다. 우리가 알기로는, 현실은 무한한 변형과 등급이 있으며, 사회주의 국가들 사이에서뿐만 아니라 자본주의 국가들 사이에서도 중

---

6) 조작적으로 볼 때, 이는 아마도 "'실현 가능한 사회주의'는 극단적이고, 유토피아적이거나 억지다짐의 가정들을 만들지 않고… 한 세대 정도의 수명을 가지고 있는 것으로 생각해 볼 수 있는 사회주의"라고 보는 알렉 노브(Nove, 1983: 11)가 사용한 개념과는 다른 개념정의일 것이다.

7) 뷰캐넌(Buchanan, 1985: 44-45)은 청사진의 평가에 기초하여 현실의 복지에 관한 비교를 할 수 있다는 주장을 제시하였다. 그는 이러한 주장을 프리드만(David Friedman)의 주장으로 돌렸고, 그 주장을 "약간의 이론은 이론이 전혀 없는 것보다 낫다는 주장"이라고 불렀다. 그 주장은 다음과 같다. "당신이 먼 표적을 향해서 포탄을 발사하기를 원한다고 가정하자. 당신은 균일한 중력장 내의 진공상태에서 점들이 가로지르는 길이라고 할 수 있는 이상적 발사체의 궤도이론을 포함하고 있는 기초 물리학 과목을 이수하였다. 물론 포탄은 점이 아니고(연장선이 있기 때문에), 포탄이 날아가는 길은 진공상태에서가 아니다. 그러나 그럼에도 불구하고, 확실히 자의적으로 각도를 선택하는 것보다 이상적 이론에 따른 계산에 의거하여 대포의 각도를 맞추는 것이 더 합리적이다! 비슷하게, 어떤 효율성 정리(theorem)를 발생시킬 수 있는 이론이 있는 시스템을 선택하는 것이 그런 이론이 없는 시스템을 선택하는 것보다 효율성에 관해 더 잘 보여줄 수 있다." 그러나 나는 만약 이 주장에 '윌리암 텔(Willam Tell)의 주장'이라는 이름이 붙여졌을 때에도 이 주장이 똑같이 납득할 수 있는 것인지에 대해 의문이 간다. 어려움은 차선(second-best)이 너무 형편없다는 데 있다. '첫째-최고(first-bests)'의 서열로부터 차선들의 서열을 추론할 수 없다.

요한 차이점이 존재한다. 스웨덴이 경제체제 논쟁에서 매우 중요한 이유는 많은 사람들에게 스웨덴은 최상의 자본주의의 살아 있는 예를 보여주기 때문이다. 페루사람들은 자본주의 청사진보다 사회주의 청사진, '지상의 사회주의'의 최고 화신보다 스웨덴, 그리고 페루보다 쿠바를 더 우월한 것으로 합리적인 등급을 매길지 모른다.

선호의 계급적 기초

이제까지 우리는 추상적 개인들의 선호에 관해서만 검토하여 왔음에 주목하라. 즉 '…하에서 살고 있는 사람들'이다. 그러나 개인적 선호는 자기이익, 즉 계급이익을 따라갈 수도 있다. 실제로 우리가 가지고 있는 작은 증거는 자본주의 남반구의 가난한 사람들과 지식인들, 사회주의 동구의 가난한 사람들과 관료들이 사회주의를 더 선호하는 데 반해 양 체제의 다른 집단들은 자본주의를 더 선호한다는 것을 보여주고 있다.[8] 그러므로 선호가 자기이익을 따른다는 것은 진실일지 모른다. 그것은 계급에 기초하고 있으며, 사람들이 살고 있는 경제체제에 대해 외생적(exogeneous)이다.

모든 사람들이 좋은 경제체제를 사람들이 필요로 하는 것을 가능한 많이, 가장 효율적인 방법으로 생산하는 체제라는 데 합의한다고 하더라도 이 기준이 분배를 선택하는 데는 충분치 않다. 효율성은 많은 복지의 분배형태들과 양립할 수 있다. 따라서 추가적인 기준이 필요하며, 우리가 아래에서 살펴보는 바와 같이 경제체제의 합리성에 관한 모든 논쟁들의 난점은 첫 번째 기준과 두 번째 기준이 될 수 있는 다양한 후보들이 양립가능한 것인가 아닌가이다.[9]

지금 문제가 되는 것은 이 기준들의 특별한 조합들이 상이한 부존자원(endowments)을 가진 개인들의 복지에 상이하게 영향을 미치고 있다

---

8) 폴란드에 관한 증거 조사를 위해서는 콜라르스카-보빈스카(Kolarska-Bobinska, 1988), 헝가리에 관해서는 부르스트(Bruszt, 1988), 소련의 분석에 관해서는 자슬라브스카야(Zaslavskaya, 1988)를 보라.

9) 이 주제에 관한 고전적인 책은 도브(Dobb, 1969)이다.

는 것이다. 만약 그들이 이기적이라면, 자본주의하에서 고소득을 얻을 수 있는 기회가 거의 없는 사람들은 사회주의를 선호할 것이고, 사회주의하에서 소득을 올릴 수 있는 능력을 제약받는 사람들은 자본주의를 선호할 것이다. 따라서 경제체제에 대한 선호는 계급적 기초를 가지고 있다.

자본주의와 사회주의

사회주의의 실패가 자본주의의 비합리성에 대한 사회주의자들의 비판을 무효화시키는가? 나는 이 질문에 대한 해답을 청사진, 실현가능성, 실제 경험의 측면에서 살펴보려고 한다.

청사진

자본주의에 대한 사회주의자들의 비판은 자주 진기하며, 흔히 일관성이 없고, 때때로 기괴하다. 사회주의자들의 비판에는 19세기의 흔적이 배어 있다. 어떤 분산적 사회체제도 질서 있게 기능할 것이라는 개념 그 자체가 아직도 많은 자본주의에 대한 사회주의 비판가들의 머리를 당혹스럽게 만들고 있다.[10] 그리고 그들은 깜짝 놀랄 정도로 무지하다. 그들은 손을 한 번 흔들어 간단히 자본주의 옹호주장을 폐기해 버린다. 그러나 나는 아직도 자본주의의 비합리성에 대한 맑스주의자들의 핵심적 주장이 근본적인 것이며 유효하다는 데 설득당하고 있다.

---

10) 어느 곳에서 뒤르켐(Durkheim)은 그를 사회학자로 만든 계기는 매일 아침 5시 30분이면 언제나 그의 아파트 뒷문을 열면 우유병이 그를 기다리고 있다는 것을 발견하였음에도 불구하고 우유배달부가 누구인지 알 수 없었다는 데 대한 당혹감이었다고 회상하였다. 과거에 사회주의자들은, 그리고 오늘날도 많은 사회주의자들은 여전히 계속해서 우유병을 거기에 있도록 보장하는 중앙계획이 없었으면 우유병이 거기에 있을 수 없었을 것이라는 것을 확신하고 있었다. 그러나 오늘날 중앙계획하에서 우유 또는 병이 부족했다는 것이 드러났을 뿐이다.

이 비판들을 현대적인 방식으로 공식화하기 위해서 우리는 자본주의 청사진을 재구성할 필요가 있다. 즉 자본주의 옹호자들에게 실현가능성을 제외한 모든 가정들을 허용하고 있는 자본주의 모델을 상기하자는 것이다. 이 청사진들은 맑스 생애의 말년에 왈라스(Walras, 1874), 에지워스(Edgeworth, 1881)에 의해 개발되었고, 그 후 파레토(Pareto, 1927), 피구(Pigou, 1932)와 다른 사람들에 의해 재공식화된 것이다. 그 모델은 간단하다. 개인들은 그들이 필요로 하는 것을 알고 있으며, 부존자원을 갖고 있고, 그들이 원할 때는 언제나 교환을 하고 생산에 참여한다. 균형상태하에서, 다른 사람들이 해온 것과 할 것이 무엇인가가 주어지면, 어느 누구도 더이상 다른 일을 하려고 하지 않는다. 다시 말하면 개별적 행위자로 하여금 행동하게 하는 기대가 모두 충족되었다는 것과 같다. 더구나 균형상태하에서 모든 시장들은 청산된다. 따라서 개인들이 교환하는 가격은 그들의 선호와 상대적 희소성을 반영한다. 이 가격들은 개인들에게 그들이 희생해야 할 기회를 알려준다. 그 결과 자원은 거래에서 얻을 수 있는 모든 이득이 소진되는 방식으로 배분된다. 즉 어느 누구도 다른 사람들을 더 나쁘게 하지 않고서는 자신을 더 나아지게 할 수 없으며, 그 결과로 나타나는 복지의 분배는 만장일치의 원칙하에서 변경되지 않는다. 이것이 집단적 합리성(파레토적 의미에서 최적성)에 관한 세 가지 동등한 정의들이다.11)

이 모델에 대한 합리적인 맑스주의자들의 비판들은 모두 "자본주의는 낭비를 낳는다"는 주장으로 모아진다.12) 그리고 그들은 몇 가지 다른 대안적 이유들을 제시하였다. ① 자본주의적 생산의 '무정부성,' ② 개인적 합리성과 집단적 합리성간의 '모순,' ③ 생산력과 생산관계간의 '모순.' 더구나 각 설명에 포함되어 있는 '낭비'의 내용이 다르다. 무정

11) 뷰캐넌(Buchanan, 1985: ch.2)은 이러한 청사진에 관한 뛰어난 비기술적 요약을 제공한다. 캠벨(Campbell, 1987)의 책은 기술적으로 쓰여진 교과서이다.

12) 다른 비판들은 ① 경쟁이 질투에 기초하고 있으며, ② 자본주의적 생산이 사용 또는 즐기기 위해서가 아니라 이윤을 지향한다는 것이다. 내가 자본주의의 불의(injustice)가 아닌 자본주의의 비합리성에 대한 비판에만 관심을 가지고 있다는 데 주목하라(앞으로도 논의될 것임).

부성은 기존의 부존자원뿐만 아니라 심지어 이미 생산된 상품의 낭비를 초래하는 데 반해, 두 모순들에 의해 야기된 낭비는 기회의 낭비이다.[13] 나는 첫 번째 비판은 유효하기는 하지만, 청사진이 아닌 실현가능성에 관한 비판이며, 두 번째 비판은 중요한 특징적 차이를 이끌어내는 데 실패하고 있을 뿐만 아니라 일단 이 비판이 가해졌을 때 오도할 가능성이 있으나, 세 번째 비판은 청사진에 대한 비판으로 방향이 잡혀져 있을 뿐만 아니라 유효하면서 동시에 중요하다고 생각한다.

무정부성 비판은 ① 경쟁적 균형의 효율성과 ② 개인적 행위자들로 하여금 결정을 내리게 하는 기대들이 동시에 충족되는 상태에 비용을 치루지 않으면서 적응하는 것이 실현가능한가에 관한 것이다.[14] 이 두 가지 모두 복잡한 문제이다.

첫째, 최근의 신고전주의이론의 발전에 비추어 볼 때, 노동과 자본은 과소이용되고 있으며, 그리고 사용자, 채권자, 소비자들이 피고용자, 채무자, 판매자들로 하여금 계약된 질을 갖춘 상품과 서비스를 제공하도록 보장받기 위해서 지대를 지불해야 하기 때문에 최종 상품시장이 균형상태로 청산되고 있지 않다.[15] 그 이유는 '완전한 시장,' 즉 모든 가능한 자연상태에 따라 달라지는 주장들을 명시해 주는 시장(Arrow, 1964)의 조직 불가능성에 있다. 그리고 스티글리츠(Stiglitz)가 보여준

13) 슘페터(Schumpeter)의 언어로 이야기하면, 이것은 정태적 비효율성과 동태적 비효율성간의 차이이다.

14) 예외적으로 명확한 이러한 비판의 진술은 오닐(O'Neil, 1989: 209)에 의해 제시되었다. "경제행위자들이 그들의 활동을 조정하기 위해서는 경제행위자에 관련된 정보가 소통되지 않아야 하고… 계획들간의 상호적응을 달성하기 위한 어떠한 메커니즘도 존재하지 않아야 한다. 시장은 그 경쟁적 본성 때문에 정보의 소통을 가로막고 경제적 행동을 위한 계획을 조정하는 데 실패한다."

15) 이 구절은 수이(Zhiyuan Cui)에게 내가 지고 있는 빚 중의 하나를 반영한다. 경제학자들이 '균형'이라는 말을 혼란스럽게 쓰고 있는 경향에 주목하라. 최근까지도 그들은 시장이 항상 청산된다는 데 설득당해왔기 때문에, '균형'이라는 용어를 직관적 의미의 균형으로 사용한다. 그들은 시장이 청산되지 않을 때를 '불균형(disequilibrium)'이라고 말한다. 그러나 불균형은 수학적 의미에서는 균형이다. 그것은 외생적 조건이 변화되지 않는 한 변화될 수 없는 상태이다. 그것은 바로 시장이 청산되지 않을 때의 균형이다.

바와 같이, 그러한 조건하에서는 균형배분이 효율적이지 않게 된다. 만약 피고용인, 채무자, 판매자들이 그들의 주인들(고용인, 채권자, 소비자—역자 주)의 최상의 이익을 위해 행동한다면, 어느 누구도 잃지 않으면서 어떤 사람이 이득을 얻을 수 있는 것이다.[16] 그러므로 자본주의는 경쟁적 균형상태하에서도 비효율적이다. 이 문제를 볼 수 있는 한 예를 들면, 만약 피고용인들이 자신이 할 수 있는 최상의 능력으로 일을 한다면, 동등한 노력을 하도록 하는 데 드는 감독 비용을 치르지 않아도 되는 것이다.[17]

둘째, 자본주의 청사진이 주장하는 바와 같이 경쟁적인 균형상태가 효율적이라 하더라도 비용을 치르지 않으면서 이 균형에 적응하는 것은 실현불가능하다. 그것은 분산적 경제는 한 번도 균형상태에 있어본 적이 없기 때문이거나, 적응과정이 점진적이기 때문이다. 맑스 자신은 첫 번째 점에 관해서는 왔다갔다했지만, 두 번째 점에 대해서는 확고한 태도를 견지하였다.[18] 첫 번째 점에 대해서 맑스는 자본주의적 시장은 때

16) "불완전한 시장의 세트하에서는 상이한 자연단계 사이에 있는 서로 다른 개인들의 한계대체율(marginal rate of substitution)은 다를 것이다. 농민들(또는 일반적인 생산자들)은 그들의 생산기술을 채택하는 데 있어서 단지 가격분포와 그들 자신의 한계대체율만 보는데, 이는 다른 농부들과 소비자들의 한계대체율과 크게 다를 것이다. 만약 그들 모두가 이렇게 하면, 그 결과로 나타나는 균형은 파레토 효율이 되지 않을지 모른다. 모든 개인들을 더 낫게 만드는 대안적인 기술의 선택과 소득재분배가 있을 수 있기 때문이다"(Newbery and Stiglitz, 1981: 209).

17) 보울스(Bowles, 1985)가 특히 이러한 함의를 강조하였다. 이 문제에 대해서는 다시 논의할 것이다.

18) 맑스는 자본주의하에서 화폐의 매개 때문에 판매행위와 구매행위는 똑같은 것이 아니라고 강조하였다. 따라서 어느 특정한 상품뿐 아니라 모든 상품들의 공급과 수요는 반드시 일치해야 할 필요는 없다는 것이다. 때때로 맑스는 자발적인 분산적 교환이 경제를 '시장을 청산하는 균형'으로 이끌 것이라고 믿었던 것 같다(1967: I, 355-356). 그러나 자본론의 다른 구절에서 맑스는 "이러한 (자본주의적) 생산의 자발적 본성 때문에, 균형 그 자체는 우연일 뿐이다"라고 주장하였다(1967: II, 494-495). 그러므로 맑스는 자본주의가 시장이 청산되지 않은 상황들, 즉 과잉생산의 위기, 과소소비의 위기, 불균형의 위기 등을 낳을 것이라고 믿었다. 이러한 맑스의 분석은 사회주의자들로 하여금 자본주의의 위기시에 표출되는 자본주의적 생산의 무정부성과 혼란에 관해 천

로는 청산되지만, 그것은 단지 우연에 의해서만 가능하다고 주장하였다. 그리고 맑스는 훗날 그의 추종자들의 경제이론의 대들보가 된 과잉생산과 과소소비의 '위기들'에 관한 정교한 이론을 개발하였다. 이러한 위기 속에서 자본과 노동은 유휴상태에 있으며, 최종 상품시장은 청산되지 않는다. 따라서 이용가능한 기존의 생산요소와 상품요소의 낭비가 일어나는 것이다.

신고전주의 경제학은 어떻게 적응과정이 일어나는가를 상술하는 데 성공하지 못했다. 피셔(Fisher, 1989: 36)가 현재의 지식수준에 대해 권위 있게 요약한 바와 같이, 균형분석의 힘과 우아함이 흔히 균형분석이 매우 불확실한 기초에 근거하고 있다는 사실을 모호하게 만들고 있다. 우리는 균형으로부터 무엇이 일어나는가, 자신의 계획이 좌절되었을 때 행위자들은 어떻게 행동하는가에 관해 그처럼 우아한 이론을 갖고 있지 않다. 그 결과 우리는 균형이 교란받더라도 균형이 다시 이루어지고 유지될 것이라고 믿을 수 있는 확고한 기초를 갖고 있지 않다. 균형으로 수렴된다는 것을 증명하기 위해서 모델은 중앙집권적인 '경매자'의 도움 또는 분명히 비합리적이고 일관성이 없는 가정들에 의존해야 한다. 그러나 경매인을 도입하는 것은, 한(Hahn, 1989: 64)이 기술한 바와 같이, 정보가 분산되어 있다는 바로 그 가정을 위반하는 것이다. 따라서 신고전주의 모델은 단지 적응의 문제를 무시하고 있기 때문에 놀라운 파레토 속성에 도달할 수 있는 것이다. 반면에 균형으로부터 거래는 완결된다고 가정하는 오스트리아학파의 모델은 파레토의 결론들을 실증할 수 없다.[19)]

그러므로 무정부성 비판은 최근의 경제이론의 발전에 의해 지지되는 것처럼 보인다. 그러나 이 비판이 자본주의의 비합리성을 입증할 수 있는가는 자본주의 시장의 무정부적 특성이 어떤 대안적인 경제조직에 의해서 치유될 수 있는가에 달려 있다. 나는 치유될 수 있다는 것을 의심하기 때문에 이 비판을 결정적으로 보지 않는다.

편일률적으로 이야기하는 것을 허용하였다.

19) 간스만(Heiner Gangssman)은 나로 하여금 이 점에 유의하도록 해주었다.

자본주의하에서 개인적 합리성이 집단적 비합리성으로 이끈다는 주장은 두 가지 상황을 혼동하고 있다. 첫 번째는 허구이며, 두 번째는 잘못 방향지어진 것이다. 맑스는 경쟁이 개별적 기업으로 하여금 평균이윤율이(자신의 이윤율이기도 한) 하락하는(uniform rate of profit to fall) 방향으로 투자하도록 강요한다고 생각했다.[20] 이 주장은 허구로 판명되었다. 일반적으로 소비가 상호경쟁적이고, 외부효과가 없으며, 규모수익체증이 없고, 근시안이 없으면 개인적 합리성과 집단적 합리성 사이에 갈등은 없다. 개인적인 행위자들간의 제약받지 않은 교환의 결과로 나타나는 복지의 배분은 위에서 언급한 의미에서 집단적으로도 합리적이다. 오직 이 가정들이 침해되었을 때에만 개인적 합리성과 집단적 합리성이 갈라지는 것이다.

현실 경제에서 이 가정들은 침해된다. 어느 정도 침해된다는 데 대해 동의하지 않는 사람은 없다. 그러나 이 모든 것이 함축하고 있는 것은 모든 합리적인 자본주의 청사진이 개인적 수익과 집단적 수익이 갈라지는 상황들에 대해 대처하는 방법을 갖고 있다는 것이다. 그리고 피구(Pigou) 이후, 실제로 모든 청사진이 이 상황들에 대해 대처하고 있다. 한 방법은 교정적인 재정적 개입의 도입이며, 다른 방법은 재산권의 재할당이다. 그러므로 자본주의하에서도 시장은 오직 그들이 잘 할 수 있는 것만을 하고 있는지 모르며, 시장이 실패하는 곳에 국가가 들어가야 할 지 모른다. 애로우(Arrow, 1971: 137)가 이야기한 바와 같이, "시장이 최적상태를 이룩하는 데 실패할 때, 사회는 적어도 어느 정도까지는 시장실패로 인한 틈을 인식하게 되고 비시장적 사회제도가 그 사이에 다리를 놓기 위해 출현한다." 이 관찰은 "자본주의는 국가 없이는 존재

---

20) 시장적 배분이 사회적 이익보다 개인적 이익을 따르기 때문에, 분산적 행동의 결과로 일어나는 어떠한 배분도 집단적으로 비합리적이라는 것이 맑스에게는 명백하였다. 더구나 경쟁은 집단적 최적을 달성하지 못하는 데에 책임이 있는 메커니즘이다. 경쟁은 경제적 행위자의 등 뒤에서 어떠한 개인도 이해할 수 없는 방식으로 작동한다. 그러므로 경쟁의 결과는 알 수 없는 것이며, 경쟁의 결과들은 집단적으로 소망스럽지 않다는 결론으로 비약하게 된다. 이는 주장이 아니라 그야말로 비약이다. 이러한 주장에는 어떠한 연역적 틀도 존재하지 않는다.

할 수 없다"고 즐겁게 바라보고 있는 많은 맑스주의자들에게 위안을 주었다. 그러나 실제로 이는 맑스주의자들의 비판을 무디게 만들고 있다. 자본주의는 사회적 수익률이 개인적 수익률과 갈라지는 모든 상황들을 처리하는 데 있어서 사회주의보다 더 낫지도 더 못하지도 않다.[21)]

이러한 잡목 덤불을 제거하고 나면, 우리는 자본주의가 생산가능성의 체계적인 과소이용을 낳는다는 주장에 도달하게 된다. 생산관계와 생산력간의 모순은 엄청난 문헌들이 취급해 온 주제였고, 그 중 대부분은 최근 코헨(G. H. Cohen)에 의한 맑스의 역사이론에 관한 권위 있는 재구성에 관심을 기울인다. 그러나 내가 분석하고자 하는 것은 매우 좁은 주제이기 때문에 나는 이 모순에 관해 다른 개념화를 논의하는 것을 피하려 한다.

내 주장은 자본주의가 기술적으로 실현가능한 복지의 분배에 도달할 수 없기 때문에 자본주의는 비합리적이라는 것이다. 우리는 지구상의 모든 사람들을 먹여 살릴 수 있는 기술적이고 조직적인 수단을 갖고 있을지 모르며, 그리고 실제로 모든 사람들을 먹여 살리기를 원할지 모른다. 그러나 우리는 여전히 그 일을 자본주의하에서는 할 수 없는 것이다. 다음이 나의 주장이다.

두 행위자, P 와 W가 있는 경제를 가정하자. 만약 산출이 이 행위자들에 의해서 통제되는 부존자원에 대한 수익률에 의존하지 않는다면, 주어진 기술상태하에서 이 산출수준에 이르는 모든 복지의 분배는 접근가능하다. 이 분배는 그림 3.1에서 −1의 경사로 기울어진 선으로 표시된다. 완전히 평등한 분배는 이 외적 가능 경계선(outer possibility frontier)과 원점에서 45도로 나누어지는 직선과의 교차점 E에 있다.

그러나 자본주의하에서 산출은 부존자원에 대한 수익률에 의존하고 있다. 만약 자본주의자들이 자본으로부터 나오는 수익을 모두 차지하고, 노동자들은 노동으로부터 나오는 수익을 모두 차지한다면, 자원은

21) 이 이야기는 사회주의가 이러한 상황들을 반드시 자본주의와 똑같은 방식으로 또는 자본주의와 똑같은 분배적 결과를 낳으면서 처리하고 있다는 것을 의미하는 것은 아니다.

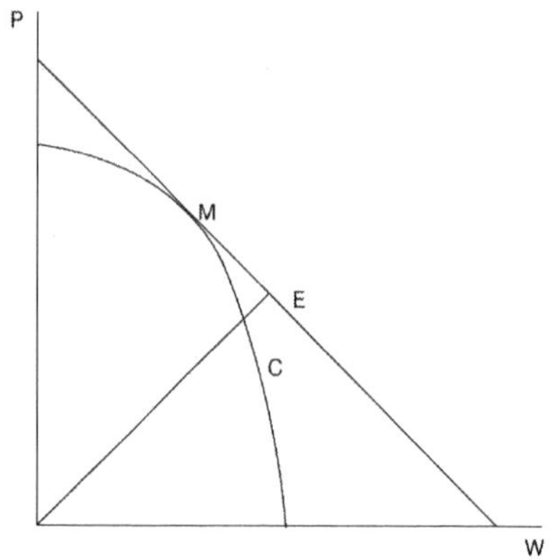

그림 3.1

효율적으로 배분될 것이고, 소득분배는 두 요소의 한계생산성을 반영할 것이다. M이 이를 가르킨다. 그러나 자본가들이나 노동자들이 차지할 수 있는 모든 수익보다 적게 받는다면, 즉 소득분배가 경쟁시장과 갈라진다면, 그들은 자본 또는 노동을 철수하려 할 것이며, 자원은 과소이용되는 것이다.

자본주의하에서 부존자원, 즉 자본과 노동력은 사적으로 소유되며, 그 자원을 이용할 것인가 말 것인가, 그리고 어떻게 이용할 것인가를 결정하는 행위자들은 이기적(self-interested)이다. 사적 소유는 소유주들이 적절한 수익률이 예상되지 않는다면 자신이 소유한 부존자원을 생산적인 이용으로부터 철수할 권리를 갖고 있음을 내포하고 있다. 오우만과 쿠르츠(Aumann & Kurz, 1977: 1139)가 지적한 바와 같이, "모든 행위자는 그들이 원하면 그 자신의 부존자원의 일부 또는 전부를 파괴할 수 있는 것이다." 임금 노동자가 경쟁적 임금 수준 이상으로 임금을 올릴 수 있는 힘을 갖고 있거나 정부가 이윤에 세금을 매기고 이를 임금 노동자의 소득으로 이전시켜주어 45도 선상의 한 점으로 복지수준을 평등하게 만든다고 가정하자. 이 때 이윤수취자는 자신의 부존자원을 과소공급할 것이고, 산출은 내적(자본주의적) 가능 경계선상(inner possiblility frontier)에 있는 C가 된다. E점은 자본주의하에서는 도달이 가능하지 않다. 실제로 M을 제외한 외적 가능 경계선상의 어떤 점에도 도달할 수 없다.[22)]

따라서 최종적인 복지의 분배가 경쟁적 시장에 의해서 이루어지는 배분과 갈라질 때, 가능 경계선은 −1보다 더 빠르게 하락할 것이다. 이윤 수취자들은 임금 노동자들의 한계생산을 넘는 수익을 받을 때에만 자신의 모든 자원을 이용할 것이다. 그렇지 않다면 그들은 그들의 부존 자원을 과소공급할 것이고, 자원은 과소이용되며, 자본주의는 비효율적인, 즉 집단적으로 비합리적인 배분을 낳을 것이다.

이미 생산된 식량을 낭비하는 대신 가난한 사람들에게 나누어 준다고 가정하자. 이 경우 식량의 가격은 떨어지고 농부는 더 낮은 수익률을 얻게 되기 때문에 식량을 더 적게 생산할 것이다. 더구나 자신의 소비를 위해서 생산하던 사람들도 공짜 식량을 확보하고 난 뒤 더 이윤이 남는 다른 일을 찾아 나설 것이다. 또는 우리가 농부에게 생산하도록 돈을 지불하고, 세금에서 농산물 가격을 지원하여 식량을 가난한 사람들에게 나누어 준다고 가정하자. 그러나 이 경우에도 수익률이 경제 전반에 걸쳐 하락하여 다른 상품의 산출까지 줄어들 것이다. 우리는 동정심이나 다른 동기에서 실제로 이 두 가지를 모두 하고 있다. 그러나 자본주의하에서 우리는 가능한 수준 이하로 산출을 떨어뜨리는 대가를 치르면서 그것을 하고 있는 것이다.[23)]

그러므로 자본주의 체제하에서 생산적 자원을 통제하고 있는 사람들에게 보상하지 않고서는 생산적 가능성을 최대한으로 이용할 수 없다는 의미에서 자본주의는 비합리적이다. 우리가 자본주의 청사진에 모든 가

---

22) 이것은 평등주의를 옹호하는 주장은 아니다. 소득이 두 행위자 사이에 균등히 분배되는 점 E는 단지 한 예로 사용된 것이다. 그 주장은 일반적이다.

23) 여기에 세계의 식량 상황에 관한 두 경제학자들이 이야기가 있다. "… 최적 성장전략의 선택과 추구의 실패는 성장을 통해 식량 박탈을 줄이려는 데 대한 비관적인 전망을 점점 더 명확하게 해주고 있으며, 급속하고 광범위한 기초 위에 발전을 달성하려는 노력에 대해 해로운 효과를 끼치고 있는 것처럼 보이는 직접적 복지-지향 접근(direct welfare-oriented approach)에 비생산적으로 많은 관심을 돌리게 하고 있다"(Mellor and Johnston, 1984: 533).

정들을 허용한다고 하더라도 자본주의 체제하에서는 기술적으로 가능한 복지의 분배에 도달할 수 없다는 것을 발견할 뿐이다.[24] 엘슨(Elson, 1988: 18)이 멋지게 지적한 바와 같이, 자본주의하에서는 "조그마한 것 중에서 선택하는 것이 큰 것 중에서 선택하는 것을 제공해주지 않는다." 개인들은 선택한다. 그러나 사회 전체는 선택할 수 없다.

그러나 왜 개인과 사회를 나란히 놓는가? '사회'에 의한 선택은 경쟁하는 개인들에 의한 선택과 동일한 것은 아니지 않는가? 자본주의가 비합리적이라고 주장하는 근거는 개인들이 시장적 행위자이면서 동시에 시민이라는 사실에서 연유한다. 시민으로서 선호하는 자원배분은 시장을 통해 도달하는 배분과 일반적으로 일치하지 않는다. 자본주의는 희소자원이 사적으로 소유되고 있는 체제이다. 그러나 자본주의하에서 재산과 권위는 제도적으로 구별된다. 그 결과 자원이 사용되기 위해서 배분되고 가계들간에 분배되는 방식에는 두 가지가 있게 된다. 시장과 국가이다. 시장은 개인들이 자신이 소유한 자원을 가지고 배분을 위한 표를 던지는 메커니즘이며, 자원이 항상 불평등하게 분배되는 메커니즘이다. 국가는 시장적 결과와 다르게 분배할 수 있는 권리를 가지고서, 자신이 소유하고 있지 않은 자원을 배분하는 체제이다. 이 두 메커니즘이 동일한 결과로 낳는 것은 오직 우연일 뿐이다.

정치영역에서의 민주주의가 자원배분에 미칠 수 있는 권리를 균등화시킴으로써 자원배분에 관한 국가와 시장간의 불일치를 더욱 악화시킨다. 실제로 민주주의는 부존자원에 대한 최초분배의 결과로 인해 가난해지고 억압받으며, 또는 비참해진 사람들에게 국가를 통해 시정할 수 있는 기회를 부여하기 때문에 시장에 의해 유인되는 소비의 분배와 시민들이 집단적으로 선호하는 분배는 다르다는 것이 틀림없다.

---

24) 비슷한 방식으로 똑같은 점을 지적하자면, 외부적으로 강요된 장기적인 계약이 없으면 재산의 공동착취는 비효율적인 결과를 가져온다는 것이다. 구체적으로 자본가나 노동자 둘다 소비의 분배에 영향을 미칠 수 있을 때, 투자율은 행위자 중 한 계급만이 모든 수익을 받는 것보다(두 번째로 가장 좋은 기회 또는 생존을 넘어서는) 낮아질 것이다. 이에 대한 기념비적 공식은 랭커스터(Lancaster, 1973)이고, 레브하리와 미르만(Levhari and Mirman, 1980)과 쉐보르스키와 월러스타인(Przeworski and Wallerstein, 1982)을 보라.

따라서 만약 '인민'(단수로 표현되는 18세기적 의미에서)이 주권자라면, 그는 시장적 결과와 다른 자원의 분배와 배분을 선호할 것이다. 이 선호는 부존자원이 사적으로 소유되고 분산적인 방법으로 배분될 때에는 도달될 수 없는 것이다. 설사 개인들이 시민의 자격으로 특정한 배분에 대한 집단적 선호를 표명하고, 이 선호를 시행할 수 있도록 모든 물질적 조건이 제공된다고 하더라도, 민주적으로 선택된 배분은 자본주의하에서는 도달될 수 없다.25)

이러한 자본주의에 대한 비판은 사회주의하에서 자원이 인간의 필요를 충족시키기 위해 합리적으로 배분된다면 외적 가능 경계선에 접근하는 것이 가능하다는 것을 내포하고 있는가? 우리는 생산적 가능성의 완전한 이용과 복지의 평등한 분배를 가리키는 E점에 도달할 수 있는가? 나는 이 가능성을 부인하는 사회주의 청사진 비판을 생각할 수 없다. 만약 개인들이 자신의 필요와 생산 가능능력을 진실되게 밝히고, 개인

---

25) 자본주의의 비합리성의 개념은 이중적 비판의 주제이다. 첫째, 피조르노(Alessandro Pizzorno)가 지적한 것처럼(피조르노 본인과의 개인적인 의견교환을 통한 것임), 이러한 개념정의에 따르자면, 비합리적인 것은 자본주의가 아니라 자본주의와 자율적인 국가간의 결합때문이다. 둘째, 이 개념은 사회적 선택 문제에 취약하다. 나의 개념정의에 대한 코헨(Joshua Cohen)의 재공식화에 따르면, 만약 어떤 경제체제가 '평등한 시민들이 동의할 수 있는 배분 세트에 대한 접근을 봉쇄한다면'(코헨과의 개인적인 의견교환에 따른 것임) 그 경제체제는 비합리적이다. 그러나 후자의 배분은 존재하지 않거나 또는 집단적으로 최적이 아니다[맥켈비(Mckelvey)의 정리에 따른 것임]. 다시 말해 만약 경제체계의 합리성이 생산적 가능성의 완전한 이용으로 정의된다면, 그것은 주권을 가진 시민들의 집단적 선호가 될 필요가 없다. 만약 그것이 집단적 선호의 수행으로 정의된다면, 그것은 생산적 자원의 완전한 이용으로 구성되어야 할 필요가 없다. 나의 대답은 다음과 같다. 첫째, 국가가 배분에 영향을 미칠 권력이 전혀 없거나, 기껏해야 사적으로 소유된 자원의 배분에 간접적으로 영향을 미칠 수 있는(세금이나 규제 등을 통하여) 권력밖에 없는 국가를 갖고 있는 자본주의는, 국가에 대한 헌법적인 자기제약의 요청에도 불구하고 상상할 수 없다. 경쟁은 국가에 의한 규제 없이 조직될 수 없기 때문에, 국가가 경쟁적 배분과 다른 배분을 선택할 수 있는 가능성이 자본주의의 청사진에 의해 선택될 수 있다. 둘째, 설사 사람들이 생산적 가능성의 완전한 이용을 선택하지 않을지는 모르나, 그들은 역시 그것을 선택할지 모르며, 그리고 만약 그들이 그렇게 선택한다면, 그들은 자본주의하에서 이러한 선호를 실현시킬 수 없다.

들이 보상에 관계없이 노력하며, 계획자는 인민의 완벽한 대리인으로 행동할 뿐만 아니라 최적배분의 문제를 해결할 수 있다면 사회주의는 사회주의 옹호자들이 광고하는 이상으로 놀라운 결과를 낳을 것이다.[26)] 그러나 이 말이 의미하는 모든 것은 사회주의에 대한 합리적 비판들이 사회주의의 청사진이 아니라 사회주의 청사진의 실현가능성과 현실적인 구현에 대한 것이라는 것이다.

실현가능성

실현가능성을 둘러싼 논쟁은 불가피하게도 결론이 나기 힘든 것이기 때문에 더 과열되고 있다. 일단 가정들을 받아들인 뒤, 청사진에 관한 토론은 오직 논리적 연역만을 요구한다. 그러나 실현가능성에 대한 판결은 판단을 요구한다. 그러므로 실현가능성 논쟁은 더 넓은 불일치의 여지를 남겨두고 있다.

자본주의 청사진의 실현가능성에 대한 사회주의자들의 공격라인은 세 가지이다. ① 국가의 개입 없이는 자본주의가 존재할 수 없다. ② 자본주의는 자본주의 옹호자들이 덕성의 모든 것이라고 주장하는 균형에 결코 도달할 수 없으며, 도달한다 하더라도 엄청난 비용을 치러야만 한다. 그리고 ③ 자본주의는 필연적으로 독점으로 가기 때문에 자기파괴적이다. 첫 번째 비판에 대해서는 이미 위에서 논의하였다. 그 비판은 "그래서 어쨌다는거야(So what?)"로 끝내버릴 수 있다고 나는 생각한다. 두 번째 비판은 유효한 것 같다. 시장이 영구적으로 경쟁적 균형상태에 있다는 생각은 이해하기 어렵다. 적응과정이 낭비를 수반한다는 주장은 매우 가능성이 높은 이야기이다. 마지막으로 경쟁적 시장이 자기파괴적이라는 주장은 어느 정도는 명백한 진실이지만, 그 정도가 어디까지인지는 명백하지 않다.[27)]

---

26) 또는 만약 우리가 로머(Roemer, 1989a, b)가 제시한 공적 소유의 개념을 분산된 방식으로 수행할 수 있는 제도를 고안할 수 있다면.

27) 엥겔스(Engels)까지 거슬러 올라가는 이러한 주장의 한 설명은 다음과 같다. 오늘날 자본주의하에 이루어지는 대부분의 결정들은 실제로 시장적 결정이라

내가 이 주장들을 기계적인 방식으로 취급하는 것은 그 주장들이 중요하지 않기 때문이 아니고 단지 핵심적 문제를 논의하는 데 별로 기여하지 못하고 있기 때문이다. 만약 자본주의 청사진이 실현불가능하다면, 자본주의는 그가 제시한 약속마저 실현할 수 없게 될지 모른다. 그러나 내 생각으로는, 자본주의에 대한 사회주의의 비판은 자본주의의 청사진, 즉 상상할 수 있는 가장 이상적 자본주의의 실현으로 향하고 있다. 사회주의자들은 자본주의가 스스로 도달할 수 있는 최대한의 가능성을 실현한다고 하더라도 자본주의를 거부할 것이다. 따라서 사회주의자들의 자본주의 비판에서 영구적으로 경쟁적인 균형의 실현가능성에 대한 비판은 2차적인 역할만을 수행할 뿐이다.[28)]

반면에 사회주의의 실현가능성에 대한 주장은 사회주의에 상처를 입힌다. 먼저 사회주의의 청사진을 재구성해보자.

가계는 필요한 것들이 있다. 기업은 이러한 필요를 충족시키는 물건들을 생산할 수 있는 능력이 있다. 계획자는 가계의 필요와 기업의 생

기보다는 기업 내부적 결정이고, 기업 내부적 의사결정은 단지 불완전한 규모로 계획된 사회주의적 배분과 같다. 그러므로 자본주의는 그 자신의 역동성에 의하여 대부분 '사회화'되었으며, 남은 모든 것은 이러한 과정을 완성시키는 것이다. 이것이 사회주의를 옹호하는 만델(Mandel)의 중심 주장이다. 자본주의는 역사적으로 실현가능하지 않다는 것을 보여주었다는 것이다. *New Left Review*의 만델(Mandel, 1986), 노브(Nove, 1987), 아우에르바흐, 데사이와 샴사바리(Auerbach, Desai & Shamsavari, 1988), 엘슨(Elson, 1988)을 보라. 나의 관점은 대규모의 자본주의적 기업의 기업내부적 결정은 사회주의적 계획과 같지 않으며, 결정적인 차이는 내부 조직에 있지 않다는 것이다. 실제로 1970년대의 폴란드는 제너럴모터스 규모의 경제였다. 그러나 제너럴모터스는 결정하는 데 있어서 시장가격을 이용하였고, 수요함수에 따라 노동자들을 해고하였지만, 폴란드는 그렇게 하지 않았다.

28) 자본주의가 힐퍼딩(Hilferding)이 이야기한 바와 같이 '조직화'되었고, 성공적으로 주기적 위기를 피하였다고 가정하자. 이 때 어떠한 무정부도, 정태적 비효율도 없다. 그러나 동태적 효율성은 단지 복지의 분배가 매번마다 자원의 최초 분배를 따를 때에만 도달될 수 있다. 소비와 여가의 분배를 변화시키는 모든 시도는 하중손실(deadweight losses)을 낳는다. 그러므로 자본주의는 그 지지자들로 하여금 모든 가정들을 하도록 허용하더라도 여전히 비합리적이다. 이것이 내가 왜 정태적 낭비가 자본주의에 대한 사회주의의 비판에 덜 중요하다고 생각하는 이유이다. 그러나 나는 이 점을 확신하고 있지는 않다.

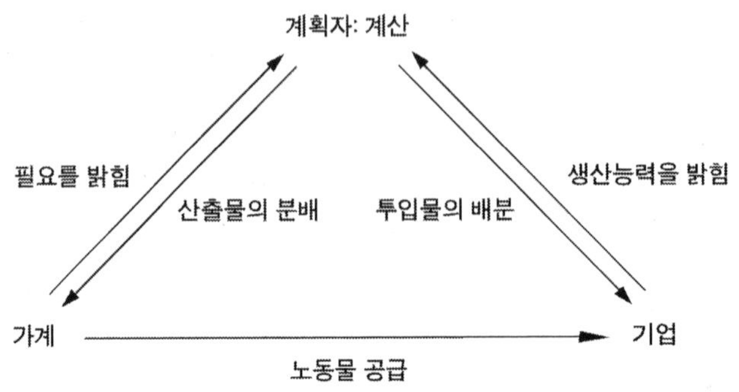

그림 3.2

산 능력에 관해 알고 난 뒤, 주어진 자원하에서 최대한으로 필요를 충족시키기 위해서 어떻게 기업들에게 자원을 배분할 것인가, 그리고 어떻게 가계들간에 산출을 분배할 것인가를 계산한다(그림 3.2 참조). 그 결과는 필요를 충족시키는 사물의 합리적 관리이다.

사회주의 청사진에 대한 비판은 두 개의 범주로 나누어진다. ① 진실한 정보를 갖고 있다 하더라도, 계획자는 문제의 복잡성 때문에 이를 다룰 수 없다. ② 만약 개인들이 이기적이라면, 계획자는 가계의 진정한 필요와 기업의 진정한 생산능력을 알 수 없다. 더 나아가, 계획자 자신이 일반적 복지를 증진시키는 행동을 하지 않는다.

'사회주의 계산논쟁'은 그 자신의 역사를 갖고 있다. 나는 여기서 그 역사를 요약하지 않을 것이다. 계획자가 순전히 문제의 복잡성에 의해 필연적으로 패배할 것이라는 주장에 대해 신고전주의와 오스트리아학파는 서로 다른 의미로 이해하고 있다.[29] 그리고 비록 계획자의 문제가

29) 테일러-랑게-러너(Taylor-Lange-Lerner) 모델에서, 계획자는 어떤 무작위적 가격 세트로부터 출발하여, 어느 시장이 청산되지 않는가를 관찰한 뒤, 가격을 교정하고, 균형에 도달한다. 이것은 가능하다. 왜냐하면 그들의 신고전주의적 접근방법에 의하면, 시장을 청산하는 가격세트가 있으며, 시장은 이 가격세트에 수렴하기 때문이다. 그러나 우리는 지금 '시행착오(fatonnement)'가 단지 비합리적인 또는 매우 특수한 가정하에서만 균형으로 이끈다는 것을 알고 있다. 오스트리아학파의 가격운동은 거래가 실제로 완성되었기 때문에 일

원칙적으로 해결되었다 하더라도, 계획자가 당면한 문제는 엄청난 것이다. 수년 전 소련의 경제학자들은 개혁된 가격체제하에서 '국가계획부(Gosplan)'가 1,500에서 2,000개에 이르는 기본상품의 가격을 고정시켜야 하고, 다른 20,000에서 30,000개까지의 가격들은 특수기관에 의해서 관리되어야 하며, 나머지 가격들은 공급자와 사용자간의 계약에 의해 결정되어야 한다고 보았다(Petrakov & Yassine, 1988). 랑게(Lange)의 '시행착오방식(tantonnement)'과 컴퓨터를 동원한다 하더라도 그렇게 많은 가격들을 올바르게 결정한다는 것은 상상하기 힘들다.[30]

설사 계획자가 계산의 문제를 해결할 수 있다 하더라도, 사회주의의 실현가능성은 일단 개인들-가계, 기업, 계획자-이 생산적 부의 공동소유자가 되면 그들은 자발적으로 집단적 복지를 증진하는 방식으로 행동할 것이라는 가정이 충족될 수 있는가에 달려 있다.[31] 특히 가계는

어나는 것이다. 그러므로 계획자는 가격을 변화시키는 사적인 지식을 집중시킬 수 없다. 적어도 이것이 랑게(Lange)가 오스트리아학파의 사회주의 반대를 잘못 이해하였다고 주장하는 하이에크(Hayek) 추종자들의 주장이다. 오스트리아학파의 관점에 관해서는 라보이(Lavoie, 1985), 커즈너(Kirzner, 1988), 샤피로(Shapiro, 1989)를 보라.

30) 나는 이것이 주관적 판단이라는 것을 알고 있으며, 사회주의적 계산의 실현가능성에 대한 의견불일치가 어떻게 해결될 수 있는지에 대해 확신하지 못하고 있다. 예를 들어, 노브는 "현재 작동하고 있는 복잡한 생산-공급계획을 '수학화'하여 더 효율적인 중앙계획체계의 작동을 보장한다는 것은 상상할 수 없는 일"이라고 믿는다(1983: 105). 그는 기술적으로 얼마나 진보하였든지 간에 관계없이 어떤 계획체계도 다양한 변종들을 다룰 수 없다는 것을 강조한다. 그러나 나는 아직도 소비에트 경제가 전 세계적인 항공예약 시스템보다 복잡한가에 대해 의문이 간다.

31) 신중하게 나는 이러한 가정을 불가지론적 언어로 공식화하고자 한다. 공식화의 표준적인 방법은 개인들이 이타주의자가 될 것이라거나, 연대에 의해 인도될 것이라거나, 협동할 것이라고 이야기하는 것이다. 그러나 만약 우리가 '이타주의' 속에 있는 다른 사람의 복지나 소비로 나타나는 효용함수를 이해한다면, 이타적 사회내에서는 집단적 비합리성을 포함한 모든 종류의 전략적 문제가 있을 수 있다. 콜라드(Collad, 1978)를 보라. 실제로 이타주의적 개인이 그들의 선호를 진실되게 밝힐 수 있는지는 불분명하다. 연대에도 똑같은 문제가 있다. 특정한 상황에서 어떤 행동이 연대적이라는 것을 개인 행위자들이 어떻게 알 수 있는가? 만약 내가 공급하고 있는 공장의 경영자가 나에게 다른 기업으로부터 투입된 것을 바꾸어 자신에게 주도록 요청한다면, 그리고

계획자에게 자신의 필요를, 기업은 계획자에게 자신의 생산능력을 진실되게 밝히고, 계획자는 공공의 완벽한 대리인으로 행동한다는 가정의 충족이다.

그러나 이 가정 중 어느 하나도 실제 사회주의 체제내에서 작동되지 않았다. 이것은 결정적인 주장은 아닐지 모른다. 왜냐하면 사회주의국가내에서의 비민주적인 경제결정이 사회적 소유라는 개념 그 자체를 뒤엎어버렸기 때문이다.[32] 그러나 이 개념이 무임승차의 문제를 간과하고 있는 것만은 확실하다. 소련에서 정전적(正典的)인 문구로 표현되는 '사회적 재산의 최고 형태로서의 모든 인민의 재산(국가재산)'은 누구의 재산도 아니다. 부텐코(Butenko)는 그의 선구적인 분석에서 직접생산자 개인들은 생산수단의 직접 소유자가 아니고, 단지 공동 재산을 관리하는 조직의 회원이기 때문에 공동소유자일 뿐이라고 주장한다. 이 사실은 몇 가지 결과를 야기한다. 하나는 자기자신을 위해 훔치는 것이 개

만약 그렇게 하지 않으면, 그녀가 자신의 계획을 수행할 수 없다고 한다면, 나는 그것을 해야만 할 것인가? 따라서 '협력'이란 참으로 혼란스러운 용어이다. 게임이론에서 협력은 때로는 의사소통, 때로는 제안에 대한 외부적 강요, 때로는 연합, 때로는 전략의 공동선택, 그리고 죄수의 딜레마 상황에서 파레토 최적의 결과를 지지하는 모든 전략을 의미한다. 구어체적 언어에서 협력은 '손을 빌려주는 것(lending a hand),' 즉 상호부조라는 의미가 있다.

32) 부하린(Bukharin)이 ≪프라우다≫(30 September, 1928)에 발표한 논문에서 5개년 계획 프로젝트를 비판하였을 때, 소련공산당 정치국은 즉각적으로 "이와 같은 이슈는 먼저 당 관리들의 소그룹에서 논의되어야 한다"는 결론을 내렸다(Wilk, 1988: 78-79). 만약 계획과정이 민주적이라면, 우리는 개인 행위자들이 그들의 선호와 능력을 진실되게 밝힐 것인가에 대해 알지 못한다. 1960년대 중반 폴란드에서 계획부(Planning Office)가 준비한 계획 프로젝트는 공장의 작업반까지 내려가는 모든 수준에서 논의하도록 되어 있었다. 수백만의 사람들이 논의에 참여하였다. 이와 같은 대규모적인 논의로부터 나온 총산출은, 비록 국가총생산에서 차지하는 소비의 몫이 다소 높았지만, 원래의 제안보다 보다 높게 나타났다. 대부분의 수정 요구는 합리화하자는 것들이었다. 노동자들은 만약 필요한 투입을 보장받는다면 원래 그들에게 요구되었던 것보다 더 많이 생산하겠다고 제안했던 것이다. 그러나 당은 수정된 계획의 지표를 무시하는 결정을 내렸다. 왜냐하면 당은 투자율이 충분하지 못하다는 것을 고려하였기 때문이다. 내가 알기로는, 이러한 실험이 되풀이 되지 않았다(Ostrowski and Przeworski, 1965를 보라).

인적으로 보면 합리적이라는 것이다. 왜냐하면 사적으로 수취하는 (또는 일하지 않는) 부분의 크기와 양이 공동손실로 부담해야 하는 개인의 몫보다 크기 때문이다. 다른 하나는 칼 코르쉬(Karl Korsh)를 생각나게 하는 분석에서 부텐코가 밝힌 바와 같이, 생산수단의 국유화는 생산수단의 사회화를 위한 충분조건이 아니라는 것이다. 왜냐하면 공동생산자로서의 개인의 역할과 공동소유자로서의 개인의 역할간의 관계가 전체 경제와 전체 정치체제를 포함하고 있기 때문이다.

첫째, 만약 개인들이 생산적 부를 공동으로 소유하고 있다 하더라도 그들이 이기적이라면, 가계는 자신의 필요를 과대계상해서 계획자에 보고한다. 사실 계획자는 무엇을 생산하고 어떻게 생산하는가를 가계가 밝힌 선호에 근거해서 결정할 필요는 없다. 가난한 나라에서 몇몇 긴급히 요구되는 필요는 어떤 관찰자에게도 명백히 드러나는 것이다. 계획자는 필요의 이론에 의거하여 모든 사람에게 최소한의 칼로리 섭취의 보장을 비롯하여 주거, 의료, 교육 등의 제공에 관해 결정할 수 있다. 또한 계획자는 가계에 관한 익명적 조사들의 집적에 기초한 해답에 근거하여 행동할 수도 있다. 물리적 계획 아래에 원초적 직관이 깔려 있을 수 있는 것이다. 그러나 이 방법은 일단 필요가 더욱 분화되면 더이상 작동하지 않는다. 그리고 만약 계획자가 가계가 밝힌 필요에 의존한다면, 가계는 자신들의 필요를 허위로 보고할 유인을 가지게 된다.[33]

둘째, 기업들은 자신들의 생산능력을 감추려는 강한 유인을 갖게 된다. 만약 기업들이 계획자에 의해 부과된 작업을 완전히 달성했느냐 아니냐에 따라 상 또는 벌을 받는다면, 자신의 진정한 생산능력을 완전히 이용하는 것을 불가능하게 하는 외생적 사건들로부터 자신들을 보호해야 할 필요가 있다. 만약 기업들이 계획자가 과거의 실적에 따라 작업을 할당한다는 것을 안다면, 그들은 자신의 생산능력보다 덜 실적을 쌓으려는 유인을 갖게 된다.

셋째, 개인들은 작업장에서 게으름을 피울 수 있다.[34] 마지막으로,

33) 로머(Roemer, 1989b)의 매우 명확한 공식을 보라.

34) 이것은 나에게 사회주의를 반대하는 주장 중 가장 약한 주장으로 보인다. 첫

만약 계획자가 이기적이고 서로 경쟁하지 않는다면[35] 그들은 관료들처럼 행동할 것이다. 노브(Nove)가 좋아하는 트로츠키 인용과 같이, "그들은 무언가 분배할 것이 있을 때, 결코 자기자신을 잊어버리지 않는다."

유르비츠(Hurwicz, 1973)의 기념비적 논문에 의하면, 비록 개인들이 이기적이고 그들의 지식이 사적이라 하더라도 계획자에게 진정한 정보를 제공할 수 있는 기제를 발명하려는 몇몇 시도들이 있어 왔다.[36] 그러나 그러한 기제가 모두 너무 복잡해서 실제적이 아니게 되거나, 스스로 세운 가정들을 침해하는 것으로 드러났다.[37] 그러므로 적어도 아직

째, 우리가 가지고 있는 작은 증거는 노동자들이 사회주의하에서 적어도 자본주의하에서만큼 열심히 일한다는 것을 보여주고 있다. 둘째, 우리는 자본주의하에서 노동자들이 왜 열심히 일하는가에 대해 합의하기에는 여전히 거리가 멀다.

35) 정당들이 경쟁적 계획을 제공한다는 의미에서, 계획이 민주적이 될 수 있는 체제를 생각할 수 있다(Castoriadis, 1979). 예를 들어 정당들은 선거캠페인을 통해 시간적 선호(time preference, 또는 투자율)를 제안하고, 중위수 투표자의 선호와 일치하는 정강이 승리하며, 그리고 이 선호는 승리한 정당에 의해 상세하게 계획될 것이다. 이 제안과 관련된 어려움은 선거강령과 관련된 문제와 똑같다. 일반 대중들은 단지 초보적인 계획만 이해할 수 있으며, 사회적 선택의 문제가 그들의 추한 모습을 드러낸다. 노브(1983: 179)는 "10톤의 금속, 1,000미터의 천 또는 전기부품의 배분이 투표에 부쳐져야 한다는 것이 진지하게 고려되지 않는 한, 이러한 과정(계획)을 '민주화'하기 위한 어떠한 수단들도 고안될 수 없다"고 주장하면서, 이 이슈의 복잡성에 초점을 맞춘다. 베크(Beck, 1978)는 만약 최적이 아닌 계획들이 의제에 올려진다면, 시간적 선호에 관한 사회적 선택은 순환하게 될 것이라는 것을 보여주었다.

36) 기제(mechanism)라는 개념은 게임이론의 도움으로 정의될 수 있다. 중앙계획자가 어떤 공리주의적 복지함수를 극대화하려 한다고 가정하자. 만약 계획자가 모든 가계의 효용함수와 모든 기업의 생산함수를 알고 있다면, 계획자의 문제 해결책은 x가 투입 벡터(vector)인 곳에서의 최종 소비재 상품과 여가의 벡터 y*(x)가 되는 것이다. 효용과 생산함수에 관한 정보가 사적일 때, 만약 어떤 경제기제가 배분 y*(x)가 해결책이 되는 분산적 게임을 구성한다면, 그 경제기제는 계획자의 해결책을 수행할 것이다.

37) 로머(Roemer)는 수행이론(implementation theory)이 계획자가 아무 것도 모르고 있다고 가정하기 때문에, 수행이론의 가정과 비관적 결론은 지나치게 강하다고 주장한다. 실제로 계획자들은 특정 개인들의 특징에 관해 알 필요가 없다. 그들이 특징에 관한 통계적 분포만 알고 있으면 충분하다. 그러나 아직

까지 사회주의의 실현 가능성 주장은 생산수단의 사회화가 개인들로 하여금 사회주의적 선호를 갖도록 인도한다는 가정에 의존하여야 한다. 그러나 그 가정은 비현실적이다. 집단적 소유가 무임승차의 문제를 야기하기 때문에 집단적 소유가 선호를 변화시킬 것이라는 것은 허약한 주장이다. 오늘날 우리가 알고 있는 한, 인민들이 서로에게 자신의 필요와 능력을 알려주게 할 수 있는 유일한 실제적인 기제는 가격기구이며, 가격기구는 개인들이 물질적 복지의 맥락에서 자신이 내린 결정으로 인한 결과를 경험할 수 있을 때에만 작동한다. 따라서 사회주의는 실현 불가능한 것이다.

혹자는 '첫째가는 그리고 최고의(first-best)' 사회주의 체제에 대한 판단으로부터 결론을 이끌어 내는 것이 비합리적이라고 주장할 수도 있다. 가계들은 자신의 필요를 과장하고, 기업들은 생산능력의 일부를 감추며, 노동자들은 때때로 빈둥거리고, 계획자는 다른 사람들의 이익을 추구하기에 앞서 자신의 이익을 추구한다. '지구상의 사회주의'가 사회주의 청사진과 잘 맞지 않는다는 것이 반드시 사회주의가 실현 가능하지 않다는 것을 함축하는 것일까?

문제는 사회주의의 차선(second-best)이 안정적 상태가 아니라는 데 있다. 계획자는 목표의 완수를 보장할 것이라고 생각되는 방향으로 투입물을 배분하고, 지시를 내린다. 그러나 계획이 일관성이 없거나(몇몇 기업은 그들이 받은 투입으로는 과업을 달성할 수 없다), 외생적인 예상치 못한 어떤 사태가 일어날 때, 몇몇 기업은 필요한 투입을 받지 못하게 되고 전체 계획이 무너지게 된다. 그러므로 물리적 양으로 공식화되는 계획은 항상 뒤집어진다.[38] 그리고 지표로 공식화되는 계획은 무게, 즉 가격을 요구한다. 이것이 왜 사회주의 경제가 실제로는 계획되지 않

까지 로머는 제도적으로 실천할 수 있고, 공적 소유의 모든 분산적 수행의 소망스러운 특징으로 간주되는 공리 중의 하나를 해치지 않는 분산적 기제를 발견하지 못하고 있다. 그의 최근 논문 시리즈, 특히 "Decentralization, Duplicity, and Minimal Equity"(1989b)를 보라.

38) 에슬렌(Asselain, 1984: 35)은 다음과 같이 관찰하였다. "소비에트 유형의 경제가 작동하는 데 실패한 모든 주요한 원인은 중앙집권적인 모델의 근본적인 원칙, 즉 중앙집중적 목표의 절대적 우위성을 침해한 데 있다."

은 경제인가 하는 이유이다.[39] 사회주의 경제는 오직 최초에 계획된 배분이 자신이 필요로 하는 투입을 확보하려는 기업과 배분과정에 대한 통제를 되찾으려는 계획자에 의해서 사후적으로 계속 교정될 때에만 작동하는 것이다.[40]

그러므로 계획은 계획자와 기업간의 연속적인 게임이다. 그리고 이 게임은 설사 어떤 외생적인 사건이나 기술변화가 없다고 하더라도 안정적 배분으로 수렴되지 않는다. 계획자는 기업이 계획을 피해갈 수 있는 길을 찾았다고 보고 계획의 맹점을 메울 수 있는 새로운 지시를 내리는 것으로 대응하려 한다. 이에 대해 기업은 필요한 투입을 확보하기 위해, 계획자의 통제로부터 벗어날 수 있는 다른 방법을 모색한다. 계획자는 더 많은 지시를 내리고 기업은 새로운 방법을 찾는다. 이 과정은 계속된다. 그러므로 계획체계는 설사 경제가 똑같은 상태로 남아 있다고 하더라도 점점 더 복잡해진다. 그리고 어느 시점에 이르면 기업들은 자신들이 원한다 하더라도 계획—즉 지시와 배분의 전체체계—을 따라 행동할 수 없게 되는 상황에 처해 있는 것을 발견하게 된다.

계획자가 잘못된 정보를 갖고 있을 뿐만 아니라 자기자신의 이익을 추구하고 생산자들이 게으름을 피우면, 사회주의의 산출은 어떤 복지의 분배에 있어서도 자본주의보다 열등하다.

현실

사회주의와 자본주의 모델 중 어느 것이 실제로 더 성공적이었는가를 이야기한다는 것은 불가능하다. 다른 산출물들을 집적하는 계산방법과 형량체계의 상이성, 투입량에 있어서 놀랄 만한 차이, 출발점과 비교

---

39) 광범위한 경험적 증거를 위해서는 잘레스키(Zaleski, 1984)를 보라. 잘레스키는 "모든 수준에서 할당되고 실행될 수 있는, 일관적이고 완벽한 하나의 중심적 계획이 존재한다는 것은 실제로 신화에 지나지 않는다(p.615). 모든 명령경제(economie dirigée)에서 우리들은 자신들이 무수히 많은 계획들 속에 있다는 것과 이 계획들은 일단 기차에 실어진 이후 오직 사후적으로(ex post)만 조정되는 영원한 진화과정에 있다는 것을 발견하게 된다.

40) 이러한 사후적 균형기제에 관한 비평은 롤란드(Roland, 1989)를 보라.

우위에서의 상이성은 그러한 판정을 내린다는 것 자체를 거의 무의미하게 만든다. 특정한 경제적 실적의 양상과 물질적 복지에 관한 자세한 비교는 비교차원과 비교시기에 의존할 수밖에 없다는 판단을 내리게 한다.[41] 자본주의는 더 효율적이며 사회주의는 직업안전, 평등, 물질적 안전을 제공하는 데 있어서 자본주의보다 우월하다고 주장하는 것마저도 확실한 근거가 없다. 한편으로는, 장기적으로 볼 때 사회주의 국가들의 총성장률은 가장 빠르게 성장한 자본주의 국가들의 성장률과 거의 같으나, 다른 한편으로는 소련과 동구에서 소득불평등이 있었다는 증거가 누적되고 있으며, 사회복지 서비스가 악화되고 있다는 증언이 늘어나고 있다.[42]

사회주의가 실패했다는 잠정적인 판결마저도 지지할 만한 체계적인 증거가 없는 상황하에서 사회주의 모델이 단순히 실패했다는 데 대한 여론이 형성되었다는 사실은 불가해한 일이다. 그러나 이 여론은 광범위하다. 생산수단의 국유화는 서구는 더이상 말할 것도 없고 심지어 자본주의 남반구의 사회주의 운동에 생기를 불어넣지 못하고 있으며, 몇몇 동구 국가들에서 중앙집권적 계획은 평판이 극도로 나빠졌다. 박탈의 감정은 심각하지만, 비참했던 경험은 사회주의 국가들에만 고유한 것이 아니다. 브라질 사람들은 자신의 박탈을 불의의 결과로 보는 데

41) 이와 같은 연구에 대한 비평과 광범위한 통계모음에 관해서는 비델로(Bideleux, 1985)를 보라.

42) 소련과 헝가리의 소득불평등은 발전된 자본주의 국가보다 다소 낮지만, 아마 스웨덴과 일본과 크게 다르지 않을 것이다. 소련에 관해서는 베르그슨(Bergson, 1984), 헝가리에 관해서는 코르나이(Kornai, 1986), 폴란드에 관해서는 누크-리핀스키(Wnuk-Lipinski, 1989)를 보라. 소련의 한 경제학자는 소련 국민총생산(GNP) 가운데 노동의 몫이 37%라고 밝혔는데, 이는 발전된 자본주의 국가보다는 훨씬 낮으며 멕시코나 베네수엘라와 거의 같다. 자슬라브스키(Zaslavsky, 1987~88: 35)는 소련 은행예금의 거의 반이 단지 3%의 계좌에서 나온다는 자료를 인용하였다. *Le Nouvel Observateur*(1989, June: 99)와의 한 인터뷰에 의하면, 노멘클라투라를 위한 특별병원에서 1인당 환자 진료비는 하루에 111루블인 데 반해, 보통병원에서는 24루블에 지나지 않는다. 폴란드와 소련이 지구상에서 최근 몇 년 사이에 예상수명이 떨어진 유일한 두 국가라는 데 주목하라.

반해, 폴란드 사람들은 사회주의 체제의 비합리성에 돌리고 있다는 것은 충격적이다.[43)]

이 수수께끼를 풀 수 있는 한 해석은 이용 가능한 통계수치들이 사회주의의 실적을 체계적으로 과대평가해 왔다는 데서 찾을 수 있다. 사회주의 경제의 투입-산출 구조는 비효율적이다. 그들은 한 단위의 산출을 생산하는 데 자본주의 국가보다 1.8배의 에너지와 두 배 이상의 철강을 사용한다.[44)] 비합리성을 보여주는 예는 많이 있다. 소련에서 생산된 농산품의 절반이 소비자에게 도달하기 전에 이미 없어져 버렸다. 겨울철에 어린이들은 트럭으로 농장에 운송되기 위해 기차역 주위에 쌓아놓은 비료 산더미에서 눈썰매를 즐긴다. 체코의 가계에서 공짜로 집에 가져가라고 해도 가져가지 않은 상품들의 총가치는 2년 이상의 체코 경제성장치와 맞먹는다. 헝가리 공장에서의 산출 대 투입의 비율은 서구의 공장보다 5배나 높다 등등. 복지지표도 마찬가지로 우리를 당혹하게 한다. 사회주의 국가는 일인당 의사 수, 고등학교 등록률, 주택건설률이 높은 것으로 나타나지만, 동시에 짧은 수명, 높은 사망률, 낮은 노동생산성, 열등한 주거환경을 갖고 있다.

아마도 사회주의와 자본주의 경제를 비교하는 데 있어서 가장 다루기 힘든 이슈는 비교기준의 문제일 것이다. 소련, 폴란드 또는 중국의 발전을 어느 나라와 비교해서 측정해야 하는가? 후루시초프는 영국을 추월해야 할 목표로 설정했지만, 많은 사람들은 소련을 군사적으로 경쟁하고 있는 미국과 비교하고 있다. 오늘날 많은 소련과 서구의 관찰자들은 소련을 제3세계 국가로 보기 시작했다. 그러나 동구는 유럽에 있다. 따라서 미디어로 매일 전파되고 있는 서구의 생활수준과 여행을 통한 개인적 관찰로 인해 서구 자본주의와의 비교는 불가피하게 된다. 그리고 그 비교는 파괴적이고 고통스러운 것이다. 왜 동독은 서독처럼 될

---

43) *Polacy 88: Dynamika konfliktu a szanse reform*에 있는 몇 가지 표를 보라.

44) 군비지출은 비록 그 추정치가 신뢰할 수 없는 것으로 악명높지만, 이러한 수수께끼를 해결하는 데 도움을 줄지 모른다. 이러한 추정치에 따르면 소련은 미국보다 GNP의 8%를 더 군비에 지출하였다. 4의 자본-산출 비율에서 이는 2% 성장률의 차이와 같다.

수 없는가? 나는 이 질문에 대한 답은 '경제체제'라고 생각한다.

마지막으로 좌절된 기대를 고려해야 한다. 스탈린주의는 발전주의 그 자체이다. 내가 폴란드에서 자라고 있었을 때, 모든 벽에는 알렉산드르 지노비예프가 '빛나는 미래'라고 불렀던 높이높이 올라가고 있는 진한 붉은 그래프들이 붙어 있었다. 사회주의는 자연을 정복할 것이다. 사회주의는 모든 것—댐, 철강공장, 고층건물—을 자본주의보다 더 크게 지을 것이다. 사회주의는 사회를 질서와 이성이 지배하는 영역으로 안내할 것이다. 그러나 자연은 반격하였다. 오늘날 체코슬로바키아, 동독, 폴란드는 유럽에서 가장 최악의 생태학적 재난을 맞이하고 있다. '더 크게'가 또한 잘못된 것으로 나타났다. 우크라이나에서는 대규모의 관계공사 이후 토양이 소금으로 중독됨으로써 헥타르당 수확량이 떨어져 버렸다.[45] 그리고 사회주의의 비합리성은 너무나 광범해서 사람들은 대부분의 일상생활을 그것과 싸우며 보내지 않을 수 없었다.

그러므로 집적된 통계수치에서 벗어나 주관적 인식을 해야 할 충분한 이유가 있다. 그러나 핵심적으로 중요한 것은 자본주의나 사회주의 모두 빈곤을 없애는 데 성공하지 못했다는 것이다. 더구나 이 두 체제는 자기지속적인 성장을 낳는 데 실패하여 왔다.

사회주의 동구와 몇몇 자본주의 남반구 나라들의 전후 경험은 저발전을 극복하고 경제적 독립을 확립하기 위한 두 가지 상이한 시도를 구성하고 있다. 동구 모델은 생산자원의 국유화, 중앙집권적 명령에 의한 배분, 그리고 생산재 산업이 주도하는 자급자족적 발전전략으로 특징지어진다. 흔히 '부수적인 종속적 자본주의 발전(associated dependent capitalist development)'으로 불리는 자본주의 남반구의 유형은 사유재산, 국가의 적극적 역할, 수입대체산업화를 지향하는 상당한 양의 보호주의적 투약처방으로 특징지어진다.

두 전략 모두 장기간 성공적이었고, 몇몇 나라들은 상당한 산업기반을 구축하였다. 1960년과 1980년 사이에 남미의 국내총생산(GDP)은

---

45) '거물숭배주의(gigantomania)'에 대해서 잘리쥬인(Zalygyuine, 1987)을 보라.

평균 5.25%가 성장하였고 동구의 성장률은 6%를 넘었다. 몇몇 나라들은 산업생산이 두 자리 수의 퍼센티지로 증가하는 시기를 경험하였다.

그러나 오늘날 우리를 놀라게 하는 사실은 1970년대 후반에 자본주의 남반구와 사회주의 동구에서 이러한 발전이 그냥 단순히 붕괴하고 말았다는 것이다. 1980년과 1985년 사이에 남미의 평균 국내총생산(GDP) 성장률은 0.0%였다. 이 기간 동안 국제통화기금(IMF)에 통계를 제공한 동구의 세 나라—헝가리, 폴란드, 유고슬라비아—의 평균 성장률은 1.0%였다. 많은 나라에서 일인당 소비는 떨어졌다.[46] 어느 모델도 자기지속적인 성장을 낳지 않았다.[47] 실제로 아르헨티나, 브라질, 멕시코, 헝가리, 폴란드, 유고슬라비아가 직면했던 경제위기는 그 나라들의 역사상 전례가 없는 것이었다.

따라서 현실은 밝지 않다. 실제 세계에서 생산적 가능성은 과소이용되거나 과소개발되고 있으며 사람들은 굶주리고 있다.

---

46) 1977년과 1983년 사이에 우루과이에서 1인당 국내총생산(GDP)은 16%, 아르헨티나에서는 12%, 칠레에서는 11%, 브라질에서는 9% 하락하였다(CEPAL data, Weffort, 1989에서 인용). 폴란드에서 1978년과 1985년 사이에 1인당 소득은 8%가 떨어졌다. 1985년 소련에서의 총주택건설은 1960년대와 마찬가지였으며, 1인당 농업생산량은 1978년 이후 증가하지 않았다. 천 명당 총사망률은 1960년대의 6.7%에서 1985년에는 10.6%로 증가하였으며, 예상수명은 70세에서 68세로 떨어졌고, 유아사망률은 증가하였다(Agabengyan, 1988). 1974년과 1984년 사이에 총요소생산성(total factor productivity)은 매년 평균 아르헨티나에서는 1.58%, 브라질에서는 1.97%, 칠레에서는 0.92%, 멕시코에서는 0.64%, 소련에서는 1.40%로 떨어지고 있었다(Maddison, 1989: 91).

47) 왜 이러한 일이 자본주의 남반구와 사회주의 동구에서 대략 동시에 발생했는지 나도 모른다. 하나의 가능한 설명은 외채이다. 그러나 그것만으로 충분한 것 같지는 않다. 코미소(Comisso, 1989)는 일련의 경제적 실수를 인용하면서, "설사 국제금융자본(Finance Capital)이 밧줄을 제공하였다고 할지라도, 어떤 다른 사람이 살인집행인을 제공하여야만 했다"고 말했다. 더구나 나는 외채와 성장의 상호관계에 관한 어떠한 연구도 보지 못했다. 코미소는 사회주의 국가에서는 중앙집권적 배분과 자본주의 국가에서는 국영기업의 독점적 지위를 경쟁을 막는 장벽으로 돌린다. 그러나 이러한 붕괴의 동시성은 밑에 깔려 있는 공동의 원인이 있다는 것을 지적하고 있다.

무엇이 개혁될 수 있는가?

자본주의는 비합리적이고, 사회주의는 실현 불가능하며, 현실 세계에서 사람들은 굶주리고 있다고 우리가 내린 결론은 고무적이지 않다. 그러나 비록 우리가 살고 있는 경제체제들이 19세기의 유토피아보다 열등하며, 심지어 상당한 비합리성과 불의를 영구화시키고는 있지만, 아마도 기본적인 인간의 필요는 보편적으로 충족될 수 있다고 본다. 사회주의나 자본주의가 충분히 모든 사람들을 먹여 살릴 수 있게끔 부분적으로 개혁될 수 있는가?

사회주의의 개혁

개혁은 사회주의에 고유한 현상이다. 중앙집권적 계획에 기초하고 있는 경제는 자동적인 자기교정 기제가 없기 때문에 경제가 소망스럽지 않은 결과를 발생시킬 때마다 개혁이 시도되어야만 된다. 그러므로 사회주의 국가에서 지역행정, 경제관리, 계획, 유인체계 등의 개혁은 항상 통상적인 의식이다.[48] 그러나 오늘날 부분적 개혁은 효과적일 수 없으며, 경제체제의 조직 그 자체가 잘못되어 있다는 생각이 광범위하게 퍼져 있다.

개혁의 목표는 어디서나 대체로 동일하다. 투자과정을 합리화하고 소비자 시장을 균형화시키는 것이다. 그러나 목표들을 공유하고 있다 하더라도 추구하는 방법은 날카롭게 갈라진다. 어떤 개혁은 기존의 중앙집권적 명령체계를 '완벽하게' 하기 위해 고안된 것이지만, 다른 개혁은 시장을 도입하려는 것이다. 1963~70년 사이에 시도되었던 동독의 개혁은 전자를 대표하고, 1968년 이후 헝가리에서 시도되었던 개혁은 후자를 대표한다.

---

48) 이러한 주장을 가장 완벽하게 보여주는 것은 스타니즈키스(Staniszkis, 1984)이지만, 똑같은 논리는 비아트르(Wiater, 1989), 아발킨(Abalkin, 1988)에서 발견된다.

사회주의는 개혁될 수 있는가? 소련에서 사회주의의 기본적 특징을 보존하고자 하였던 가장 최근의 노력을 생각해 보자. 즉 기업의 재정적인 자율성과 책임을 도입하면서도 시장은 도입하려 하지 않았던 1980년대 후반의 개혁을 고찰해 보자. 일종의 강령적 선언에서 아발킨(Abalkin, 1988: 44, 47)은 '사회적 소유와 거리가 먼, 즉 위기, 생산의 무정부, 실업, 사회를 계급으로 분열시키는 것을 조장하는 모든' 경제 메커니즘을 거부하였다. 그는 계속해서 사회주의 생산체제와 가격기제는 자본주의의 생산체제와 가격기제와 다르게 기능하며, "계획경제 관리 메커니즘의 도구가 되어야 한다"고 주장하였다. 그 프로젝트를 자세히 설명하고 있는 두 경제학자들은 '가격정책을 계획과정에 통합시키는 것'에 관해서 이야기하면서, 가격관리에 대한 책임을 중앙계획부서, 중간급의 관리, 그리고 공급자협회와 소비자협회에 할당하였다(Petrakov & Yassine, 1988: 64).

전체적으로 볼 때, 이 개혁은 경제적 유인의 역할을 높이고, 투자에 대한 행정적 통제를 강화하며, 부문별 우선순위를 재조정하려는 것이었으나, 이들은 과거에도 훌륭한 결과를 낳는 데 실패했던 개혁혼합물이었을 뿐이다.[49] 그 실패에는 잘 알려진 두 가지의 충분한 이유가 있다. ① 만약 이윤이 단지 어느 한 방에 있는 관료가 책상에서 결정한 투입가격과 다른 방의 관료가 결정한 산출 가격간의 차이라면, 자원을 배분하는 기구로서의 이윤이라는 의미가 없게 된다. ② 기업관리인들은 위로부터의 명령에 의존하지 않고서는 필수적인 투입을 확보할 수 있는 길이 없기 때문에, 중앙집권적 자원배분을 재강화하라는 압력이 밑으로부터 올라오게 된다.[50] 그러므로 시장기제를 포함하지 않은 개혁은 자원배분을 합리화하는 데 실패하며, 관료들의 저항이 없다 하더라도 자

49) 그러한 개혁들에 관한 빼어난 분석과 그 개혁들이 실패할 수밖에 없는 것으로 예정된 이유는 아슬레인(Asselain, 1984)에 의해 제공되었다. 노브(Nove, 1983: ch.4)와 코르나이(Kornai, 1986)를 보라.

50) 한 폴란드 경영자는 다음과 같이 말했을 것이다. "우리는 우리가 독립적이라는 것을 알지만 누가 우리에게 무엇을 생산해야 할지 말해 줄 것인가?" Roger Thurow, "Poland Finds Economic 'Reform' Don't Necessarily Produce Results," *Wall Sreet Journal*, 27 February, 1986.

발적으로 전복된다. 반면에 부분적 시장을 도입하자는 생각과 시장가격을 계획의 도구로 이용하자는 생각은 논리적으로 일관성이 없다. 노브(Nove)가 랑게모델에 관해 지적한 바와 같이, 생산재 부문으로 하여금 최종적 수요재 시장에 조응하게 하는 기제 없이 최종적 수요재의 시장을 가질 수 없다. 이 기제는 생산재의 시장이 될 수도 있고, 유일한 계획자의 과제가 시장이 무엇을 할 것인지를 추측하는 것인 중앙계획부처일 수도 있다.[51]

그러므로 나는 명령에 의해 자원을 배분하는 사회주의 체제가 개혁될 수 있다고 믿지 않는다.

시장사회주의

지금까지 나의 모든 분석은 자원의 배분과 소득의 분배 기제의 측면에서만 이루어져 왔다. 이는 ① 소유형태가 기업의 실적에 영향을 미치는지, ② 관찰된 소유형태의 분포, 특히 노동자소유 협동조합의 희소성이 그들의 실적 때문인지를 우리가 알고 있는가에 대해 내가 회의적이었기 때문이다. 시장사회주의 아이디어의 인기에도 불구하고 우리는 여전히 이러한 시장사회주의에 대한 선호를 정당화할 수 있는 기업이론을 갖고 있지 않다.[52]

첫째, 정의의 문제가 있다. 만약 시장사회주의가 단지 극소수의 소유형태만을 금지하는 입법을 하고, 시장을 이용하여 대부분의 자원을 배

51) 나는 계획자들이 소비재 시장을 균형화시키는 데 필수적으로 요구되는 생산재의 배분으로부터 벗어나는 우선순위를 가질 수 없다는 것을 주장하는 것은 아니다. 만약 사회주의 시민이 민주적 메커니즘을 통하여 시장에서 그들의 행동을 통하여 그들이 요구하는 것과는 다른 소비재의 배분을 투표한다면, 계획자가 이러한 목표의 실현을 추구하는 것이 정당화될 수 있을 것이다. 그러나 만약 소비재 시장 배분이 간접적인 국가개입에 의해 수정되지 않는다면, 소비재는 시장에 의해서 배분되고, 생산재는 계획자에 의해서 분배될 때, 경제 전체는 균형이 되지 않을 것이다.

52) 내생적 기업이론을 구축하려는 최근의 시도에 관해서는 한스만(Hansmann, 1988)을 보라.

분하는 체제라면, 시장사회주의는 자본주의와 동일한 것이 된다. 모든 자본주의 나라들도 감옥과 세금징수기관뿐만 아니라 흔히 자연적 독점산업(수익체증 또는 소비에 있어서 외부효과가 발생하는 산업)과 때로는 염전, 성냥생산, 주류판매에 이르는 기업을 국가 소유로 남겨두고 있다. 사실, 모든 자본주의 경제는 '혼합'경제이다. 공공부문이 스웨덴의 6%에서부터 시작하여 오스트리아의 50%에까지 이른다. 그리고 자본주의하에서 국가에 할당된 부문 바깥에서도 협동조합들이 불법적인 것이 아니다. 그것은 사람들이 자신이 원하는 어떤 종류의 기업도 만들 수 있다면, 대부분의 기업은 자본의 사적 소유와 고용된 노동을 결합한 형태로 만들어질 것이라는—여전히 조금밖에 이해할 수 없는—이유로 일어난 것일 뿐이다.[53]

그러므로 시장사회주의가 별개의 독특한 경제체제라면, 시장사회주의는 노브의 실현 가능한 사회주의의 청사진에서처럼 노동자소유 협동조합을 선호하는 방향으로 기업조직이 이루어지게끔 법적으로 차별화해야 한다. 많은 자본주의 나라에서 중앙집권화된 국영기업이 우편물을

---

53) 시장사회주의의 실현가능성에 대한 하나의 도전은 레종후프버드(Leijonhufvud, 1986)의 주장이다. 레종후프버드에 의하면, 기계들은 기술보다 더 특화되어 있고, 자본을 공동으로 하고 노동을 고용하는 기업은 노동력을 공동으로 하고 기계를 임대하는 기업보다 더 효율적이다. "노동자들은 자본가들이 그들의 물리적 자본을 공동으로 하는 것과 같이 노동력을 공동으로 할 수는 없다"고 그는 주장한다(p.219). 노동자경영 기업의 노동자들에게 공동의 지대가 가게 하는 대여율로 기계를 임대하기 위해서는, 노동은 소유되지 않아야 하고 특화된 기계는 임대하지 않아야 한다. 생산자 협동조합은 가능한 타협형태이지만, 대체로 노동자 합자회사로 출발해서 성공한 기업은 궁극적으로는 자본을 소유하고 노동을 고용하는 것으로 끝나게 된다. 다시 말하자면 자본주의 기업으로 끝난다는 것이다." 이러한 상황하에서 노동자들의 최상의 해결책은 자본주의적 기업의 노조화이다. 그러나 레종후프버드의 주장은 왜 부자들이 기업의 소유권을 떠맡지 않으려고 하는가를 설명하는 데는 충분하지 않다. 왜 자본이 노동을 고용하는가에 대한 대부분의 설명은 도덕적 위해에 의존하고 있다. 돈을 가진 사람들이 소유주가 된다. 왜냐하면 만약 그들이 단지 자본을 직접 생산자에게 빌려주기만 한다면, 직접 생산자들이 지나치게 위험한 방식으로 행동할 것이기 때문이다. 이러한 주제에 관한 문헌은 너무 광범위해서 여기서 논의될 수 없다. 내가 알고 있는 최고의 요약은 수이(Cui, 1990)이다. 나는 수이의 논평과 그가 제공한 정보에 많은 빚을 지고 있다.

배달하고, 공공기업들은 자동차를 생산하며, 소규모의 사기업은 식당을 운영하고, 개인 배관공은 수돗물이 새는 것을 고친다. 자본주의와 시장 사회주의의 차이는 자본주의하에서는 대규모의 사기업도 역시 우편물을 배달하고 자동차를 생산한다는 것이다. 노브(Nove, 1983: 200)와 푸터만(Putterman, 1986: 328)은 이러한 것을 금지시키고 이 영역을 협동조합에 넘길 것이다.

그러나 무엇이 협동조합이 되어야 하고, 무엇이 자본주의가 될 수 있는가를 누가 결정하는가? 엘스터는 생산자들의 분산적인 선택은 투표와 다른 결과를 낳을 수 있을 뿐만 아니라 일반적으로 다른 결과를 낳을 것이라고 지적하였다. 외부효과가 존재할 때, 사람들은 70%가 협동조합인 경제에 살겠다는 데 투표할 것이지만, 그들은 경제의 30%만 자유롭게 협동조합을 만들 수 있을 뿐이다.[54] 이 상황은 중요한 딜레마를 제공한다. 과거 자유롭고 분산적인 결정은 자본주의를 가져왔지만, 민주적 선택의 결과는 최적이 아니었을지도 모른다.

이러한 의문과는 별도로, 자본주의적 기업에 대한 협동조합의 우월성에 관한 두 가지 주장이 자주 제기되었다. 즉 효율성, 특히 더 높은 노동생산성과 더 나은 분배가 그것이다. 첫 번째 주장은 최근에 엘스터에 의해서 검토되었기 때문에(Elster, 1989; Elster & Moene, 1989; Putterman, 1986), 이에 대해 약간의 논평만을 하고자 한다.

첫째, 엘스터가 외부효과의 중요성을 강조한 것은 맞다. 협동조합은 환경에 따라 다른 실적을 낼지 모른다. 이것은 자본주의하에서뿐만 아니라 사회주의하에서도 마찬가지이다. 폴란드와 소련에서 협동조합이 역겨울 정도로 엄청난 이윤을 올린 것은 중앙집권적 배분체계가 너무도 비효율적이어서 이윤을 추구하도록 허용된 사람에게는 누구나 기업가적 그리고 '순수한' 오스트리아학파적인 이윤이 천혜의 음식처럼 하늘에서 떨어졌기 때문이다.[55] 협동조합의 실적이 중앙집권적인 국가기업,

54) 엘스터의 두려움은 최근 폴란드 조사에 의해 확인된다. 응답자의 72.2%가 국영기업의 사유화를 지지한 반면, 52.3%는 국영기업에서 일하는 것을 선호한다. *Zycie Warszawy*, 25, June, 1990, p.4.

55) 그러나 바우어(Bauer, 1989)는 행정적 배분체계내에서 일하는 사적 기업가

공공기업과 사유기업의 존재에 달려있다면, 최적의 경제체제는 혼합체제일지 모른다.[56)]

둘째, 엘스터와 뭬네(Elster & Moene, 1989: 27)는 경험적 연구들이 자본주의내에 존재하였던 극히 적은 협동조합의 노동생산성이 보다 높다는 것을 반복해서 보여주었음에도 불구하고, "그 연구들의 이론적 논의는 일반적으로 협동조합의 효과는 부정적이라고 결론짓는다"고 지적하였다. 나의 관점으로는, 이론적 분석의 결과는 ① 그들이 자본주의 기업의 몫으로 돌리는 노동과정 모델과, ② 상호감시에 관하여 그들이 내리고 싶어하는 가정에 의존한다. 만약 보울스(Bowles)와 긴티스(Gintis)가 최근 논문에서 주장한 것과 같이, 자본주의하에서 노동자들은 개별적으로 기업에 의해 감시를 받고 있기 때문에 노력을 한다고 가정하고(직업상실이라는 비용을 지불해야 하기 때문에), 그리고 만약 상호감시가 노동자 소유 기업에서의 균형화 전략이라고 가정한다면, 노동자 협동조합이 보다 생산성이 높을 것이다. 협동조합의 노동자들은 적어도 자본주의 기업의 노동자들만큼 열심히 일하고 협동조합 기업은 감시의 비용을 절약하게 될 것이기 때문이다.[57)] 이것은 생산수단의 사회화에 관한 전통적인 사회주의자들의 미시적 주장이었다. 그러나 이러한 두 가정 모두 뷰러웨이(Burawoy, 1979)에 의해 심각하게 상처를 입었다. 뷰러웨이는 ① 자본주의하에서도 노동자들은 실제로 서로를 감시하며,

---

들은 완전히 이윤만을 추구하는 방식으로 행동하지 말라는 협박을 받는다고 지적한다. 왜냐하면 그들이 매기는 가격과 그들이 벌 수 있는 소득이 정치적 반동을 야기시키기 쉽기 때문이다. 그리고 그들이 협박받는 것은 옳다. 전 폴란드 경제장관이자 '2단계' 경제개혁의 설계자였던 바카(Baka, 1986: 130)는 "체계적인 (국가)해결책의 비효율성을 이용하여 얻는 재산은 더 이상 관용되지 않을 것이다"라고 경고하였다.

56) 이러한 주장은 그것의 역까지 함축하는 것은 아니다. 어떤 혼합체제는 아주 형편없을지 모른다.

57) 나는 이러한 맥락에서 '생산적'인 것과 '효율적'인 것이 같은지 확신할 수 없다. 효율성에 관한 판단은 노동자들이 감시의 노력까지 포함한 노력으로부터 비효용(disutility)을 추출할 수 있다는 사실을 고려하여야 한다. 보울스와 긴티스는, 실제로 상호감시가 노동자들에게 거의 비용이 들지 않는다고 가정한다.

② 생산의 조직은 소유보다는 기업규모의 문제인 것처럼 보인다고 주장하였다. 뷰러웨이는 실제로 자본주의 기업은 노동자들의 집단적 실적을 기준으로 한 협상을 통하여 노동자 집단들에게 작업을 하청주며, 그리고 이 노동자 집단들은 어느 정도까지 이러한 기준을 달성하고, 어느 정도까지 실적이 감시될 것인가를 결정한다고 생각한 것 같다.[58] 그리고 그의 미국과 헝가리에 대한 비교는 생산의 조직에 있어 기업규모가 결정적이라고 보여주는 것 같다.

노동자 협동조합의 주장은 노동생산성 외에도 고용, 투자, 기술혁신을 채택하려는 경향과 위험부담에 대한 자세에 관해 관심을 보이고 있다. 이 중 고용에 대한 협동조합의 효과는 가장 논쟁거리이다. 보다 초기에 나온 모델은 협동조합이 과소고용할 것이라는 결과에 도달하였으나[전체 이윤보다 평균 이윤을 극대화하려 하기 때문에(Ward, 1957)], 오늘날 이 견해는 더이상 공유되지 않고 있다. 이 문제에 관해서는 뭬네(Moene, 1989: 87, 93)의 최근 논문이 특히 계몽적이다. 왜냐하면 뭬네는 협동조합과 순수 자본주의 기업을 비교하지 않고, 강한 노동조합을 가지고 있는 자본주의 기업과 올바르게 비교했기 때문이다. 그의 결론은 ① "협동조합이 고용을 고정하고 수입을 유동화하려는 데 반해, 자본주의 기업은 임금을 고정하고 고용을 유동화하는 경향이 있으며" 그리고 ② "과소투자는 노조화된 노동자 풀(unionised labor pool)을 가진 자본주의 기업의 중요한 문제 중의 하나인 것 같다"는 것이다. 일반적으로 이러한 주제들에 대해 내려지는 결론은 제도적 문제, 즉 협동조합의 회원과 금융을 지배하는 규칙에 극히 예민하다.

엘스터(Elster, 1989: 110)는 협동조합에 관한 모든 불확실성이 주어졌을 때, 효율성을 이유로 "이러한 소유형태를 실험할 어떠한 이유도 없다. 결국 작은 규모로는 잘 작동되지 않으나 큰 규모로는 훌륭한 속성들을 가지고 있는 많은 개혁들이 있지만, 단순한 가능성에 기초하여

---

58) 수이(Cui)는 나에게 홈스트롬(Holmstrom, 1982)의 모델이 뷰러웨이의 주장에 대한 미시적 기초를 제공할 것이라고 지적하였다. 이 모델에서 보상스케줄은 각 팀의 멤버들이 게으름을 피우는 데 드는 모든 비용을 내면화하는 것이다. 그러므로 게으름을 피우는 것은 저지된다.

사회가 앞장서서 이 개혁들을 시도할 수는 없다"고 결론짓고 있다. 그러나 그런 연후에 '협동조합을 옹호하는 기본적인 주장의 하나는 경제 정의이기 때문에' 엘스터 자신은 협동조합으로 나아갈 것이라고 선언함으로써 모자에서 토끼를 꺼내는 마술을 보여주었다.

정의는 내가 의도적으로 피하고자 하는 한 주제이다. 왜냐하면 나는 '왜'라는 것에 동의하는 것보다 모든 사람을 먹여 살리는 것이 좋은 것이라는 데 더 쉽게 동의하기 때문이다. 어떤 사람들은 칸트적(즉 "나는 그렇게 되었어야만 했다"는 의미에서) 정의의 입장에서 가난을 퇴치하기를 원하고, 다른 사람들은 단순히 동정심에서 가난을 퇴치하기를 원한다. 그러나 이 경우, 자본주의는 비합리적일 뿐만 아니라 정의롭지도 못하며, 또는 역으로 이야기하면 오직 사회적 소유만이 모든 사람으로 하여금 자신의 노동으로 나온 과실을 완전히 취할 수 있는 권리를 구현시켜 준다는 전통적인 사회주의 주장을 어떻게 할 것인가?

먼저 분배적 고려들이 과거에 그리고 지금도 계속 많은 나라들에서 어떤 종류든 사회주의를 향한 강력한 충동을 제공하여 왔다는 데 주목해 보자. 사무엘슨(Paul Samuelson)에 의해 오래 전에 제기되었던 바와 같이, 임금노동자에 대한 자본주의의 분배적 비용을 알 수 있는 한 방법은 자본의 소유주에 의해 소비된 순소득의 비율을 보는 것이다. 모든 자본주의 경제에서 순산출은 임금노동자의 소비와, 자본가들의 투자와 소비로 나눌 수 있다. 자본가의 소비는 임금노동자들이 영원히 상실해야 하는 것이다. 그것이야말로 생산적 부의 사적 소유에 대해 노동자들이 지불해야 하는 대가이다. 그리고 그 값은 자본주의 국가마다 엄청나게 다르다. 1985년 제조업에서 모든 1달러의 부가가치 중에서 자본가들이 소비한 것은 오스트리아와 노르웨이의 10센트로부터, 영국과 미국의 40센트 미만, 브라질의 60센트, 아르헨티나의 70센트에 이른다.[59] 그러므로 순수한 분배적 측면에서 볼 때, 오스트리아와 노르웨이의 임

59) 이 세계은행(World Bank)의 데이터는 단지 제조업 부문의 데이터일 뿐이다. 그 수치들은 근사치이다. 즉 100%에서 노동자의 몫과 투자한 부분을 빼고 남은 수치이다. 투자한 부분은 노르웨이와 오스트리아에서는 50%, 아르헨티나와 브라질에서는 제로로 추측된다.

금소득자들은 국유화나 사회화로부터 더 얻을 것이 거의 없다.[60] 왜냐하면 국유화는 불가피하게 비용을 치르게 하기 때문에, 오스트리아와 노르웨이 노동자들은 (국유화와 사회화를 시도하기보다는—역자 주) 노동시장적 힘과 선거적 영향력에 의존하는 것이 최상이다. 영국과 미국의 노동자들은 이윤을 축소시키거나 또는 생산적 부의 직접 소유를 통해 얻을 것이 더 많다. 결국 그들은 더 많이 파업하게 된다. 반면에 브라질과 아르헨티나에서 국유화의 분배적 효과는 엄청날 것이다. 만약 사회주의화된 브라질에서 최상층 5%와 최하층 5% 사이의 소득 차이가 5배로 제한된다면, 가장 가난한 20%의 수입은 10배로 증가할 것이다. 그러므로 브라질과 아르헨티나에서 국유화는 순수한 분배적 이유에서 임금소득자들에게 매력적이다.

그런데 역설적인 사실은 공공영역으로 생산적 부를 이전함으로써 많은 이익을 얻게 되는 노동계급운동은 그렇게 할 수 있는 정치적 힘이 있는 반면에, 입법화를 통해 어떤 형태든 사회주의를 가져올 수 있는 노동계급운동은 그렇게 하게 하는 유인이 없다는 것이다. 그러므로 생산적 부의 공적 소유라는 프로그램으로서의 사회주의는 그것을 실현시킬 수 없는 운동의 정치적 프로젝트일 뿐이다.

결국 시장사회주의는 분배적 이유에서 매력적으로 보인다. 비록 우리가 정확하게 고용, 투자, 노동생산성에 대한 시장사회주의의 효과를 예측할 수는 없지만, 협동조합과 시장의 혼합은 소득분배를 평등화시키는데 있어서 자본주의보다 우위에 있을 것이다. 만약 우리가 시장사회주의를 노동과 자본 양쪽에 모두 시장이 있는 체제로 생각한다면, 다시말해 만약 협동조합의 주주가 된다는 것이 협동조합에서 일할 수 있는 권리이자 의무를 동시에 구성하는 것이라면, 균형상태하에서 총부존자원의 수익률은 전 경제에 걸쳐 균등할 것이다. 이러한 균형과 연관된 소

60) 선진 자본주의 국가에서 재산과 자기고용(자영)으로부터의 소득이 가계소득의 주요한 부분을 구성하지 않는다는 데 주목하라. 그 몫은 미국에서 17.3%이고, 영국에서는 7.5%, 스웨덴에서는 4.8%, 그리고 노르웨이에서는 22.4%에 지나지 않는다. 이 데이터는 레인워터, 토리와 스미딩(Rainwater, Torrey & Smeeding, 1989)을 보라.

득분배는 자본주의하에서보다 더 평등할 것이다. 왜냐하면 피고용자들이 기업의 전체 순소득을 받기 때문이다.[61]

반면에 시장사회주의하에서 생산과정이 민주적이라는 이유로 시장사회주의가 산업민주주의의 한 체제라는 주장은 근거가 없는 것처럼 보인다. 만약 노동자 소유 기업들이 경쟁하고 생산조직 방식 중의 하나가 이윤을 극대화하는 것이라면, 그들은 이러한 조직을 선택하도록 강요받을 수 있다. 반면에 하나 이상의 생산조직이 이윤을 극대화한다면, 자본가들은 그들 사이에서 중립적이게 될 것이고, 만약 노동자들이 그 중에 하나를 선호한다면, 자본가들은 그것을 채택할 것이다. 그러므로 노동자 협동조합은 변화시켜야 할 아무 것도 갖고 있지 않다.

더구나 시장사회주의하에서 자원의 이용은 수익률에 의존하기 때문에 이 체제는 기술적으로 가능한 복지의 배분에 대한 사회적 접근의 불가능성, 즉 우리가 자본주의의 특징으로 정의한 비합리성으로 고통받을 것이다. 설사 생산 도구들이 협동적으로 소유되었다 할지라도 협동조합들간에 최종적 소득분배는 최초의 부존자원에 의존할 것이며, 소득을 재분배하려는 시도는 산출의 감소를 초래할 것이다.[62]

그러므로 시장사회주의는 여전히 민주주의와 반목관계에 있다. 모든 사람이 균등한 경제적 권리를 가져야 한다는 원칙은 생산에 있어서나 경제 전체에서의 민주주의를 위해서는 충분하지 못하다. 시장사회주의는 경제적 영역에서 민주주의의 완전한 실행은 아니다.[63]

---

61) 그러나 효율성의 고려는 이러한 종류의 체제에 반대하기 위해 주장되고 있는 것이다. 코미소(Comisso, 1989)는 "다양한 자산 소유권은 자본의 효율적 배분과 경영의 합리적 감시, 모두에 결정적이다"고 지적한다. 그녀는 또한 잔여소득에 대한 권리를 고용에 결합시키는 것은 해외투자를 가로막는다고 지적한다.

62) 더구나 오닐(O'Neil, 1988: 209-210)은 "협력의 문제는 시장사회주의의 옹호자들에게서 해답을 들을 수는 없다. 특히 시장경제에서 일어나는 조정의 문제는 사적 소유기업을 노동자 협동조합으로 전환시킴으로써 해결될 수는 없다. 기업 내부의 협력은 일어나지 않으며, 그리고 시장경제의 맥락에서 기업 내부의 협력이 기업들간의 협력을 결과하지 않는다"고 지적한다.

63) 반대되는 견해의 대표적인 인물은 달(Dahl, 1985)과 보울스와 긴티스(Bowls & Gintis, 1986)를 포함한다.

사회민주주의

자본주의는 개혁될 수 있는가? 이에 대한 대답은 명백히 긍정적이다. 비록 자본주의가 몇 가지 이유로 비판받을 수 있음에도 불구하고, 몇몇 자본주의 국가들은 모든 사람을 위한 기본적인 물질적 안전을 제공하는 데 성공하였다.[64] 그러나 빈곤의 제거는 수십 억 사람들이 물질적 박탈로 고통을 받고 있는 세계에서는 충분히 성공의 기준이 될 수 있다. 칠레, 인도, 브라질은 말할 것도 없고, 미국에서 약 3천만 명, 소련에서 약 4천만 명이 절대적 빈곤으로 불리우는 조건하에서 살고 있는 때에 스웨덴, 노르웨이, 프랑스의 물질적 조건은 부러워할 만한 것이다.

자본주의 국가들은 극히 이질적이다. 그들은 발전의 수준, 소득의 분배, 물질적 복지를 보장하는 국가의 역할에 있어서 극적으로 다르다. 가장 발전된 자본주의 국가와 가장 가난한 국가간의 일인당 소득은 20배나 차이가 난다.[65] 방글라데시나 자이르에서 태어난 사람은 서유럽의 사람들보다 30년을 덜 살게 될 것이라고 예상해야 한다. 제조업에 고용된 대부분의 남미국가들의 노동자들은 부가가치의 20%만을 집에 가져가는 데 반해 네덜란드와 오스트리아의 노동자들은 거의 60%를 집에 가져간다. 브라질 또는 페루에서 상위 20%에 들어가는 가구의 사람들은 하위 20% 가구의 사람들보다 30배나 높은 수입을 올리고 있는 데 반해, 몇몇 서구 국가와 일본에서는 이 차이가 5배 정도에 불과하다. 마지막으로 인도네시아, 에콰도르의 중앙정부는 주택, 사회보장, 복지에 대해 총지출의 2% 미만만을 할당하고 있는 데 반해, 스페인, 스위스, 스웨덴과 독일의 중앙정부는 절반 이상의 지출을 할당한다.[66] 그러므로 몇몇 국민들에게 자본주의는 풍요를 창출하지만, 다른 많은 국민들에게 자본주의는 극심한 빈곤을 의미할 뿐이다.

---

64) 그러한 비판에 대해 쉐보르스키(Przeworski, 1985)의 에필로그를 보라.
65) 구매력 패리티로 계산된 국민총생산(GNP)에 따른 것이다. 세계은행에 의해 제공된 전통적 GNP 수치에 따르면, 75배 이상이나 높다.
66) 이 모든 정보는 1787년 세계은행의 *Development Report*에서 나온 것이다. 가구 소득의 분배를 제외하고 모든 데이터는 1985년의 것이다.

빈곤을 퇴치한 나라들, 즉 부유하고, 소득의 균등한 분배와 발전된 복지체제를 갖추고 있는 나라들을 살펴볼 때, 몇 가지 아직 알려지지 않은 강한 유형을 발견할 수 있다. ① 어떠한 사람도 가난하지 않은 매우 적은 수의 나라들은 모두 자본주의 국가이다.[67] ② 발전된 자본주의 국가의 통계학적 분석은 보다 나은 경제적 실적, 덜 불평등한 소득과 보다 광범위한 복지 서비스는 강력한 노조와 정부에 대한 사회민주주의 정당의 통제를 결합시킨 발전된 자본주의 국가들에서 발견된다는 것을 반복해서 보여주고 있다(Bruno & Sachs, 1985; Lange & Garrett, 1985; Hicks, 1988을 보라). ③ 경제발전을 설명할 수 있는 어떠한 통일된 이론도 없다.[68] ④ 경제발전에 대한 정치적 영역에서의 민주주의의 효과는 아직 확실하지 않은 것으로 남아 있다. ⑤ 몇몇 자본주의 국가의 발전은 단지 그들이 다른 국가들을 착취하였기 때문이라는 주장은 경험적으로 오류인 것처럼 보인다.

설사 스칸디나비아 국가의 부유함이 남미의 빈곤을 착취한 결과는 아니라 하더라도, 명백히 스웨덴에서 자본주의가 개혁되었다는 사실이

---

67) 데이터가 이용 가능한 국가들 가운데, 세금과 소득이전 이전에 절대적 빈곤율은 스웨덴에서는 5.6%, 스위스에서는 5.8%, 캐나다에서는 7.4%, 서독에서는 8.3%, 영국에서는 11.8%, 미국에서는 12.7%, 그리고 오스트레일리아에서는 13.2%이다(Rainwater et al., 1989). 나는 이 이야기를 서구에 한정해야만 했다. 왜냐하면 사회주의 국가에서는 빈곤에 대한 데이터가 부족하기 때문이다. 매튜스(Matthews, 1986)는 헝가리, 폴란드, 소련에서 빈곤은 드물지 않으며, 동독에 관한 데이터는 찾기 힘들다는 증거를 제시하였다.

68) 특히 내가 이해하기 곤란한 문제는 기술과 기술적 진보에 관한 합리적인 가정들을 만들고, 동시에 국가간에 지속적으로 존재하고 있는 차이점을 설명할 수 있는 이론을 개발하는 것이다. 적어도 한 요인이 유동적일 때, 상수계수기술(constant coefficients technology)은 한 나라는 부자가 되어야 하고 다른 모든 나라는 가난해져야 한다는 결론으로 이끈다. 오목계수기술(concave technologies)은 국가들 사이의 차이가 사라져야 한다는 결론으로 이끈다. 특정한 부존자원의 수익체증에 관한 증거는 일관성이 없다. 그러므로 예를 들어 루카스(Lucas, 1988)는 수익체증이 인간자본(huuman capital)의 외부효과에 기인한다는 신념을 표명하는 결론을 내리고 있다. 특정한 개인들이 더 생산적이게 되는 것은 보다 더 잘 교육받은 동반자와 일하게 되었을 때이거나, 특정한 과정들이 더 효과적이게 되는 것은 그들이 다른 효과적인 과정들의 면전에서 채택되었을 때이다.

페루에서도 개혁될 수 있다는 것을 함축하는 것은 아니다. 그러나 몇몇 국가들에서 자본주의는 개혁되었다. 모든 사람을 먹여 살리고 있다. 그것이 어떻게 가능했는가?

사회민주주의의 근본적인 전제는 자본주의의 비합리성을 극복하기 위해, 즉 생산수단의 사적 소유에 내재된 권리에 의해 야기되는 복지의 손실을 피하기 위해 생산수단의 국유화가 반드시 필요한 것은 아니라는 것이다. 이 전제는 앞에서 재구성한 고전적 맑스주의 분석과 (맑스주의 분석과 동일한) 신자유주의적 관점 모두와 모순된다.[69] 이러한 관점에 의하면, 소득을 재분배하려는 모든 시도는 '하중손실(deadweight losses),' 즉 생산적인 이용으로부터 자원의 철수를 야기한다. 벌어들인 소득에 대한 과세는 노동공급의 감소를 초래한다. 이윤에 대한 과세는 저축과 투자의 감소를 야기한다. 반면에 소득이전은 레저를 보다 값싸게 만들며 가난한 사람들로 하여금 덜 일하게 함으로써 세금의 효과를 악화시킨다. 그러나 이러한 주장들이 그럴듯하게 보이는 만큼 경험적 분석에 의해 잘 지지되지 않고 있다. 적어도 준수될 수 있는 세율 범위내에서 성인남자의 노동공급과 저축 및 투자율은 세금에 민감하지 않는 것처럼 보인다.[70] 그 한 이유는 상대적으로 매우 적은 사람들만이 일하는 시간의 수를 스스로 결정한다는 데 있다. 대부분은 풀 타임을 일해야만 하거나 또는 전혀 일하지 않아야 한다. 그러나 우리에게 가장 중요한 것은 상이한 형태의 세금과 소득이전은 소유주들의 부존자원 이용결정에 대해 상이한 결과들을 낳는다는 것이다. 적어도 논문상으로는, 잠재적 소득과 이윤으로부터의 소비에 대한 과세가 노동공급과 투자에 대해 중립적이라는 것이 나온다.[71] 그리고 비록 완전히 중립적인 과세

69) 아래의 설명을 보다 광범위하게 다루고 있는 문헌은 쉐보르스키(Przeworski, 1990: ch.1)이다.

70) 이 증거에 대한 최근의 평론에서, 손더스와 클라우(Saunders and Klau, 1985)는 조세가 조세기반에 영향을 미친다는 명확한 증거를 발견하는 데 실패하였다. 그들은 "현재까지의 증거는 조세에 대응하는 노동공급에 관한 추산들은 강력하지도 견고하지도 않다는 것이다"고 지적한다(p.166).

71) 정부가 투자를 줄이지 않으면서 소득분배를 통제할 수 있는 도구들을 가지고 있다는 주장에 대해서는 쉐보르스키와 월러스타인(Przeworski and Wal-

가 사실상 불가능하다 하더라도 세금과 소득이전의 상이한 조합은 상이한 강도를 지닌 하중손실을 야기한다(Becker, 1976). 강력한 노조를 가지고 있고 사회민주주의 정당이 장기간 집권했던 나라들은 실업과 인플레 사이뿐만 아니라 노동의 몫과 투자 사이에 더 나은 대상관계(trade-offs)를 보여주고 있다.

그러므로 효율성의 상실을 최소화하면서 빈곤을 퇴치하기를 원하는 정부들은 자본주의 경제내에서 무력하지 않을 것이다. 사회민주주의 모델은 이론적으로 활력이 있다. 정부들은 기술적 혁신을 장려할 수 있으며, 불안정한 경제적 동요를 막을 수 있고, 투자를 조종할 수 있으며, 노동력의 이동을 촉진할 수 있고, 복지 서비스를 제공하고 소득을 유지시킬 수 있다. 자본주의에서의 비합리성의 정도는 주어진 것이 아니다. 모든 사람에게 물질적 안전을 보장하라는 위임을 받고 선출된 정부는 이러한 사명을 추구할 수 있는 수단들을 가지고 있다.

우리는 모든 사람을 먹여 살릴 수 있는가?

따라서 우리는 다음과 같은 결론에 도달하게 되었다. 자본주의의 비합리성에 대한 사회주의자들의 비판은 유효하지만, 사회주의적 대안은 실현 불가능하다. 반면에 사회민주주의—어떠한 형태의 사유재산도 금지하지 않으면서 국가가 시장을 규제하고 소득을 재분배하는 데 있어서 적극적인 역할을 하는 체제—또는 시장사회주의—대규모 기업들은 피고용자들이나 공공기관이 소유하고 있고, 국가가 시장에 대해서 사회민주주의국가와 동일한 역할을 하는 체제—모두 합리적인 차선(second-bests)을 제공한다. 두 경우 모두 시장의 효율적 작동을 보장할 수 있으며, 인간적인 복지의 분배를 창출할 수 있다.

나는 시장사회주의와 사회민주주의 중에 어느 하나를 선택해야 할 어떠한 근거도 찾을 수 없다. 잔여수입을 주장하고 자원의 배분에 관해

lerstein, 1988)을 보라.

결정할 수 있는 권리로 이해되는 소유권은 효율성에서 문제가 되고 있는 것이 아니다. 만약 국가가 적절하게 시장을 조직하고 규제한다면, 사적·협동조합적·공적 기업들의 관리자들이 이윤을 극대화하는 것을 보장하여야 한다. 반면에 만약 국가가 적절한 조세수단과 사회적 서비스를 제공하고 수입을 보장할 수 있는 효율적 방법을 선택한다면, 국가는 모든 사람에게 최소한의 복지를 보장할 수 있다.

시장을 보유하는 것이 사회주의자들이 해롭다고 발견한 어떤 특징들을 유지시키는 것은 사실이다. 시장체제하에서는 생산가능성을 과소이용하는 대가를 치르고서만 보편적 생존이 보장된다는 의미에서 시장은 여전히 비합리적이다. 더구나 시장에는 여전히 커다란 불평등이 뒤따른다. 실제로 보다 생산적인 요소들을 갖고 있는 소유자들이 보다 높은 수익을 받아야 한다는 것이 효율성의 조건이다. 그리고 국가가 개입하고 있는 시장은 차선이기 때문에, 중앙집중적 계획에 대한 현재의 실망이 우리로 하여금 보다 나은 대안, 즉 비효율을 야기하지 않으면서 민주적 과정을 통하여 시민들에 의해 표현된 집단적 선호에 순응하는 경제체제를 찾는 것을 멈추게 하지 않는다.

그렇다면, 우리는 모든 사람을 먹여 살릴 수 있는가? 이것은 이중적인 질문이다. 첫째, 이것을 가능하게 하는 가설적 조건들은 무엇인가? 둘째, 이러한 조건들은 실현될 수 있는가? 만약 이에 대한 대답의 추구가 우리로 하여금 유토피아적이고, 실현 가능하며, 역사적으로 실현된 구현체로서의 사회주의나 자본주의를 통해 찾도록 인도한다면, 충분한 조건들을 제공하지 않거나 실현 가능하게 보이지 않는 대답들은 제거하여야 한다. 남은 것은 비합리성에도 불구하고 시장에 의존하는 체제하에서 우리가 모든 사람들을 먹여 살릴 수 있는지를 조사하는 것이다

모든 사람들을 먹여 살리는 데 필요한 조건은 '강력한 풍요(strong abundance),' 즉 보편적 필요를 충족시키기 위해 필수적으로 요구되는 소득 재분배가 산출에서의 손실을 야기할 때에도 보편적 생존을 보장하기에 충분한 생산적 능력의 발전수준을 말하는 것이다.[72] 나는 세계시

72) 이러한 대답은 빈과 파리스(van der Veen and Parijs, 1986)의 관점에 접근

장경제를 부존자원을 이용하기 위한 대부분의 결정들이 사적이고, 이윤율에 의해 방향이 잡혀지는 경제로 가정한다. 즉 수익이 보다 높은 임금이나 세금에 의하여 줄어들 때, 사적·협동조합적·공적 소유자들이 생산으로부터 자원을 철수할 수 있는 권리를 갖고 있는 경제로 가정한다. 그러므로 우리의 목적과 관련된 생산적인 능력은 어떤 소득 재분배 없이 생산되는 산출수준에 의하여 정의되지 않는다. 이 산출은 모든 사람의 기본적 필요를 만족시킬 만큼 충분할지 모르나, 이러한 필요가 충족되어야만 할 때, 생산되지 않는다. 이것이 바로 자본주의의 비합리성이다. 보편적 생존에 충분할 만큼 생산하기 위해서는 보다 높은 생산적 능력이 필요할지 모른다.

강력한 풍요가 이미 존재하고 있는가? 그 대답은 ① 모든 사람의 기본적 필요를 만족시키는 비용, ② 현재의 기술적·조직적 생산능력, 그리고 ③ 이윤율이 소득의 재분배 때문에 줄어들 때, 생산적 능력이 과소이용되는 정도에 의존한다. 나는 해답을 모른다. 너무 많은 기술적 문제들이 개입되어 있다. 그러나 나는 아주 멀리 떨어져 있지 않다고 생각한다.

따라서 비록 시장경제가 비합리성과 불의를 영구화하고 있지만, 강력한 풍요하에서 하중손실(deadweight losses)을 최소화하는 정책을 선택하면서 빈곤을 퇴치하도록 인민의 위임을 받은 정부는 모든 사람의 기본적 필요가 만족될 수 있는 방법을 찾을 수 있다. 필요한 모든 것은 효율적인 시장을 조직하고, 세금을 낼 수 있는 사람에게 과세하며, 그리고 모든 사람의 물질적 복지를 보장하기 위해 예산을 사용하는 국가이다. 그러나 어찌된 일인지 이러한 단순한 과제를 달성하는 데 성공한 국가는 거의 어디에도 찾을 수 없다.

하고 있다. 실제로 아래의 설명은 그들의 주장에 대한 과거 나의 논평(Przeworski, 1986a)에—비록 필수적으로 요구되는 풍요가 강력한 풍요라기보다는 약한 풍요라고 생각했지만—의존하고 있다. 실제로 만약 모든 부존자원이 완벽하게 이용된다면, 우리에게 필요한 것은 기본적 필요의 만족을 허용하는 발전수준 이상의 것일 것이다. 그것은 약한 풍요이다.

제4장

경제개혁의 정치적 역학

서론

최근 전 세계를 통하여 몇 나라들에서 실시되고 있는 경제개혁의 목표는 자원을 합리적으로 배분하고 국가가 재정적으로 지불능력이 있는 경제를 조직하는 것이다.

이것들은 시장 지향적인 개혁들이다. 자원 배분의 합리화는 새로운 시장의 조직, 가격의 탈규제, 독점의 완화, 보호의 감소를 요구한다. 지불능력 있는 국가를 만들기 위해서는 공공지출의 감소, 세입의 증대, 그리고 때때로 공공자산의 매각을 필요로 한다.

그러한 개혁들은 필연적으로 일시적인 총소비의 감소를 야기한다. 그 개혁들은 사회적으로 비용을 치러야 하는 것이며 정치적으로 위험이 따르는 것이다. 어쩌면 그 개혁들은 궁극적으로 폴란드의 한 전직 경제장관이 그렇게 될 것이라고 공언한 것들을 이루어 낼 것이다. 동기를 유발시키고, 시장을 청산하며, 그리고 사회정의를 실현할 것이다(Baka, 1986: 40). 그러나 그 개혁들은 대규모의 사회집단들에게 피해를 끼치고, 중요한 정치세력들로부터의 반대를 야기한다. 그리고 이와 같은 상황이 일어나면 민주주의가 훼손되든지 아니면 개혁이 포기되거나, 또는 두 가지 모두 일어날지 모른다.

흔히 그러한 경제개혁을 착수한 정부들이 인정하기 싫어하는 것이지만, 일시적인 경제의 악화는 불가피한 것이다. 가격규제를 해제하였을 때 인플레이션은 가열화되기 마련이다. 경쟁이 강화되었을 때 노동과 자본의 실업은 증가할 수밖에 없다. 전체 경제구조가 변혁되고 있을 때, 배분적 효율성은 일시적으로 떨어지게 마련이다. 경제체제의 구조적 변혁은 이처럼 비용이 드는 것이다.

그러한 경제변혁이 민주적 조건하에서 달성될 수 있는가?[1] 민주주의와 경제개혁의 관계에 관한 그와 같은 질문은 전환의 효과에 관심을 갖고 있다. 그 이유는 다음과 같다. 개혁 이후의 체제가 훨씬 효율적이라 하더라도—더 나아가 개혁 이후 새롭게 안정을 되찾은 상태가 현상태보다 '파레토 우위(Pareto superior)'일지라도, 즉 신체제하에서 어느 누구도 더이상 나빠지지 않으면서 어느 누군가는 더 좋아진다 하더라도—일시적인 물질적 조건의 악화는 민주주의나 개혁과정을 해치기에 충분할지 모른다.

그림 4.1에서 세로축은 사람들이 기대하는 복지수준을 나타내고, 가로축은 현재 상태 S를 기준으로 왼쪽 또는 오른쪽까지의 동등한 단위의 시간 추이를 나타낸다. 그러므로 S 주변의 하강곡선은 가까운 미래에 나타날 복지수준의 변화를 보여주며, 정점은 안정적인 경제체제와 관련된 복지수준이다.

---

1) 이러한 방식으로 질문을 던짐으로써 나는 그러한 변혁이 실제로 독재하에서 달성될 수 있다는 것을 함축하게 되는 것을 원치 않는다. 렘머(Remmer, 1986)는 1954년과 1984년 사이의 남미에서 국제통화기금(IMF)의 스탠바이 협정(Standby Agreements)의 성공률이 전반적으로 매우 높지 않았음에도 불구하고, 권위주의 체제보다 민주주의 체제하에서 약간 높았다는 설득력 있는 증거를 제시하였다. 해가드(Haggard, 1986)는 그가 조사한 30가지의 Extended Fund Facility 프로그램 사례 가운데서 IMF의 지불이 인도라는 특수한 경우를 제외하고 모든 민주주의 국가에서 IMF의 조건에 순응하지 않았다는 이유로 중단되거나 취소되었다는 것을 발견하였다. 그러나 그가 '약한' 권위주의 체제라고 분류한 나라들의 성공률도 다르지 않았다. 반면에 스탈링스와 카우프만(Stallings and Kaufman, 1989)은 9개 남미국가들의 분석에서 '확립된 민주주의 국가'보다 권위주의 체제가 안정화와 구조적 개혁에 보다 성공적이었음을 보여주었다.

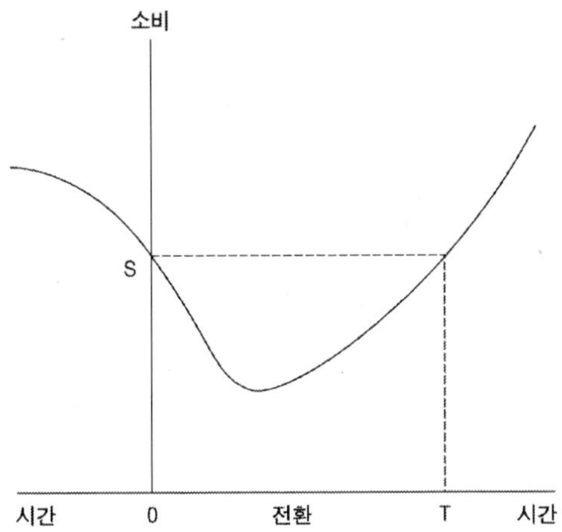

그림 4.1

오른편 언덕이 왼편 언덕보다 더 높으나 현상유지는 왼편 경사지점에 있다고 가정하자. 이 경우 오른쪽으로의 이동은 일시적인 경제악화를 야기시키며, 이는 전환과정 동안 지속된다. 이 '전환의 계곡(valley of transition)'은 우리가 더 높은 언덕으로 올라가기 이전에 반드시 건너야 한다.2)

남반구와 동구의 많은 나라에서는 구조적 경제변혁이 원초적 민주제 도하에서 진행되고 있다. 그러한 조건에서는 다음의 네 가지 결과가 나타날지 모른다. ① 개혁은 민주적 조건하에서 진전될 수도 있다. ② 개혁은 독재에 의해 강제될 수도 있다. ③ 개혁을 포기함으로써 민주주의가 살아 남을 수도 있다. ④ 개혁과 민주주의 양자 모두 손상을 입을 수도 있다. 칠레와 멕시코에서는 권위주의 정부에 의해 시장지향적인 경

---

2) 실제로 많은 국가에서 개혁은 장기화된 경제적 위기에 대한 대응으로 시작된다. 1980년대에 대부분의 남미 국가뿐만 아니라 동구 국가에서 1인당 국민소득이 줄어들었다. 그러므로 현상유지의 왼쪽길은 내리막길이었다. 현 체제를 계속 유지하는 것은 미래는 달라질 것이라는 희망도 없이 소비가 지속적으로 하락할 것이라는 것을 의미하였다. 그러나 지속적인 상태의 악화를 피하기 위해서는 전환기를 통해 고통을 받는 것이 여전히 필요하다.

제개혁이 추진되었고, 소련에서는 몇몇 경제학자들이 '전체주의로부터 권위주의를 거쳐' 시장경제로 전환하려는 프로그램을 추진하였다(Migranyan, 1988). 반면에 투표장에서 불만의 목소리를 정치적으로 표현할 수 있는 민주적 조건하에서는 가장 유망한 개혁전략조차 포기될 수도 있다. 선거에서의 지지에 관심이 있는 정치인들은 선거패배를 가져다 줄지도 모르는 정책의 수용을 꺼리는 경향이 있다. 그렇지 않을 경우, 그들은 구조적 변혁의 정치적 결과에 더 잘 조율을 맞추는 경쟁자들에게 패배한다. 그리고 몇 가지 사례를 보면, 강한 민중주의와 민족주의적인 색채를 띠고 있는 평등주의적 이데올로기가 민주주의와 개혁을 반대하기 위해 동원될 수 있다.

구조적 경제변혁이 민주적 조건하에서 지탱될 수 있는가, 아니면 개혁과 민주주의 중 하나가 희생될 수밖에 없는가? 이는 삼중적 문제이다. ① 그와 같은 변혁이 요구하는 경제적 비용은 무엇인가? ② 어떤 정치적 조건하에서 그 경제적 비용이 관용되는가? ③ 민주적 제도에 미치는 변혁의 효과는 무엇인가? 이 질문들은 이 장의 다음 세 절에서 각각 다루어질 주제들이다.

아래의 분석은 남미의 경험에서 바라본 명령경제로부터 시장경제로의 전환이다. 이 분석은 한편으로는 경제이론과 다른 한편으로는 우리가 갖고 있는 빈약한 역사적 경험에 의거한 추측에 불과하다. 경제이론이나 역사적 경험 모두 매우 유용하지 못하다. 우리는 구조적 변혁의 이론을 가지고 있지 않을 뿐만 아니라 경험적 근거 또한 충분하지 못하다. 시장지향적인 개혁은 미지의 세계로 뛰어드는 것과 같다. 그것은 절망으로부터 태어나, 정당화될 수 있는 이득이 아니라 희망에 의해 추진되고 있는 위험부담이 큰 역사적 실험인 것이다.

개혁의 전환의 비용

이 절의 목적은 남미의 경험에 기초하여 동구 개혁의 경제적 비용을 추측하려는 것이다. 먼저 양 대륙의 신생 민주정부가 물려받은 조건들이 비교될 것이다. 그 다음 두 절은 개혁의 총비용과 분배적 비용에 각각 초점을 맞출 것이다.

조건과 전략

명령경제를 연구하는 학자들은 동구 경제개혁이 안고 있는 어려움이 저발전된 자본주의 나라들, 특히 남미의 개혁보다 훨씬 심각하다고 보는 경향이 있다. 이러한 전형적인 견해는 부르스트(Bruszt, 1989: 176)로부터 나왔다. "동구에서의 변화는 흔히 남미나 남유럽에서 일어난 민주화 과정과 비교된다. 명백한 유사점에도 불구하고, 한 가지 요인이 기본적으로 동구의 변화를 특징지운다. 말하자면 이들 나라에서는 정치적 민주주의로의 전환이 경제체제의 급진적 변혁과 더불어 일어났다는 것이다. 경제적·정치적 전환에 관한 문제는 서로 분리하여 다룰 수 없다. 경제영역에서 점증하는 긴장은 정치적 전환의 과정에 대한 직접적인 위협이 되고 있다."

나는 남미의 경제적 변혁을 급진적이라고 보기 때문에, 그 주장에 대해 이의를 제기한다. 남미의 경우, 어느 정도 동구와 다르겠지만, 급진적이기는 마찬가지이다. 남미에서 민주화는 경제체제를 급진적으로 변화시키려는 일련의 시도들을 수반하였으며, 경제영역에서의 긴장은 민주주의에 위협이 되고 있다. 폴란드의 한 신문이 '발세로비츠와 같은 메넴'이라고 머릿제목을 단 것은 우연이 아니다.[3)]

민주화과정 당시의 거시경제지표만 한 번 보면 남미 국가들이 동구 국가들에 비해 그렇게 쉬운 상황을 즐기고 있는 것이 아니라는 것을 충분히 알 수 있다. 볼리비아, 페루를 남미사례에 추가하고, 루마니아, 유고슬라비아를 동구사례에 추가해도 이 그림은 변화되지 않는다. 칠레를

---

3) *Gazeta*, Warsaw, 13 December, 1989, p.6. 메넴(Carlos Menem)은 1989년에 선출된 아르헨티나의 대통령이다. 발세로비츠(Leszek Balcerowicz)는 폴란드에서 마조비에츠키(Mazowiecki) 정부의 경제황제(tsar)이다.

제외한 나머지 남미의 민주정부들은 심각한 경제위기 가운데 정권을 장악하였다. 체코슬로바키아를 제외한 동구의 민주정부들 또한 마찬가지이다. 그러나 적어도 거시지표가 보여주는 것만 가지고 볼 때, 남미의 경우가 더 나쁘다(표 4.1 참조).

그러나 그 지표들이 각국의 진정한 경제 수준을 밝혀 주지 않는다고 주장할 수도 있다. 아마 동구경제는 실제로 더 나쁜 상태에 있으나, 위기가 아직 드러나지 않고 있거나, 아니면 동구국가들의 경제가 다시 성장을 시작하기 전에 가야 할 길이 많이 남아 있기 때문에 더 나쁜 상태일 것이다. 비록 그들의 경제위기가 남미에서와 같이 심각한 상태는 아

표 4.1 민주화 시기의 경제적 상황

경제적 지표	우루과이 1984	칠레 1989	브라질 1983	아르헨티나 1983	폴란드 1989	헝가리 1989	체코슬로바키아 1989
GNP/CAP[a]	2,710	2,370	1,590	1,650	1,520	2,210	—
ΔGDP (%)	-3.9	10.5	-1.3	2.6	0.5	0.8	3.0
Δ3 GDP (%)	-24.8	26.4	-9.1	-13.3	11.1	4.8	8.0
INFLATION (%)	66.1	21.1	179.2	433.7	180	17	0.2
DEBT/CAP ($)[b]	1,128	1,539	750	1,556	1,112	1,656	—
DEBT/EXP (%)	520	—	—	485	540	293	87
SERV/EXP (%)	65	27.2	28.8	24.5	76	32	16
GOV EXP/GNP (%)	18.8	33.4	23.2	26.8	40.4	58.3	—
PUB DEF/GNP (%)	-5.6	0	-4.3	-1.4	-1.8	-3.6	—
CUR ACT BAL/GNP	-2.7	-1.3	-3.3	-3.8	-0.2	-1.4	-0.0
INT RES[c]	—	5.2	—	—	1.5	2.3	—
LABOR SHARE (%)	21.0	15.4	19	19.2	23.4	34.9	—
ΔW/PERIOD (%)	-50/10	-28/5	—	-23/10	-10/7	—	—
UNMPLMNT[d] (%)	14.3	11.0	6.7	4.0	0.0	—	—
INF MORT (%)	28.8	20.0	69.4	34.4	17.5	17.5	—
SEC SCH ENR (%)	70.0	74.0	35.0	65.0	80.0	70.0	—

*주: 대부분의 자료는 *World Tables*(World Bank, 1989)에서 나온 것임. Δ3 GDP(국내총생산)는 이전 3년 동안의 일인당 GDP의 누적적 변화를 보여줌. ΔW/PERIOD는 가장 최근의 정점으로부터 평균임금의 하락을 가리킴. 여기서 PERIOD는 정점 이래 지나온 연수를 가리킴.

a: 1980 US $ (World Bank Atlas 방식)

b: 현재 달러

c: 수입을 커버하기 위한 총국제외환보유고

d: 남미의 경우 도시, 폴란드의 경우 농업을 제외한 모든 부문

닐지 모르나 그들의 현 경제구조는 남미의 경우보다 훨씬 변혁하기 어렵다. 남미의 위기는 국제노동분업의 변화에 따른 국면적 현상인 반면, 동구의 위기는 경제체제에 기인한 구조적 현상이다. 그러므로 남미에서의 경제개혁이란 기껏해야 '구조조정'의 문제인 반면, 동구에서의 개혁은 체제 자체의 변화, 즉 사회주의로부터 자본주의로의 전환을 요구하고 있는 것이다.

이제 이러한 꼬리표 뒤에 숨어 있는 사실을 살펴보자.[4] 남미와 동구 모두 ① 대기업의 압력으로부터 취약한 국가, ② 높은 수준의 독점과 보호주의, ③ 과대성장한 관료조직, ④ 허약한 세입징수 체제, ⑤ 초보적이고 단편적인 소득유지와 복지분배체제를 가지고 있다. 그러나 몇 가지 중요한 측면에서 이 두 나라 집단은 체계적으로 다르다. ① 물리적 자원의 중앙집권적 배분과 행정적 가격체계는 자본주의 국가들보다 동구에서 더 광범위하다. 그리고 ② 소득분배는 동구보다 남미가 비교할 수 없을 정도로 훨씬 불평등하다.

내 생각으로는, 대부분의 남미 국가들뿐만 아니라 동구에서도 조직으로서의 국가는 허약하였던 것으로 보인다. 이들 나라에서 국가는 보조금과 보호를 요구하는 대기업의 압력에 저항할 수 없었을 뿐만 아니라 기업들(또는 기업의 사적 소유주들)로부터 세금을 거두어들일 수도 없었으며, 규칙과 규제에 대한 순응도 이끌어 낼 수 없었다. 국가의 명령에 의해 경제 행위자들의 순응을 이끌어 낸다는 '전체주의' 국가의 이미지는 기껏해야 스탈린 시대의 이데올로기적 유물에 불과하다. 세부적인 사항에서는 차이를 보이지만, 중앙집권적 명령체제가 실제로는 계획

4) 동구 사람들은 그들의 관점을 지탱하는 것은 악몽과 같은 것이라는 것을 항상 발견할 수 있다. 그러나 다음 구절을 고려해 보라. "모든 사람들이 보조받은 가솔린이 마시는 물보다 싸고, 보조받은 빵이 너무 값이 싸서 돼지사료로 쓰이며, 또는 어떤 사람이 인플레이션에 대응해 가격을 올리기를 잊어버려서(또는 올릴 용기가 없어서) 전화요금이 1센트에 지나지 않거나 보조받은 '농업 대부금'이 강력한 지주들의 지지를 매수하기 위해 고안되었고, 지주들은 즉각 그 대부금을 정부채권을 사는 데 돌리는 그러한 나라들에 관한 소름끼치는 이야기를 갖고 있다"(Williamson, 1990: 11). 단지 마지막 예만 남미에 관한 이야기라는 것을 보여준다.

이 아니라 중앙정부와 특정 지부들과 기업간의 홍정, 그리고 정부의 통제를 벗어나려는 기업들간에 직접 이루어지는 홍정에 의한 경제라는 지적에 대해 압도적인 합의가 이루어지고 있다. 정치적·경제적인 여러 가지 이유로, 정책을 입안하거나 실행하는 데 있어서 정부는 대기업의 압력에 취약하다. 이 점에 있어서 헝가리와 폴란드의 상황은 정책입안이나 실행과정에서 정부가 대규모의 국영기업과 사기업의 요구에 순응하고 있는 아르헨티나와 브라질과도 다르지 않다. 그 결과 남반구와 동구의 정부들은, 흔히 독점적인 대기업들을 보조하고 보호하는 경향이 있다.[5)]

독점의 정도는 남미보다 동구가 훨씬 더 심하다. 동구의 산업계획은 엄청나며, 소매분배망은 국가 또는 유사 협동조합에 의해 독점되고 있다.[6)] 보호의 정도는 평가하기 어렵지만, 이 또한 크게 다르지 않을 것으로 생각된다. 민주정부가 처음 들어섰을 때 남미의 명목 관세율은 매우 높았다. 그러나 수입제한은 주로 이러한 높은 명목 관세율보다는 허가제에 의존하고 있었다. 허가를 받은 수입품에 대해서는 낮은 실세 관세율이 적용되었다[1990년의 카르도소와 단타스(Cardoso and Dantas)의 브라질 연구를 참조하라]. 이 점은 동구에서도 마찬가지이다.

허약한 세수체계를 보유한 대규모 공공 관료조직은 공공 적자를 낳고 있다. 몇몇 남미 국가는 너무도 심각하게 파산하여, 하루하루 살아남

---

5) 최근의 논문에서 발세로비츠(Balcerowicz, 1989: 46)는 다음과 같이 관찰하였다. "기업들이 재정분배의 주요한 수혜자라는 것이야말로 중앙집권적 계획경제와 시장경제를 구분시켜 주는 것이다." 그는 미국에서 연방정부가 기업에 주는 세금 지출을 포함한 보조금이 사회복지 지출보다 많다는 것을 거의 모르고 있다. 폴란드에서 보조금은 중앙정부 지출의 30%에 이르지만 그 대부분이 소비자 가격에 대한 보조이다. 나는 보조금이 기업에 실제로 얼마나 주어지는가를 모른다. 남미 국가들은 공기업에 보조금을 지급하고, 수출에 대한 지원금과 세금혜택을 부여하며, 농산품 가격을 지원하기 위한 보조금을 지급한다.

6) 코르나이(Kornai, 1986; 1699)는 1975년 헝가리에서 가장 큰 3대 생산자들이 637개의 공산품 가운데서 3분의 2에 달하는 508개를 공급하였다고 보고하였다. 판매망도 매우 독점적이었다. 바르샤바에서는 모든 식품이 두 개의 회사에 의해 분배된다. 반면에 나는 만약 미국의 독점금지법이 브라질에 적용된다면 30대 대기업집단이 영향을 받을 것이라는 이야기를 들었다.

을 수 있는 유일한 방법은 납세자들로부터 돈을 빌려 오는 것뿐이다. 그러한 조건하에서 국가는 국경 외에는 세금을 거둘 수가 없다. 몇 년 사이에 볼리비아는 GNP의 1%를 페루는 2%를 세금으로 거둘 수 있었다.[7] 칠레를 제외한 남미의 모든 민주정부들은 엄청난 규모의 대내외 부채를 물려받았을 뿐만 아니라, 날로 증가하는 엄청난 규모의 적자를 만들어 내고 있는 세입세출 구조를 물려받았다. 폴란드가 1988년에 4%의 적자를 경험하기는 했지만 동구의 상황은 그 정도로 심각하지는 않다. 그러나 동구에서도 효과적인 조세체계가 도입되기 전에 더 악화될지 모른다.

마지막으로 사회 서비스 제공상태에 대한 언급이 필요하다. 이 부분에서 동구의 상황이 남미보다 훨씬 더 나은 것처럼 보일지 모르며, 어느 정도 사실이다. 그러나 1960년대에 동구의 복지 서비스수준이 상대적으로 높았다 하더라도 명령경제들은 사회복지체계를 가지고 있지 않았다는 사실을 깨닫는 것이 중요하다. 복지 서비스 또한 다른 모든 것과 마찬가지 방식으로 분배되었다. 계획자가 강철, 가구, 고기, 의사 진료, 학교 위치, 그리고 퇴직연금 등을 배분하였다. 이 체제는 다른 중앙계획과 함께 붕괴되었다. 동구 사회에서 여전히 인구의 많은 부문이 완전히 사회서비스망 바깥에 나와 있지는 않으나, 그들은 이 사회 서비스망을 출발점에서부터 다시 재건해야만 할 것이다.

남미와 동구 사이의 가장 중심적인 차이는 자원배분방식과, 좀 덜 중심적이기는 하지만 행정가격의 빈도이다. 이것이 단지 공공부문 규모의 문제만은 아니라는 데 주목하라. 1987년 폴란드의 55.2%는 브라질이나 멕시코보다 훨씬 큰 것이 아니다.[8] 가격규제 역시 헝가리를 제외한

---

7) 1985년 아르헨티나 정부는 세입의 13.3%를 관세와 수입세(tariffs, 세계은행)로부터 충당한 반면, 세금 수입으로부터는 불과 3.1%만을 거둬들였다. 즉 그것은 실제적, 명목상의 개인을 포함하여 3만 명에 이르는 납세자로부터 거둬들인 양이다. 그리고 수백 개의 대기업들과 수백 명의 대납세자들의 명단을 비교했을 때, 동일한 이름이 없다는 것이 드러났다(Lopez, 1990).

8) 그러나 폴란드는 다른 동구 국가들보다 보다 작은 공공부문을 갖고 있었다. 왜냐하면 대부분의 토지가 사적으로 소유되었기 때문이다. 남미의 국영기업은 산업산출의 약 40%를 생산한 반면, 동구에서는 국영기업의 생산비율이 80

다른 동구에서 남미보다 훨씬 더 광범위하게 이루어졌다. 헝가리에서는 1968년 이후의 개혁으로 모든 가격들을 행정적 통제로부터 자유화시켰다. 실제로 가격규제의 해제는 공산주의 체제하에서의 개혁에 걸림돌이 되었다.[9] 하지만 남미에서도 가격규제—음식, 음식재료, 공공요금, 그리고 다른 다양한 상품들, 특히 가솔린—가 널리 퍼져 있었다.[10]

또 다른 중요한 차이점은 소득불평등이다. 표 4.2에서 볼 수 있는 바와 같이 동구, 극동과 남미, 그리고 터키간의 차이는 실로 엄청나다.

이는 민주화 과정 당시의 남미와 동구 경제의 심층구조를 이야기해주고 있다. 경제가 경쟁력이 있고, 국가가 지불능력이 있으며, 모든 사람이 소량이나마 물질적 안전을 누리는 데까지 도달하기 위해서 동구나라들은 더 많은 길을 가야만 하는가? 그들을 기다리고 있는 전환이 남미가 직면하고 있는 전환과정보다 더 급진적인가? 이 간략한 조사가 정확하다면, 그러한 질문에 대한 대답은 분명히 명백하지 않다. 변혁의 길은 동일하지 않지만, 양 대륙 모두 긴 시간이 걸릴 것이다.

그 문제는 다른 방법으로 표현할 수도 있다. 즉 무엇이 되어야 하는가를 살펴보는 방식이다. 그러면 이제까지 이루어진 개혁 또는 현재 진행중인 개혁들을 살펴보기로 하자.

개혁에 대해서 생각해 볼 수 있는 한 방법은 안정화, 구조조정과 사유화를 구별하는 국제금융기구의 전통적 용어 속에서 찾아보는 것이

~90%에 이른다. 1980년경에 브라질에서는 530개, 멕시코에서는 1,155개(Schneider, 1990), 폴란드에서는 약 8,000개의 국영기업들이 있었다.

9) 2단계 개혁에도 불구하고, 정부에 의해 고정된 생산재 상품가격의 비율(전체 판매 중 백분율)은 폴란드에서는 1982년의 20%에서 1989년에는 29%로 증가하였다. 소비재 상품의 행정 가격의 비율은 35%에서 45%로 증가하였고, 직접적으로 고정되지 않은 가격도 증대된 정부규제를 받았다(Balcerowicz, 1989: 45).

10) 1985년 9개의 기본적인 필수품 가운데 아르헨티나, 브라질, 콜롬비아, 페루, 베네수엘라 정부는 9개 가격 모두를 통제하였다. 반면 멕시코 정부는 5개, 칠레 정부는 아무 것도 통제하지 않았다. 5개의 기본적인 공업생산품 가운데 아르헨티나, 브라질, 콜롬비아, 페루, 멕시코 정부는 모두 다 통제하였으며, 베네수엘라 정부는 3개, 칠레 정부는 아무 것도 통제하지 않았다. 베네수엘라를 제외하고 이 모든 국가들에서 이자율에 대한 최고한계가 존재하였다.

표 4.2 국가들의 소득 분배

	가구당 하층에 대한 상층의 소득 비율			제조업에 더해진 순수가치에 있어서 노동의 몫		
국가	날짜	출처	비율	날짜	출처	비율
아르헨티나	1970	WB	11.4	1985	WB	19
브라질	1983	WB	26.1	1985	WB	19
멕시코	1977	WB	19.9	1985	WB	25
페루	1972	WB	32.1	1985	WB	15
헝가리	1987	WB	3.0	1985	WB	32
폴란드	1987	WB	3.6	1984	WB	24
소련	1972	B	4.4[a]	1988	A	37[b]
유고슬라비아	1978	WB	5.9	1985	WB	29
한국	1976	WB	7.9	1985	WB	27
일본	1979	WB	4.3	1985	WB	35
터키	1973	WB	16.1	1985	WB	23
포르투갈	1973	WB	9.4	1985	WB	44
스페인	1980	WB	5.8	1985	WB	41
벨기에	1978	WB	4.6	1985	WB	50
프랑스	1975	WB	7.7			
이탈리아	1977	WB	7.1	1984	WB	38
스웨덴	1981	WB	5.6	1985	WB	35
서독	1978	WB	5.0	1985	WB	47
미국	1980	WB	7.5	1985	WB	40

a. 세후 도시가구소득.
b. 총부가가치중에서 노동의 몫.
출처: WB: *World Bank Developmenet Report*, 1987; B: Bergson, 1984; A: According to Nicolai Schmelyev, *New York Times*, 17 October, 1989.

다.11) 안정화는 인플레이션을 낮추고, 국제수지를 줄이며, 정부적자를 삭감하기 위해 고안된 단기적 조치들로 구성된다. 구조조정은 경제를 경쟁력 있게 하기 위해 고안된 일련의 조치들이다. 그것은 무역자유화로부터 가격규제 해제에 이르기까지 모든 것을 포함하는 가장 이질적인 내용으로 구성된다. 사유화는 자기-설명적(self-explanatory)이다. 전환의 시기에 칠레를 제외한 남미아메리카 국가들은 폴란드와 함께 경제를 안정화시키라는 긴박한 요구를 공유하였던 반면, 다른 동구 국가들은

11) 내가 '전통적'이라고 이야기하는 이유는 최근 세계은행이 소득분배, 다시 말해 세금과 빈곤에 보다 더 관심을 가지고 있기 때문이다. 1989년 *Development Report*를 보라.

인플레이션으로부터 큰 고통을 겪지 않았다. 반면에 구매자만 발견할 수 있다면, 동구는 사유화할 것이 더 많을 것이다. 그리고 사유화 이후 양 대륙에 남은 공적 부문은 모두 재조직되어야 할 것이다.

개혁을 바라보는 다른 방법을 윌리암슨(Williamson, 1990)이 제공하였다. 그는 몇몇 남미 국가들의 발전과정을 9가지 범주를 가지고 살펴보았다. ① 재정적 기율, ② 공공지출에 있어서 우선순위의 변화, ③ 조세개혁, ④ 금융자유화, ⑤ 경쟁 환율제, ⑥ 무역자유화, ⑦ 외국인 직접투자, ⑧ 사유화, 그리고 ⑨ 탈규제이다. 남미의 신생 민주정부들은 이 모든 개혁들에 직면하였으며, 많은 나라들이 이 개혁들을 추진하였다. 동구 국가들도 역시 이러한 개혁에 직면하였다. 동구 국가들이 자신의 과업을 보다 급진적으로 수행해야만 하는 어떤 다른 단계들이 있는가?

몇몇 동구 국가에서 이미 착수되었고, 앞으로 할 것이라고 발표되었거나 예견되는 개혁들은 다음 단계들의 혼합을 포함한다.

① ⓐ 기업들로 하여금 재정적으로 자립하게 하며 책임 있게 함으로써, 또한 ⓑ 자본재의 가격을 바르게 함으로써-이는 실제에 있어서는 보호를 줄이는 것을 의미함-투자 과정을 합리화한다.
② ⓐ 대부분의 가격규제를 해제하고, ⓑ 가격 보조금을 없애거나 줄임으로써 소비재 시장을 균형시킨다.
③ ⓐ 파산과 실업을 허용하고, ⓑ 금융시장을 조직하고, ⓒ 노동시장과 노동력 프로그램을 조직하며, ⓓ 국가독점을 반대하는 조치를 포함하여 반독점 조치들을 채택함으로써 비효율적인 기업과 과정을 제거할 수 있는 메커니즘을 구축한다.
④ ⓐ 지출을 줄이거나, ⓑ 세입을 증가시키고, ⓒ 국영기업들을 매각함으로써 예산적자를 감소시킨다.
⑤ 실업보험을 포함하여 사회복지와 소득유지망을 개조한다.

이 목록들과 윌리암슨이 열거한 남미의 목록들의 비교는 네 가지 질문을 유도한다. ① 명령경제에서 가격규제의 해제로 나타난 인플레이션은 동구에서만 나타날 수 있는 독특한 전환기적 현상인가, 아니면 남미적인 특징을 갖고 있는 관성적 인플레이션의 특성을 갖고 있는가? ② 실업은 일단 금융시장과 노동시장이 조직되고, 자본과 노동의 재배분이 이루어지면 해결되는 전환기적 현상인가? ③ 단기간의 학습과정을 마친 후 사기업이 국가를 대체할 수 있는가? ④ 개혁의 분배효과는 일시적인가, 아니면 불평등의 항구적인 증가로 나아갈 것인가? 이와 같은 질문들이 다음 절에서 논의될 것이다.

집합적 효과

개혁을 논의하면서, 우리는 개혁효과를 두 가지 범주로 구분할 수 있다. 어떤 결과들은 이미 변화된 체계의 안정적 상태의 특징을 가진 항구적인 성격을 갖고 있는 반면, 다른 결과들은 변화의 과정 속에 내재하고 있는 일시적인 성격을 갖고 있다. 어떤 효과들은, 특히 효율성에 관심을 갖는 효과들은 집합적이며, 다른 결과들은 분배적이다. 이 구분들을 조합하면 네 가지 유형의 효과가 나타난다. ① 추측컨대 항구적인 집합적 결과는 긍정적일 것이다. 개혁은 현재의 경제구조가 비효율적이거나 소망스럽지 않으며, 그리고 현 경제구조의 결합이 경제체제를 변혁시킴으로써 고쳐질 수 있기 때문에 취해진다. ② 몇몇 항구적인 결과들은 분배적이다. 구체제하에서 자신들의 이익을 보호받았던 집단들은 개혁 후의 경제에서 절대적으로 또는 상대적으로 자신들이 더 나빠지는 것을 발견할지 모른다. ③ 개혁과정은 일시적인 인플레이션, 실업, 배분적 비효율성을 가져온다. 그러므로 개혁은 전환기적인 집합적 비용을 초래한다. 마지막으로, ④ 개혁과정은 전환기적인 분배효과, 즉 상대적 소득의 변덕스러운 변화를 초래할 수도 있다.

전환기적인 집합적 비용은 인플레이션, 자본과 노동의 실업, 그리고 일시적인 잘못된 자원배분 등을 포함한다. 나는 이 비용의 문제를 '쓴 약(bitter pill)' 전략이라는 맥락에서 분석한다. '쓴 약' 전략하에서는 모든 것들이 한꺼번에 취해져 버린다. 이 전략은 전환의 비용이 매우 중요하다는 것을 인정하는 바탕 위에 기초하고 있다. 그 중심 가정은 개혁이 광범위하게 이루어질수록 전환기적 효과는 더 짧아질 것이라는 것이다. 이 개념은 사람들이 유쾌하지 않은 치료과정이라도 그 기간이 오래가지 않는다면 기꺼이 감수할 것이라고 가정하고 있다.

(1) 인플레이션

인플레이션은 가장 복잡한 문제이다. 중심적인 문제는 관성적인 인플레이션을 초래하지 않으면서 전환기적 인플레이션을 경험하는 것이 가능한가이다.

먼저 가격규제 해제와 함께 일어날 수밖에 없는 인플레이션을 살펴보자. 즉 단번에 행정가격으로부터 시장가격으로 전환했을 때 일어나는 인플레이션이다. 나는 그 예로 폴란드의 자료를 사용하였다. 하지만 이 논리는 가격규제 해제의 모든 상황에 적용된다.

가격이 행정적으로 설정되고, 수요가 공급을 초과하는 경제를 생각해보자. 이것은 현상유지의 상황이다.[12] 폴란드의 예를 들어보자. 1989년 12월 31일 폴란드에서는 사람들 각자의 손에 약 1,000Zł의 돈이 있었고 상점에는 333Zł의 가치에 해당하는 상품과 서비스가 있었다. 이러한 체제에서 돈은 상품과 서비스에 접근하기 위한 수단으로 충분하지 않으며, 이 곳에서 사람들은 줄을 서거나 비공식적인 물물교환을 해야 한다. 줄을 선다는 것이 주요한 복지비용이라는 사실에 주목하라. 1kg의 오렌지를 구하기 위해서는 222Zł와 1시간 정도의 줄을 서야 하는 비용이 요구되며, 1kg의 고기를 위해서는 111Zł와 두 시간의 줄서기가 요구된다.[13]

---

12) 행정가격과 임금에 대한 중앙통제체제하에서 그러한 불균형이 왜 일어나는가라는 질문은 별개의 문제이다. 나는 이러한 점을 제쳐놓을 것이다.

13) 흥미 있는 질문은 그러한 조건하에서 왜 가게들이 비어 있지 않는가 하는 문제이다. 가게들은 거의 비어 있었으나 완전히 비어 있지는 않았다. 나는 거기에는 다음과 같은 이유가 있다고 생각한다. ① 공짜로 주어도 가져가지 않는 일부 상품들의 완전한 무용성, ② 예산제약, 주어진 소득분배하에서 사람들은 자신들이 원하는 상품을 '입수'할 수 있을 때(유행하는 말로 하면, '나타날 때')를 대비하여 돈을 지니고 있으려 한다. ③ 줄을 서는 데 드는 거래비용,

이제 1월 1일, 모든 가격규제가 해제되었다고 가정하자.[14] 완전경쟁이 이루어졌고, 저축은 없으며, 화폐공급에는 변화가 없다. 명목소득은 불변인 채로 남아 있다. 산출도 이전과 동일하다. 짧은 시행착오의 과정(tatonnement)을 거쳐 모든 가격들은 선호와 희소성을 반영하게끔 적응되며, 시장은 청산된다. 이제 오렌지는 1kg당 333Zł가 되고, 고기는 667Zł가 되었다. 초과수요는 없다. 다음 달에도 상품과 화폐의 공급은 이전과 동일하고 시장도 다시 청산되며, 가격 또한 새로운 수준에서 불변인 채로 있다. 탈규제 수술은 완료되었다.

가격은 삼중적으로 상승하였다. 전에는 333Zł하던 것이 이제는 1,000Zł가 되었다. 한 달만에 300%의 인플레이션이 나타난 셈이다. 하지만 이것은 단지 전환기적 효과일 따름이다. 일단 그 탈규제 수술이 완료되면, 가격은 일정수준에서 유지된다. 더욱이 총합계로 볼 때, 복지수준은 상승하였다. 666Zł의 초과화폐공급은 아무 소용이 없었다. 개혁이전에 사람들은 단 하나의 상을 받기 위해 세 장의 복권을 간직하고 있었으나, 이제 그들은 확실한 상 하나를 간직한다. 줄을 서는 시간이 줄어들게 됨에 따라 일일 가구당 몇 시간의 여유가 생겼기 때문에 그만큼 거래비용이 감소하였다. 게다가 새 가격은 합리적이다. 이제 고기에 대한 오렌지의 가격 비율은 기호와 상대적 희소성을 반영한다.[15] 그러나 미래의 분배적 효과를 고려해 보라. 특히 은퇴한 사람들과 같이 낮은 소득력을 가지고 시간을 중요시하지 않는 사람들은 실제로 소비의 감소를 경험할 수도 있다. 반면에 보다 많은 돈과 적은 시간을 가진 사람들은 소비의 증가를 경험할 것이다.

더구나 가격 보조금의 역할에 주목해 보라. 구체제하에서 일부 가격들은 보조금을 받았다. 국가는 소비자에게 부과한 가격보다 더 높은 가

---

④ 위험부담을 싫어해서 하는 저축.

14) 그리고 일부는, 말하자면 공공요금이 기회비용을 그대로 반영하도록 행정적으로 조정된다고 가정하자.

15) 이전에 지배적이었던 행정가격과 탈규제 이후 출현한 시장가격을 비교하는 것은 흥미진진한 것이 될 것이다. 나는 실제로 상대가격이 매우 비합리적이었을 것이라고 의심한다.

격을 생산자에게 지급하였다.[16] 이 보조금이 완전히 폐지되었다고 가정하자. 그러면 명목소득이 하락하고 수요 또한 하락한다. 원래 있던 초과수입이 다 쓰여지고 난 후, 가격은 하락한다.

그러므로 인플레이션은 단지 과도기적 현상임이 판명되었다. 이는 일회적으로 한 번 발생한 후 멈추었다. 그러므로 이 현상을 수요 인플레이션이라 부르면서 남미를 지배하고 있는 인플레이션과의 유사성을 끌어내려는 것은 잘못된 일이다. 그 이름표는 이 현상이 일정한 원인을 가지고 있으며, 바로 이것이 결정되어져야 할 것이라는 판단을 내리게 하기 때문이다.

무엇이 이러한 전환기적 수술의 성공을 방해하는가? 가격개혁은 관성적 인플레이션을 발생시키지 않고, 그리고 가격을 지속적으로 상승시킬 메커니즘만 만들어 내지 않는다면 성공할 것이다. 네 가지의 메커니즘이 효과를 발휘할 것이다. ① 임금압력, ② 독점, ③ 정부적자, 그리고 ④ 공급에 영향을 미치는 경쟁의 효과 등.

임금압력은 가장 복잡한 문제이다. 임금압력이 뒤따를 것인가 아닌가는 수많은 정치적 상황에 달려 있다. 나는 이 메커니즘에 대한 논의를 다음 절에서 할 것이다.

독점은 명백한 위협이다. 그것은 보호와 집중의 정도가 모두 높은 남미에서 인플레이션을 가속화시키는 두 가지 중심적인 메커니즘 중의 하나이다. 우리는 동구 경제가 훨씬 더 독점에 시달려 왔다는 사실을 보아 왔다. 그러므로 가격개혁과 함께 근본적인 반독점 조치가 이루어져야 한다.[17] 그러나 남미에서 반독점 조치는 미지근했고 대단히 성공적이지 못했다는 사실에 주목하라. 민족주의적 이데올로기가 외국과의 경

---

16) 1989년 폴란드의 보조금은 국가예산의 거의 31%, GNP의 15%이었다. 소련에서 고기에 대한 보조금만 해도 매달 임금과 동일하다.

17) 이들은 도입하기가 단순하지 않다. 폴란드에서 가장 열심히 자신들의 이익을 방어하는 압력집단은 소매상 '협동조합'들의 전국적 결사체조직이었다. 의회는 그러한 협동조합들이 모여 결사체를 조직하는 것을 불법화하는 법률을 통과시켰지만, 그들은 재빨리 사기업으로 전환하였고 이전과 마찬가지로 계속 활동하였다. 다른 한편 경쟁은 독점적 지대 추구로 인해 부식되어갔다. 즉 생산자들은 흔히 가게 앞의 거리에서 소비자들에게 직접 판매하였다.

쟁을 확대하는 데 반대하는 작용을 하였다. 그러나 독점의 대부분이 다국적 기업인 현실을 감안할 때, 이는 특히 역설적이다. 흔히 산업정책을 추구하는 연약한 시도가 독점적 경제구조를 영속시켜 왔다. 보호를 낮춤으로써 독점에 대항할 때 나타나는 위험은 대량실업 사태를 유발할 것이라는 점이다. 반면에 입법과정을 통한 독점과의 투쟁은 비효율적인 것으로 판명되었다. 왜냐하면 독점은 설사 명시적인 공모가 없더라도 끊임없이 지속되는 것으로 보이기 때문이다. 그러므로 개혁 이전의 체제로부터 물려 받은 독점적 경제구조는 가격을 지속적으로 상승시킬 것이다.

나의 견해로는, 정부적자는 보다 심각한 위협이다. 그것은 남미에서 인플레이션을 가속화시키는 데 있어서 결정적인 역할을 한다. 극단적인 사례로 아르헨티나를 들 수 있는데, 아르헨티나의 사례는 하나의 경고이다. 아르헨티나 국가는 근 몇 년 동안 파산 직전에서 헤맸다. 아르헨티나는 오직 끊임없이 부채를 얻어 부채를 갚음으로써 재정적으로 버텨나갔으며 자신들에게 돈을 빌려줄 채권자를 찾아내는 유일한 방법이란 계속 보다 많은 이자를 지불하는 것이었다. 몇 달마다 이러한 악순환을 정지시키기 위해 고안된 획기적인 조치들이 발표되었지만 근본적인 원인을 다스리는 데는 효과가 없었다. 국가가 파산한 주요 원인은 세금징수를 할 수 없었다는 데 있다. 세금을 부과하는 대신 그 부과 대상자들로부터 돈을 빌린다. 로페스(Lopez, 1990)의 보고서에 의하면, 아르헨티나에서 가장 수익성이 높은 사업 활동은 국가에게 돈을 빌려주는 사업이다.

아직까지 이와 같은 악순환에 빠져 있지 않은 국가는 위와 같은 상황을 피할 수 있겠는가? 내 생각으로, 그 대답은 대체로 알 수가 없다는 것이다. '쓴 약'이라 불리는 전략을 채택한 시점에서 정부의 예산에 관한 예측이란 추측에 지나지 않는다. 정부는 자신이 합법적으로 공약할 수 있는 세입이나 세출 모두 예측할 수 없다. 세입—세금, 세금이 아닌 부과료, 정부의 고유활동으로 나오는 수입—은 수요수준과 세금징수의 유효성에 의존하는데, 적어도 전자는 구조개혁이 착수되었을 때에는 거의 예측할 수 없다. 지출—주로 소득 유지를 위한—은 소득수준이나 소득분배를 위한 개혁의 효과에 의존하는데, 이 또한 인플레이션이 몇 백%로 급상승하거나 기업들이 경쟁의 압력에 못 견뎌 문을 닫는다면 예측 불가능해진다. 한 가지 예를 들어보자. 폴란드 정부는 이전 임금의 70% 수준의 실업수당 제공을 공약하였다. 하지만 개혁 몇 달 후에 추정된 실업자 수는 30만 명에서부터 400만 명까지로 14배나 다르게 나타났다. 실제로 얼마가 되는지는 아무도 모른다. 그리고 이와 같은 사실은 정부가 거두어들일 수 있는 세입이 얼마나 되는지 아무도 모른다는 것을 의미한다. 그러므로 정부는 법정 의무를 수행하기 위해서는 계획목표를 초과하는 수준의 적자를 내어야 하고, 그 결과 정부는 이자율을 높여야만 하고 계속 돈을 찍어내야만 하는 사태에 직면하게 된 것이다.[18]

그러므로 외국원조의 역할이 결정적이다. 안정화기금은 적자의 관성적 효과를 중화시킨다. 문제는 기금의 양이 충분한가 하는 것이다. 적자는 누적되는데 안정화기금은 불충분하다면, 관성적 인플레이션을 막는 유일한 방법은 지출을 줄이는 것이다. 이것이 정치적으로 실현 가능한가에 관한 문제는 아래에서 살펴볼 것이다.

그러면 경쟁을 유도하기 위해 가격규제를 해제하고 보호수준을 낮추었다고 가정해 보자. 이 경우 많은 기업들이 파산할 것이다. 공급과 수요 모두 일시적으로 하락할 것이다. 가격 동태에 대한 효과는 일반적 용어로 결정되지 않는다. 그것은 특정 경제의 구조와 국제경쟁력에 의존한다. 공급이 수요보다 빠른 속도로 하락한다면 관성적 메커니즘이 출현할 것이다.

요약하면, 단발적인 가격규제 해제와 관련하여 제기되는 결정적인 문제는 관성적 메커니즘을 피할 수 있는가 하는 점이다. 이 관성적 메커니즘이란 임금압력, 독점가격, 정부적자, 그리고 공급지연으로 구성되

18) 실제로 균형예산에 대한 공약을 종교적으로 공언한 마조비에츠키 정부는 프로그램 발표 후 여섯 달이 지난 뒤 정치적 압력에 직면하자 재정적자의 희생 위에 사회적 지출을 늘리기로 결정하였다.

어 있다. 남미의 경험은 비관적인 결론을 유도한다. 반독점 조치는 정치적으로 어려운 것으로 나타났으며—정부는 대기업의 압력에 취약하다—, 그리고 사회적으로 비용이 많이 든다—반독점은 보호의 감소를 요구하고 실업을 야기할지 모른다—. 정부적자 문제도 피하기 어렵다. 왜냐하면 지출의 감소는 흔히 정치적으로 실현 불가능하기 때문이다. 허쉬만(Hirshman)이 오래 전에 지적한 것처럼, 인플레이션은 정치적 현상이다. 높지 않은 수준의 인플레이션이 안정적으로 유지될 수 있는가의 문제는 대체로 전환의 비용을 기꺼이 감수하려고 하는 정치세력의 의지에 좌우된다.

관성적 메커니즘이 작동하면 정부는 가격, 임금, 그리고 이윤의 동결이라는 반인플레이션 '충격요법(shock therapy)'으로 복귀할 수 있다. 그와 같은 요법의 경험들은 혼합되어 왔다. 아우스트랄 계획(Plan Austral)이나 그 자손이라 할 수 있는 플라노 크루자도(Plano Cruzado), 그리고 성공적인 '협약(pacotes)'도 몇 달 이상 지속되지 못하였으며, 억눌려 있던 압력은 매번 격렬하게 폭발하였다. 그 요법들은 구조개혁을 위한 시간을 벌기 위해 취해지는 것으로 여겨졌으나, 아르헨티나와 브라질에서는 그와 같은 요법들과 함께 구조개혁이 실시되지 않았다. 멕시코와 볼리비아, 그리고 특별한 이유로 인해서 이스라엘에서 반독점적 충격요법은 효과적이었다. '쓴 약' 전략이라는 맥락에서 보면, 충격요법은 필요하나 정치적으로 비용이 매우 많이 든다. 왜냐하면 그 전략은 통제가격체제로부터 시장가격체제로 가능한 한 빨리 가려고 하기 때문에, 동결은 곧 개혁 중단의 신호를 보내기 때문이다. 더구나 가격과 임금을 그 당시의 상대적 수준에서 동결한다면, 이는 배분적 비효율성을 가져오며 정치적 흥정의 메커니즘이 재도입되게 된다. 그러므로 경제적 관점에서 본다면, 동결이란 진통제에 불과하다. 정치적으로 동결은 개혁의 속도를 늦추려는 민중들의 요구에 부응할 수도 있지만, 또한 조정기간중에 고통을 감수하겠다는 결단을 약화시킬 수도 있다.

그러므로 정치적 관점에서 볼 때, 인플레이션은 유해한 궤도를 따르기 쉽다. 초기 인플레이션의 폭발은 복지를 감소시키기보다 오히려 증가시킬지 모른다. 그러나 관성이 자리잡으면 인플레이션은 질질 끌 것이다. 그리고 정부가 동결로 대응한다면 개혁에 대한 정치적 신뢰가 손상될 것이다.

(2) 노동과 자본의 실업

개혁의 목적은 행정적으로 규제되고, 독점적이며, 보호받는 경제구조를 국내적 선호와 국내, 그리고 국제적 기회비용을 반영하는 경제구조로 전환시키는 것이다. 두 경제구조가 다르다면—그들은 다르다. 다르지 않다면, 어떤 개혁도 필요하지 않을 것이기 때문에—시장기제로의 전환은 일부 경제활동들이 수정된 규모에서 취해지게 할 것이고, 일부 자본 스톡의 완전한 감가상각이 이루어지지 않음으로써 자본이 물리적으로 방치되며, 현 고용으로부터 일부 노동의 철수를 가져올 것이다. 이러한 조정이 즉각적으로 이루어지지 않는다면, 자본과 노동의 일시적인 실업이 뒤따를 것이고 산출수준은 하락할 것이다.

왜 과도기적 실업이 발생하는가? 첫째, 독점적이며 보호를 받고 있는 경제에서 생산재를 합리적으로 배분하는 유일한 방법은 세계시장이 상대적 가격을 결정하도록 하게 하는 것이다. 국내가격을 고정시킬 수 있는 대리인으로 세계가격을 사용하는 것만으로 충분하지 않다. 세계가격들은 세계 어느 곳에서나 기회비용을 반영할 수 있을지 모르나, 만약 기회들이 전혀 이용되지 않는다면, 자원배분은 계속 비합리적이 된다. 세계시장에서 철강은 알루미늄보다 싸다. 그러나 전혀 철강을 사지 않거나 알루미늄을 팔지 않는 나라에서 철강 값을 낮춘다는 것은 의미가 없다. 그러므로 진정한 자본재 시장이 건설되어야 한다. 즉 관세장벽은 낮추어져야 하며, 다른 보호주의적 대안들이 철폐되어야 함을 의미한다. 이와 관련된 경제활동이나 기업들은 국제적 기준에서 비추어 볼 때, 비효율적이기 때문에 경제활동들은 포기될 것이고 기업들은 파산할 것이다.

둘째, 국내 경쟁의 효과와 상대적 가격의 갑작스런 변화에 따른 효과는 동일할 것이다. 관리경제하에서는 몇 가지 경제활동들이 단지 명령을 받았거나 보조금을 받았기 때문이거나 아니면 기업들이 비용을 완전히 내면화하지 못했기 때문에 취해진다. 보조금의 철폐는 그러한 활동들을 추방할 것이다.

일부 공장들이 간단히 문을 닫을 것이며 자본 스톡을 폐기할 것이다. 기회비용이 주어졌을 때, 그 자본 스톡은 제로의 가격이 되어버린다. 다른 일부 공장들은 군살을 뺄 것이고, 새로운 활동을 착수하기 위해 재조직될 것이다.

농업은 별도의 관심을 받을 만하다. 폴란드와 같은 극단적인 '쓴 약' 전략이 취해졌을 때, 그 전략은 이 부문을 파괴할 위험이 있다. 다양한 이유로, 세계 모든 곳에서 농업 활동의 수익율은 공업이나 서비스 활동의 수익율보다 떨어지는 경향이 있다. 모든 선진 자본주의 국가에서 농업은 세심하게 규제되며 엄청난 보조금을 받는다. 그러므로 농업 투입에 있어서 경쟁시장을 도입하면서 농업산출에 대한 보조를 제거하는 것은 전체 농업부문에 대한 커다란 위험을 만들어 낸다. 더구나 이 위험은 외국으로부터의 식량원조에 의해 강화된다. 그와 같은 원조는 전환기 동안에 도시 인구를 보호하기 위하여 필요할지 모르며, 관성적인 인플레이션을 꺾는 데 유용할 수도 있다. 그러나 식량원조는 국내 농업부문이 살아남을 수 없을지도 모를 정도의 경쟁을 강요한다.

셋째, 임금압력으로부터 자본과 노동의 실업이 나타날 수 있다. 그러나 이것은 특별히 전환기적 효과로 발생하는 것은 아니다. 더구나 실업이 임금압력 때문인가 아닌가 하는 문제는 안정된 선진 자본주의 국가에서조차도 계속 논란이 되고 있는 문제이다.

마지막으로, 과도기적인 노동실업의 한 원천은 명령경제에서만 특별히 나타나는 것이다. 명령경제가 과잉고용한다는 사실은 널리 알려져 있다. 공급이 매우 불규칙하게 기업에 도달하고 기업은 계획을 완수해야 하기 때문에, 기업은 노동을 사재기하는 경향이 생긴다. 만약 기업들이 그러한 사재기를 중단한다면, 그들은 고용을 줄일 것이다.

보호장벽을 낮추고, 경쟁을 도입하며, 임금압력에 굴복하면서, 노동력 사재기를 제거한다면, 일부 자본 스톡은 포기될 것이고, 일부 경제활동들은 더 낮은 율에서 취해질 것이며, 그리고 일부 노동자들은 해고될 것이다. 이러한 효과들의 강도는 특정 경제의 구조와 개혁이 실시된 당시의 국제경제 조건에 달려 있다. 모든 실제적 목적에도 불구하고 그 강도는 예측할 수 없을 것 같다. 1990년에 헝가리나 폴란드의 일인당 GNP가 20% 정도 하락할 것이라는 추정은 단지 추측에 불과하였다.[19] 앞으로 나아갈 수 있는 유일한 방법은 일단 뛰어들고 나서 무엇이 일어나는지를 보는 것이다.

중심적인 문제는 다시 실업이 일시적인가 아닌가 하는 것이다. 그러나 이제 그 이슈는 관성의 문제가 아니라 새로운 자본의 원천의 문제이며 옛 경제활동을 대체할 새로운 경제활동의 문제이다. 관리경제에서, 특히 동구에서 서비스 부문은 매우 심각한 정도로 발전하지 못했으며 소규모의 기업가는 사실상 부재하다. 국가독점은 자동차 수리점까지 확대되었으며, 국가규제는 거리 행상인들의 목을 죄고 있다. 그러므로 그 경제는 이용 가능한 대규모의 창의와 고용의 보고를 갖고 있으며, 그 보고가 방기된 기업활동을 대체할 수도 있다. 그러나 이것만으로는 충분하지 않다.

금융시장이 존재하여 파산한 기업들이 누군가에 의해 취득되고 폐기될 가치 이상을 갖고 있는 자본 스톡이 재고용된다고 가정해 보자. 노동시장이 별 마찰 없이 작동되고 노동력 프로그램이 해고노동자들을 신속하게 재훈련시킨다고 가정하자. 마지막으로, 실업의 회초리가 노동생산성을 증가시키고 신용의 민주화가 소기업가 정신을 자극한다고 가정하자. 그와 같은 상황하에서 경제구조는 신속하게 적응할 것이며 실업률은 빠르게 하락할 것이다.

명백히 시장의 역할은 그러한 조정이 일어날 것인가 아닌가를 결정하는 데 있어서 핵심적이다. 금융시장이 부재할 경우, 수익성이 없는 기업들은 단지 문을 닫는 데 그칠 뿐이며, 자본 스톡은 폐기되는 데 그치고 말 것이다. 신용시장이 부재할 경우, 새로운 기업의 형성은 거의 이

19) 실제로 폴란드에서 산출(적어도 공식적으로 기록된 산출)은 발세로비츠 계획(Balcerowicz Plan) 발표 후 여섯 달이 지난 뒤 35%가 하락하였다.

루어지지 않을 것이다. 노동시장과 노동력 프로그램이 부재할 경우, 구조적 실업은 엄청날 것이다. 그러나 이것이 전부가 아니다. 구조적 개혁의 효과는 소유형태의 변화와 떼어놓고는 생각할 수 없기 때문이다. 두 가지 질문이 제기될 수밖에 없다. ① 어떤 소유형태가 출현할 것인가? ② 그 소유형태가 고용, 투자, 그리고 노동생산성에 대해 미치는 효과는 무엇인가? 전장에서 논의된 이유들 때문에 나는 이 두 질문에 대한 대답은 명백하지 않다고 즉각 경고할 수밖에 없다. 모든 사람들이 소유형태가 기업의 실적에 영향을 미친다고 생각하더라도 우리는 여전히 내생적 기업이론(endogeneous theory of firm), 즉 왜 특정한 기업유형이 상대적 실적 때문에 출현하는가 하는 문제를 설명하는 이론을 가지지 못하고 있다.

서로 다른 몇몇 국가들에서 개혁과 관련하여 나타나는 유일한 소유제의 변혁은 공익사업을 포함한 국영기업의 사유화이다. 국제금융기구의 추진하에, 사유화는 최근의 개혁에 있어서 거의 보편적인 요소가 되어 왔다. 나는 공공기업의 매각이 효율성의 기준으로 정당화될 수 있다고 생각하지 않는다. 효율성은 사유화 없이도 국영기업들간에 경쟁을 도입함으로써 개선될 수 있다. 사유화의 동기는 국고를 채우는 데 있으며, 이는 적자에 시달리고 있는 정부들에게 호소력 있는 조치이다.[20]

그러나 사유화한다는 것은 무엇을 의미하는가? 국가가 자신이 보유하고 있는 거의 모든 생산적인 자산을 매각한다고 가정하자. 어떤 소유구조가 출현할 것으로 기대되는가? 먼저 많은 소유 형태가 나타날 것이라는 데 주목하라. 일단 자원배분에 대한 결정이 분산화되고 물질적 보상이 실적과 연결되면, 소유의 문제는 삼중적인 문제가 된다. 누가 결정하고, 누가 생산하며, 그리고 누가 혜택을 볼 것인가? 이 문제들에 대한 대답은 이제 더이상 단지 두 가지 또는 더 나아가 세 가지의 소유형태, 즉 국가소유, 협동조합소유, 그리고 사적 소유를 구별하는 문제가 아니다. 몇 가지 가능성들을 열거하겠다.[21]

---

20) 베르몽(Vermon, 1988)에서 몇몇 저자들은 이 점을 지적한다.

21) 한스만(Hansmann, 1988)에 의한 소유권 형태의 이론적 분류는 기업들을 ①

① 임금을 몇 가지의 중앙집중적으로 결정된 지불률에 따라 지불하며 자신의 수입으로 투자하거나 자본시장에서 차용할 권리를 가지고 있지 않은 국영기업. 이는 오늘날의 중국이나 1982년 이전 폴란드의 전통적인 사회주의 기업이다.

② 자율적 결정을 하는 국영기업. 이 기업은 국가에 의해 소유되고 있으며 국가가 재정적 책임을 지고 있다(이 기업은 문을 닫을 수는 있으나 파산할 수는 없다). 이 기업은 세금을 낼 수도 내지 않을 수도 있다.

③ 자율적으로 결정하고 국가에 소유되어 있으나 재정적으로는 자율적인 공기업, 즉 파산할 수도 있으며 사기업과 동일한 방식으로 세금을 내는 공기업[22)]

④ '교차소유' 회사. 이는 헝가리의 제안으로, 기업들이 서로에 대해서 소유권을 가지고 있는 공기업

⑤ '공익체' 회사. 이 또한 헝가리의 제안으로, 국가예산에 의존해 왔던 모든 조직들과 결사체들이 영리를 목적으로 하는 기업의 소유주가 된다.

⑥ '사회적' 회사. 이 기업은 피고용인, 정부, 그리고 공공의 대표자들로 구성된 이사회에 의해 통제된다. 이 기업은 모든 잔여소득을 지불해야 한다.

⑦ 모든 피고용인들, 그리고 오직 피고용인들만이 회원이 될 수 있는 협동조합. 이 조합원들은 축출되거나 자격정지될 수 없다.

⑧ 비조합원들도 고용될 수 있으나, 그들은 임금은 받지만 잉여를 공유할 수 없는 협동조합

⑨ 모든 피고용인들이 조합원이나 일부 주주들은 이 기업을 위해 노동을 하지 않는 협동조합[23)]

투자자-소유, ② 소비자-소유, ③ 노동자-소유, 그리고 ④ (비영리) 무소유자 기업으로 구별한다. 그는 미국에서 이러한 형태가 부문에 따라 실질적으로 다르다는 것을 보여준다. 그는 명백히 국가소유를 무시한다.

22) 각 국영기업에서 관리인은 국가에 의해서 임명되거나 또는 국가가 이러한 재산권을 피고용자들에게 위임한다는 데에 주목하라.

⑩ 투자자-소유 공기업
⑪ 투자자-소유 사기업
그 외의 혼합

이제 한 가지 중요한 개혁의 특징은 개혁은 경쟁적 시장이라는 매우 이상화된 청사진에 의해 추진되고 있는 반면, 소유구조는 어떠한 구상에 의해서 지도된 것이 아니라 자발적으로 출현한다는 것이다. 실제로 정부는 공기업을 사고자 하는 사람이면 누구에게나 매각하려고 한다.

사실 지금까지 개혁과정은 상당한 규모의 부패와 관련되어 있다. 집권 말기에 칠레 독재정권은 일부 기업들을 군부와 민간 정치인들에게 의혹을 불러일으키는 조건하에 매각하였다. 폴란드에서는 공장경영자와 다른 국가 관료들이 국가재산에 손을 대는 방법을 개발하면서 노멘클라투라에 의한 국가재산의 전국적인 '사물화(appropriation)' 과정이 드러났다. 타르코프스키(Tarkowski, 1989)가 지적한 바와 같이, 노멘클라투라들은 아파라치키(apparatchiks, 당관료)에서 앙트르프르느츠키(entrepreneurchiks)로 변신하였다.

사유화의 결과로 어떤 형태의 소유구조가 출현하더라도 그 소유구조는 대개 기존의 소유구조가 없었기 때문에 나올 수 있었다. 국가재산을 매각하려는 판매계획은 단순히 비현실적이다. 가계와 국내 사기업의 저축은 합리적인 공공부문의 가치 추정치와 비교해 볼 때 대단히 작다. 폴란드에서 1989년 말까지의 사적 저축은 GNP의 약 3분의 1, 또는 자본 스톡의 약 8%에 달했으며, 그 수치는 다른 곳에서도 크게 다를 수가 없다. 경제적 관점에서 보면, 외국 구매자들이 매우 매력적으로 보이지만 민족주의적 반동이 재빨리 들어선다. "당신은 외국인에게 나라를 팔아 먹고 있다"는 것은 어떠한 정부도 견디어 낼 수 없는 비난이다. 그러므로 경제의 커다란 부문이 구매자가 없기 때문에 국가재산으로 남아 있을 수도 있다.

23) 협동조합을 어떻게 정의할 것인가에 관한 어려움에 대해서는 엘스터와 뫼네(Elster and Moene, 1989)를 보라.

국유재산매각의 대안으로는 피고용인, 경영자나 대중들에게 무상으로, 또는 보조금을 주어서, 또는 재정적 대부에 의해 분배하는 방식이 있다. 예를 들어, 한 헝가리의 청사진은 국영기업의 소유권을 국가예산에 의해 보조를 받는 모든 조직체, 즉 지방자치정부, 대학, 자발적 결사체 등에 이전시키는 것이었다. 체코슬로바키아에서 인기를 모은 제안은 사유화된 회사의 주주를 보유하게 될 상호기금에 모든 시민들의 몫을 분배하자는 것이었다. 폴란드에서 상당한 지지를 얻었던 또 다른 대안은 주식의 일부를 피고용인에게 신용대부로 매각하는 것이었다. 어떤 사례에서든 대규모의 피고용인-소유 부문이, 특히 공업 부문에서 출현할 것이다.

소유제 변혁의 자발적인 성향은 자유노조(솔리다리티)의 요람이라 할 수 있는 그단스크의 레닌조선소의 편력에 의해 잘 나타난다. 마지막 공산당정부는 그 조선소가 이윤을 낼 수 없다는 것을 발견하고 단순히 폐쇄하기로 결정하였다. 자신들의 이익을 지키기 위하여 노동자들은 사적 구매자를 수소문하였고, 그 결과 한 폴란드계 미국인 백만장자 구매 후보자를 발견하였다. 그러나 조선소의 가치를 평가하기 위해 고용된 독일 전문가 집단은 그 조선소가 거의 아무런 가치도 없다는 사실을 발견하였고, 그 결과 거래는 이루어지지 못하였다. 이 단계에서 노동자들은 조선소를 피고용인-소유 기업으로 전환시키고 소유권 이전을 위하여 신용대부를 확대시켜 주도록 공산당 후임의 신정부에 압력을 가하였다. 이것이 이 책이 쓰여지고 있는 시점에서 본 조선소 문제의 현 주소이다.

현 계획에 의하면, 그 조선소가 피고용인의 손에 장악된다 할지라도, 고용수준은 60%나 하락될 것이며 공장의 일부 부문은 포기될 것이고, 새로운 고객들을 찾아나서야 할 것이다. 국가가 여전히 소유주로 남아 있더라도 동일한 일이 발생할 것인가? 그 조선소가 미국인 백만장자에게 매각될 경우에도 그렇게 될 것인가? 사유화의 결과로 출현하게 될 체제는 대규모의 국가부문, 상당한 양의 피고용인 소유부문, 그리고 크고 작은 사기업들의 혼합을 결합한 것이 될 것이다. 이 혼합이 우리가 알고 있는 혼합경제와 다르게 행동할 것인지는 모든 사람의 추측에 맡길 수밖에 없다. 우리는 여전히 기업의 실적에 대한 소유권의 효과에 대해 충분히 알고 있지 못하다.

소유구조가 아직 결정되지 않은 채로 남아 있고, 그리고 서로 다른 소유형태의 혼합이 기업의 실적에 미치는 영향에 대해 거의 알지 못하기 때문에 투자, 고용, 그리고 기술적 혁신의 동태에 관한 모든 예측은 여전히 그 근거가 빈약하다. 새로운 소유구조가 우리가 경험으로 알고 있는 혼합경제와 동일한 방식으로 움직일 것이라고 가정한다 하더라도, 시장형성의 실현 가능성에 관한 많은 평가할 수 없는 문제들이 남아 있다. 저축이 없는 곳에서 금융시장을 건설하기란 용이하지 않다. 주택시장이 없는 곳에서 노동시장이 작동하지 않을 것이다. 신용시장에서 모험 기업가들은 담보가 없다는 이유로 어디에서나 차별대우를 받는다.

그러나 만약 '쓴 약' 전략이 실제로 실시된다면 생산과 고용의 궤도는 빠른 하락과 점진적인 회복이라는 정치적으로 좀더 관용될 수 있는 유형에 부응할 가능성이 높다. 탈보호와 탈가격규제는 시작할 때는 잔인하지만, 그 효과는 즉각적으로 나타날 것이다. 그 후에 만약 정부가 인플레이션에 대처하기 위하여 경기후퇴를 유도하지만 않는다면, 매우 느린 속도일지라도 반드시 경제회복이 자리잡기 시작할 것이다.

(3) 배분적 비효율성

비록 궁극적으로는 개혁이 배분적 효율성을 개선시킨다고 하더라도, 개혁은 과도기적인 배분의 오류를 유인한다. 코미소(Comisso, 1988)가 헝가리의 경험과 관련하여 주장한 바와 같이, "문제는 형편없이 계획되거나 적절히 시행되지 못한 데 있는 것이 아니라 개혁 이전에 이미 형성되었던 산업 구조의 형태에 있다." 그녀는 독점이 존재하고 금융시장이 부재하며 불명확한 소유구조하에서 개혁의 시작은 자원배분의 오류를 증가시킬 수도 있다고 지적하였다.

한 가지 이유는 개혁이 불확실성을 증가시킨다는 것이다. 모든 것이 유동적인 상태에 있으며, 어느 누구도 무슨 일이 일어날지 알 수가 없다. 그와 같은 상황하에서 기업은 유동성을 증가시키려는 선호를 갖게 될 것이며(Vickers, 1987) 투자는 하락할 것이다.[24] 또 다른 이유는 몇 가지 시장, 특히 선물시장(future markets)이 없다는 것이다.

이에 대해 내가 유일하게 언급할 수 있는 것은 현재의 개혁을 이끌어 나가고 있는 이데올로기적 신조에 관한 것이다. 바로 그 '개혁'이란 용어가 지난 몇 년간 명령경제에서 시장경제로의 전환과 동의어가 되었다는 데에 주목하라. 20년 전에 이 용어는 남미에서의 농민에 대한 토지분배, 그리고 동구에서의 계획체계의 수정을 가하는 것이라는 것을 상기하라. 그러나 오늘날 이 용어는 시장의 지배와 같은 의미로 쓰여지고 있다.

시장은 우리가 알고 있는 유일한 효율적인 자원배분 기제이다. 그러나 만약 각 개인들이 자신이 내린 결정의 비용과 이득을 내면화한다면, 모든 사람들은 가격이라는 자극에 반응할 것이라는 가정은 단지 하나의 신조에 불과하다. 사람들이 시장적 행위자처럼 행동하기 위해서는 강력한 문화적 장벽이 철폐되어야 하고 뿌리박힌 습관이 허물어져야 한다. 딱 한 가지 예를 들면, 농민들에게 경작물을 바꾸도록 설득하기 위해서는 예상 수익률이 20~30% 차이가 나야 할 뿐만 아니라 다른 조건들이 추가된다(Shapiro and Taylor, 1989: 12). 개인들이 시장적 관계로 변용되는 과정인 근대화는 서구에서 수십 년 또는 그 이상의 시간이 소요되었다. 더구나 과거 레닌이 언급한 바와 같이, 요리사까지도 사회주의 경제를 관리할 수 있는 방법을 배울 수 있으나, 시장경제는 회계사, 주식중개인, 투자계획가, 그리고 금융의 천재들의 세계라 할 수 있다. 요리사가 경영학석사(MBA)가 되기 위해서는 시간이 걸린다.

폴란드 계획경제에서 한 구조적인 병목현상이 일어나고 있는 곳은 식품가공산업이다. 매년 6월쯤이면 딸기 공급은 거의 무제한이다. 몇

---

24) 나의 사촌은 폴란드에서 닭을 사육하였다. 가격규제가 해제되었을 때, 사료가 지나치게 비싸졌고 이자율이 올라갔다. 다음에 무엇을 해야 할 것인가에 대한 그의 주요한 관심사는 불확실성을 줄이는 것이었다. "오늘 나는 투입가격을 알고 있지만, 내가 팔 준비가 되어 있을 때, 산출가격이 얼마나 될 것인지를 누가 알 것인가?"라고 그는 나에게 말했다. 그는 오이를 기르기로 결심하였는데, 왜냐하면 그것의 성장주기가 가장 짧았기 때문이다.

주 후 각 가정에서 먹지 않았거나 가공되지 않고 남은 딸기는 썩는다. 6월의 딸기 가격은 매우 낮다. 냉동이나 통조림된 과일의 수요는 겨울에 높다. 개인사업가들이 합리적 가격체계가 인도하는 이러한 기회에 반응할 것인가? 아마 딸기를 농장에서 공장으로 운송할 수 있고, 저장할 수 있으며, 잠재적인 구매자들과 의사소통을 할 수만 있다면, 그들은 그렇게 할 것이다. 지금 그들은 그렇게 할 수 없다. 그들이 그렇게 하는데 필요한 도로, 트럭은 거의 없으며 작동하는 전화는 전혀 없다. 이들이 개인들의 이윤극대화 행위의 결과로 이용 가능하게 될 것인가? 통화주의자들의 신조는 우리로 하여금 이것을 믿게 만들고 있다. 그러나 거대한 규모의 자원의 재배분은 어느 곳에서나 자발적으로 일어나지 않는다. 그것을 발생시키는 것은 다름 아닌 국가이다.

사적 기업가정신이 유약한 몇몇 자본주의 나라에서—브라질, 프랑스, 멕시코, 한국—국가는 자본의 축적을 이끌었을 뿐만 아니라 적절한 시기에 토착자본가들을 또한 형성하였다. 동구 국가는 토착자본가들을 가지고 있지 않으며 지배적인 분위기가 급진적으로 반국가주의이기 때문에 가까운 장래에 국가가 앞에서 말한 것과 같은 동일한 역할을 수행할 수 없다. 자본가들은 시장에서 우후죽순처럼 솟아날 것으로 기대된다.

더구나 남미 나라들에 유리한 한 가지 차이는 남미는 시장관계에 더 오랫동안 노출되어 왔으며, 모델이 될 수 있는 역동적인 현대 자본주의 기업들이 일부 존재하고 있다는 점이다. 동구에서 이 경험은 제한적이며 시장에 대한 지식은 희박하다. 1970년대에 폴란드 사람들은 애프터서비스 제공 없이 내구 소비재를 서구에 팔려고 했다. 예상한 대로 그들은 실패하였다. 오늘날 나의 비공식적 대담 자료에 의하면, 그들은 똑같은 일을 저지르려 한다. 그들은 여전히 생산품이 경쟁력이 있으면 저절로 팔릴 것으로 믿고 있다.

이는 시장지향적인 개혁을 논박하는 주장이 아니다. 그러나 사람들은 전환기적인 비효율적 배분이 다음과 같은 무형의 요인들, 즉 시장의 부재, 시장이 작동하는 방법에 관한 지식과 소유권 변화와 관련된 학습의 결여, 그리고 토착자본가의 부재 등의 요인들로부터 나타날 것으로 예상하고 있다.

분배적 효과

모든 사람들이 새로운 체제하에서 더 나아질 것으로 기대하고 새로운 체제에 강력한 규범적 공약을 하고 있다면, 그 새로운 체제로의 전환은 만장일치로 합의될 수 있다. 개인들이 오로지 자신들의 복지에만 관심이 있다면, 다음의 두 가지 조건이 충족되면 된다. ① 새로운 체제가 보다 생산적이다. 그리고 ② 새로운 체제하에서 복지의 분배는 과거와 비교하여 상대적 차이를 유지한다.[25] 만약 사람들이 결과와는 관계없이 독립적으로 분배기제에 대한 선호를 갖도록 인도하는 정의의 개념을 가지고 있다면, 그들은 보다 생산적일 뿐만 아니라 현 체제에서 침해되고 있는 형평성, 공정성 또는 정의의 규범을 충족시켜 주는 체제에 대해 만장일치로 투표할 것이다.[26] 비록 혁명이 보편적인 슬로건을 내걸고 있다 하더라도, 혁명은 소득과 복지의 분배를 변화시킨다. 극단적인 경우, 어떤 집단이 새 체제하에서 나빠질 것으로 기대된다면 그 집단은 변화를 반대하기 쉽다. 규범적 공약이 구조적 변화를 항상 지지하는 방향으로 작동할 지는 명백하지 않다.

그러나 안정적인 개혁 후의 체제의 상태가 과거보다 파레토 우위라고 하더라도, 그리고 이제 선망의 대상도 없다고 하더라도, 분배효과가 개혁과정을 해칠 것인가 아닌가가 우리의 질문이다. 전환기적인 분배효

---

25) 맑스는 혁명을 파레토 우위(Pareto-superior)의 운동으로 보았다는 데 주목하라. 왜냐하면 맑스에 의하면, 혁명은 어떤 생산관계가 혁명 이후의 생산체제가 거대한 생산적 잠재력을 해방시킬 수 있는 수준으로 생산력을 발전시키는 데 족쇄가 되었을 때 발생한다고 생각하였기 때문이다. 슘페터도 사회주의로의 전환을 파레토 우위로 보았는데, 왜냐하면 혁명은 자본가라고 말할 수 있는 사람이 없고, 단지 자본의 고용인들만이 있을 때 발생하며, 그리고 이러한 관리자들은 사회주의하에서도 동일하게 필요하기 때문이다.

26) 예를 들어 하버마스(Habermas, 1975)가 주장했고 폴란드의 조사자료가 확인한 바와 같이, 사람들은 자의적으로 보이는 행정적 결정에 의해 초래된 불평등보다 시장에 의한 불평등에 훨씬 더 관용적이다.

과가 발표되고 절대적 소비수준의 변화가 걷잡을 수 없게 되어 어쩌면 생활을 위협하는 정도가 될 것이라고 기대할 만한 충분한 이유가 있다. 이러한 변화들 중 일부는 쉽게 예측될 수 있고, 다른 것들은 전혀 예상할 수 없는 것들이다.

몇 가지 분배적 효과는 반대의 사회적 기초가 그렇듯이 예측하기가 쉽다. 많은 고위급 관료들은 노멘클라투라체제 때문에 자신들의 지위-즉 가장 중요한 행정적 지위에 대한 정치적 통제-를 유지한다. 그들이 시장경제에서 유급으로 고용될 수 있는 전문적 기술을 가지고 있지 않거나, 사유재산을 모으기 위해서 자신들의 공적 지위를 이용하지 않았다면, 그들은 거리에 나앉아 있는 자신들의 모습을 발견하게 될 것이다. 물론 비숙련 노동자가 실업사태로 가장 쉽게 고통을 받는 집단일 것이다. 반면에 공공부문 피고용인들은 공공지출의 감소나 정부 관료기구의 몸집줄이기로 일자리를 잃는다. 남미에서 공공부문 노조들이 시장지향적 개혁을 반대하는 최일선에 섰다는 사실에 주목하라. 그러므로 반개혁연합은 전문적 훈련이나 사적 소득이 없는 관료들, 비숙련 노동자, 그리고 공공부문 피고용인들로 구성되기 쉽다. 그리고 바로 이것이야말로 동구의 분석이 보여주고 있는 것이다(Bruszt, 1988; Kolarska-Bobinska, 1988; Zaslavskaya, 1988).[27)]

그러나 누가 그 쓴 약을 삼킬 것인가는 정치세력들간의 관계에 달려 있다. 보조금의 삭제는 불가피하게 대기업에게 해를 끼칠 것이며, 그로 인한 해고는 비숙련 노동자나 공공부문 피고용인들에게 해를 끼칠 것이다. 이 정도는 피할 수 없는 것이다. 그러나 공공적자의 감축은 두 가지 방법으로 달성될 수 있다. 지출을 제한하거나 세금을 통해 세입을 증대시키는 것이다. 결정적인 문제는 특정 국가가 정치적으로 그리고 행정적으로 세금을 낼 수 있는 사람들로부터 세금을 징수하여 시장에 의해 상처를 받는 사람들에게 복지 서비스를 제공하고 그들의 소득을 유지시킬 수 있는가이다. 만약 국가가 세금을 징수할 수 있고, 복지 서비스를

27) 중국 노동자들이 소위 '부패(관료가 발생시키는 부)'와 '폭리추구(시장이 발생시키는 부)' 둘 다 반대했다는 데에 주목하라.

효율적으로 제공할 수 있으며, 소득을 유지할 수 있다면 시장지향적 개혁이 반드시 역진적 소득효과가 있다고 이야기할 필요는 없을 것이다.[28)]

복지제공과 소득유지를 위한 체제는 무에서부터 수립되어야 한다. 시장경제에서 복지체계는 시장에서 고통을 받는 사람들을 불운으로부터 보호하기 위하여 고안된 것이다. 시장소득이 평가되고, 수입에 세금이 부과되고, 나머지는 보유되며, 복지 서비스가 제공되고, 최소한의 소득이 유지된다. 그러므로 동구에서는 완전히 새로운 체제가 건설되어야 한다. 과거 경제를 명령했던 관료는 하루아침에 세금을 징수하여 소득을 이전시키는 기구로 변형되어야 한다. 거대한 유조선이 한꺼번에 방향을 바꾸어야 한다.

그러한 조건하에서 많은 범주의 사람들이 배에서 물 속으로 떨어질 수 있다. 개혁은 고용소득이나 재산소득이 없음에도 불구하고 아직 국가로부터 도움을 받지 못하는 사람들에게 생명을 위협하는 것으로 나타날 수도 있다. 그러한 사람들은 개혁이 스스로 작동할 때까지 기다릴 수 없다. 사실 그들은 특히 노인들, 지역적으로 고립되어 있는 농부들, 그리고 교육을 받지 못한 사람들로 구성되어 있기 쉽기 때문에 정치적 힘이 거의 없을지 모른다. 그러나 그들은 개혁의 분배적 효과로 고통받는 다른 부문들의 잠재적 동맹자를 구성하고 있다.

결론

장기적인 결과에 관계없이, 단기적으로 개혁은 상대적 소득의 변덕스런 변화를 발생시킬 뿐 아니라 인플레이션, 실업, 그리고 잘못된 자원배분을 야기하기 쉽다. 이들은 어느 곳에서나 정치적으로 인기 있는 결과는 아니다. 그리고 그러한 상황하에서 정치적 영역의 민주주의는 경제

---

28) 코르테스와 루발카바(Cortes and Rubalcava, 1990)의 주의 깊은 연구는, 기존에 널리 퍼진 믿음과는 반대로, 1982년 구조조정 프로그램 이후 멕시코에서 평균소득은 떨어졌으나 불평등은 증가하지 않았다는 것을 보여준다.

적 개혁에 반해 작동한다. 코미소(comisso, 1988)의 말에 따르면, 시장이 효율적인 결과를 가져다주는 데 실패했기 때문에 계급이 다시 등장할 수도 있다.

개혁의 정치적 역학—모델

개혁에 대한 정치적인 반응과 개혁의 궁극적인 성공 또는 실패는 경제적 효과뿐만 아니라 정치적 조건에 의존한다. 1987년 11월, 폴란드의 개혁 프로그램은 공산당 정부가 실시한 국민투표에서 다수의 지지를 확보하는 데 실패하였다. 그러나 공산당 후임의 정부에 의한 경제적 개혁은 압도적인 지지를 받았다. 프로그램 자체는 이전의 것과 거의 동일한 것이었다. 변한 것은 정부였다. 그러므로 문제는 그 전환의 계곡이 얼마나 깊고 넓은가뿐만 아니라 어느 정치적 세력이 그 계곡을 가장 잘 건널 수 있는가이다. 이것이 여기서 검토될 문제이다.

세 가지의 정형화된 사실들이 이 분석을 조직하고 있다. 첫째, 개혁은 거의 언제나 똑같이 갑작스레 기습적으로 착수된다. 둘째, 흔히 개혁은 초기에는 광범위한 지지를 창출하나 사회적 비용이 들어가게 되면서 지지가 사라진다. 마지막으로, 개혁은 '서다가다(stop-and-go)'를 반복하는 유형을 따르는 경향이 있다.

전략의 선택

어떻게 개혁전략이 선택되는가를 고찰하기 위해서 먼저 그림 4.2에 그려진 세 가지 소비경로를 비교해 보자. 급진적 전략인 경로 R에서 소비는 급속하고 심각하게 하락하다가 조기에 회복된다. 급진적 전략은 입에 쓴 것이 몸에 좋다는 신념을 가지고 채택된 '쓴 약' 전략이라고 불린다.[29] 점진적인 전략인 경로 G하에서 소비는 천천히 하락하여 급진

29) 1989년 폴란드의 발세로비츠 계획 이전에 있었던 급진적 개혁의 가장 좋은

적 전략하에서만큼 크게 감소하지는 않으나 훨씬 후에야 원래 수준으로 복귀한다.[30] 일단 전환기가 끝났음을 나타내는 원래 수준으로 소비가 복귀하면, 두 전략하에서 경제는 동일한 비율로 성장한다. 이 경로들은 전환기 동안 소비감소의 누적으로 정의되는 사회적 비용이 급진적 전략하에서는 더 높게 나타나게 의도적으로 그려졌다.[31] 어느 전략도 채택되지 않는다면, 소비는 현상유지의 수준 S에 머물 것이다.[32]

사례는 1985년 볼리비아의 개혁패키지이다. 그 계획의 입안자(Cariaga, 1990: 43ff.)에 의하면, 볼리비아 개혁패키지는 연료에 대한 간접세 부과, 통화의 평가절하, 외국 파트너와 동일한 수준으로 국영기업에 의한 부과율의 인상, 광범위한 세제개혁, 식품을 포함한 모든 보조금의 폐지뿐만 아니라, 국영기업이 낮은 요율, 낮은 요금을 가장하여 부여하는 사실상의 보조금의 철폐, 현금과 물품으로 지급되는 비합법적인 보너스의 폐지, 모든 공공부문 노동자들의 임금동결, 엄격한 재정적 기율확립, 어떠한 예외도 없는 단일한 균등률로의 관세율 축소, 그리고 1년 후 탄광 작업장 폐쇄 등을 포함하고 있었다.

30) 점진적 개혁의 한 예로는 폴란드의 바카(Wladyslaw Baka)의 프로그램이다. 그의 계획은 최종재 시장을 건드리지 않으면서 투자재에 대해 시장이나 다른 분산적인 메커니즘을 도입하는 것이었다. 오직 투자가 합리화되고 산출이 증가된 연후에야 소비자 시장에 대한 규제가 해제되었다. 명목소득이 여전히 통제되는 동안에도 공급이 증가하기 때문에 소비자 가격에 대한 최종적인 규제해제가 인플레를 야기하지 않을 것이라는 것이다. 이 전략이 지닌 명백한 문제는 궁극적으로는 이 전략이 효과적이라 하더라도, 이 전략은 시간을 요구한다는 것이다. 더구나 이 전략은 역전에 취약하다. 동구에서 기업에 대해 금융적인 자율성을 도입한 최초의 시도 이후, 동구 경제들이 재중앙집권화되었다는 사례들이 반복해서 나타나고 있다는 증언들이 나오고 있다.

31) 만약 점진적 전략이 너무 느려서 그 전략의 누적적인 사회적 비용이 급진적 전략보다 높다면, 점진적 전략은 결코 선택되지 않으며, 모든 문제는 급진적 전략과 현상유지 사이의 선택으로 축소된다.

32) 여기에 수치적인 예가 있다. 최초의 소비수준을 100으로 잡을 때, R(0)=G(0)=S(0)=100이 된다. 급진적 전략하에서의 소비는 다음과 같은 길을 따라간다. 70, 50, 60, 70, 80, 90, 100(전환의 종결), 110, 120, ···, 그리고 그 다음 시기마다 +10을 더한 것이다. 점진적 전략하에서의 소비는 95, 90, 85, 80, 90, 100(전환의 종결), 110, 120, ···, 그리고 그 다음 시기마다 +10을 더한 것이다. 현상유지의 경우, 모든 t에서 S(t)=100이다. 첫 번째 10t의 기간 동안 총소비는 C(R)=850, C(G)=865, C(S)=1,000이다. 사회적 비용은 급진적 전략하에서 −180이고, 점진적 전략하에서 −145이며, 현상유지하에서는 그 말이 정의되는 바와 같이 0이다.

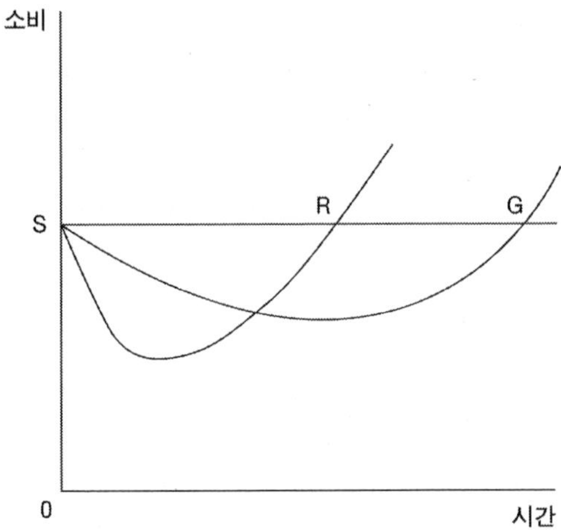

그림 4.2

이들 대안들 사이의 선택은 다음의 세 행위자들, 즉 기술관료, 집권하고 있는 정치인, 그리고 대중의 태도에 달려 있다. 나는 대중들은 먹기를 원하고, 기술관료들은 성공하기를 원하며, 정치인은 지지를 획득하기를 원한다고 가정한다.[33] 개혁에 관한 이들 행위자들의 선호를 살펴보자. 먼저 대중들을 살펴보자. 그들은 전환기의 비용을 감수하는 데 자발적으로 동의할 것인가? 그들은 자신들의 소비를 하락시킬 제안을 한 정당을 위해 투표할 것인가? 그들은 보다 점진적인 대안보다 훨씬 높은 비용을 초래하는 전략을 선택할 것인가?

어떤 조건하에서 사람들이 급진적 전략을 선택하는가를 설명해 주는 몇 가지 이유가 있다. 표준적인 가정들이 그러한 조건들을 보여주는 데 충분하다. 개인들이 미래에 대한 위험부담을 고려하여 미래의 소비에 대한 현재적 가치를 극대화한다고 가정하자.[34] 유권자들은 각 전략, 즉

33) 명백히 기술관료들과 정치가들 또한 먹기를 원한다. 그러나 그들은 비록 개혁이 많은 사회적 비용을 발생시킨다 하더라도 충분히 먹을 수 있다는 것을 확신한다. 내가 이 말을 하는 이유는 유권자들은 정책 결과에 주의를 기울이나 정치가들은 주의를 기울이지 않는다는 다운스(Downs)의 정치적 지지의 극대화 모델에 내재한 역설을 피하기 위해서다.

현상유지, 점진적·급진적 전략하에서 자신들이 직면할 소비의 흐름을 검토한다. 그들이 특별한 전략의 성공을 확신하고 있다면, 그들은 오랜 시간이 지난 후 자신들이 누리게 될 소비의 가치를 거의 현재의 소비만큼 높이 평가할 것이다. 만약 그 전략에 대한 확신이 매우 약하다면, 그들은 먼 미래의 결과들에 대해서 별 가치를 부여하지 않을 것이며 가장 가까운 결과들에 관심을 집중할 것이다. 계획된 소비의 흐름하에서 사람들은 가장 높은 소비와 미래에 대한 확신을 부여하는 데 가장 가치가 있다고 생각하는 전략을 선택한다.[35)]

이와 같은 가정하에서, 사람들이 개혁 후의 미래가 일시적인 악화를 보상하는 데 있어서 현상유지보다 월등히 우월하다고 믿는다면, 그들은 전환의 계곡을 건널 것을 제안한 정당에게 투표할 것이다. 그리고 투표자들이 미래에 대해서 높은 확신을 가지고 있다면, 비록 급진적 전략이 점진적 전략보다 더 높은 사회적 비용을 요구한다 하더라도 급진적 전략을 선택할 것이다. 만약 결정적인 투표자가 개혁이 성공할 것을 확신하고 있다면, 전략 선택의 서열은 R>G>S가 될 것이다. 만약 이 투표자가 미래에 대한 확신이 덜하다면, 그 서열은 G>R>S가 될 것이며, 확신의 정도가 더 떨어진다면 선택의 서열은 G>S>R의 경로를 거쳐 S>G>R로 나아갈 것이다.[36)] 만약 투표자가 개혁에 대해 아무런 확신

---

34) 이는 순수한 시간적 선호를 배제하는 것이 아니다. 나는 만약 우리들이 시간적 선호들이 형성되는 방식에 관한 이론을 가지고 있지 않다면 이들은 비교결과에 대한 어떠한 영향도 끼치지 않는다고 보기 때문에 시간적 선호들을 무시한다.

35) 사람들이 장기간 계속되는 괴로움보다 단기간의 격렬한 고통을 더 선호하는 데에는 몇 가지 이유가 있다. 내가 여기서 의존하고 있는 가정은 고전적인 폰 노이만-모르겐스턴(von Neumann-Morgenstern)에 근거를 둔, 미래 소비의 현재적 가치를 극대화한다는 가정이다. 대안적 가정들은 아래에서 논의될 것이다.

36) X(t)>Y(t)라는 표기는 X가 시간 t에서 Y보다 선호되고 있다는 것이다. 우리는 지금 최초의 시기, t=0에 있다. 우리가 그런 행로에서—어떤 사람은 다른 경로를 생각할 수 있지만—미래에 대한 유권자들의 할인율이 매시기마다 12% 이하에 있는 한 점진적 전략과 현상유지 전략보다 급진적 전략을 선택할 것이다. 그들의 할인율이 12% 이하나 16%를 넘지 않을 경우, 그들은 G>R>S를 선택할 것이다. 그들의 미래에 대한 할인율이 매시기마다 18% 이

도 가지고 있지 않다면, 그들은 현상유지를 선택할 것이다.

그러므로 급진적 개혁이 비록 높은 사회적 비용을 초래한다 하더라도 반드시 기술관료들이나 정치가들에 의해서 대중들에게 항상 강요되는 것은 아니다. 사람들이 정부를 신뢰하고 있다면, 그들은 발세로비츠 계획의 폴란드식 표현인 '말 치료법(horse therapy)'을 선택할 수도 있다. 실제로 폴란드(발세로비츠 계획, Balcerowicz Plan), 브라질(콜로르 계획, Plano Collor), 아르헨티나(메넴하에서), 그리고 심지어 페루(후지모리하에서)를 포함한 많은 나라들로부터 나온 증거는 개혁 패키지가 생활수준의 하락을 초래함에도 불구하고 착수될 당시에는 많은 지지를 누리고 있었다는 것을 보여준다.[37)]

그러나 투표자들은 현상유지보다 개혁을 선택하며 급진적 개혁보다는 점진적 개혁을 선호한다고 가정하자. 점진적 프로그램이 선택될 것인가?

경제팀에 있어서 성공이란, 오늘날의 용어를 사용하자면 경제변혁의 청사진을 실현하고, 안정, 재정자립, 그리고 효율성의 목표를 달성하는 것이다. 그들은 결과를 원하며 사회적 비용에 대해 특별히 관심을 두지 않는다. 그러므로 그들은 점진적 개혁이나 현상유지보다는 급진적 개혁을 더 선호한다. 그들이 정치적 반응에 관심을 두고 있다면, 이러한 정치

상으로 빨리 온다면 그들은 개혁을 거부할 것이다.

37) 폴란드에서 주민들은 압도적인 비율로(90% 정도) 새로운 경제 프로그램이 실시된 첫 달 동안에 생활조건의 심각한 악화에도 불구하고 마조비에츠키 정부를 지지하였다. 더욱이 응답자의 60에서 70%는 개혁의 비용을 기꺼이 감수하겠다고 말하였다(*Gazeta Wyborcza*, various issues). 브라질에서 68%가 콜로르(Collor) 대통령이 그의 계획을 발표하였을 때, 그에 대한 신뢰를 표명하였다(*Latin America Weekly Report*, WR-90-37, 27 September, 1990, p.11). 페루에서 후지모리 대통령은 '쓴 약' 전략을 포용하여 그의 지지자들을 배반하였을 때, 즉각적인 지지의 하락으로 고통받았지만, 구조조정 프로그램을 지도한 경제장관은 응답자의 58%의 지지를 누렸다(Ibid., WR-90-37, 20 September, 1990, p.2). 스페인의 여론조사 자료는 노동자들이 민주주의를 공고화하기 위하여 기꺼이 임금요구를 희생할 준비가 되어 있다는 것을 명시적으로 보여준다. 더구나 노동자들은 고용이나 투자와 같은 직접적인 경제적 보상과 교환하는 조건으로 기꺼이 임금요구를 완화하려 하지 않은 반면에, 정치적 영역에서 민주주의와 교환하여 임금요구를 완화할 준비는 되어 있었다.

적 반응들이 자리잡기 전에 가능한 한 많이 개혁을 진척시키려 할 것이다. '명령경제로부터 시장경제로의 전환'이라는 「OECD 보고서」(1990: 9)에 의하면, "점진적 접근방법은 사회적 긴장을 덜 초래할지는 모르나 장기간에 걸친 온건한 개혁이 가시적인 변화를 가져오지 않는 것처럼 보이기 때문에 개혁가들이나 대중들로 하여금 개혁에 싫증나게 할 위험을 수반한다. 또한 장기간의 개혁 기간중에 다양한 반개혁적 또는 다른 로비 활동들이 자신들의 세력을 동원하여 점차 개혁과정의 목을 조일 수도 있다." 또한 넬슨(1984: 108)이 관찰한 바와 같이, "'충격요법'의 옹호자들은 희생에 대한 대중들의 인내는 짧으며 정치가의 용기 또한 제한적이라는 사실을 확신하고 있다. 적응과정이 너무 점진적이면 반대세력이 결집할 것이며 개혁과정은 궤도를 이탈할 것이다."

선거로 선출된 정치인들은 보다 모호한 입장에 있다. 그들은 개혁이 불가피하다는 것을 감지하고 있으나, 대중들의 반대 또한 예상하고 있다. 정치인들은 개혁 프로그램에 대해서 단지 제한적인 이해만을 하고 있다. 이는 매우 기술적인 문제이다.[38] 그들은 국제 금융업자들의 압력을 받고 있으며, 자신들의 나라가 새로운 국제노동분업구조로부터 떨어져 나가지나 않을까 두려워하고 있으며, 점증하고 있는 빈곤에 대해 염려하고 있다. 그러므로 그들은 무언가 결정적인 조치가 시행되어야 한다고 느끼고 있다. 그러나 정치인들은 또한 사회평화와 대중들의 지지에 관심을 두고 있다. 그러므로 그들이 무엇을 결정할 것인가는 한편으로는 경제팀에 대한 자신들의 확신, 다른 한편으로는 대중들의 반응에 대한 자신들의 이론에 의존한다. 나의 추측으로는 그들은 다음과 같이 생각할 것이다. 그들은 어떠한 조치들이 극심한 저항을 불러일으킬 것인가와 어떠한 것들을 피해야 하는지를 알고 있다.[39] 그렇지 않다면 그

---

38) 넬슨(Nelson, 1984: 104)은 5개국의 연구에 기초하여 "매우 적은 수의 경제 관료들만이 복잡하고 추상적인 경제관계와 대안적인 거시경제정책의 의미를 이해할 수 있는 훈련을 받았다. 더구나 전통적인 안정화와 구조조정 프로그램은 반직관적인 측면이 있다"라고 보고하였다. 코나간(Conaghan, 1983)도 역시 참조하라.

39) IMF 프로그램에 관련된 증거(Haggard, 1986; Remmer, 1986)는 정부지출의 축소—실제로는 공공고용의 감축—는 가장 잘 실현되지 않는 목표라는 것

들은 다음 선거시에 경제가 상승곡선상에 있어야 한다는 데 가장 큰 관심을 기울일 것이다. 그들은 일단 일이 제대로 궤도에 들어서면 투표자들은 낙관적인 태도를 가지게 될 것이며 과거의 박탈감을 망각할 것으로 믿는다. 그러므로 정치인들은 정치일정상 선거일 이전에 경제가 호전될 것이라는 기술관료들의 확신을 믿을 때는 언제나 급진적 개혁을 선택한다.

선거일 이전에 정치인들이 개혁이 필요하다는 데 대해 설득당한다면, 그들은 국민들에게 어떤 개혁 프로그램과 현상유지 중에 하나를 선택할 것을 제시하여 의제를 조작하거나, 아니면 그들이 정권을 획득할 때까지 경제계획을 모호한 상태로 유지하려고 하는 유혹에 빠질 것이다. 그러나 설사 선거에서 승리한 후보자들이 유세과정에서는 개혁의 사회적 비용을 비난하면서 개혁에 반대하는 캠페인을 벌였다 하더라도 일단 정권을 획득하고 난 후에는 급진적 개혁전략을 채택하여 모든 사람을 놀라게 할지도 모른다. 어떠한 고려도 그들로 하여금 개혁의 길로 들어서게 하는 데 충분하지 않다고 하더라도, 저항할 수 없는 한 가지가 있다. 정부가 파산한 경우—적자재정을 꾸려가고 있으며 돈을 빌릴 수 없는 경우—이데올로기적 정향, 선거 프로그램, 그리고 사회적 기반에 관계없이 모든 정부들은 재정적 신용을 회복할 수 있는 것이면 무엇이든지 하려고 할 것이다.

1985년 볼리비아에서 파즈 에스텐소로(Victor Paz Estenssoro)는 반제르(Hugo Banzer)에 반대하는 민중주의 후보처럼 보였다. 선거가 7월 15일에 실시되었다. 아무도 다수를 획득하지 못했으며 의회는 8월 6일 파즈를 대통령으로 선출하였다. 2주일이 지난 후, "볼리비아는 죽어가고 있다"라는 제목의 연설에서 그는 남미 역사상 가장 급진적인 시장지향적인 개혁안을 발표하였다. 아르헨티나의 카를로스 메넴은 1989년의 대통령 선거유세기간 동안 자신의 경제정책에 대해서 모호한 입장을 유지하면서, 모든 사람들로 하여금 그가 페론주의자처럼 행동할 것으로 믿게 했다. 그러나 실제로 그는 대대적인 탈국유화 정책을 포함한 전통적인

을 보여준다.

반페론주의적 경제정책을 전적으로 수용했다. 브라질에서 다수당의 지도자인 페르난도 헨리크 카르도소(Fernando Henrique Cardoso)를 포함한 모든 의회의원들은 대통령의 포고령이 미디어에 알려졌을 때에야 비로소 플라노 크루자도(Plano Cruzado)에 대한 정보를 입수할 수 있었다(Sola, 1990: 21). 폴란드에서 마그달렌카 (Magdalenka)의 4월 협정과 6월 선거 결과, 마조비에츠키(Mazowiecki) 정부가 1989년 8월에 정권을 획득했다. 9월 29일에 경제 프로그램의 최초의 모습을 대중들이 볼 수 있었고, 10월 5일에 발세로비츠(Balcerowicz)가 기자회견에서 공식적으로 제시하였다. 그 때 제시된 경제 프로그램은 4월 협정에 나타난 것과는 전적으로 상이했다(이에 대한 텍스트로는 *Porozumienia Okraglego Stolu*, 1989를 참조하라). 실제로 의회의 솔리다리티 지도자인 기에레멕(Bronislaw Gieremek)은 '의원들이 정부의 경제 프로그램이 무엇인가를 신문지상을 통해 안다는 것은 받아들일 수 없는 사실'이라고 불평하였다(Domaranczyk, 1990: 193). 헝가리에서 급진적 개혁을 옹호한 SZDSZ당은 선거에서 전통적인 중앙집중 노선을 견지한 MDF에게 패하였다. 현재 MDF는 시장지향적인 개혁을 추구할 것으로 보인다.

그러므로 선거 시기에 개혁노선을 견지하느냐 안하느냐에 관계없이 개혁 프로그램들이 채택되는 경향이 있다. 선거 유세기간 동안에 후보자가 견지하는 입장은 그가 공직을 맡은 후 무엇을 할 것인가를 예견하기에는 빈약한 척도이다.

대중지지의 역학

우리가 가지고 있는 한정된 자료에 의하면, 애초부터 사람들이 급진적 조치를 지지할 때에도 이러한 지지는 사회적 비용을 경험하는 순간부터 때로는 급격하게 약화된다는 사실을 알 수 있다.[40] 반대는 여론조

40) 폴란드에서 1989년 겨울 말 발세로비츠 계획이 채택되었을 때 응답자의 50.2%가 지지하였고 14.2%는 반대하였다. 1990년 6월에는 32%의 지지와 25%의 반대를 기록하였다(*Gazeta Wyborcza*, various issues). 1990년 5월에 브라질에서 콜로르(Collor) 계획이 발표되었을 때 68%에 이르던 지지가 9월에

사, 선거, 파업, 그리고 때때로 폭동으로 표현된다.

왜 사람들은 초기에 어떤 특별한 개혁 패키지를 지지하였다가 후에 반대하는가? 사람들이 최초에 폰 노이만-모르겐스턴(von Neumann-Morgenstern)적인 주장에 기초한 개혁 프로그램, 즉 기대효용을 극대화하는 프로그램을 지지했다고 가정한다면, 그러한 지지의 하락은 개혁의 성공에 대한 확신이 약화된 것으로 설명될 수 있다.

확신은 개혁에 대한 대중의 반응을 형성시키는 과정에서 결정적인 역할을 한다. 미래의 소비 흐름에 대한 사람들의 평가는 현재의 소비를 희생시킴으로써 미래에 실제로 자신들의 소비가 신장될 것이라는 것을 어느 정도 확신하고 있는가에 의존한다. 그들이 장기적인 미래에 관해 믿음을 갖고 있다면 단기적인 고통을 기꺼이 감수하려 할 것이다. 이 확신은 대부분 내생적인 것이다. 그 이유는 사람들은 전환의 비용이 얼마나 들 것이며 얼마나 오랫동안 계속될 것인지에 대해서 모르고 있기 때문이다. 구조적 전환은 불투명한 물 속으로 뛰어드는 것과 같다. 사람들은 뛰어드는 물 속의 바닥이 어디에 있는지 그리고 얼마동안 숨을 참고 있어야 하는지에 관해 전혀 모르고 있다. 그들이 알고 있는 것은 그들이 들어왔던 것이 일어날 것이라는 것과 현재 무엇이 일어나고 있는가이다. 그들이 알고 있는 것은 그들이 아직 물 속으로 뛰어들고 있는지 또는 이미 떠오르고 있는지, 아니면 전환이 완결되었는지 아닌지를 안다.

확신은 비축물이다. 그것은 줄어들 수도 있으며 축적될 수도 있다. 그것은 두 가지 방법, 즉 잘못된 예측과 왔다갔다함에 의하여 약화된다.

정치인들이 즉각적인 생활조건의 개선을 약속했는데 실제로는 소비가 하락했다면, 정부의 수행능력과 정부에 대한 신뢰까지 의문시된다. 그리고 기술관료들은 낙관적 예측을 할 만한 합당한 근거를 가지고 있

는 60%로 떨어졌다(*Latin American Weekly Report*, WR-90-37, 27 September, 1990, p.11). 그의 계획에 대한 긍정적인 관점은 거의 40%의 안정적인 수준을 유지한 반면 부정적인 관점은 27%에 머물렀다(*Follha de S. Paulo*, 15 September, 1990). 페루의 알란 가르시아, 브라질의 크루자도 계획, 아르헨티나의 라울 알폰신에 대한 지지의 하락은 훨씬 극적이다.

음을 주목하라. 그들은 정치인들에게 전환기는 그렇게 오랫동안 지속되지 않을 것이며 비용 또한 많이 들지 않을 것이라고 설득해야 한다. 반면에, 정치인들은 자신들이 선거에서 승리하면 소득이 떨어질 것이라고 약속하는 선거운동을 하는 것이 불가능하다는 것을 알고 있다. 대부분의 나라에서 불황은 저주와 같은 것이다. 그 결과 정치인들은 개혁의 즉각적인 효과에 대하여 비현실적인 약속을 하게 되고 사람들은 얼마 가지 않아 정부가 능력이 없거나 정직하지 못하다고 생각하게 된다.[41) 내가 알고 있는 한, 1985년의 볼리비아의 정부를 제외하고 남미의 어느 정부도 개혁 패키지를 공포하면서 대중들로 하여금 그들의 소득이 하락할 것이라는 것을 준비시키지 않았다. 다가올 어려움을 미리 예상한 폴란드에서조차도 불황은 예측했던 것보다 훨씬 날카로운 것으로 드러났다. 그리고 사람들이 정부에 대해 불신하는 것을 배우게 되면, 미래에 대한 확신 또한 하락하고 그와 함께 개혁에 대한 지지도 떨어진다.

아마 왔다갔다하는 것은 훨씬 더 치명적이다. 정부가 특별한 개혁 패키지를 철회한 뒤, 새 프로그램을 착수한다면, 사람들은 과거에 개혁이 실패했다는 것을 알고 있기 때문에 새 개혁안이 성공하리라고 믿지 않는다. 브라질에서 세 가지 주요한 개혁안과 몇 가지 사소한 개혁안들이 실패로 끝나자 응답자의 75%는 네 번째 개혁안인 콜로르 계획(Plano Collor)이 착수되더라도 인플레이션은 상승하거나 이전과 동일한 수준을 유지할 것으로 생각한다고 답했다(*Folha de S. Paulo*, 1990. 9. 15). 이러한 학습과정은 경제 행위자 또는 정치 행위자로서의 개인들의 행동에 영향을 미친다. 기업이나 소비자는 개혁이 실패할 것이라는 기대에 기초하여 행동하는 것을 배운다. 정치세력은 개혁에 대한 자신들의 지지를 공개적으로 밝히지 않아야 한다는 것을 배운다. 그러나 정치인들은 왔다갔다하는 것 외에 다른 선택이 없다. 앞으로 우리가 알게 되겠지만, 그들이 개혁의 진전에 관심을 두고 있다면, 대중의 압력이 거세질 경우

41) 칼보(Calvo, 1989: 228)는 효과적이기 위해서 정책발표들은 단순해야 하지만, 단순한 정책들이 많은 문제들과 관련하여 신뢰할 수 있는 것은 아니라고 관찰하였다. 그는 "어떤 발표들은 단순히 믿어지지 않기 때문에 신뢰되지 않는다"고 결론지었다.

개혁을 완화해야 한다는 것을 충분히 숙지하면서 급진적 개혁을 선택하는 것이 최선의 방안이다. 최적의 전략은 일관성이 없다. 실제로 1985년 볼리비아에서 있었던 총파업의 진압은 대중들에게 정부의 의지가 결연함을 보여주었으며, 개혁의 지속을 지지하는 정당들이 1989년 5월에 있었던 차기 선거에서 65.4%의 지지율로 승리하였다(Cariaga, 1990). 하지만 그와 같은 해결은 정치인들뿐만 아니라 민주주의를 위해서도 위험한 것이다. 대중의 지지에 관심을 가지고 있는 정치인들은 너무나 거센 대중들의 반대에 직면할 경우 최초의 결단을 포기해야만 한다.

개혁에 대한 신뢰가 약화되면 급진적 프로그램이 민주적 조건하에서는 재착수되기 어렵다. 먼저 정부는 신뢰를 재건해야 한다. 전형적인 예로 인플레이션의 가속화를 포함한 이러한 조건하에서 오직 점진적인—보다 정확하게 표현한다면 부분적인—개혁만이 착수될 수 있다. 이것이 왜 비정통적(heterodox)인 안정화 프로그램이—비록 흔히 구조개혁이 곧 뒤따를 것이라는 선언을 동반하고 있지만—경제개방, 공공고용의 축소, 세금인상 과정에 내재한 비용을 대중들이 감당하게 하지 않게 하면서 대중의 신뢰를 축적하려는 시도인가 하는 이유이다. 만약 안정화 패키지가 성공적이면 더 나아가기 위해서 문을 활짝 열 것이다. 만약 실패한다면 전환의 비용을 기꺼이 감수하려는 노력은 훨씬 더 줄어들 것이다.

사람들이 미래의 소비에 대한 기대효용을 극대화한다고 가정하면, 신뢰의 하락은 사실 개혁에 대한 지지가 약화되었다는 것을 설명한다. 그러나 초기에 급진적 전략을 선호하는 것에 대한 몇 가지 대안적인 설명은 신뢰가 동일한 상태로 유지된다 하더라도 바로 실제 비용을 경험하고 있기 때문에 지지가 떨어질 것이라는 결론으로 이끈다.

첫 번째 해석은 사람들이 자신들이 헌신할 무엇을 추구하면서 급진적 전략을 선택했다는 것이다. 현상유지는 너무나 끔찍하다고 가정하자. 사람들은 초인플레이션 또는 물자부족 때문에 현재의 체제에 질려 있다. 그러나 사람들은 일단 자신들의 소비가 현 상태 이하의 수준으로 하락한다면 다시 현상유지로 복귀하려 할 것이라는 사실을 알고 있다.

급진적 전략이 선호되는 이유는 급진적인 전략이 이러한 복귀를 불가능하게 만들기 때문이다. 급진적 전략은 과거와의 분명한 단절을 제공한다[엘스터는 이러한 종류의 합리성을 분석했다(Elster, 1984)]. 그러나 일단 개혁의 비용이 들어가기 시작하면 사람들은 복귀하기를 원한다.

두 번째 해석은 사람들이 위험부담과 소비대체에 대해 확고한 태도를 가지고 있다는 것이다(Kreps & Porteus, 1978; 1979a, b). 사람들은 소비가 C, C, C, …, C′, C′, C′, …의 경로를 따라갈 것으로 알고 있다고 가정하자. 여기서 C′란 어떤 C의 가치와 동일한 기대가치를 가진 하나의 제비뽑기이다. 그러나 사람들은 C에서 C′로의 이동이 언제 일어날 것인지에 대해서는 모르고 있다.[42] "일찍 불확실성이 해결되는 제비뽑기는 나중에 해결되는 제비뽑기와 비교하여 볼 때, 동일한 상금을 분배받음에도 불구하고 위험부담이 보다 적다"고 보여진다(Weil, 1990: 32). 그러므로 위험부담을 싫어하는 사람들은 조기에 문제를 해결하는 것을 선호한다. 그들은 가능한 한 빨리 개혁의 결과로 자신들에게 무슨 일이 발생할 것인가를 알고 싶어하기 때문에 급진적 개혁을 선택할 것이다. 그러나 일단 불확실성이 해결되면 적어도 몇몇 사람들은 자신들의 조건이 심각하게 악화되었다는 것을 깨닫게 된다. 그들은 자신들이 과거에 경험했던 특정수준 C로 복귀하고자 할 것이다.

마지막으로, 세 번째 이유는 뢰벤스타인(Loewenstein, 1987)에 의해서 제시되었다. 그는 일부 사람들이 확실히 다가올 불유쾌한 사건이 발생하기까지 기다리는 것을 좋아하지 않는다는 실험적인 증거를 인용하였다. 그의 주장에 의하면, 사람들은 예상과는 별도로 소비의 가치를 평가한다는 것이다. 사건 자체가 "덧없이 지나가지만 생생한 것'일 경우, 소비경로를 평가하는 데 있어서 예상이 지배적인 역할을 한다. 일부 사람들은 그것으로 끝을 내기를 원한다. 다시 말하면 사람들은 어떤 특정한 때에 어려움을 겪어야만 하는가에 관해 알기 위해 기다리는 것을 좋

42) 예를 들어 당신이 일정한 수준의 고통에 시달리고 있다고 상상해 보라. 당신은 언젠가는 수술을 받음으로써 완벽하게 회복되거나, 아니면 1년 동안 계속 침대에 누워 있어야만 한다는 것을 알고 있다. 그런데 그 두 사건들은 현재의 고통과 동일한 기대가치를 가지고 있다.

아하지 않기 때문에 급진적 개혁을 선택한다. 그러나 일단 그 어려움을 경험하고 난 후에는 급진적 개혁을 좋아하지 않게 된다.

이러한 가정들은 사람들이 G보다 R을 선호할 수도 있으나 일단 R이 착수되고 비용을 경험하게 되면, 그들은 선호를 변화시키고, G나 심지어 S까지도 선택하게 된다는 결론으로 인도한다. 그러므로 대중들의 지지에 관한 가정과는 관계없이 아래에서 묘사될 역학이 나타나는 것이다.

개혁의 역학

비록 최초의 전략이 폭넓은 합의를 거쳐 채택되었다고 하더라도 개혁의 경로는 순조롭지 않을 것이고, 전환의 계곡을 건널 수 있는지는 여전히 불확실한 채로 남아 있다. 드러난 것은 설사 투표자들이 급진적인 개혁보다 점진적인 개혁을 선호한다 하더라도 급진적 개혁이 점진적 개혁보다 더 멀리 진전될 수 있다는 것이다. 여기서 '더 멀리 진전한다'는 것은 보다 많은 개혁들이 이룩된다는 것을 의미한다. 즉 그들이 선언한 목표에 도달하고, 정부는 계속 개혁을 추구한다는 것이다.[43)]

---

43) 나는 '정책조치들의 경제적 결과보다는 정책결정이 수행되는 정도'에 대한 설명을 추구하는 넬슨(Nelson)과 그의 공저자들(1990: 336)의 접근방법들을 따랐다. 내가 '성공'이라는 용어 사용을 주저하는 이유는 개혁과 경제적 성과 사이의 인과적 관계가 모호하기 때문이다. 윌리암슨(Williamson, 1990: 406)은 전면적 혹은 부분적 개혁을 추구한 10개의 라틴아메리카 국가 가운데 4개는 1988~89년 사이에 성장하였고 6개는 정체중이거나 쇠퇴하고 있다는 것을 보여주었다. 여기에는 어떤 상호관계가 있지만 압도적인 것은 아니다. 렘머(Remmer, 1986: 7)는 IMF Standby Program에 대하여 "IMF 처방의 수행과 소망하는 경제적 결과의 달성 사이에는 매우 미약한 상호관계만"이 있다고 보고했다. 돈부시(Dornbush, 1990: 312)는 멕시코와 볼리비아에서 성공적인 안정화 프로그램이 성장을 회복시키는 데는 실패했다고 우려하였다. 왜 개혁이 경제적 실적을 확실히 개선하지 못하는가를 설명할 수 있는 이유로는 적어도 세 가지를 생각할 수 있다. 첫째, 외부적인 사건들이 있다. 예를 들면 1986년 볼리비아 수출가격의 하락이다. 둘째, 어떤 개혁들은 명시적 목표에 일시적인 경제적 악화라는 결과를 포함하고 있다. 예를 들어 보조금의 철폐를 통해 비효율적 기업을 뽑아내면 실업이 야기된다. 셋째, 어떤 개혁조치들은 나쁘게 고안되어져서 의도하지 않은 결과를 초래할 수 있다. 브라질의 크루자도 계획을 보라.

정부가 어떻게 결정하느냐에 따라 점진적 또는 급진적인 개혁이 착수되어 왔다고 가정하자. 일정 기간중에—말하자면 각 분기중에—사람들이 현 경로를 계속 유지하기를 원하는지 아니면 다른 프로그램으로 이동하기를 원하는지를 보기 위해서 몇 가지 방식(파업, 폭동 등을 포함)으로 여론을 읽는다.

첫 번째 기간, t=1의 말기의 상황을 살펴보자. 그림 4.3에서 나타난 경로 GS('점진적 전략에서 현상유지전략으로의 이동')는 이전의 원상태로 복귀하기 위해 점진적인 개혁을 포기하는 것을 나타낸다.[44] 경로 GR은 개혁의 가속화를 말하며(G로부터 R로의 전환),[45] 경로 RS는 이전의 원상태로 복귀하기 위해 급진적 개혁을 포기함을 의미한다. 그리고 경로 RG는 개혁의 속도를 늦춤으로써 나타나는 효과를 묘사하고 있다(R로부터 G로의 이동).[46] 중요한 가정은 이전의 원상태로의 복귀가 점진적이라는 것이다. 이 속도는 구체제가 어느 정도까지 이미 변화되었는가에 달려 있다. 그렇다면 다음에서 제시하는 것은 사실로 나타날 수도 있다.[47]

① 만약 t=0인 시점에서 사람들이 기대효용을 극대화한다는 이유로

---

44) 사회주의 경제를 분권화시키는 것을 목적으로 하는 어떤 개혁 프로그램들은 경영자들이 무엇을 해야 할지 알지 못하고 대혼란이 뒤따를 때 역전된다. 넬슨(Nelson, 1990)은 개혁이 붕괴된 사례로서, 벨라운데(Belaunde, January, 1983 to March 1984), 카운다(Kaunda, December, 1982 to May, 1987), 사르네이(Sarney, February, 1986 to January, 1987), 가르시아(Garcia, mid. 1985 to mid. 1987)를 들고 있다.

45) 바웬사는 1990년 5월에 '개혁의 가속화,' 특히 사유화의 가속화라는 슬로건을 들고서 대통령선거 캠페인을 시작하였다.

46) 이러한 예들은 헤아릴 수 없을 만큼 많다. 전형적인 상황은 발표된 패키지는 안정화와 구조개혁, 특히 공공고용의 감축으로 구성되지만 단지 안정화 부분만이 수행된다. 폴란드에서 파산한 기업들은 1990년 7월 1일에 문을 닫는 것으로 예정되었지만, 정부는 이 프로그램에 따라 행동을 취할 수 있는 용기가 없었다.

47) 이러한 결과들은 이 가정을 만족시키는 그림 4.3에 나타난 논리와 수치에 기초하고 있다. 이러한 예들은 소비의 시간적 경로와 광범위한 시간적 선호와 함께 작동한다. 그러나 나는 완성된 모델을 구축하지 못했다.

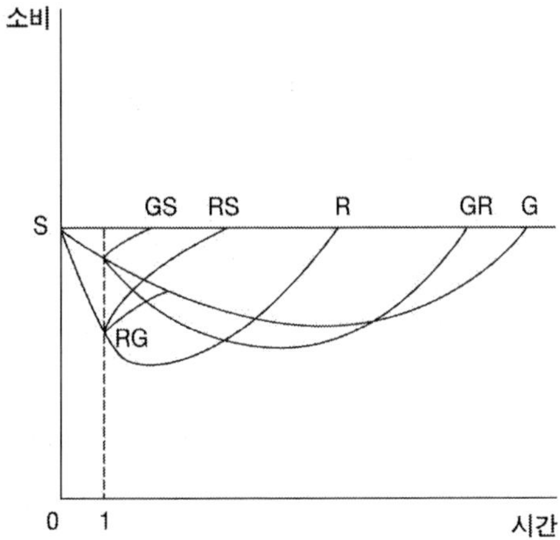

그림 4.3

S보다는 G 또는 R에 투표하고, 시간적 선호율이 동일하게 유지된다면, 이전의 원상태로의 복귀는 시점 t=1에서 선택되지 않을 것이다. 그러나 만약 첫 번째 시기에 발생하였던 것에 의하여 미래에 대한 확신이 약화된다면, 또는 만약 사람들이 비용을 경험하면서 선호를 변화시켰다면, 투표자들은 개혁의 지속보다는 개혁의 포기를 선호할지 모른다. 그러나 급진적인 전략이 이미 첫 번째 기간 동안에 광범위한 경제적 변혁을 초래하기 때문에 회귀비용 또한 점진적 프로그램하에서 보다 많이 든다. 그러므로 시점 t=1에서 투표자들은 G를 계속하기보다는 GS에게 투표할 것이며 RS보다는 R에게 투표할 것이다. 다리들은 이미 다 타 버렸다. 되돌아가기 위해서는 다리를 새로 만들어야 한다.[48]

② 만약 투표자들이 시점 t=0에서 R보다는 G를 선호하였으나 실제로는 R이 채택되었다면, 사람들은 시점 t=1에서 개혁의 속도를 낮추기를 원할 것이다. RG (1)>R(1). 그러나 S(0)>G(0)>R(0)라

48) '불타 버린 다리'의 흥미 있는 사례는 콜로르 계획이다. 거의 모든 자산을 동결함으로써 정부는 국내시장에서의 대부를 통해 적자에 대한 재정지원을 할 수 없다는 것을 확실히 하였다.

하더라도 그들은 여전히 RS(1)보다는 RG(1)을 선호할 수도 있다. 그러므로 만약 정치인들이 대중여론에 반응한다면, 시점 t=1에서 개혁을 포기할 필요까지는 없더라도 개혁의 속도는 늦추어질 것이다. 더구나 GS(1)>G(1) 그리고 RG(1)>R(1)이라 하더라도, 반드시 GS(2)>G(2)를 따라가지는 않는다. 시점 t=2에서 전환기 이후의 미래가 점점 가까워지고 소비증가의 전망이 남은 전환의 비용을 압도할 수도 있다. 다시금 개혁은 시점 t=2에서 늦추어 질 것이지만 포기되지는 않을 것이다.

③ 개혁이 어떤 시기에 역전되지 않았다면 그 후에도 역전되지 않을 것이다. 어떤 순간에 개혁은 돌아올 수 없는 지점을 통과한다. 급진적 전략하에서 소비가 바닥을 벗어나는 시점이 빨리 오면 올수록, 즉 급진적 전략하에서의 소비수준이 점진적 프로그램하에서의 소비를 능가(여전히 하락하고는 있지만)하는 시점이 빨리 다가오면 올수록 더 빨리 돌아올 수 없는 시점이 다가올 것이다.

그러므로 결론은 다음과 같다.

① 만약 투표자들이 전환기적 희생의 대가로 미래에 보상을 받을 것이라는 확신의 정도가 높다면, 그리고 이러한 확신이 전환기 동안 흔들리지 않고 유지된다면, 그들은 출발시부터 급진적 전략에 투표하며, 매시기마다 자신들의 선택을 추인할 것이다. 확신이 감소한다면 또는 최초의 선택이 기대가치에 의해 유발된 것이 아니라면, 개혁은 느려지거나 일시적으로 역전될 것이다.

② 투표자들이 미래에 대하여 단지 미지근하게 확신하고 있다면 급진적 개혁보다는 점진적 개혁을 선호할 것이다. 만약 이러한 조건하에서 점진적 전략이 채택되었다면, 확신이 감소할 경우에는 개혁이 포기될 수도 있으며, 반면에 급진적 개혁이 착수되었을 경우에는 단지 개혁의 속도가 느려질 뿐일 것이다.

③ 투표자들은 점진적 개혁을 선호함에도 불구하고 급진적 개혁이 제

안되고 착수되었다면, 그 개혁은 처음 실시되는 투표기회를 통해 역전될 수 있다. 만약 이 시기에 역전되지 않는다면 후에도 역전되지 않을 것이다. 반면에 투표자들은 급진적 프로그램하에서 소비가 급속하게 하락하고 있는 동안에는 개혁의 속도를 늦추는 것을 보다 선호할 것이다.

이와 같은 발견들은 놀라운 결과들을 덧붙여 준다. 가장 성공할 가능성이 있는 전략이란 사회적 비용을 최소화시키는 전략이 아니다. 설사 투표자들이 좀더 점진적인 프로그램으로부터 시작하는 것을 선호한다 하더라도 급진적 프로그램은 민주적 조건하에서 개혁을 더 잘 진전시킬 것이다. 그러므로 만약 정치인들이 개혁의 진전에 대해 관심을 가지고 있다면, 그들은 대중의 선호에 반해가면서까지 급진적 전략을 강요하려는 유인을 갖고 있으며, 그리고 설사 그들이 이러한 전략이 대중의 압력으로 완화될 수밖에 없다는 것을 알고 있다 하더라도, 그들은 급진적 전략을 강요하려는 유인을 갖고 있다. 정치인들의 최적 전략은 일관성이 없다.

소득분배의 효과

그러나 이제까지 우리는 투표자들을 마치 전부 동일한 것처럼 다루어 왔다는 사실을 주목하라. 개혁이 공정하다고 가정하자. 즉 각 개혁전략하에서의 전환의 비용이 모든 개인들에게 동일한 것으로 가정하자. 소비의 시간경로는 오직 최초의 위치에 의해서 결정된다. 그림 4.4 (a)에서 그러한 세 명의 개인들의 시간경로가 묘사되고 있다. 만약 이 투표자들이 동일한 시간적 선호를 가지고 있다면, 매번 투표는 만장일치를 낳을 것이다. 그러나 각 개인들이 서로 다른 시간적 선호를 가지며 각 개혁전략하에서 서로 다른 소비의 시간경로에 직면할지 모르기 때문에 투표자들의 선호는 분명히 동일하지 않다. 그리고 개혁이 민주적 조건하에서 지속되려면, 개혁은 때때로 다수의 표에 의해 지지되어야 한다.

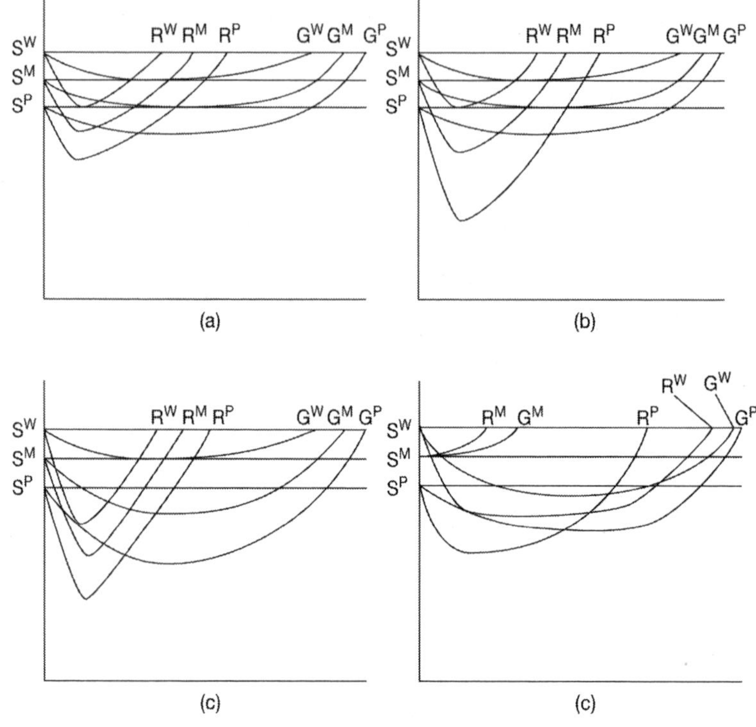

그림 4.4

개혁에 대한 지지의 역학을 분석하는 한 가지 방법은 모든 투표자들이 직면하는 소비 경로가, 최초의 수준을 제외하고는, 모두 동일하나 개인들의 시간적 선호는 다르다고 가정하는 것이다. 투표자 W(부유한 사람들)는 어떤 개혁에 대해서도 확신을 갖고 있지 않으며 S>G>R의 순으로 선호한다. 투표자 M은 약간의 확신을 가지고 있으며 G>R>S의 순으로 선호한다. 반면에 투표자 P(가난한 사람들)는 기다리는 데 지쳐 있으며 R>G>S의 순으로 선호한다. 그러므로 시점 t=0에서는 일대일의 다수결투표에서 G 또는 R이 S를 물리치며, G는 R을 물리친다. 만약 정당들이 오직 R 또는 S만을 선택해야 한다는 방식으로 의제를 통제한다면, R은 S를 물리칠 것이며, 그리고 급진적 개혁이 착수될 것이고, 위에서 분석한 역학이 뒤따를 것이다.

그러나 개혁은 집적적일 뿐 아니라 깊은 분배결과를 초래한다. 개혁은 서로 다른 범주의 복지에 대해 상이하게 영향을 미친다. 투표자들이 동일한 시간적 선호를 가지고 있으나 그들이 각 전략하에서 직면하는 소비경로는 상이하다고 가정하자. 그림 4.4 (b)에 나타난 사례를 검토해 보자. 여기에서 급진적 개혁은 불평등을 증대시키며 점진적 개혁은 공정한 것으로 나타나 있다. W는 점진적 개혁보다는 급진적 개혁을 선호한다. P는 급진적 개혁에 의해 큰 피해를 보았으며 그래서 점진적 개혁을 선호한다. 다수지배의 결과는 중위수 투표자 M에 의존한다. 반대로 그림 4.4 (c)에서와 같이 급진적 개혁이 공정하고 점진적 개혁이 불평등을 확대시킨다면, W는 점진적 개혁에 투표할 것이며, P는 급진적 개혁에 투표할 것이고, 여기서도 M이 결정적인 역할을 수행할 것이다.

그러므로 개혁의 분배적 결과는 집적적인 비용과 관계없이 정치적 역학에 문제를 야기할 것이다. 이러한 공리를 넘어선 모험적 설명은 불행히도 공허한 추측에 지나지 않을 것이다. 경제체제의 구조적 개혁은 계급관계를 변화시킨다. 구체제하에서의 위치에 따라 일부 사람들은 그들이 상상할 수 있는 미래로 멀리 갈수록 자신들이 더 나빠질 것이라고 예상하게 되는 충분한 이유가 있다. 다른 일부 사람들은 개혁으로부터 즉각적인 혜택을 받을 것이다. 또 다른 일부 사람들의 소비는 위에서 묘사한 유형 중의 하나를 따를 것이다. 그러므로 상이한 개혁 프로그램하에서 사람들이 직면할 미래는 구체제의 구조하에서의 자신들의 위치에 달려 있다는 것은 설득력이 있으나, 여기서 구경제하에서 중간소득을 가진 일군의 사람들이 개혁전략에 관해서도 중간적 선호를 가질 필요는 없다. 실제로 나는 그 증거로서 동구에서 최고와 최저 수준의 소득을 가진 사람들은 중간 수준의 소득을 가진 사람들에 비해 급진적 개혁으로 인해 피해를 보다 많이 받는다는 사례를 인용하였다. 나는 단지 다음 두 가지 추측만을 제시하려 한다.

① 그림 4.4 (d)에서와 같이 최고의 소득수준을 가진 집단들이 개혁의

결과로 피해를 받고 중간소득 부문이 이익을 본다면, 결정적인 투표는 가장 가난한 사람들이 행사하게 된다. 이 사례에서 중위수 투표자들의 선호에 대한 분석은 그림 4.3에 묵시적으로 나타나 있는 바와 같이, 이전의 현상유지 상태에서 가난했던 사람들의 부문에 관심을 둔다. 구체제에 남는다는 것은 가난의 지속을 의미하기 때문에 그들은 개혁 프로그램을 지지한다. 만약 급진적 또는 점진적 개혁하에서의 소비경로가 그렇게 크게 다르지 않다면, 그리고 그들이 정부에 대해서 신뢰하고 있다면, 최초에는 급진적 개혁을 지지할 것이다. 그렇지 않다면 위에서 분석한 정치역학에 의해 점진적 개혁을 지지할 것이다.

② 지금까지의 모든 분석은 사람들이 미래를 고려한다고 상정하였다. 그러나 국민들의 일부 부문에게 개혁은 생명을 위협하는 것일 수도 있다. 소비가 최소수준 이하로 하락한다면 그들은 상이한 전략들이 본 궤도에 오르기를 기다릴 수 없다. 그러므로 정치적 반응들은 다음과 같은 문턱에 따라 달라진다. 개혁으로 인해서 절대빈곤수준 이하로 떨어지는 사람들은 개혁에서 살아 남을 경우 자신들의 미래가 찬란하게 빛난다 하더라도 개혁에 반대해야 한다.

소득분배가 보다 평등하게 이루어지고 있는 나라에서의 개혁은 정치적으로 보다 쉬울 것인가 아니면 보다 어려울 것인가? 개혁 이전의 일인당 소비수준은 동일하나 매우 상이한 소득분배를 가진 나라들의 전형인 브라질과 소련의 사례를 비교하자. 그리고 새롭게 빈곤의 문턱 아래로 떨어진 사람들은 가만히 앉아서 기다릴 수 없기 때문에 개혁을 즉각적으로 반대한다고 가정하면서 개혁의 정치적 충격을 분석하여 보자. 브라질의 소득분배는 매우 불평등하게 이루어져 왔다. 소비유형을 포착하는 인기 있는 방법은 '벨린디아(BelIndia)'라는 단어이다. 상류계급인 벨기에가 인구의 나머지 사람들인 인디아에 의해 둘러싸여 있다는 의미이다. 소련에서의 소득평등은 비교 기준에서 볼 때 낮으며, 대부분의 사람들은 빈곤수준 바로 위에서 배회하고 있다. 평균 영양섭취가 단지 최소 칼로리 요구량의 105%에 지나지 않는 것으로 추정되었다(Matthews, 1986).

첫째, 시장지향적인 개혁은 총소비를 낮추기만 할 뿐이며, 분배는 동일하게 유지된다고 가정하자. 따라서 그림 4.5에서의 두 곡선은 하향이동한다. 브라질에서는 빈곤가정의 숫자가 약간 증가하였다. 그러나 소련에서 모든 사람들은 빈곤의 문턱 아래로 떨어진다. 우리의 가정에 의하면 개혁에 대한 반대는 보편적이다.

불평등을 증가시키는 분배효과는 이러한 대비를 완화시킨다. 브라질에서는 더 많은 사람들이 빈곤의 문턱 아래로 떨어질 것이고, 소련에서는 더 적은 사람들이 빈곤의 문턱 아래로 떨어질 것이다. 그러나 개혁의 결과로 절대빈곤하에 살게 된 사람들의 비율은 애초에 더 평등한 소득분배를 가진 나라에서 더 높게 나타날 것이다.

더구나 더 불평등한 소득분배를 가지고 있는 나라에서 재분배조치는 훨씬 더 쉬울 것이다. 브라질에서 최고소득층의 20%에 해당하는 사람들에게 추가적으로 30%의 세율을 적용한다면, GNP의 20%를 징수할 수 있을 것이며, 저소득층 가구 40%의 소득을 4배로 증가시킬 것이다.[49] 소련에서 높은 소득층에 대한 과세는 새로운 빈곤층의 비율을 증대시킬 것이다.

그러므로 만약 두 나라에서 개혁이 똑같은 총비용을 야기하였다면, 개혁의 전환기적 결과로 빈곤의 문턱 아래로 떨어지는 사람들의 비율은 애초에 더 평등한 소득분배를 가진 나라에서 더 높을 것이다. 이 분석은 매우 틀에 박힌 분석이기는 하지만, 적어도 '다른 사정이 같다면(*ceteris paribus*)'이라는 가정하에서 개혁은 동구보다는 남미에서 정치적으로 보다 입에 맞다는 것을 보여준다.

불평등에 대한 관용이 개혁에 대한 태도를 형성하는 데 있어 중요하다. 사회주의 체제가 성공적으로 심어 놓은 가치가 있다면 그것은 평등이다.

---

49) 하중손실(deadweight losses)이 없다고 가정하자. 실제로 모든 사람을 빈곤선 위로 끌어올리는 데 국민소득의 2%로 충분하다. 카르도소와 단테스(Cardoso and Dantas, 1990: 148)를 보라.

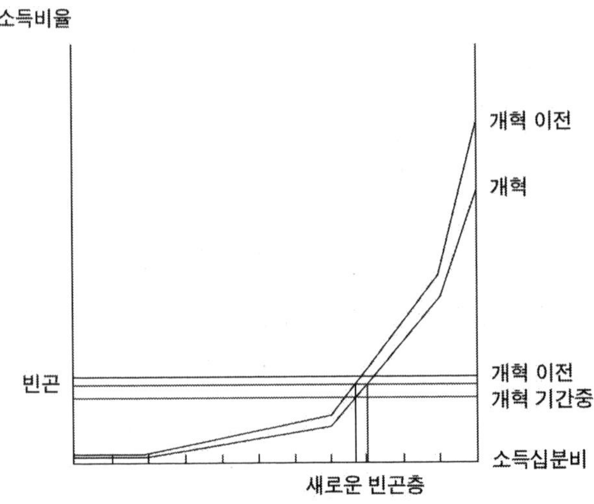

그림 4.5

이 가치는 민주적 조건하에서 시장지향적인 개혁을 손상시킬 수 있다. 그러나 이러한 평등주의의 유산은 콜라르스카-보빈스카(Kolarska-Bobinska, 1989)의 폴란드 조사자료에 대한 분석이 보여주는 바와 같이 복잡한 문제이다. 그녀는 폴란드 사회는 단지 정의롭지 않다는 이유만으로 불평등을 관용하지 않았다고 주장한다. 그러나 그녀는 실제로 폴란드에서 1980년 이래로 불평등과 실업에 대한 관용이 크게 증가하였다는 것을 보여주고 있다. 1980년에는 응답자의 70.6%가 '무조건' 최고소득을 제한하는 원칙을 받아들였다. 1981년에는 이 비율이 50.7%로 하락하였으며 1984년에는 29.6%로, 그리고 마침내 1988년에는 27.5%에 이르렀다. 평등에 대한 태도는 도구적이다. 블루칼라 노동자들, 소득이 낮고 교육을 거의 받지 못한 집단, 그리고 비경영자의 위치에 있는 사람들은 소득 차이를 가장 관용하지 않는다. 집단간의 소득차이가 심화되었다. 1981년에는 고등교육을 받은 전문가들의 68.8%('조건부로 또는 무조건으로')와 숙련 노동자의 71.6%가 이 원칙을 받아들였으나, 1988년에는 단지 전문직의 37.0%, 숙련 노동자의 63.0%, 비숙련 노동자의 70.0%가 최고소득에 대한 제한을 지지하였다. 더구나 동구 사회가 남미아메리카

사회보다 더 많은 평등주의 가치를 가졌는가는 분명하지 않다. 최근의 조사에서는 브라질 사람의 78%가 "사회가 생산하는 모든 것은 가능한 가장 평등한 방식으로 모든 사람에게 나누어져야 한다"[50]라는 선언에 동의하는 것으로 나타났고, 그리고 60%가 "만약 나라가 부유하다면 많은 사회적 불평등이 있다는 것은 문제가 되지 않는다"라는 의견에 동의하지 않은 것으로 나타났다.[51]

결론

주어진 정치적 역학하에서 개혁의 진전을 어느 정도로 멀리까지 예측할 수 있을까? 우리는 개혁경로가 순탄하지 않다는 것을 살펴보았다. 가장 있음직한 경로는 궁극적으로 개혁의 속도가 늦추어지거나 부분적으로 역전되었다가 다시 낮은 대중의 신뢰밖에 확보하지 못한 점진적인 형태로 시작하여 재차 늦추어지거나 역전되었다가 마침내 새 정부가 출현하여 명백한 단절을 선언함으로써 새로운 순환이 다시 시작되는 개혁이다. 실제로 남미의 경험에 의하면 정치세력은 야당에 있을 때에는 급진적 개혁을 반대하다가 일단 정권을 획득하면 급진적 개혁을 추구한다. 그러므로 우리는 개혁이 '성공한다'거나 '실패한다'를 기대할 것이 아니라 다음과 같이 질주한다고 예상해야 할 것이다. 전진, 비틀거림, 후퇴, 그리고 다시 전진.[52] 남미 개혁에 대한 기록—경제적 실적에 대

50) 마라발(Maravall, 1981: 33)은 1977년에 스페인 노동자들에게 비슷한 질문을 던졌는데, 62%가 긍정적으로 대답했다.

51) *Follha de S. Paulo*, 24 September, 1989, p.B-8. 나로 하여금 이러한 조사에 대해 관심을 갖도록 만든 모아제스(Jośe Alvaro Moiśes)에게 감사한다.

52) 이러한 가설들은 중요한 방법론적인 문제를 함축하고 있다. 개혁의 성공에 대한 부문별 평가는 우리를 오도할 수 있다. 바로 칠레에 관한 논쟁들을 주목해 보라. 1980년에 비평가들의 의견들은 날카롭게 갈라져 있었다. 경제는 성장하였고, 인플레이션은 낮았지만, 실업은 높았고, 임금은 급격하게 하락하였으며, 사회복지는 고통스럽게 삭감되었다. 1982~83년에 이르면 이 나라는 완화될 수 없는 재앙 그 자체였다. 경제는 1930년대 이래 최악의 불황의 한복판에 있었다. 1986년에 이르렀을 때, 경제는 느리게 성장하였지만 하위 40% 주민의 생활수준은 1973년보다 낮았고, 1인당 소득은 1971년보다 높지 않았

한 기록과는 구별—을 보면 1980년대 동안 개혁은 실수, 붕괴, 동요에도 불구하고 진전되어 왔다(Williamson, 1990).

과거의 실패가 새로운 시도에 미치는 효과는 무엇인가? 보그다노비츠-빈데르트(Bogdanowicz-Bindert, 1983: 65-70)는 과거의 실패는 성공의 기회를 높여준다고 결론지었다. 그러나 디아즈-알레한드로(Diaz-Alejandro, 1981: 120)는 "실패한 안정화 계획의 역사가 길면 길수록… 어떤 새로운 계획이 성공할 수 있는 기회는 작아진다"라고 생각했다. 넬슨(Nelson, 1990: 360)과는 반대로, 이러한 주장들은 반드시 모순적인 것은 아니다. 그들은 서로 다른 행위자들에 관심을 두었을지도 모른다. 한편에서는 엘리트가 과거의 실수로부터 보다 나은 프로그램을 고안하는 것을 배운다면, 다른 한편으로는 개인들—경제 행위자들이나 정치 행위자들—이 과거의 실패로부터 새 개혁 또한 실패하리라고 기대하는 것을 배운다. 이것이 사실이라면 보다 회의적인 대중들에게는 매번 보다 종합적이고 일관성 있는 프로그램을 제공해야 한다는 것을 알 수 있다. 그러나 만약 경제행위자들이 정책발표를 믿지 않는다면 정책 그 자체가 덜 효과적일 것이다. 칼보(Calvo, 1989: 217)가 보여준 바와 같이, "충분한 신뢰하에서 최적인 정책도 불완전한 신뢰하에서는 최적의 정책이 아닌 것으로 드러난다." 그러므로 새로운 시도가 이루어질 때마다 변덕이 증가한다. 엘리트들은 자신의 청사진에 대해 자기확신이 보다 높아져서 여론에 관계없이 보다 적극적으로 청사진을 채택하려 하고, 개인들은 실패할 때까지 기다리거나 저항하는 경향이 보다 커질 것이다.

그와 같은 조건하에서 민주적 제도가 공고화될 수 있을까? 해가드(Haggard, 1986: 164)는 "민주적 교착상태는 조정을 위한 지그재그나 서다가다(stop-go)를 반복하는 노력을 낳기는 하지만, 반드시 정치적 불안정, 억압 또는 권위주의 체제의 수립으로 이끌지는 않는다"라고 주장

으며, 공공재정 적자가 존재하였고, 사적 투자는 마이너스를 기록하였다. 1989년에 경제는 빠른 비율로 성장하였고, 권위주의 유산을 물려받은 민주적 정치가를 포함한 많은 사람들 사이에 칠레의 경제가 예외적으로 건강하다는 것에 대한 광범위한 합의가 있었다.

하였다. 나의 견해는 다르다. 이러한 지그재그에도 불구하고 개혁은 민주적 조건하에서 훨씬 더 멀리 진전될 수 있으나 그것은 정치적인 불안정을 초래할 수 있다.

경제개혁의 정치적 결과

만약 개혁이 민주적 조건하에서 진행되어야 한다면 분배갈등은 반드시 제도화되어야 한다. 모든 집단들은 민주적 제도를 통하여 자신들의 요구를 전하여야 하며 다른 전술적 방법들은 버려야 한다. 자신들의 요구가 어느 정도 긴박한가에 관계없이, 정치적으로 관련이 있는 집단들은 자신들의 이익을 민주적 제도의 심판에 맡겨야 한다. 그들은 이 제도가 다음 번에도 계속 그들에게 기회를 제공해 줄 것으로 확신하면서 패배를 받아들이거나 또는 기다려야만 할 것이다. 그들은 다가오는 선거나 계약협상 또는 적어도 다음 회계연도와 같은 제도적 달력(institutional calendar)을 자신들의 행동에 관한 시간적 지평(temporal horizon)으로 채택해야 한다.[53] 그들은 1919년 영국 노동당의장인 맥커크(John McGurk)가 표명한 입장을 견지해야 한다. "우리들은 헌정주의자이거나 또는 헌정주의자가 아니어야 한다. 만약 우리가 헌정주의자라면, 그리고 우리가 정치적 무기의 효율성을 믿는다면(우리는 믿는다. 그렇지 않다면 왜 우리가 노동당을 가지고 있는가?), 우리가 선거에서 정권을 장악할 수 있는 다수를 획득하지 못했다고 해서 파업과 같은 산업행동으로 대체해야 한다고 요구하는 것은 현명하지 못할 뿐 아니라 비민주적이다"(Milliband, 1975: 69).

개혁은 정치적 세력이 조직되는 두 가지 극단적인 조건하에서 진전될 수 있다. 첫째 정치적 세력들이 매우 강하고 개혁 프로그램을 지지하거나, 둘째 정치적 세력들이 너무 약해서 개혁을 효과적으로 반대할

---

53) 이러한 '제도적 시간(institutional time)'의 개념은 레츠너(Norbert Lechner)에 의존하였다.

수 없을 경우이다. 정치적 세력—특히 야당이나 노조—이 사보타지를 행사할 수 있을 만큼 강력하나, 개혁저지에 드는 전체비용을 내면화할 수 있을 만큼 크지 않을 때, 개혁이 가장 진전되지 않는다. 해가드와 카우프만(Haggard and Kaufman, 1989: 269)은 "가장 큰 어려움은 노동이 방어적인 동원화를 꾀할 수는 있으나 정치적 체계내에서의 그들의 장기적 입장이 불확실한 중간적인 사례에서 나온다"고 표현하였다.[54) 이를 간략하게 말하자면, 개혁지향적인 정부는 스페인의 사회주의 정부와 같이 야당이나 노조와의 협조를 선택하거나 아니면 파즈 에스텐소로(Paz Estenssoro)의 볼리비아 정부가 노조에 대한 것과 같이 야당과 노조를 파괴하는 선택에 직면한다.

노조의 역할은 두 가지 이유에서 결정적이다. 한편으로 노조는 그들의 요구가 임금압력의 잠재적 근원이 되는 사람들을 조직한다. 만약 노동자들과 봉급 생활자들이 시장적 힘을 갖고 있다면, 그들은 이 힘을 임금인상을 위한 압력수단으로 사용할 것이다. 그런데 개혁기간중에 임금압력은 만성적인 인플레이션의 근원이 된다. 그것은 경제회복을 늦추며 서로 다른 부문과 직업간의 차이를 증가시킨다. 임금자제는 개혁의 성공을 위한 필요조건이다. 다른 한편으로 노조연합은 그 구성원들의 행동을 통제할 수 있다. 국가에 의해서 위임받은 강제권력을 사용하든지 아니면 설득력에 의존하든지 간에 노조 지도자들은 개혁이 열매를 맺을 때까지 기다리도록 노조원들을 설득할 수 있다. 스페인 용어로 노조는 '소집하는 권력(*poder convocatorio*)'이며, 조합원들로 하여금 집단적 이익에 따라 행동하게끔 기율할 수 있는 능력을 가지고 있다.

정부의 동반자로 기능하기 위해서 노조는 포괄적이고 중앙집중적인 조직을 구성하고 있어야 하며 정부에 대해 신뢰하고 있어야 한다. 그와 같은 조직들은 포괄적이어야 한다. 그들은 대규모의 잠재적인 구성원들

---

54) 충분히 강하지도 않고 충분히 규모가 크지도 않은 노조의 가장 좋은 사례는, 다시 아르헨티나로부터 나온다. 내가 이 책을 쓰고 있을 때, 아르헨티나 노동총연맹(CGT)은 모든 기본적 소비재 상품에 대한 가격통제, 환율통제의 부과, 정부의 사유화계획 종결, 행정기구 축소의 포기, 대규모 임금인상 등을 요구하였다(*Latin American Weekly Report*, WR-90-11, 22 March, 1990).

을 결합시켜야 한다. 그리고 그 조직은 중앙집중적이어야 한다. 즉 조합원들의 행동을 통제할 수 있어야 한다. 마지막으로, 그들은 정부에 대해 신뢰하고 있어야 한다. 정부가 개혁의 비용과 이득을 분배하는 데 있어서 불공정하지 않을 것이고 개혁을 수행할 수 있는 능력을 가지고 있다는 믿음이 있어야 한다.

이와 같은 주장은 사회민주당정권이 집권했을 때, 포괄적이고 중앙집중적인 노조 조직이 기꺼이 자신들의 임금인상 요구를 자제하려 하는 선진국들에서 나온 광범위한 증거뿐만 아니라 몇몇 신생 민주국가들의 경험에 의해서도 지지된다. 1976년 이후 최근까지 스페인의 사회당정부는 매우 높은 실업률하에서도 노조의 동의 아래 산업근대화 프로그램을 추진해 왔다. 폴란드의 자유노조(Solidarnośc)는 공산당 이후의 정부에 의해 시작된 개혁을 촉진하기 위하여 파업유보를 제안하였다. 브라질에서 '결과지향적인 노조주의'운동 또한 같은 일을 기꺼이 하였으며 그 노조의 사무총장이 노동부장관이 된 최초의 노조지도자였다는 것은 의미심장한 일이다.[55)]

정당들은 더욱 이질적인 이익들을 대표하며 그들의 영향력은 잠재적으로 보다 넓다. 정당은 대안을 제시하고 특정한 정부에 대한 태도와 구조적 변혁의 프로젝트 자체에 대한 태도를 형성하는 데 있어서 결정적인 역할을 한다. 그러나 정당은, 적어도 현대의 비공산주의 정당은 노조들이 할 수 있는 것만큼 자신들의 지지자들을 기울할 수 있는 능력을 갖고 있지 않다. 정당들은 시기적으로 맞지 않고 부적절하다고 생각하는 요구들을 다룰 것을 거절할 수는 있지만, 그들은 다른 정당들과의 경쟁에 직면하고 있을 뿐만 아니라 대중동원이 의회의 테두리를 벗어날 것이라는 위협에 직면하고 있다.

요약하면, 개혁의 진전을 위해서 정부는 노조, 야당, 그리고 다른 포괄적이고 중앙집중화된 조직들로부터 가능한 가장 광범위한 지지를 끌

55) 마그리(Antonio Rogerio Magri)는 전기노조(Electrical Workers)의 의장으로서 "우리 모든 노동자들이 원하는 것은 기업이 투자하여 경제가 확대되는 것이다. 경제적 확대보다 더 나은 고용보장은 없다"라고 선언하면서 브라질 노조운동과의 관계를 끊었다(*Journal da Trade,* São Paulo, 27 July, 1987: 12).

어내거나, 아니면 이러한 조직들을 약화시키고 그들의 반대를 무력화시키기 위하여 노력해야 한다. 확실히 후자의 전략은 민주주의의 문제를 제기한다. 민주적 개혁에 반대하는 세력을 제어하기 위해서 계엄령에 의존하는 정부가 민주적이라 할 수 있는가? 더구나 만약 정부가 대중의 반대에도 불구하고 개혁을 강요하는 전략을 채택한다면 군부의 입장이 문제가 된다. 군부의 입장은 민주적으로 조직된 반대에 대해 개혁을 강요하려는 사람들이나 민주적으로 조직된 친개혁적 다수에 대항하여 가능한 한 어떤 방법을 동원하더라도 자신들의 이익을 보호하려는 집단들에 의해서 비민주적인 대안이 실현가능한가 아닌가를 인지할 수 있는지의 여부를 대체로 결정한다. 군부가 문민통제로부터 독립하여 정치적 행위자로 출현할 때, 시민사회내의 여러 집단들은 헌팅턴(Huntington, 1968)이 이야기하는 집정관 정치에 들어가게 된다. 즉 "만약 당신이 자신의 요구를 완화하지 않는다면, 우리는 군부에게 개입하도록 요청할 것이다" 또는 "만약 당신이 우리의 요구에 양보하지 않는다면 우리는 군부로 하여금 개입하도록 자극함으로써 혼란을 야기시킬 것이다"와 같은 전략이다. 자율적인 군부가 존재하는 한 경쟁적 정치과정은 군부 개입의 항구적 가능성을 낳는다.

이러한 양 극단적인 선택에 대응하여 신생 민주정부는 경제갈등을 통제하기 위해 경제논리나 참여에 대해 다른 강조점을 두는 두 가지 대조적인 정치적 전략을 선택한다. 개혁지향적인 정부는 대중의 요구로부터 자신을 격리하여 위로부터의 경제정책을 추진할 수 있다. 또는 개혁 프로그램에 대한 지지를 동원하기 위해 정당, 노조, 그리고 다른 조직들과의 광범위한 공동협력을 통해 합의를 추구할 수 있다. 그러므로 정부는 광범위한 영역에 걸친 정치세력들을 개혁형성과정에 참여시킴으로써 경제적 건전성을 타협하거나 아니면 개혁 프로그램에 대한 모든 반대를 약화시키려는 선택에 직면한다. 개혁의 사회적 비용이 내재적으로 발생시키는 이러한 딜레마나 저항에 직면하여 정부는 시장지향적인 개혁에 내재하고 있는 기술관료적 정치 스타일과 합의를 유지하기 위해 요구되는 참여적 스타일 사이에서 왔다갔다 하게 된다.

시장지향적 경제개혁은 북미 대학의 울타리 안에서 발전된 이론에 기초한 또는 흔히 국제금융기구가 정부에 강요하고 있는 기술적인 경제 청사진의 한 적용이다. 그들은 고도로 기술적인 경제 효율성의 모델에 기초하고 있다. 그들은 일반 대중에게는 설명하기 쉽지 않은 선택들과 여론에 항상 통용된다고는 볼 수 없는 결정들을 포함하고 있다. 더욱이 그들은 개혁청사진이 기습적으로 도입되었을 때 가장 성공적인 조치들을 요구한다.56)

따라서 정치적 관점에서 보면, 개혁은 위로부터의 통제전략이다. 특별한 조치들은 기술자들의 생각을 실천에 옮기는 것에 지나지 않는다. 그 조치들은 협의 없이 채택되고, 때때로 기습적으로 공포된다. 개혁정책은 폭넓은 참여, 영향을 받는 모든 관련 이해세력간의 합의 또는 타협으로부터 출현하는 것이 아니다. 우리가 살펴본 바와 같이 구조적 변혁을 완성하기를 원하는 정당은 투표자들로 하여금 급진적 개혁을 받아들이도록 압력을 가하는 방식으로 의제들을 조작하려는 유인을 가지고 있다. '쓴 약' 전략의 성공은 시작할 때의 잔인성에 달려 있다. 즉 성공은 가장 급진적인 조치들을 가능한 한 가장 신속하게 진행하고, 모든 특수 이익들과 즉각적인 요구들을 무시할 수 있는가에 달려 있는 것이다. 의지가 확고한 정부라면 개혁 프로그램의 강도를 약하게 하고 속도를 늦출 것을 요구하는 소란스러운 소리에도 불구하고 개혁을 진행시켜야 한다. 개혁가들은 무엇이 좋은지를 알고 있고 개혁을 가능한 한 신속하게 처리하려 하기 때문에 그들에게 정치적 갈등은 단지 시간낭비처럼 보여진다. 그러므로 시장지향적인 개혁은 포고령에 의해서 도입되거나 입법기관과 격돌하면서 통과실시된다. 따라서 바웬사(Wałesa)는 의회가 IMF가 설정한 마감 일정을 맞추기 위해 7일 이내에 11개 조항의

56) 만약 모든 사람들이 특정한 상품의 가격에 대한 규제가 해제될 것이라는 것을 안다면, 조치가 채택되기 전에 그 상품을 사기 위해 몰려가는 사태가 벌어질 것이다. 만약 모든 사람들이 특정한 날짜에 임금과 가격이 동결된다는 것을 안다면 동결이 취해지기 전에 가능한 한 임금과 가격을 올리려고 할 것이다. 만약 모든 사람들이 저축이 동결된다는 것을 안다면 은행으로부터 돈을 찾아가는 사태가 일어날 것이다.

중요한 경제법률들을 진행시킬 수 없을 것을 우려하여 정부가 포고령(decree)에 의하여 통치할 수 있는 권한을 부여해 줄 것을 제안하였다. 원래 계획의 좌절에 절망한 아르헨티나의 메넴(Menem) 대통령은 예정된 의회를 소집하지 않고 포고령에 의한 통치를 생각하였다. 코나간(Conaghan), 말로이(Malloy), 그리고 아부가타스(Abugattas, 1990: 20-21)에 의하면, 볼리비아, 에콰도르, 그리고 페루에서 개혁패키지를 채택하는 데 이러한 포고령 권력이 광범위하게 사용되었다. 1980년과 1984년 사이의 페루에서 공포된 675개의 법률 가운데에서 463개가 행정부의 포고령이었다. 이와 같은 잠재력이 바로 개혁이라는 개념 속에 내재되어 있다.[57]

동시에 개혁은 투표장에서의 개인들, 작업장에서의 노조와 전문직 결사체들, 그리고 의회내의 야당으로부터의 정치적 지지를 요구한다. 그리고 개혁은 전환의 비용을 발생시키기 때문에 불가피하게 저항을 유발한다. 사회적 비용이 지나치게 많이 들고 따라서 프로그램이 완화되어야 한다는 소리가 높아진다. 다른 사람들은 자기들의 상황이 어떤 면에서 특수하기 때문에 별도의 특별한 취급을 받아야 한다는 사실을 지적한다. 이와 같은 상황하에서 정부는 합의를 추구하고, 자신들의 프로그램을 설명하고 정당화하며, 그러한 목소리에 귀기울이고, 타협을 하려는 유혹에 빠진다. 정부는 갈등을 줄이고 경제 행위자들이 개혁 프로그램의 최소한의 기본적 노선을 견지하는 방식으로 행동하기를 희망하면서 야당, 노조, 고용주 단체를 끌어들이려 할 것이다.

홍정에서 추구되는 사회협약은 전형적으로 인플레이션을 통제하고 투자와 고용을 자극하는 경제정책과 함께 복지 프로그램을 제공받는 대가로 노조가 임금인상을 자제하는 것으로 구성되어 있다.[58] 1958년 이

57) 폴란드 정부의 고문인 한 미국인 전문가가 최근 기자회견에서 이렇게 언급하였다. "이 프로그램의 성공 여부는 폴란드인들에게 달려 있다. 경제적 관점에서 볼 때 이 프로그램은 건전하다. 이 계획은 오직 민중주의적 호소에 넘어가는 사람들에 의해 훼손되고 있다." 나는 브레흐트(Brecht)의 메아리를 듣는다. "그렇다면 정부가 '인민'을 해체하고 다른 '인민'을 뽑는 것이 더 단순하지 않겠는가?"

58) 그러한 협약의 경제적 논리와 정치적 전제조건은 레흐너(Lechner, 1985), 쉐

후의 베네수엘라와 스페인에서 그와 같은 첫 번째 협약은 산업관계체제의 근간을 확립하였으나 특정한 임금과 고용목표를 규제하기 위하여 뒤이은 후속 협약이 시도되었고 그 성공의 정도 또한 다양하였다.[59] 그러나 그와 같은 협약이 신생 민주주의하에서 성공할 수 있는 가능성이 적을 것으로 보이는 이유에는 다음 몇 가지가 있다.

① 사회협약은 항상 배타적이다. 슈미터(Schmitter, 1984: 365)는 정확하게 이러한 특징을 바로 개념정의로 구체화하였다. 남미에서 노조에 가입한 노동자들은 여러 민중 부문들 중 하나만을 대표할 뿐이다(Grossi & dos Santos, 1983: 143). "생산의 영역에 기초한 노조운동이 재생산의 맥락에서 구축된 민중운동을 대표할 수 있는가?"라고 레츠너(Lechner, 1985: 30)는 수사학적으로 물음을 던진다.

② 조합은 자신들이 강력할 경우에만 그와 같은 협약에 참가할 것이다. 즉 포괄적이고 중앙집중적이며 정치적으로 영향력이 있을 경우에만 참여한다. 그렇지 않다면 조합은 자신의 현재 능력을 모두 사용하지 않음으로써 미래에 이득을 얻을 것이라고 기대할 아무런 근거가 없다. 그러나 고용주들은 호의적으로 즉각적인 양보를 할 수도 있지만, 다른 한편으로 그들은 강력한 노조를 두려워하여 미래에 자신들에게 대항하는 데 쓰여지지 않도록 하기 위해 노조의 권리를 확대하는 데 반대하여 투쟁한다. 정부 또한 노조에 대하여

보르스키(Przeworski, 1987b)에 의해 논의되었다. 다양한 나라들의 경험에 대한 문헌비평으로는 코르도바(Cordova, 1985), 파팔라르도(Pappalardo, 1985), 그리고 도스 산토스(dos Santos, 1987)가 있다.

59) 베네수엘라와 스페인의 사회협약에 관한 유익한 서술적 비교는 코르도바(Cordova, 1985)에 의해 이루어졌다. 스페인에 관해서는 가르시아(Garcia, 1984), 곤잘레스(Gonzalez, 1985)와 페레스-디아스(Perez-Diaz, 1986)를 보라. 나는 베네수엘라의 경우, 석유로부터 나오는 지대소득 때문에 따로 떼어 보아야 할 사례라고 생각한다. 칼(Karl, 1987)과 맥코이(McCoy, 1987)는 베네수엘라의 사회협약에 관한 대조적인 분석을 제공하였지만, 나의 관점으로는 전자는 석유의 역할을 과장하였고, 후자는 과소평가하였다고 본다.

모호한 태도를 견지하고 있다. 정부는 임금을 통제하는 데 있어서는 노조와 협력관계를 유지하기를 원하지만, 노조의 세력이 너무 강력해져서 경제정책을 좌지우지하는 것을 원하지 않는다.

③ 사적 부문의 노조들은 협약에 기꺼이 참여하려고 할지 모르나, 공공부문은 그렇게 할 유인을 갖고 있지 않다. 이윤을 추구하는 부문에서 노조는 더 많은 고용과 투자에 대한 대가로 임금자제를 교환하려고 하지만, 공적 서비스부문에서 고용과 투자는 피고용인의 임금률에 의존하지 않는다. 그러므로 공적 부문은 실업이라는 채찍과 투자라는 당근에 직면하지 않는다. 더욱이 개혁은 보통 공적 부문 노조에게 위협이 될 수 있는 공공지출의 축소조치를 포함하고 있다.

이러한 장애물들은 사회협약을 마무리짓기 위한 대부분의 시도들을 붕괴시킬 정도로 압도적이다. 그리고 그러한 협약은 설사 의례적인 서명을 거쳤다 하더라도 거의 준수되지 않는다.

물질적 조건의 일시적 하락은 어떠한 개혁과정에서도 내재적인 현상이기 때문에, 포고령이나 협약 모두 즉각적인 경제적 개선을 낳지 않는다. 정부는 포고령이 반대를 불러일으키며 협약 또한 포고령에 의해 성취하기를 원했던 것을 가져다 주지 않는다는 사실을 알고 있다. 아르헨티나의 전 경제부차관의 말을 빌리자면, 정부는 "참여의 요구가 능력의 요구와 갈등한다"[60]는 사실을 발견한다. 압력이 거세어질 때, 정부는 갈등의 평화적인 해결을 추구하면서 포고령주의(decrestimo)와 협약주의(pactismo) 사이에서 왔다갔다 하기 시작한다. 합의에 의해 갈등을 해결하고자 하는 생각이 매력적이기 때문에 개혁에 대한 반대가 거세어질 때 그들과의 흥정에 들어간다. 협약에 포함된 약속들이 개혁을 위태롭게 할 때, 기술관료적 방식으로 되돌아간다. 정부는 협의를 약속하고 나

60) 트란시사오 정치학(Transiçao politica) 세미나에서 연설한 토레의 연설(Juan Carlos Torre, Necessidades e limites da negociaçāo at the University of Sao Paulo, June 1987)과 알부퀘르크와 듀람(Guilhon Albuquerque & Durham, 1987)을 보라.

서 포고령을 공포하여 궁극적인 동반자를 깜짝 놀라게 만든다.[61] 정부는 포고령을 통과시키면서 동시에 합의가 유지되기를 희망하는 것이다. 결과적으로 정부는 개혁에 대한 명확한 개념과 개혁을 추진하고자 하는 확고한 의지를 결여하고 있는 것처럼 보이게 된다. 국가가 바로 경제적 불안의 주요한 원천으로 인식되기 시작한다.[62] 이 때 다른 환상적인 해결책을 가진 마법사가 출현할 시간이 온다. 일단 개혁에 대한 신뢰가 약화되기 시작하면, 모든 새정부는 사람들이 아직 불신할 수 없는 어떤 일을 함으로써 과거와의 분명한 단절을 꾀한다. 개혁은 중독성이 있다. 축적된 절망을 달래기 위해서는 매번 보다 강한 투약이 요구된다. 시장지향적인 개혁은 건전한 경제학에 기초하고 있는지 모른다. 그러나 그것은 부두교(voodoo)적 정치를 키운다.

이러한 스타일의 효과로 대의제도가 상처를 입는다. 후보자가 선거유세기간 동안 자신들의 경제 프로그램을 숨길 때 또는 정부가 자신들의 선거공약과는 정반대되는 정책을 채택할 때, 대중들은 선거가 정책형성과정에 있어서 어떤 진정한 역할도 하지 못한다는 사실을 체계적으로 교육받게 된다. 정부가 핵심적인 정책을 포고령에 의해 공표하거나 또는 토론 없이 의회에서 일방적으로 통과시킬 때 정부는 정당, 노조, 그리고 다른 대의 조직들에게 그들이 정책결정 과정에서 할 수 있는 역할이 아무 것도 없다는 사실을 가르치는 것이다. 정부가 이미 선택된 정책에 대한 지지를 조율하기 위해 홍정으로 돌아선다면, 불신과 쓰라림만을 키울 뿐이다.

따라서 민주주의는 약화된다. 정치적 과정은 선거, 행정적 포고령, 그리고 간헐적인 항의의 폭발로 축소된다. 정부는 흔히 권위주의적이기는 하나 대단한 억압은 없는 방식으로, 포고령에 의해 통치된다. 국가의 모

---

61) 브레세르 협약(The Pacote Bresser)은 사르네이(Sarney) 대통령의 개인적인 교사에 의해 사회협약의 실현가능성을 조사하기 위해 계획된 모임의 전야에 발표되었다.

62) 정부정책의 비일관성에 관한 불평으로는 사회협약에 관한 상파울로 세미나에서 고용자단체 대표들과 노조지도자들의 발표를 보라(Guilhon Albuquerque and Durham, 1987).

든 권력은 행정부에 집중되어 있지만 그럼에도 불구하고 행정부는 경제를 관리하는 데 있어서 비효율적이다. 사람들은 정기적으로 투표할 기회를 갖고 있지만, 실제로 선택하지 않는다. 참여가 감소한다. 정당, 노조, 그리고 다른 대의 조직들은 수동적 동의와 의회 밖에서의 분출 사이의 선택에 직면한다.

이러한 결과들은 아마 불가피한 것은 아닐 것이다. 실제로 서다가다(stop-go) 하는 개혁이라는 전체유형이 자리잡게 된 이유는 민주주의는 시작하는 데에 불완전하기 때문일 것이다. 정책을 착수하기 전에 행정부로 하여금 정책에 대한 공식적 승인을 얻도록 강제하고 있는 헌법 조항, 효과적인 대의제도, 그리고 광범위한 정치참여를 가지고 있는 나라에서 정부는 자신이 끌어낼 수 있는 지지와 관계없이 어떤 개혁에 착수할 수 없다. 개혁은 대의제도를 통한 광범위한 협의와 선거적 승인으로부터 출현해야 한다. 스페인 사회당 정부는 이와 같은 방식으로 개혁을 진행시킨 결과, 폭넓은 지지를 받으면서 고통스러운 산업재편 프로그램으로 나라를 이끌어 가는 데 성공하였다(Maravall, 1990).[63] 그러나 이는 신생 민주주의 중에서 예외적인 사례일 뿐이다.

일단 민주주의가 약화되면, 개혁의 추구는 정치적 불안정을 가져온다. 어떤 시점에 이르면 대안은 개혁을 포기하거나 아니면 대의제도 전체를 버리는 것이다. 권위주의의 유혹은 불가피하다. 불협화음의 소란스런 목소리, 절차를 따라야만 하는 데서 오는 지연, 그리고 외관적인 갈등의 비합리성은 불가피하게 개혁지지자들로 하여금 더이상 인내하고 관용할 수 없게 만든다. 지지자들에게 있어 개혁이란 명백히 필요한 것이며 명쾌하게 합리적인 것이다. 의심, 반대, 절차에 관한 주장은 비합리성의 징후인 것처럼 보인다. 기술관료들은 민주주의에 덤벼들 뿐 아니라 민중저항에 대항하여 정책을 추진하는 경향을 키운다. 페레스트로이카를 지속하기 위해서 글라스노스트를 억압하는 것이다. 그리고 다

63) 이탈리아 공산당이 1976년에 정부의 긴축정책을 지지하였을 때, 1백만 명의 노동자들로 하여금 긴축의 필요를 설명하는 야간학교 경제학 강의를 듣게 했다는 데 주목하라.

른 한편으로 고통이 지속되고, 신뢰가 감소하며, 정부가 점점 더 능력이 없는 것으로 보일 때 어떠한 희생을 치르더라도, 심지어 민주주의를 희생하고서라도, 자신들의 이익을 지키려는 유혹들이 생겨난다.

결론

"만약 '그 체제'(공산주의－역자 주)가 없었다면 우리는 서구와 같았을 것이다"－이것이 동구 삼단논법의 전제이다. 그러나 공산주의의 지배를 경험하지 못했지만 '남반구'의 일부로 남아 있는 많은 나라들이 있다. 세계 인구의 절반이 자본주의 체제이고, 가난하며, 조직적 폭력의 간헐적인 폭발에 의해서 지배를 받는 나라들에서 살고 있다. 브라질의 한 기업 지도자가 언급한 바와 같이, "우리 기업가들은 공산주의가 실패했다고 생각한다. 그들은 우리 자본주의 또한 엄청난 실패작이란 사실을 망각하고 있다."[1] 빈곤, 불평등, 비효율, 억압, 그리고 외국의 지배는 서구가 북반구로 남아 있게 하기 위해 수십 억의 사람들이 매일같이 겪는 경험이다.

그러므로 '그 체제'가 사라졌을 때, 우리는 그 삼단논법을 완성하기 위해, 즉 일단 '그 체제'가 사라진 지금 동구가 '민주주의, 시장, 그리고 유럽,' 다시 말하면 '서구'로 가는 길을 발견할 것이라는 것을 믿을 만한 어떤 확증을 가지고 있는가? 바로 이 질문이 나로 하여금 이 책을 쓰도록 한 동기이다.

결론이란 조심스러워 해야 하거나 뉘앙스를 남겨두어야 하는 대목이

---

1) 상파울로고용자협회(FLESP)의 부의장인 헤우(Robert Nicolau Jehu)가 ≪베하(*Veja*)≫(25 October, 1989: 5)와의 인터뷰에서 한 말.

아니다. 그러므로 먼저 위의 고찰에서 확실해진 결과들을 요약하고 나서 위태로운 처지에 있는 동구를 살펴본 뒤 동구의 미래에 대해 생각해 보자.

민주주의가 공고화되기 위해서는 민주적 제도들이 모든 주요한 이익들을 보호하면서 동시에 경제적 결과들을 산출할 수 있어야 한다. 그러나 최근의 민주화로 출현한 제도들은 가능한 한 신속하게 근본적인 갈등을 종결지어야 한다는 이해할 만한 압력하에서 채택되었기 때문에 대부분 우연적인 것으로 보인다. 그러므로 신생 민주주의들은 기본적인 제도들을 둘러싸고 지속적인 갈등을 겪을 가능성이 크다. 이러한 제도들의 상호작용의 결과로 고통을 받고 있는 정치세력은 제도적인 틀에 대해 지속적으로 의문을 던질 것이다. 군부가 문민통제로부터 자유로운 곳이면 어디서나 '군부문제'는 민주주의 제도에 대한 영구적인 불안의 원천이 되고 있다.

더구나 모든 반권위주의 운동이 반드시 친민주적인 것은 아니다. 어떤 집단들은 단지 구권위주의 체제에 대한 투쟁에서 권위주의적인 적과 그들의 동맹자들을 삼켜 버리기 위한 일 단계로서 민주주의 슬로건 아래 결집한다. 일단 민주제도가 수립되면, 그들은 '국가이익'을 독점적으로 대표하고, 반대의견을 억압하며, 모든 갈등을 일소하기 위해 민주적 제도들을 이용한다.

그러나 신생 민주주의의 지속성은 제도적 구조와 주요 정치세력의 이데올로기뿐만 아니라 경제적 실적에 크게 의존한다. 많은 신생 민주주의가 경험하고 있는 생활조건의 악화가 언젠가는 멈출 것이라는 희망이 있으려면, 의미 깊은 경제개혁이 착수되어야 할 것이다.

그러나 경제체제의 구조적 변혁은 미지의 세계로 뛰어드는 것과 같다. 그들은 신뢰할 만한 청사진이 아니라 절망과 희망에 의해서 추진된다. 정치적인 이유 때문에 착수될 가능성이 가장 많은 개혁전략은 사회적 희생을 최소화시키는 전략이 아니다. 시장으로의 전환과 소유권 변혁을 결합시키고 있는 것은 다름 아닌 '쓴 약' 전략(bitter-pillstrategy)이다. 그리고 설사 그와 같은 개혁 프로그램이 개인들과 조직화된 정치세력내에서 원초적 지지를 획득한다 하더라도 시간이 지나고 고통이 지속되는 가운데 이러한 개혁에 대한 지지는 줄어들 것이다. 인플레이션은 관성적인 압력하에서 계속 불타오를 것이다. 비록 일시적이라 하더라도 실업은 참기 어려운 것이다. 불평등의 증가는 개혁에 대한 어떤 집단의 지지가 단지 자기이익의 봉사에 불과한 것이 아닌가 하는 의구심에 기인한 갈등을 불러일으킨다. 그리고 이러한 정치적 반응에 직면하여 정부는 시장지향적인 개혁에 내재하고 있는 기술관료적 정치 스타일과 합의를 유지하기 위해 필수적으로 요구되는 참여적 스타일 사이를 왔다갔다 할 것이다. 정부는 어떤 개혁을 포기하거나 연기하겠지만 그 후 다시 그 개혁을 시도할 것이다. 그리고 매번 개혁을 새로 시작할 때마다 정부는 개혁에 대한 최초의 지지량이 줄어든다는 문제에 직면할 것이다. 결국 재정적으로 파산한 정부가 왔다갔다 하면 정치적인 불안정이 초래된다.

따라서 권위주의의 유혹에 빠지는 것은 불가피해진다. 불협화음의 아우성, 절차를 따라야만 하는 데서 오는 지연, 외관상으로 나타나는 갈등의 비합리성은 불가피하게 개혁지지자들 사이에 조바심과 불관용을 불러일으킨다. 다른 한편으로 지속적인 물질적 박탈, 기술관료적 정책결정 스타일, 그리고 대의제도의 비효율성은 민주주의에 대한 대중의 지지를 약화시킨다.

이 분석이 동구의 미래에 대해서 무엇을 제시하고 있는가? 나는 두 가지 함의를 보고 있다. 동구의 정치발전은 민주화가 먼저 일어난 나라들과 다르지 않을 것이며, 그리고 경제적 변혁은 청사진에 크게 못 미치는 상태에서 중단될 것이다.

동구가 가난한 자본주의의 정치, 경제, 그리고 문화로부터 탈출하여 곧 서구에 합류할 것이라고 희망할 수 있는 근거는 지리이다. 이것이 동구 삼단논법의 중심적 전제이다. "오직 하나의 유럽만이 있을 뿐이다"—오직 하나의 유럽의 문명— 동구 나라들이 유럽문명의 전통적 회원이었으나 단지 소련의 지배가 친 장막에 의해 일시적으로 분리되었을 뿐이다. 이제 불가리아, 폴란드, 그리고 슬로베니아에 필요한 모든 것은 유럽의 국가가족내에서 합당한 자기 자리를 찾는 것이다.

실제로 지리는 동구 나라들이 민주주의와 풍요의 길을 따라갈 것이라는 희망을 가질 수 있게 하는 유일한 근거이다. 오늘날 유럽에서 비민주적 정치를 위한 자리는 없다. 민주적 제도는 이 공동체의 회원이 되기를 추구하는 모든 나라들에게 필수조건이다. 그러나 지리적 위치가 투자의 물결도 끌어올 수 있을지는 이미 알 수 없는 문제가 되고 있다. 지금까지는 끌어오지 않았다. 그리고 끌어오지 않는다면 체코슬로바키아, 헝가리 또는 루마니아의 미래가 아르헨티나, 브라질 또는 칠레와 달라야 한다는 이유를 찾을 수 없다.

동구 사람들은 우월감을 가지고 남미를 보는 경향이 있다. 동구 사람들은 남미를 대서양 넘어 있는 군부 쿠데타, 지주 과두정치, 민중주의 운동, 정글, 그리고 해변의 땅으로 보고 있다. 이국적이며 어쩌면 매력적이기도 하지만 미개한 땅으로 말이다. 그리고 그들은 자신들을 가장 높은, 유럽적인 문화의 기원지에 놓는다. 그들은 자신들의 군부 쿠데타, 지주 과두정치, 민중주의 운동, 그리고 외국인 혐오증을 망각해버린다. 하지만 나는 남미의 마르케스(Gabriel Garcia Marquez)가 마치 자기 집처럼 느꼈을 많은 폴란드 마을을 알고 있다. 나는 폴란드 사람들의 귀를 사로잡는 탱고소리를 듣는다. 나로 하여금 성처녀 마리아(Virgin Mary), 체스토초바(Czestochowa) 여왕, 그리고 산티아고 델 에스테로의 티라니타(Tiranita of Santiago del Estero)의 성스러운 이미지 앞에서 무릎 꿇도록 만드는 수백만 사람들의 무게를 내 어깨 위에 느낀다. 그리고 몇 가지 근본적인 경제적 법률의 제정이라는 의제에 직면한 서구의 어떤 한 의회가 독수리 문장이 새겨진 왕관 위에 십자가를 얹어야 할 것인가를 둘러싼 논쟁에 빠져드는 모습을 상상이나 할 수 있겠는가?

지리를 잠시 잊어버리고 폴란드를 아르헨티나의 위치에, 헝가리를 우루과이의 위치에 놓아 보라. 당신은 조직으로서 약화된 국가, 이익을 대표하고 동원화하는 데 있어서 비효율적인 정당과 다른 결사체들, 독점적·과보호적 그리고 과규제적인 경제, 자신의 국민들도 먹여 살리지 못하고 있는 농업, 과대성장된 국가 관료, 단편적이고 초보적인 복지 서비스를 보게 될 것이다. 그리고 그러한 조건들이 대기업의 압력에 취약한 정부, 민주적 제도에 대한 공약이 의심스러운 민중주의 운동, 사이드 라인에서 위협적으로 앉아 있는 군부, 권위주의와 사회정의 사이에서 분열된 교회, 외국인 혐오증에 빠지기 쉬운 민족주의적 감정을 키우고 있다는 결론을 당신은 내리지 않을 수 있겠는가?

위에서 언급한 어떤 것도 동구의 미래는 이미 주어진 것이라거나 남미는 전망이 없다라고 함축하지 않는다. 먼저 풍요와 민주주의로 가는 길은 봉쇄되어 있지 않다. 스페인, 포르투갈, 그리고 그리스는 가난과 권위주의로부터 탈출하는 데 성공하였으며, 아마 한국, 대만, 태국까지도 그 도정 위에 있다. 그와 같은 위업은 매우 드물기는 하지만 가능한 일이다. 다음으로 양 대륙의 특정 국가들에 대한 전망은 동일하지 않다. 칠레는 권위주의 지배하에서 경제적 변혁의 화살을 맞았으나, 브라질은 아직도 악화되고 있는 경제에 직면하고 있다. 체코슬로바키아는 이제 외채를 거의 가지고 있지 않으나, 헝가리는 아직도 절름발이 경제에서 벗어나지 못하고 있다. 우루과이는 군부문제를 해결한 것으로 보이나, 아르헨티나는 여전히 군사반란의 두려움 속에서 살고 있다. 헝가리는 이미 정당체계와 정통성 있는 제도를 갖추고 있는 반면, 루마니아는 아직까지 둘 다 없다. 지리가 무엇을 암시하든 경제적·정치적인 미래를 꼴짓기에는 충분하지 않다.

명백한 사실은 동구 나라들이 자본주의를 포옹하고 있으며, 그리고 그들은 가난하다는 것이다. 이것이 동구 사람들이 풍요와 민주주의를 꿈꾸는 세계 도처의 사람들과 공유하고 있는 공통의 조건들이다. 그러므로 우리가 예상할 수 있는 모든 것은 그들 또한 너무나 정상적인, 가난한 자본주의의 경제적·정치적·문화적인 문제들에 직면할 것이라는 것이다. 동구는 '남반구'가 되었다.

한국어판에 부치는 후기

민주화 연구기: 한 개인적 후일담*

1

비록 경찰 곤봉의 세례를 받았지만 내가 민주화에 동참하기 시작한 것은 1957년 10월 20일이다. 그 때 폴란드 공산당체제가 유일한 반(半)독립적인 신문을 폐간시킴으로써 '자유화'의 제1기를 마감하자 나와 같은 10대들이 분노를 참을 길 없어 바르샤바의 거리로 뛰쳐나왔다. '민주화'에 관한 나의 첫 환상은 1965년 방금 완료된 마을 평의회 선거에서 나타난 경쟁의 미덕을 찬양하는 글을 폴란드 공산당의 이론기관지인 ≪노웨 드로지(*Nowe Drogi*)≫에 실었을 때 공산당의 이데올로기 차르로부터 '수정주의, 아나코 생디칼리즘, 룩셈부르기즘'으로 비난받음으로써 깨지고 말았다. 그 일로 나는 해외여행이 금지되었으나, 2년 후에 나는 처음에는 미국으로, 그리고 그 다음에는 당시 '공고화된' 민주주의 국가였던 칠레로 떠났다. 그러나 칠레의 민주주의는 곧 군화발에 짓밟혀버렸다(쉐보르스키는 미국 시카고로 이주하여 노스웨스턴 대학에서 정치학 박사학위를 취득한 뒤, 칠레에서 연구를 하였으며 1974년 피노체트의 쿠데타를 목격하였다—역자 주).

---

* 이 글은 아담 쉐보르스키 교수가 『민주주의와 시장』의 한국어판을 위해 1996년 5월 25일에 역자에게 보내준 것이다.

1979년 필립 슈미터가 민주화 과정을 분석하고 전략을 마련하기 위해 윌슨 센터에 모인 일군의 학자들 집단(그들 중 상당수는 학자인 동시에 실제로 민주화 운동가)에 동참하라고 초청하였을 때, 나의 이러한 경험들은 나로 하여금 '자유화' 또는 '민주화'(그 당시 '공고화'라는 말은 아직 발명되지도 않았다)에 관해 체계적으로 생각하게끔 준비해 주지 않았다.[1)] 내가 민주화에 관해 어떤 말을 할 수 있을지 자신이 없어 나는 망설였다. 그러나 슈미터의 초청은 거절할 수 없는 기회였고, 그 이후 나는 민주화 연구에 빠져들었다. 지난 17년간 나는 민주화에 관한 연구의 주도적 인물로서 활동했고 다른 것은 거의 생각할 수도 없었다.

2

동구에서 '서구'로 넘어왔을 때, 무엇이 선진 자본주의국가에서 민주주의와 자본주의의 공존을 가능케 하고 있는가를 알고 싶었다. 거기서 나는 민주주의는 자본가들과 노동자들 사이의 계급타협의 한 제도적 형태라고 결론을 내렸다(*Capitalism and Social Democracy*, 1985). 이것이 윌슨 센터 모임에 왔을 때 내가 가졌던 민주주의에 관한 나의 이해였다.

그러나 윌슨 센터 모임에서 나의 계급분석은 크게 대접을 받지 못했다. 내가 기억하기로, 후앙 린츠는 민주화에 관한 서로 다른 집단들의 입장은 나라와 시간에 따라 차이가 있기 때문에 계급은 민주화와 아무 연관이 없다고 주장했다. 페르난도 헨리크 카르도소(Fernando Henrique Cardoso)는 열정적으로 브라질의 상파울로 부르주아지가 군부체제에 등을 돌린 것은 국가주의에 대한 저항이었다는 논문을 발표하였다. 거의 같은 시기에 루이스 카를로스 브레세르 페레이라(Luiz Carlos Bres-

1) 이 글은 개인적인 회고록이며, 많은 부분이 윌슨 센터 프로젝트에서의 경험들을 중심으로 쓴 것이다. 게데스(Geddes, 1995: 4)에 의하면, 윌슨 센터 프로젝트의 결과로 나온 4권의 책(*Transitions from Authoritarian Rule*, Vol.1~4–역자 주)이 민주화에 관해 가장 많이 인용되는 책일 뿐 아니라 다음으로 많이 인용되는 책보다 6배나 더 인용되고 있다는 데 주목하라.

ser Pereira)가 쓴 논문의 결론도 마찬가지였다. 나는 계급은 전략적으로 행동한다는 주장으로 나의 이론을 구출하려 하였다. 내가 가장 좋아했던 인용구는 20세기 벽두에 광산노조연맹의 총재였던 존 미첼(John Mitchell)이 한 이야기였다. “노동조합주의는 항상 임금체제의 유지에 목을 매거나 임금체제의 폐지에 목을 매지 않는다. 노동조합주의는 가능하다면 임금체제를 유지함으로써, 가능하지 않다면 궁극적인 임금체제의 폐지를 통해서 노동자들의 조건의 지속적인 향상을 요구한다.” 따라서 계급의 전략은 조건과 인식에 따라 달라진다는 것을 예상할 수 있다. 그러나 이러한 주장은 어디에서도 받아들여지지 않았다.

그러나 지배적인 무드는 전략적이었다. 『민주주의와 시장』(1991)에서 밝힌 바와 같이, 나는 수일간 계속된 윌슨 센터 토론에서 립셋(Lipset)이나 무어(Moore)의 이름이 한 번도 거론된 적이 없었다는 데 놀랐다. 몇몇 참가자들은 민주화운동에 적극적으로 개입하고 있었고, 나를 포함해서 다른 참가자들은 그들과 같은 꿈을 꾸고 있었다. 우리의 과제는 누가 처음 이 말을 만들어 내었는지는 모르지만, ‘사려 깊은 소망(thoughtful wishing)’으로 규정지어졌다. 문제는 ‘어떻게’ 였다. 어떤 나라가 발전했을 때만 민주주의가 가능하다거나, 더 결정론적으로 이야기해서, 수세기 전에 특정한 계급구조를 가졌어야만 민주주의가 가능하다는 생각은 우리들의 고려에서 이미 벗어나 있었다. 민주화의 조건은 그들이 그 당시에 처한 것이 무엇이냐였다. 우리의 과제는 이러한 조건하에서 우리가 발견할 수 있는 민주화의 길이 무엇이냐였다. 1979년에 여전히 사람들이 죽어가고 있었다. 1979년은 프랑코가 노동자들을 처형한 지 몇 년 안되는 해였으며, 테헤라조(Tejerajo)가 일어나기 3년 전이었고, 칠레의 독재자들은 여전히 날뛰고 있었고, 아르헨티나의 군부는 무작위적으로 사람들을 살해하고 있었다. 살해를 중지시키는 것이 우리들이 의미하는 민주주의의 처음이자 마지막이었다. 우리들에게는 객관적 조건들이 성숙하기를 기다릴 만한 인내가 마련되어 있지 않았다.

지배적인 문제가 그리스, 포르투갈, 스페인에서 민주세력이 신생민주주의에 대한 위협을 저지하고 남미에서 독재를 끌어내리는 것이었음에도 불구하고, 그 당시 지적 풍토는 수학적 논리로 무장한 전략적 사고에 대해 적대적이었다. 그 당시는 여전히 '역사-구조적 방법론(el methodo historico-estructural)'의 전성기였다. 비록 이 방법론의 관심이 경제구조에서 이익집단으로, 이익집단에서 동맹과 협약으로, 국가는 '지배협약'에 다름아니다로 이동하였지만, 역사주의적 전통이 지적 세계를 꽉 틀어잡고 있었다. 실제로 윌슨 센터 모임이 있기 수년 전 멕시코 모임에서 나는 카르도소에게 어떤 특정한 이익들의 구조로부터 무슨 연합들이 출현할 것인가를 어떻게 알 수 있는가라고 물어보았다. 그의 대답은 "오! 당신은 또 바로 그 공허한 형식논리를 찾고 있군요"였다. 그리고 지금은 나와 생각을 같이 하고 있는 호세 마리아 마라발(José María Marvall)도 처음 모임에서 칠판에다 게임박스와 보상함수를 그리고 있는 나를 보고 당혹감을 금치 못했다.

대부분의 참가자들의 분석에 생기를 불어넣은 가설은 민주주의로의 전환의 양식은 그가 출현한 권위주의 체제의 유형에 의해 꼴이 지어진다는 것이었다. 그 후 민주화의 역사가 진전되자, 두 번째의 가설이 추가되었다. 민주주의 전환의 최종적 결과는 민주화의 양식에 의존한다는 것이었다. 분류학적 열광[엘스터는 훗날 사적으로 이를 '식물학적 접근(botanical approach)'이라 불렀다]이 너무나 강해서 몇몇 열정적인 분류가들은 우리가 그 당시 가지고 있는 사례들은 물론이고 모든 동구와 아프리카의 사례들을 추가해도 채울 수 없는 박스들을 만들어 내고 있었다. 분류가 인과적 문제에 관해 해답을 줄 것으로 생각하고 있었다. 어떤 사례에 맞는 박스를 발견하면, 그에 대한 인과적 문제에 대한 해답의 추구는 끝나는 것이다. 실제로 금새 토론자들간에 층이 나누어져 버렸다. 가장 큰 상은 박스를 만든 사람들에게 돌아갔고, 작은 상은 박스를 사례들로 채운 사람들에게 돌아갔다. 대상은 스페인의 사례와 우연의 일치는 아니지만, '협약을 통한 과거 권위주의와의 단절(ruptura pactada)'이었다. 그리고 우리는 어떠한 조건하에서 협상을 통한 과거와의 단절을 기대할 수 있는가를 발견하려고 노력하였다.

3

장기적 과정에 대한 경시, 조건보다 행동에 대한 강조, 살해를 중지시키기 위해서는 거의 어떤 값이라도 기꺼이 치르겠다는 것 등이 우리로 하여금 엘리트간의 흥정·타협을 강조하게끔 이끌었다. 이 프로젝트의 결실인 4권의 책, 그 중에서도 오도넬과 슈미터의 『잠정적 결론』(1986)뿐 아니라 나의 『민주주의와 시장』은 독재자들과 기꺼이 타협하려 한다는 것과 근시안적인 엘리트들의 전략에 집착한다는 것으로 광범위하게 비판을 받았다.

나는 첫 번째 비난에 대해서는 거의 공감할 수 없다. 타협을 비난하는 것은 무책임하고 올바르지 못한 것이다. 우리들 중 많은 사람들은 어떤 종류든 사회주의자였으며 몇몇은 민주주의로의 전환이 사회주의로의 전환으로 발전하기를 바라는 꿈을 갖고 있었다. 민주주의에 대한 대가는 사회·경제적 변혁(가장 시급한 변혁이라 하더라도)에 대한 타협이라는 것을 알게 되는 것은 쉬운 일이 아니다. 우리는 민주주의 연구를 다시 시작하는 초심자였는지 모른다. 우리들 중 많은 이들은 1973년 칠레에서 쿠데타가 일어난 뒤에야 소위 '형식적' 민주주의의 중요성을 발견하게 되었다. 그러나 우리가 원한 것은 살해를 중지시키는 것이었으며, 그를 위해 유일한 길은 타협이라 생각하였고, 가능한 최소한의 것을 얻기 위하여 다른 더 높은 이상을 기꺼이 포기하려 하였다. 회고해 보면 독재가 무너지고, 무장이 해제되고, 영원한 범죄자들까지도 감옥의 창살 뒤에 갇힌 상황하에서 페트라스(Petras)와 커밍스(Cumings, 1989)가 우리들을 배신자라고 비난하는 것은 쉬운 일일지 모른다. 그러나 그 당시에는 위협이 실제로 존재하였으며 우리가 사려 깊게 행동한 것이 옳았다고 생각한다.

장기적·거시적 과정과 단기적·미시적 분석간의 상호작용은 아직도 분명하지 않은 것으로 남아 있는 매우 복잡한 문제이다. 민주화에 관해 쓴 수백 편의 학위논문들은 민주화를 사회구조의 변동에 의해서 조장되고, 시민사회의 탄생을 통해 끓어오르며, 그 자체로 결실을 맺는 과정으로 보는 논문들과 '강경파,' '개혁파,' '온건파,' '급진파'들의 전략적 게임으로부터 시작하여 주어진 (전제)조건하에서 홍정에 도달하는 과정으로 보는 논문들로 나누어진다. 수십 편의 민주화 논평들이 '사회학적' 시각과 '전략적' 시각을 대치시키고, 양자 모두 충분치 않다는 것을 발견하였다. 그러나 이 두 시각은 상호배타적인 것이 아니며, 완치콘(Wantchekon, 1996)의 최근 논문에서 나는 이 양자간의 관계에 대한 유익한 사고를 얻을 수 있었다.

단순화시켜서, 어떤 특정한 시점, t=0, 1, …, T, …,에서 두 정치세력, R과 C가 맞이하고 있는 전략적 상황이 아래와 같다고 하자.[2)]

		C	
		싸움	대화
R	싸움	2,1	a_t, O
	대화	O,a_t	4,3

전략적 교환이 t=0 그리고 a_o>4에서 딱 한 번 일어난다고 가정하자. 이 게임은 [싸움, 싸움]이라는 독특한 균형점을 가진 '죄수의 딜레마게임'으로서 [2, 1]의 보상가를 지닌 R의 독재로 귀결된다. 이제 역사가 시작되고 다양한 과정이 a_t의 값을 결정한다고 하자. t=T의 시점에서 a_t의 값은 a_t<2로 떨어지고, 게임은 두 개의 균형점, 즉 현상유지의 보상가를 지닌 [싸움, 싸움]과 파레토 우위의 보상가를 지닌 [대화, 대화]를 가지게 된다. 그러므로 장기적인 경제적·사회적·정치적 과정들이 어떤 시점에서 전략적 상황을 변화시키며 타협의 추구를 촉발시킨다.

만약 이것이 우리가 채택한 분석틀이라고 한다면, 우리는 각 정치세력이 어떤 반대에도 직면하지 않는 독재자가 됨으로써 누릴 수 있는 이득의 결정요인에 관해 관심의 초점을 맞추어야 한다. a_t가 의미하는 것

2) 나는 직관적으로 그럴듯하게 나의 분석을 보여주기 위해서 선호를 서수(cardinality)로 표현하였다. 그러나 엄격한 기수적 선호로도 동일한 분석을 할 수 있다.

이 바로 그것이다. 즉 나라를 완전히 장악하고 있는 독재자의 값이다. 그러므로 경제적 진화, 문화적 변화, 시민사회의 등장 등이 장기적 변동의 핵심요인이라고 생각하건 생각하지 않건 간에 우리는 이 과정들이 독재자가 사회를 장악하고 그에 부수되는 물질적 또는 상징적 이득을 취하는 것과 어떤 관련이 있을 것이라는 관점에서 분석에 들어가야 할 것이다.

그렇다면 α_t의 값을 결정하는 것은 무엇인가? 내 생각으로는 실제로 모든 것이 결정요인일 수 있다. α_t의 값을 변화시키는 과정은 외생적일 수도 있고 내생적일 수도 있으며, 거시적일 수도 있고 미시적일 수도 있다. 립셋의 설명 또는 적어도 립셋이론의 '근대화'론적 설명에 의하면(Przeworski & Limongi, 1996), 민주주의는 외생적인 경제발전에 의해 촉진된다. 많은 나라들의 사례는 어떤 나라의 경제가 발전하면 사회구조가 복잡해지고, 새로운 집단이 등장하고 조직되며, 노동과정이 사용자의 적극적인 협력을 요구하기 시작하게 되고, 그 결과 체제가 더이상 '명령'에 의해서 효과적으로 돌아가지 않게 된다는 것을 보여준다. 사회가 너무 복잡해지면 기술변화가 직접생산자들(노동자)에게 어느 정도의 자율성과 사적인 정보를 부여하게 되고, 시민사회가 형성되며, 독재는 효과적이지 않게 된다. 그러나 우리는 독재가 더이상 효과적이지 않게 되는 요인이 여전히 외생적이라 하더라도 거기에는 미시적인 질서가 있다고 이야기할 수 있다. 예를 들어, 독특하게 독재적 질서를 유지하는 능력을 발휘해 온 프랑코와 같은 독재자의 사망의 임박을 들 수 있다. 또한 과정들은 거시적이고 내생적일 수 있다. 한 예로, '굴라쉬(Goulash)' 타협(즉 "네가 조용히 있는 한, 너의 배는 부를 것이다")은 공산당정권이 경제를 바닥으로 떨어뜨리면 깨어져버린다.[3] 더 명백한 내생적 요인으로는 엘살바도르의 경우와 같은 장기화된 내전의 효과를 들 수 있다. 내전의 장기화는 때때로 군사적 승리를 더이상 추구할 만한 가치가 없게 만든다.[4] 그리고 아르헨티나의 말비나스(Malvinas) 전

3) 사하라 사막에서 모래가 부족하게 하기 위해서는 공산주의 계획자들을 사하라에 파견해야 한다는 말이 있다.

쟁에서의 패배는 내생적이었지만 일회적인 사건에 지나지 않았다.

더구나 동일한 요인이 어떤 나라들에서는 이 방향으로 작용하고 다른 나라들에서는 저 방향으로 작용한다. 경제성장은 경제를 더이상 명령에 의해서 움직일 수 없게 할 정도로 복잡하게 만들어 권위주의 체제를 약화시키지만, 경제적 쇠퇴 역시 독재자의 정통성 주장의 핵심을 훼손함으로써 독재자로 하여금 무릎을 꿇게 할 수 있다. 외국의 압력은 독재자를 허약하게 만들 수도 있지만, 동시에 외국의 간섭으로부터 민족적 단결을 이룩하자는 구호를 제공할 수도 있는 것이다.

위에 열거한 것은 단지 예에 지나지 않는다. 우리는 더 나아갈 수 있다. 내가 지적하고자 하는 것은 갈등하는 정치세력들을 협상테이블로 이끌어 낼 수 있는 상이한 순서와 시간적 리듬을 가진 수많은 외생적 또는 내생적 이유들이 있다는 것이다. 그러므로 나는 언제 독재가 무너질 것이라는 것을 통계학적으로 예측할 수 있는가에 대해서 회의적이다. 실제로 1950년과 1990년 사이에 135개 국가들을 대상으로 한 연구에서 1인당 국민소득으로 측정한 경제발전의 수준이 어느 한 민주화의 사례도 예측하지 못했다(Przeworski and Limongi, 1996). 경제발전의 수준만이 아니다. 그 나라가 속한 지역 또는 전 세계에서의 민주주의 국가의 비율, 과거 권위주의로 전환한 사례들과 민주주의로의 전환한 사례들의 합계, 그리고 부차적인 변수(dummy variables)라고 할 수 있는, "1950년에 그 나라가 독립했느냐," "그 나라가 영국의 식민지였느냐," "가장 큰 종족집단은 무엇이냐," "가톨릭, 프로테스탄트, 회교의 비율은 어떻게 되느냐" 등의 변수를 모두 묶어 동시에 고려하였지만 마찬가지였다. 단지 일인당 소득, 노동력의 증가율과 인플레 증가율의 변수를 첨가했을 때, 우리는 49개의 민주화 사례에서 2개의 사례들을 예측할 수 있었을 뿐이다!

나는 몇몇 사람들이 '예측하는 것'과 '설명하는 것'은 다른 것이라고 이야기할 것이라는 것을 알고 있다. 그러나 '설명'은 쉽게 사후적 오류

4) 경제적 이익구조의 내생적인 변화를 강조하는 엘살바도르에 관한 좀더 복잡한 이야기를 알기 위해서는 우드(Wood, 1996)를 보라.

(ex post fallacy)를 수반할 수 있다. 예를 들면 경제발전이 민주주의를 이끌었다는 것이 사후적으로 보면 그럴듯하게 보일 수 있다. 스페인의 예를 들자. 스페인의 경우 1950년의 일인당 소득은 1,953불이었고(이는 PWT 5.5에서 나온 1985년 USD의 PPP수치임), 독재하에서 연평균 5.5%가 성장하여 1976년에는 7,351불이 되었다. 만약 전 기간을 통하여 스페인의 독재가 매년 0.03의 '사망' 확률에 직면하였다고 가정하면, 위해함수(hazard fuction)를 고려할 때, 경제적으로 전혀 발전하지 않았다 하더라도 스페인의 독재가 1974년까지 사망하지 않을 확률이 50%에 이른다. 따라서 우리는 경제발전이라는 요인은 단지 "무작위적 위해들(random hazards)"의 집적에 지나지 않는다고 결론내릴 수밖에 없다.[5)]

사회과학의 예측능력의 허약성은 공산주의 독재의 몰락으로 여지없이 발가벗은 모습을 드러낼 수밖에 없었다. 사회과학자들에게 1979년에 공산주의가 몰락할 것이라는 것은 전혀 상상할 수도 없는 것이었고, 윌슨 센터 프로젝트 역시 동구의 민주화에 관해 일언반구의 언급도 없었다. 1980년 8월 폴란드의 노동자들이 파업에 돌입하였고 수주일내에 시민사회가 분출하였으며, 1,600만 명이 새로운 자유독립노조에 가입하였다. 그러나 그 운동은 1981년 12월에 분쇄되었고 공산주의는 다시 그 나라를 확고히 장악한 것처럼 보였다. 어느 누구도 폴란드에서 1981년의 쿠데타로 등장한 체제를 더이상 공산주의나 적어도 우리가 알기로는 다른 수많은 독재와 다를 바 없는 군사독재라고 보려 하지 않았다. 실제로 내 기억으로는 나 혼자서 1982년 3월에 출간된 논문에서 "야루젤스키(Jaruzelski) 장군의 쿠데타는 폴란드에서 공산당의 통치를 종식시켰다"고 주장하였다. 대부분의 사람들에게 폴란드의 사태는 1956년의 헝가리, 1968년의 체코슬로바키아와 마찬가지로 일시적인 봉기에 지나지 않는 것처럼 보였던 것이다. 커크패트릭(Jean Kirkpatrick)은 정의적으로 공산주의의 불변성을 주장하였다. 공산주의는 '전체주의'이

5) 여기 한 유익한 유추가 있다. 어떤 사람이 매년 우발적 요인으로 죽을 위험이 0.01이고 그녀가 78세에 떨어지는 벽돌에 맞았다고 하자. 그러나 사후적 결론은 그녀가 노령으로 죽었다는 것이다.

다. 따라서 변화할 수 있는 '권위주의'와는 달리 공산주의는 난공불락이라는 것이다. 페레스트로이카가 이미 완전히 궤도에 올라섰고 폴란드의 군사정권이 새로운 파업의 물결로 금이 가기 시작한 1988년까지도 헌팅턴(Huntington)은 동구에서 민주화에 대한 희망을 갖지 말라고 선언하는 논문들을 계속 발표하였다. 그러나 헌팅턴의 이 지혜는 그로 하여금 수년이 채 지나지 않아 뻔뻔스럽게도 민주화에 대한 회고적인 분석에 동참하는 것을 막지 못했다. 그리고 1988년의 몬트리올 회의에서 민주화가 일어나게 할 수 있는 모든 종류의 가능성을 열거하면서 폴란드가 민주화의 문턱에 와 있다는 나의 주장을 후앙 린츠가 반박했다는 사실을 생생하게 기억한다. 폴란드에서 내가 이야기한 모든 것들이 그때 이미 일어나고 있었다는 사실은 내게 특히 신나는 일이었다.

그러나 회고해 보면, 우리는 우리가 놀랐다는 데 대해 놀라야 한다. 바로 1984년의 소련을 생각해 보자. 반체제 목소리를 잠재울 수 있는 능력도 없고, 백성을 제대로 먹이지도 못하고, 아프가니스탄의 부족연합의 저항에 대해 무기력하고, 국제경쟁력 향상에 게으른 소련을 말이다. 이 모든 것들이 우리로 하여금 그 체제가 무너질 수밖에 없다고 생각하게 해주는 조건들이 아닌가? 회고해 볼 때, 공산주의가 몰락할 것이라는 전망을 내린다는 것을 상상할 수도 없을 때, 공산주의가 몰락할 수밖에 없다는 것이 왜 그렇게도 명백했는가?

4

그렇다고 나는 우리가 민주화에 관한 만족할 만한 이해를 하고 있다고 생각하지도 않는다.[6] 이제 모든 사람들이 민주화는 전략적 결정을 수반하는 과정이라는 것을 받아들이고 있고 민주화를 게임으로 다루는 것이 유행이 되고 있지만, 대부부의 게임이론의 사용은 '설명적(explanatory)'이라기보다는 '비유적(allegorical)'이다(최근의 예로 Geddes,

6) 나는 이 결론을 코헨(Youssef Cohen)과의 대화에서 얻었다.

1995).

민주화의 게임이론이 당면하고 있는 특징적인 문제는 간단하다. 따라서 나는 가장 초보적인 차원에서 문제를 지적하려고 한다. 독재자와 원초적인 반대자가 있다고 하자. 어느 순간 어떤 이유에서 독재자는 몇몇 반대자를 포섭함으로써 자신의 독재기반을 넓히기를 원한다는 것을 발견하게 된다. 나는 이 움직임을 '개방(Open)'이라고 부른다. 만약 독재자가 개방을 하면, 반대자는 체제에 '들어감으로써(Enter)' '확장된 독재(BDIC)'로 게임을 끝나게 하든가 아니면 계속 반대를 '동원(Mobilize)'할 것인가를 선택해야 한다. 만약 반대자가 '동원'한다면, 독재자는 '억압(Repress)'함으로써 게임을 '현상유지(SQ)'로 끝나게 하든가 아니면 '항복(Yield)'함으로써 민주화(TRANS)가 일어날 수 있다. 여기 광범위한 형태로 그려진 게임이 있다.

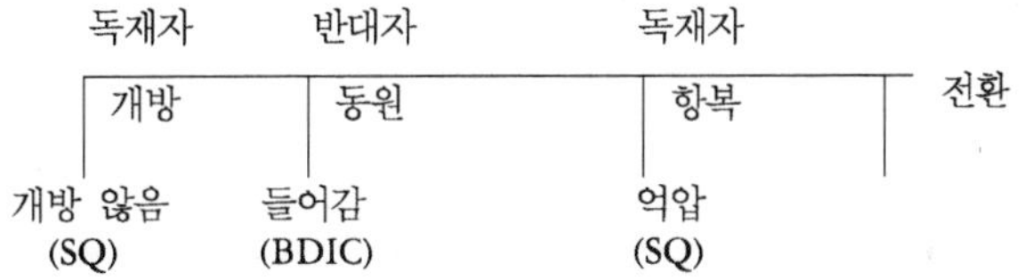

독재자 반대자 독재자
개방 동원 항복 전환
개방 않음 (SQ)
들어감 (BDIC)
억압 (SQ)

이 게임을 재구축해 본다면, 독재자는 SQ보다 BDIC를 선호한다(BDIC>SQ). 그러나 독재자는 양위(abdicate)할 의도는 없다. 따라서 SQ>TRANS이다. 그러므로 독재자의 선호도는 BDIC>SQ>TRANS이다. 반면에 반대자의 선호도는 TRANS>BDIC>SQ이다.

이제 이 게임을 역순으로 연역해서 풀어보자. 만약 반대자가 동원한다면, 독재자는 억압할 것이고 그 결과는 현상유지(SQ)이다. 만약 반대자가 이를 알고 있다면, 그는 동원하지 않을 것이다. 만약 독재자가 그것을 알고 있다면 그는 개방할 것이고, 그 결과는 '확장된 독재(BDIC)'가 될 것이며 민주화는 일어나지 않을 것이다.

반면에 만약 독재자가 개방한다면, 반대자는 억압의 위협에 제지당하지 않고 동원할 것이고(바로 그 억압기구를 폐지하려고 할 것이다) 그 결과는 민주화가 된다. 그 이후 독재자는 개방이 민주화로 이어질 것이라는 것을 알게 되고 개방하려 하지 않을 것이다. 이 경우 역시 민주화는 일어나지 않는다.

그러므로 내가 『민주주의와 시장』(1991: 62)에 밝힌 바와 같이 이 게임모델에는 무언가 문제가 있는 것이다. 두 가지 문제점이 두드러진다. 첫째, 독재자들이 자유화를 할 때, 독재자는 반대자가 동원하면 가차 없이 억압하여 현상유지를 복원할 수 있다고 믿고 있다는 점이다. 둘째, 독재자가 민주화를 받아들일 것인가 억압할 것인가를 결정해야만 할 시점에 도달하면 독재자는 자신이 경쟁적 선거에서 승리할 것이라고 스스로 믿는다는 점이다. 그러나 흔히 이 두 가지의 믿음은 모두 허구로 드러난다. 1973년의 브라질, 1968년의 체코슬로바키아, 1964년의 도미니카 공화국, 1956년과 1981년의 폴란드와 같이 몇몇 독재자는 동구에서 완곡어법으로 이야기하는 소위 '정상화'에 성공하였지만, 일단 개방을 한 후에 다시 억압한다는 것은 샴페인 병을 열고 난 뒤에 다시 코르크를 집어넣으려는 것과 같다. 다시 체제 속에 집어넣으려면 가장 힘을 많이 모을 수 있을 때보다 더 큰 힘을 필요로 한다. 일단 통제가 느슨해지면, 사태는 걷잡을 수 없게 되어버린다. 반면에 선거적 결과에 대한 낙관론의 연기가 피어오르고 합리화된다. 멕시코에서 제도혁명당(PRI)에 대항하는 두 야당들이 서로 반대편에 선 것과 같이 반대자가 깊이 분열되어 있지 않다면, 독재자가 선거에서 승리할 확률은 미미하다. 그러나 피노체트 장군은 자신이 국민투표에서 승리할 것이라고 확신하고 있었고, 니카라과의 산디니스타들은 1990년 선거 전야까지도 자신들이 승리할 것이라고 믿고 있었으며, 폴란드의 공산주의자들은 모든 신호에도 불구하고 낙관론을 견지하였다.7) 더구나 이 수수께끼를 더욱 복잡하게 하는 것은 반대자들까지도 때때로 독재자들의 이러한 예측에 공감한다는 것이다. 바웬사(Lech Wałesa)는 솔리다리티가 1989년 폴란드의

---

7) 1989년 6월 선거 전야의 폴란드에서 뛰어난 공산주의 개혁가인 나의 가까운 친구는 상원의원 선거에서 체제세력이 과반수 이상을 획득할 것이라고 내게 확신시켜 주었다. 그러나 그 선거에서 공산당은 한 석도 얻지 못했다.

선거에서 승리할 수 없을 것이라고 예측하였고 니카라과의 반대자들은 패배를 예상하고 1984년의 선거참여를 철회하였다.

이것은 합리적 선택이 이루어지는 재료가 아니다. 오랫동안 나는 공산주의의 몰락은, 부세테-슈(Busette-Hsu)가 헝가리의 사례에 관해 설득력 있게 자료정리한 과정이 보여주는 바와 같이 수많은 작은 실수들의 연속에 기인하였다고 보았다. 그러나 왜 전략적 행위자들, 특히 공산주의자들같이 철저한 전략가들이 실수를 저지르는가? 나는 집단적인 독재의 사례에 대해서는 이 질문에 대한 해답을 갖고 있다. '정치국' 또는 '군사평의회(Junta)'내에서 '자유주의자들(liberalizers)'들은 개방을 원하는데 그들은 아마 다른 분파인 '강경파'에 대한 자신들의 위치를 향상시킬 목적으로만 개방을 원한다고 가정하자. 강경파들은 사태가 걷잡을 수 없게 될 것이라고 주장하면서 개방을 반대할 것이지만, 이에 대해 자유주의자들은 어떤 위험도 없다는 것을 강경파에게 확신시켜 주어야 한다. 왜냐하면 강경파들은 항상 억압을 통해 다시 통제를 회복할 수 있기 때문이다. 집단적 결정은 선택 세트의 둥치를 잘라버린다. 왜냐하면 집단적 결정은 실패의 가능성을 허용하지 않기 때문이다. 실패의 가능성을 인정한다는 것은 토론에서 패배한다는 것을 의미한다. 그러나 나는 코헨(Cohen, 1966)의 아름다운 논문에서 루이16세도 그가 실패할 수 있다는 것을 생각하지 못했으며 토론을 위해 그가 필요로 한 유일한 사람은 그 자신이었다는 것을 배웠다. 코헨의 인용에 의하면, 루이 16세는 "이것이 법이다. 왜냐하면 내가 법이라고 했기 때문이다"라고 이야기하였다는 것이다. 따라서 어떤 좀더 심오한 것이 개입되어야 한다. 즉 하나님의 은총에 의해서 수백 년간 지속해 온 왕국의 몰락이라든가, 아니면 인류의 보편적 미래로 상정된 체제의 몰락과 같이 상상도 할 수 없는 사건이어야 한다. 공산주의자들은 커크패트릭의 말을 믿었음에 틀림없으며, 그리고 커크패트릭은 그들을 속였던 것이다.

왜 독재자가 비합리적으로 자신의 신념을 자신의 결정에 적응시키려 하는가를 이해하는 것은 더 쉽다. 그들이 선거를 치르기로 일단 결정하였다면, 그들에게 선거에서 승리하리라고 믿는 것 외에 더 나은 것이 남아있겠는가? 더구나 결정과정의 집단적 속성이 다시 개입된다. 즉 지도자들이 일단 선거를 열기로 결정하였다면, 그들은 그들의 추종자들로 하여금 다른 사람들과 똑같이 하도록 설득해야 한다. 파스칼(Pascal)의 말을 빌리면, 말이 신념을 유발하는 것이다.

나의 이론이 맞다면, 그리고 불완전하고 부분적인 정보하에서 그럴듯한 게임이론적 민주화 모델이 아직 구축되지 않았다면(Zielienski), 민주화는 전략적이나 반드시 합리적이지는 않은 결정들을 수반한다. 민주화는 내생적인 신념, 그리고 엘스터가 표현하기 좋아하는 '심리적 트릭'을 낳는다. 민주화는 오직 독재자들이 자신들을 스스로 속이기 때문에 가능한 것처럼 보인다.

5

'민주주의로의 전환'이라는 문구 외에 민주화 문헌에서 '민주주의'라는 단어가 얼마나 자주 나타나는지 의문이 간다.

슈미터(1995)가 '민주화 연구학(Transitology)'이라고 부른 것은 대부분 최근의 사건들을 사후적으로 회고하는 데서부터 발전한 것이다. 결국 윌슨 센터 연구를 종합한 책 제목도 『…으로부터의 전환』이 될 수밖에 없었다. 우리는 권위주의 체제의 붕괴로부터 민주주의 체제의 수립, 그리고 나서 민주주의의 공고화로 이어지는 역사의 꼬리를 추적할 수밖에 없었다. 가장 중요한 이론적 문제는 어제의 사건들이었다. 어제의 사건들이 내일을 예고해 주었다. 여기서 나는 비유적인 '내일'이 아니고 바로 실제로 내일을 말하고 있다. 내일은 우리가 바라보았던 아득히 먼 곳이었다. 자주 나는 친구들이 공항에서 마중나오자 마자 '현재의 국면'에 대한 설명에 바로 돌진했던 것을 기억한다. '현재 국면'의 발전은 전체적인 '과정'을 변화시킬지도 모르는 핵심적인 것이라는 것이다. 그리고 내가 도착한 회의에 발표할 논문들도 정확히 똑같았다. 항상 어떤 이론을 가장하여 어제의 사건들을 분석하는 것이다. 내가 회의에서 돌아왔을 때, 어느 누구도 불과 몇 달 전에 가장 중요한 문제가 무엇이었는가에 관해 기억하고 있지 않았다. 어제는 이미 변화했던 것이다. 이 논문들은 기록으로 남기기 위하여 그리고 학자적 책임을 이행하기 위해서 출판될 것이고, 때로는 책으로 편집될 것이다. 그러나 그 논문들은 한 번도 읽혀지지 않을 것이다. 왜냐하면 그 논문들은 사건들보다 오래 지속되는 것에 관하여 아무런 이야기도 하지 않고 있기 때문이다.

시각의 상실을 슬퍼하면서 몇몇은 '즉각적인 것'이라는 수갑을 던져버리려고 노력하였다. 루치아노 마르탱(Luciano Martins)은 1988년에 우리들로 하여금 '장기적(a la longue)'으로 생각하도록 흔들어 놓기 위해서 의도적으로 '21세기의 브라질'이라는 제목으로 국제회의를 조직하였다. 그러나 이러한 주제하에서도 단기적 사고가 여전히 지배하였다. 나 자신은 그 회의에서 임박한 공산주의의 몰락에 관한 논문을 발표하였는데 이 논문은 브라질의 좌파로부터 불신과 적대를 받았다. 그리고 내 기억으로, 그 회의에서 한 번도 언급되지 않은 주제는 '민주주의'였다.

이러한 근시안은 사설재단에 의해서 키워진다. 이 재단들은 닭의 비전과 양의 용기를 가지고 있는 조직이다. '관련된 당면문제'가 아니라는 말을 듣지 않기 위해 그들은 가장 가시적이고, 가장 시급한 문제를 다루려 하는 것이다. 삼진 당하지나 않을까 하는 공포에서 그들은 같은 방향으로 질주하고 있다. 그것이 아프리카의 기아든, 미국과 멕시코의 관계든, 러시아의 경제개혁이든 상관없이 ≪뉴욕 타임스≫의 제1면을 장식할 수 있는 것이면 무엇이든지 다루려고 하는 것이다. '민주화'는 그들의 지지를 끌만큼 충분히 극적이고, 충분히 시급한 주제였다. 그러나 '민주주의'는 아니었다. 민주주의는 오랫동안 일어났던 것이고 우리들 중 운이 좋은 사람들의 경우 민주주의는 일상생활이었던 것이다. 민주주의는 오르막과 내리막이 있었으나 극적인 것이 부족하였다. 민주주의를 연구한다는 것은 꽤 추상적인 시도이다. 어떤 사람은 몽테스키외나 루소를 읽고, 어떤 사람은 정당경쟁의 수학적 모델을 발전시키며, 어떤 사람은 통계학적 분석을 하기도 한다. 이들은 오늘 할 수 있는 활동이지만 또한 어제에 할 수도 있었던 것이고, 내일로 연기할 수도 있는 것이다. 민주주의 연구에는 시급한 것이 없었다. 그래서 민주주의 연구는 기다릴 수밖에 없었던 것이다.

그러나 우리가 연구한 것들은 '…으로부터의 전환'뿐만 아니라 '…으로의 전환'이었다. 최근의 논문(1995)에서 오도넬은 '민주화 연구학(transitology)'이 연구하여 왔던 과정의 목적론적 관점에 대하여 신랄한 비판을 하였다. 그의 주장은 우리는 우리가 어디로 가고 있는지에 관해서 알지 못하고 있다는 것이다. 민주화 과정은 글자 그대로 끝없이 열려 있다는 것이다. 만약 끝이 있다 하더라도 사전에 결정되어 있지 않다는 것이다. 그러나 이는 민주화의 양식이 알려져 있지 않다고 이야기하는 것과 같은 것은 아니다. 우리는 민주주의에 관해 무엇인가를 알고 있으며 적어도 알고 있어야만 한다. 이것이 대부분의 관찰자들과 활동가들이 가기를 원하는 곳이다. 그리고 이는 미국과 프랑스의 민주주의의 출발점뿐만 아니라 민주주의가 가는 길을 형상화한 종착지에 브라질과 폴란드의 민주주의가 도달하지 못한다 하더라도 마찬가지이다. 그리고 만약 우리가 민주주의가 무엇이고 민주주의가 어떻게 작동하는가를 안다면, 이 길들은 역방향으로 취할 수 있는 것이다. 실제로 그들은 바른 길을 발견했어야만 하였다.

6

그러면 이제 민주화가 어떻게 일어났는가라고 물었던 과거의 길을 건너 미래에 무엇이 민주주의를 지속시키는가를 먼저 살펴본 뒤에 지속적인 민주주의는 어떻게 태어나는가를 알아보자.

민주주의가 아래와 같이 작동하고 있다고 가정하자.

지배자는 선거에 의해서 선택된다.[8] 정치세력들은(전형적으로 정당

8) 힘, 포섭, 추첨 또는 시험과 반대되는 의미에서의 선거에 관해서는 마냉(Manin, 1995)을 보라. 이는 모든 정부의 공직이 선거로 채워진다는 것을 이야기하는 것은 아니다. 그러나 적어도 법의 제정자와 집행자가 직접 또는 간접으로 선출되어야 한다는 것을 의미한다

에 의해서 조직되는) 표를 얻기 위해서 경쟁한다. 투표의 결과는 불확실하다. 어떤 특정한 세력이 승리할 '확률'은 알려져 있지만, 선거의 결과는 알려져 있지 않다. 선거에서 승리할 확률은 선호의 분포와 비정치적 자원에의 접근뿐만 아니라 제도적 틀에도 의존한다(Przeworski, 1986; 1991: ch.1)

선거가 실시되면 주사위가 던져지고,[9] 그 결과로 표와 의석들이 배분된다. 선거결과를 읽고서 승자와 패자가 선언된다. 어떤 규칙하에선 다수를 구성하는 당 또는 연합이 '승자'로 선언된다. 이 선언은 경쟁자들에게 어떤 특정한 것을 할 수 있고, 어떤 특정한 것을 하지 말아야 하는가를 구체적으로 일러주는 '지시사항'이다. 승자는 '백악관' 또는 '핑크 하우스' 또는 '궁전'으로 이사해야 하고, 다시 선거를 실시해야 한다. 패자는 '하우스'에 이사해서는 안되며 선거에 다시 참여해야 한다.

정의 그대로, 민주주의는 이러한 지시들이 지켜진다면 지속될 수 있다.[10] 민주주의는 현직에 있는 집권자들이 계속 선거를 실시하고 패자는 그 결과에 승복한다면 지속되는 것이다. 민주주의가 지속되기 위해서는 선거의 실시와 그 결과에 대한 승복이 계속해서 반복되어야만 한다. 선거가 실시되고 패자가 그 결과에 대해 순응할 때, '민주적 균형(democratic equilibrium)'이 존재한다.

민주적 균형은 상호연관적인 것이다. 행위자들은 기존에 확립된 확률에 따라서 공동으로 '승자'와 '패자'를 지정한다. 그러므로 선거는 중앙집권적인 장치이다. 그러나 일단 결과가 알려지면, 즉 어떤 특정한 행위

9) 이것은 정확한 이야기는 아니다. 왜냐하면 결과가 결정되기 이전에 경쟁자들은 승리의 확률을 극대화하기 위해 움직이기 때문이다. 그러나 문제의 핵심은 경쟁자들이 움직이고 난 뒤에도 결과는 여전히 불확실하다는 것이다.

10) 여기서 내가 피해 가려고 하는 명백히 복잡한 문제는 군부를 비롯해서 교회, 노조, 사용자단체와 같이 정치적으로 관련이 있으면서도 선거경쟁자로 조직되지 않고 있는 세력들이 또한 존재하고 있다는 사실이다. 그러한 세력들은 선거경쟁의 결과가 자신의 마음에 들지 않으면 민주주의를 전복하려고 할 뿐만 아니라 선거경쟁과는 별개의 이유로 개입하기도 한다는 것이다. 기본적으로 나는 정당들을 원초적 군대와 같이 취급한다. 그러나 비선거적 행위자의 도입이 이 결론들을 변화시키지는 않는다.

자는 '승자,' 다른 사람들은 '패자'로 선언되면, 이 행위자들은 독자적으로 이 선언에 내재된 지시('공직을 차지하고 선거를 실시할 것'과 '공직에서 물러나 있을 것과 반란을 일으키지 말 것')에 복종할 것인가를 결정한다. 정의 그대로, 민주적 균형은 행위자들이 '지시'에 복종하면 유지되는 것이다. 만약 승자가 선거를 실시하지 않거나 패자가 '하우스'에 이사하려고 시도한다면 민주주의는 전복되는 것이다.

그러므로 민주주의의 수립은 두 단계를 가진 문제이다. 일군의 사람들이 카지노에 들어간다. 거기에는 룰렛 테이블, 포커 테이블, 빙고 휠, 크랩스 테이블이 있다. 지속적인 민주주의를 확립하기 위해서 그들은 먼저, 주어진 역사적 조건들하에서 모든 플레이어들이 자신들이 패배하더라도 계속할 수 있는 게임이 있는가를 발견해야 한다. 만약 그러한 게임이 있다면 그들은 그 게임을 할 것인가에 관해 합의해야 한다.

일단 합의에 도달한 뒤, 헌법에 관해 홍정하는 행위자들은 그들을 포함한 모든 사람들이 추구하기를 원하는 전략이 그들이 채택한 제도적 틀에 의존한다는 것을 알고 있다. 헌법을 홍정하는 사람들은 각 제도적 틀에 의해서 유발될 수 있는 모든 결과들을 불러내어 그들에게 돌아오는 복지(또는 그들이 대표하는 집단의 복지[11])의 측면에서 이 결과들을 평가해야만 한다. 그들은 연방제가 교역을 증대시키지만 작은 주들에 대한 큰 주들의 지배를 가져올 수도 있다고 예상하고, 복지와 연방제의 결과를 결부시킨다. 그리고 이러한 전략들이 분배적인 효과를 가져온다면(실제로 그렇다), 특정한 집단들은 그들이 선택할 수 있는 균형점들에 대해서 선호를 갖게 된다. 어떤 사람들은 국교보다 교회와 국가의 분리하에서, 의원내각제보다 대통령제하에서, 단원제보다 양원제하에서 더 좋아질 수 있다고 예상한다.

---

11) 다시 나는 복잡한 문제를 피하려 하고 있다. 슈미터(Schmitter, 1984)가 이전에 관찰한 바와 같이 정치가들은 자기 자신의 이익을 갖고 있으며 그들이 대표하여야 할 사람들의 이익에 반해서 공모할 수도 있다는 것이다. 실제로 그들은 자신의 선거구민들의 이익이 아닌 자기 자신의 이익을 추구할 수 있다고 예상하기 때문에 민주주에 동의할 수도 있는 것이다. 그러나 이 게임테이블의 보상가가 대표자냐 아니면 대표되는 사람들의 것이냐에 상관없이 만약 대표자가 피대표자를 통제할 수 있는 한 이 분석은 여전히 동일한 것으로 남는다.

D1과 D2라는 두 개의 가능한 민주제도가 있다고 하자. 각 헌법에 의해 창출되는 게임의 구조는 협력의 게임일 수도 있으나 죄수의 딜레마 또는 순수 갈등(pure conflict)의 게임일 수도 있다. 실제로 갈등이 없다면 민주주의는 필요하지 않을 것이다. 민주주의는 갈등을 해결하기 위한 한 방법이다. 예를 들어, D1에 의해서 유발된 게임은 죄수의 딜레마일 수 있다.

D1

		C	
		A	B
R	A	3,2	5,1
	B	1,5	4,4

반면에 D2에 의해서 유발된 게임은 [A, A]와 [A, B]라는 균형점들과 각각 [3, 2]와 [2, 3]의 보상가를 지닌 순수 갈등의 게임일 수 있다.

D2

		C	
		A	B
R	A	3,2	2,3
	B	1,4	0,5

따라서 제도의 선택을 둘러싼 갈등에서 대결하고 있는 정치세력들이 직면하고 있는 일반적 상황은 다음과 같다.

			C	
		F	D1	D2
R	F	1,1	α,0	α,0
	D1	0,α	3,2	1,1
	D2	0,α	1,1	2,3

이 게임에서 F는 '싸움(Fight)'을 의미하며, D1과 D2는 두 민주적 제도의 대안들이다. 그리고 서수적 선호도는 3>2>1>0이다. 우리는 이미 어떤 이유에서든 α가 $\alpha>3$에서 $\alpha<2$로 변화할 때, '헌법의 모멘트'가 일어난다는 것을 알고 있다. 만약 $\alpha>\max_{r,c} U(D1, D2)$라면, 전 게임은 독특한 [싸움, 싸움]의 균형점을 가진 죄수의 딜레마 게임이 된다. 만약 $\alpha<\min_{r,c} U(D1, D2)$라면 세 균형점이 있게 된다. 집단적으로 최적이 아닌 [싸움, 싸움]과 두 개의 협력적 균형점인 [D1, D1]과 [D2, D2]이다.

D1과 D2의 결과와 연관된 값은 각 행위자, R과 C가 대안적인 제도적 틀인 D1과 D2의 선택에 의해서 유발되는 게임으로부터 얻을 수 있는 효용을 가르킨다. 그러므로 각 헌법이 창출하는 민주적 게임의 균형에서 일어나는 결과가 이러한 헌법을 둘러싼 공개적 싸움의 결과보다 우월하다면, 헌법의 선택은 협력의 문제가 된다. 그러나 일단 선택되면 헌법은 갈등을 수반하는 상황하에서도 균형을 유발한다.

만약 ① 행위자들은 어떤 결과가 일어날지 정확하게 예상하고, ② 그들은 예상된 결과를 가지고만 각 헌법을 평가하며, 그리고 ③ 결과들이 확실하다면, 이 게임에서 어떤 합의도 자기강제적(self-enforcing)이 되며, 자기강제적이지 않는 한 합의에 전혀 도달할 수 없게 된다. 칼버트(Calvert, 1994: 33)에 의하면, "플레이어들이 '제도로서의 게임'의 특정한 균형점에 합의하고, 제도적 디자인에 관한 커뮤니케이션을 종결시킨다면, 그들은 그 합의에 충실해야 할 유인이 생긴다." 왜냐하면 그것은 균형점이기 때문이다. 흥정문제 해결에서 필수적으로 요구되는 바와 같이, 일단 도달한 합의는 자동적으로 지켜진다(왜냐하면 그것은 자기강제적이기 때문이다). 그러나 위에 이야기한 세 가지 조건들이 침해당한다면, 계약론적 정리, 즉 "행위자들이 어떤 규칙의 세트에 합의한다면, 그들은 그 규칙들을 지킬 것이다. 또는 역으로, 행위자들은 그들이 의도하지 않았던 규칙에 합의하지 않으면 그 규칙을 따르지 않을 것이다"라는 가설은 허구가 되어버린다.

첫째, 헌법에 관해 흥정하는 행위자들이 헌법이 낳을 결과를 예상하는 데 바보같이 실수할 수 있다. 한 예로, 카민스키(Kaminski, 1995)가 보여준 바와 같이, 폴란드 공산주의자들은 그들이 합의한 선거제도의 결과를 잘못 예상하였고, 1989년의 의회선거에서 패배한 데 대해 놀랐던 것이다. 균형점을 불러내는 것은 게임이론가들의 일이지 정치가들의 일은 아니다. 게임이론가들도 사태를 잘못 파악할 수 있는 것이다. 더구나 흥정가들(또는 그들이 대표하려고 하는 집단)도 제도 그 자체에 선호를 가질 수 있는 것이다. 예를 들면, 그들은 계서제의 가치를 수용하고 있다는 이유로 대통령제를 선호할지 모른다. 따라서 그들은 자기강제적이라는 이유에서가 아니고 그들이 선호하고 있는 특징을 수용하고 있다는 이유에서 어떤 헌법을 선택할지 모른다. 대통령제하의 민주주의가 생명이 짧다는 압도적인 증거에도 불구하고, 군부독재로부터 출현한 민주주의는 문민독재로부터 출현한 민주주의보다 대통령제를 채택하는 경향이 있다(Alvarez and Przeworski, 1994). 그러나 건국의 아버지들이 어떤 특정한 제도적 장치에 의해 유인되는 균형을 정확히 예상하지 못했다 하더라도, 그들은 우연히 다른 균형을 만들어 낼 수도 있다는 데 주의하여야 한다. 그러한 경우 '공식적' 제도와 '비공식적' 제도가 일치하지 않고 갈라진다. 균형은 헌법에 명기된 규칙에 의해서가 아니라 공식적으로 규정되지 않은 다른 규칙에 의해서 유지되는 것이다. 오도넬(O'Donnell, 1995)은 그러한 조건하에서 공식적 제도들이 살아 남을 수 있는가라는 질문을 제기하였다. 나는 살아 남을 수 있다고 생각한다. 그러나 그 문제는 여기서 다루기에는 너무 복잡하다(Przeworski, 1996을 보라).

둘째, 건국의 아버지들 스스로가 자기강제적이지 않는 헌법이 자기강제적인 헌법보다 낫다는 상황에 처해 있는 것을 발견했을 경우이다. 가장 명료한 사례는 1988년의 브라질 헌법이다. 헌법제정자들은 사회적 권리를 포함시키라는 엄청난 민중의 압력하에서 쓰여진 헌법이기 때문에 주어진 경제적 조건에서 헌법을 시행하는 것이 불가능하다는 것을 알고 있었다. 그러나 그들은 정치적 긴장을 감소시킨다는 이유만으로 민중의 요구의 많은 부분을 헌법에 포함시키기로 결정하였다. 그들은 그 당시의 조건하에서는 시행될 수 없고 그 조건들이 변화한다면 시행될 수 있는 헌법을 쓰고 있다는 것을 알고 있었다. 그러므로 브라질의 경우, 특정한 헌법의 선택은 즉각적인 갈등을 피하기 위해 고안된 임시 변통적인 장치였을 뿐이다.

마지막으로, 계약론적 관점은 민주주의에 대한 어떤 공약도 공동으로 주사위를 던지자는 합의이지 결정적인 결과를 고정시키자는 것은 아니라는 민주주의의 핵심적 특징을 무시하고 있다. 실제로 왜 정치적 제도를 둘러싸고 갈등하는 정당들이 민주주의를 하기로 결정하는가는 아직도 명확하지 않다. 만약 관련된 정치적 행위자들이 공개적 갈등의 결과로 일어나는 것이 무엇인가를 안다면, 그들은 공개적 대결의 결과로 이루어지는 분배에 바로 합의할 수 있는 것이다. 독재자는 반대자들에게 독재하에서 계속 사는 것과 공개적 갈등을 통해 기회를 잡는 것 사이에 미미한 차이밖에 없게 하는 제안을 하고 반대자는 이를 받아들이는 경우를 들 수 있다. 누가 무엇을 얻을 것인가를 결정하는 선거 대신에 갈등하는 정치세력간의 힘을 고정적으로 반영하는 분배 역시 공개적 대결을 불러일으킬 수 있다.

그렇다면 왜 우리는 민주주의를 하고 있는가? 다시 말하면, 왜 특정한 제도적 틀과 경쟁하는 정치세력들이 보유한 자원에 의해 사전적으로 결정된 확률을 가진 주사위를 공동으로 던지는 데 합의하는가?

내 견해에 의하면, 그 이유는 모든 가능한 상태를 명시할 수 있는 완벽한 독재적 계약이 불가능하기 때문이라는 것이다. 잔여적인 통제, 즉 계약에 의해 명시되지 않은 문제에 대한 통제를 독재자에 맡기면 독재자에게 권력의 체증효과를 발생시킴으로써 계약 자체를 훼손하게 된다. 잔여적 통제권을 부여받음으로써 독재자는 공개적 갈등을 통해 반대자의 힘을 해치는 행위를 스스로 억제하겠다는 공약에 얽매이지 않게 된다. 그러므로 폭력을 피하기 위해서 경쟁하는 정치세력들은 다음과 같은 장치를 채택해야 한다. 명시될 수 있는 문제에 관해서는 합의하고 잔여적 통제는 명시된 확률에 따라 번갈아 가면서 맡는다. 이러한 의미에서 볼 때, 헌법은 현직에 있는 집권자의 권력의 한계를 설정하고 그들이 선거적 경쟁에서 승리할 가능성에 관해 명시하는 것이고, 선거는 누가 잔여적 통제권을 쥘 것인가를 결정하는 것이라고 말할 수 있다. 이것이 왜 민주주의가 불확실성을 제도화하는가 하는 이유이다.

이러한 관점에서 보면, 투표는 '힘의 과시'로 나타난다. 최종적인 전쟁에서 승리할 수 있는 가능성을 투표의 결과에서 읽을 수 있는 것이다. 만약 모든 사람들이 똑같이 강하다면(또는 무장하고 있다면), 투표의 분포는 전쟁의 결과를 대리한 것으로 볼 수 있다. 브라이스(Bryce, 1921: 25-26)는 헤로도투스(Herodotus)를 언급하면서, 민주주의의 개념을 "오래된 그리고 엄격한 의미에서, 자격을 갖춘 시민들의 다수의 의사가 지배하는 정부로 규정한다. 이 경우 자격을 갖춘 시민들이 인구의 대다수, 대략 3/4 정도를 구성하여 시민들의 물리적 힘이 표의 힘과 대체로 일치해야 한다"고 선언하였다. 콩도르세(Condorcet)는 이를 보다 명시적으로 밝히고 있다.

"개인들의 의사를 대다수 사람들의 의사에 종속시키는 관습이 사회에 도입되고, 사람들이 다수의 결정을 '전체의사'로 보려고 할 때, 그들은 실수를 피하기 위한 수단 또는 진리에 기초한 결정에 따라 행동하기 위한 수단으로 그 방법을 도입한 것이 아니라 **평화와 일반적 효용을 위해서 힘이 있는 곳에 권위를 부여해야 한다는 것을 발견했기 때문에 도입한 것이다**"(Condorcet, 1986: 11, 강조는 저자).

투표는 패자에게 다음과 같은 것을 알려준다. "여기 힘의 분포가 있다. 만약 네가 선거 결과에 의해 전달된 지시에 복종하기를 거부한다면, 폭력적 대결에서 네가 나를 패배시킬 수 있는 것보다 내가 너를 패배시킬 수 있는 가능성이 크다는 사실을 알아야 한다." 그리고 승자에게는 다음과 같이 지시한다. "만약 네가 다시 선거를 실시하지 않는다면, 가공할 만한 저항을 불러일으킬 것이다." 그러나 전쟁수행능력이 전문화되고 기술적이 되어 물리적 힘과 수(표)의 힘이 일치하지 않고 갈라지게 되면, 투표는 더이상 폭력적 갈등에서 승리할 수 있는 가능성을 알려주기에 충분하지 않다는 것이 명백해진다. 그러나 정확히 이야기 해서 이는 슈미트(Schmitt, 1988)가 '의회주의'에 대한 비판에서 제기한 개념이다.

민주주의는 불확실성을 수반하기 때문에 다음과 같은 시나리오가 뒤따른다[이 부분은 피어론(Fearon)에 의거함]. 각 정당이 공개적 갈등의 결과로 얻을 수 있다고 예상하는 보상이 선거경쟁에서 그들이 보여줄 수 있는 힘을 반영한다고 가정하자. 각 정당이 선거를 실시하기 이전에 얻을 수 있다고 추측하는 힘이 주어졌을 때, 각 정당은 싸우는 것보다 선거 실시에 합의함으로써 더 좋아질 수 있다는 계산을 하게 된다. 그렇게 하여 실시된 선거에서 한 정당은 다수에 미달하는 표를 얻음으로써 패배하였으나 자신이 예상한 것보다 더 많은 표를 얻었다. 이 경우 선거에서 나타난 힘을 읽음으로써 그 정당은 오히려 공개적 갈등을 통해 더 많은 기회를 얻으려는 유인을 갖게 되고 민주주의는 전복된다. 이러한 조건하에서 '사회계약'이 서명되지만 '자기강제적'이 아니게 된다. 이것이 왜 민주주의에 관한 계약론적 정리가 허구인 이유이다.

또한 동시에 이것이 왜 민주화는 한 단계가 아닌 '두 단계(two-step)' 게임인가를 알려 준다. 만약 민주적 게임의 결과가 확실하다면, 역의 귀납을 통해 추론해 볼 수 있다.

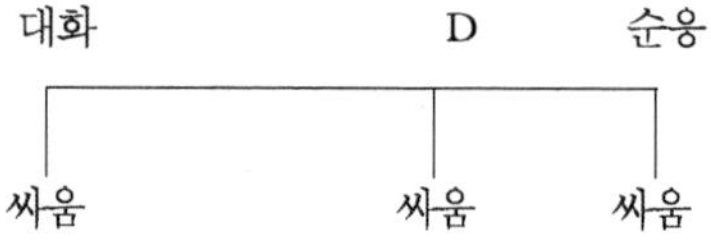

이 경우 정치세력들은 다음과 같이 추론할 것이다. 만약 민주적 상호작용으로 나타난 판결에 순응하기보다 싸우기를 선호한다면, 나는 민주주의에 정착하기보다 싸울 것이고, 만약 내가 민주주의를 수용하기보다 싸우기를 선호한다면, 나는 대화하기보다 싸울 것이다. 그러므로 민주화가 일어나지 않거나 민주화가 일어났다 하더라도 그 민주주의는 지속적이지 못할 것이다. 그러나 민주적 경쟁의 결과가 불확실하다면, 정치세력들은 불확실성이 해소되었을 때에만 민주주의의 결과를 거부함으로써 자신이 더 나아진다는 것을 발견하고서 민주주의에 그들의 기회를 걸려고 할지 모른다.

명백히 그러한 조건들하에서도 민주주의는 이기적 이익이 아닌 다른 이유에서 생존할 수 있다. 민주적 결과가 어떤 규칙에 의해서 도달되는 한 내용(아직 결정되지 않은)에 관계없이 결과를 받아들일 준비가 되어 있다는 의미로 이해되는 '정당성'이 어떤 집단들이 체계적으로 상처를 입고 있을 때에도 민주주의를 구출해 줄 수 있다. 또한 정치적 평등, 자유와 같이 가치를 표현하는 규범적 공약이 결과에 관계없이 민주주의를 구출해 줄 수 있다. 관용, 인내, 절제와 같은 성격적 특징들(1950년대의 '권위주의적 성격론'을 상기하라)도 마찬가지이다. 그러나 이 모든 설명들은 회기(regress)의 문제를 안고 있다. 왜 민주적 게임에서 패배한 사람이 규칙을 고수하고, 민주적 가치를 지키며, 민주적 성격을 가지려 하는가?(Moore, 1966) 나는 우리가 이 질문에 대한 해답을 갖고 있다고 생각하지 않는다. 이 문제를 가지고 먹고 살고 있는 사회학자들뿐 아니라 이 문제가 이국적인 산물로 여겨지는 경제학자들도 선호, 가치, 성격의 외생적 형성에 관해 그럴듯하게 설명하는 데 성공하지 못하고 있다.[12] 그리고 통계학적 연구는 민주주의의 생존은 경제적 요소에 달려 있다는 것을 보여준다. 1976년의 아르헨티나의 일인당 국민소득인 6,055불을 넘어선 경제를 갖고 있는 나라 가운데 어느 민주주의도 무너진 적이 없으나 그보다 가난한 나라들 가운데 50개의 민주주의가 붕괴하였다. 민주주의는 경제가 성장하지 않을 때, 인플레이션이 높거나 아주 낮을 때, 소득 불평등이 증가할 때 더 붕괴하기 쉽다는 것을 보여준다.[13]

12) 내가 알기로 민주적 태도의 형성에 관한 가장 주의 깊은 경험적 연구는 마라발(Maravall, 1995)의 것이다.

13) 이 결과는 1950년과 1990년 사이에 존재했던 모든 민주주의를 대상으로 하고 있다. 쉐보르스키, 알바레스, 체이버브와 리몽기(1996)을 보라.

7

그러나 민주주의가 '지속(last)'한다는 것과 '작동(work)'한다는 것은 같은 말이 아니다. 나는 '작동'을 자의적 폭력으로부터의 자유, 법적 정치적 평등, 물질적 안전과 같은 규범적으로 소망스럽고 정치적으로 욕구되는 결과를 만들어 낸다는 것으로 이해하고 있다. 민주주의의 도래는 반복적으로 그리고 불가피하게 '실망'을 불러일으킨다. "나의 초원은 푸르리라고 생각했던 것만큼 푸르지 않았다." 실제로 오도넬(O'Donnell, 1995)은 색깔을 푸른색에서 모두 갈색으로 색칠하였다. 민주주의는 불평등, 비합리성, 불의, 법의 편파적인 적용, 거짓, 혼란, 기술관료적 정책 스타일, 심지어 상당한 양의 자의적 폭력의 투약과 양립하는 것으로 나타났다는 것이다. 내가 6년 전에 쓴 것을 다시 인용한다면, "민주정치의 일상생활은 경외감을 불러일으키는 대장관이 아니다. 오히려 하찮은 야망을 가진 자들간의 끊임없는 다툼, 자신의 잘못을 숨기고 다른 사람들을 오도하기 위한 수사학, 권력과 돈의 어두운 연결, 정의를 가장하지도 않는 법, 특권을 강화하는 정책 등으로 얼룩져 있다." 따라서 자유화, 민주화, 공고화를 추적한 뒤에도 민주화 연구자들(transitologists)이 여전히 연구할 무엇이 남아 있다는 것을 발견하는 것은 놀랄 일이 아니다. 그것은 '민주주의'이다. 새로운 구호는 '민주주의의 질'이 될 것 같다.

새로운 구호는 '민주주의의 질'이 되어야만 한다. 불과 20년 전만 하더라도 권위주의의 폭력에 의해 고통받던 많은 나라들이 이제 시민권과 정치적 자유에 의해 뒷받침된, 정직하고 경쟁적인 선거를 실시하고 있다. 그러나 달(Dahl, 1971)이 이야기한 모든 조건을 충족시키고 있다 하더라도 경쟁적 선거가 '합리성'(Elster, 1997), '정의'(Roemer, 1996), '책임성'(Manin, Przeworski & Stokes, 1997), 또는 '평등'(Przeworski, 1995)을 창출하기에 충분한가? 어떤 제도적 장치가 다른 제도적 장치보다 이러한 목표를 더 잘 달성하게 해주지 않을까? 이것이 앞으로 수년간 우리에게 주어질 지적 의제이다.

이러한 문제들을 발전시킨다는 것은 우리로 하여금 우리가 반추하고 있는 주제로부터 멀리 떨어지게 한다. 그러나 그럼에도 불구하고 내가 강조하고 싶은 한 주제가 있다. 민주주의는 적극적 권리의 체계이지만 이러한 권리들을 행사하는 데 필요한 조건을 자동적으로 창출하지는 않는다. 밀(J. S. Mill)이 관찰한 바와 같이 "품위를 지킬 수 있는 임금과 보편적 식자능력은 여론의 정부가 존재하는 데에 필수적이다." 그러나 품위를 지킬 수 있는 임금과 식자능력을 보장하는 데 민주주의 그 자체가 해줄 수 있는 것은 아무 것도 없다. 이러한 문제에 대한 19세기적 해결책은 '시민권자'를 시민권을 행사할 수 있는 조건을 갖춘 사람들에게만 한정시키는 것이었다. 그러나 오늘날 시민권은 명목적으로는 보편적이나 많은 사람들이 시민권을 행사하는 데 필요한 조건들을 누리고 있지 못하고 있다. 따라서 우리는 '시민권 없는 민주주의'라는 새로운 괴물의 출현을 보고 있는 것이다.

민주화 연구학의 한 아이러니는 민주화 연구학이 국가를 무시하고 있다는 것이다. 1970년대에 밀리반드(Miliband, 1970)와 풀란차스(Poulantzas, 1973)의 기념비적 저서와 1972년에 있었던 그들간의 논쟁을 따라 우리들 중 많은 사람들이 국가만을 연구했었다. 그러나 바로 그 때 민주주의가 역사적 지평선에 나타나자 불가사의하게도 국가는 지적 연구로부터 사라져 버렸다. 1991년에야 오도넬이 한 논문을 통해 우리에게 국가 없이 민주주의는 없다는 것을 상기해 주었다.

시민권의 허약성은 대부분 국가의 실패에 기인한다. 그러나 민주화, 국가, 민주주의간의 인과적 연결고리는 복잡하고 명확하지 않은 것으로 보인다. 다종족 국가뿐만 아니라 그밖에 많은 나라들이 민주화되었을 때 조직으로서의 국가는 약화되었다(대안적 설명의 목록을 보기 위해서는 Przeworski et al., 1995). 재정위기에 목죄이고, 민주화와 동시에 일어난 신자유주의로부터 집중포화를 당하여 국가는 교육, 건강, 식량에의 보편적 접근을 제공하는 것은 말할 것도 없고 최소한의 기능이라 할 수 있는 물리적 안전의 보장을 제공해 줄 수 있는 능력마저 상실하였다. 이는 국가가 시민들에게 자신의 시민권을 행사하는 데 필요한 조건을 창출해 주고 있지 못하다는 것을 의미하며, 그 결과 민주주의의 기초가 위태롭게 되고 있는 것이다.

8

이렇게 많은 민주화와 민주주의의 한계들과 실수들을 다시 열거함으로써 나 자신이 더 지혜로워졌는가? 그렇게 많이 지혜로워진 것 같지 않다. 우리가 사건들의 소용돌이 속에 갇혀 있다는 것은 아주 자연스러운 것이다. 어떤 사건들은 어느 한 시각을 유지할 수 없게 할 정도의 힘을 가지고 소용돌이 치고 있다. 더구나 우리가 따라갈 수 있는 유일한 방법은 귀납적인 추론뿐이다. 그러나 흰 백조는 매우 드물었다. 1979년에는 민주화의 '물결'이 없었다. 만약 그것이 궁극적으로 물결이 되었다하더라도, 그 때의 민주화는 물방울에 지나지 않았다. 그리스, 포르투갈, 스페인이 우리가 교훈을 끌어낼 수 있는 유일한 사례들이었다. 그러나 사례수(N)가 3에 지나지 않았음에도 불구하고, 각 사례는 때로는 이전에 우리가 가져왔던 신념을 흔들었고, 우리에게 새로운 구별을 하도록 강요하였으며, 뿌리 깊게 자리잡은 제도들의 기초를 흔드는 엄청난 새로운 정보를 우리에게 주었다.

그러나 좀더 심오하게 이야기하자면, 우리는 민주주의에 관해 충분히 알지 못하고 있었을 뿐만 아니라 아직도 여전히 충분히 알지 못하고 있다. 나 자신에게 충격이 온 것은 '인민의 가을'(1989년 동구의 몰락—역자 주)의 한가운데서 『민주주의와 시장』을 집필하고 있을 때였다. 공산주의는 산산조각이 나고 있었고, 민주주의는 모든 사람들의 마음 속에 있었으며, 문제는 이 과정으로부터 민주주의가 출현할 것인가, 어떤 민주주의가 출현할 것인가였다. 그리고 이는 열정적이 될 수밖에 없는 조사였다. 한국에서부터 칠레에 이르는 전 지구촌에서 인민들은 안정과 번영을 위한 핵심적 제도에 관한 처방전을 찾고 있었다. 더구나 지금까지 이전에 우리들과 연구를 같이 했던 많은 동료들이 망명자와 지하운동가에서 벗어나 사건들의 진행경로에 직접 영향을 미칠 수 있는 정치적 역할을 수행하는 위치로 올라갔다.[14] 따라서 여전히 정치의 바깥에 남아 있는 우리 동료들은 이해가 빠른 사람들에게 이야기할 수 있게 되었다. 그러나 놀랍게도 나는 이야기할 것이 아주 적다는 것을 발견하였다. 나는 제도가 안정과 번영에 미치는 효과에 관해 내가 발견할 것이 있다고 생각되는 글이면 무엇이든지 닥치는 대로 읽었으나 단지 우리가 알고 있는 것은 모두 책임 있는 처방을 내릴 수 있을 정도로 충분히 강력하지 못한 것이라는 것을 발견했을 뿐이다. 실제로 더 깊숙이 빠져들수록 우리가 단지 충분히 알지 못하고 있다는 확신이 더욱 명백해질 뿐이다.

그러나 나는 우리가 급속도로 더 지혜로워지고 있다고 생각한다. 이 사건들의 위대한 아이러니는 이 사건들이 사회과학에 미친 충격이다. 미흐니크(Michnick)와 하벨(Havel)이 자신들이 사회과학, 특히 미국의 사회과학을 혁명화하고 있었다는 사실을 한 번이라도 상상해 보았겠는가? 그러나 그것이 그들이 한 모든 것이었을 뿐이다. 신생 민주주의들이 낯익지 않은 조건들하에서도 등장하게 되자, 갑자기 우리들의 경제적·정치적 제도에 대한 자기만족이 흔들려 버렸다. 미국학연구자들이라 불리는 가장 향당적(parochial)인 지역연구가들마저도 미국의회 바깥에 있는 세계를 탐험하였으나 단지 미국의회제도가 얼마나 보편적이지 않은 독특한 제도인가를 발견했을 뿐이다. 미국을 넘어서 보려는 첫 시도는 매우 순진한 것이었는 데 반해, 그 후 몇몇은 실제로 무식하게도 오만한 것이었다. "미국의 제도들을 모방하라." 따라서 의회, 정당체제, 이익집단정치, 재산권, 기업, 그리고 종국에는 민주주의와 시장에 관해 우리가 해온 것보다 더 비교적인 연구를 해야 할 필요가 있다는 것은 금방 명백해진다. 만약 우리가 민주주의를 (여러 가지 다양한 변종 민주주의를 포함하여) 이해하려고 한다면 우리는 폴란드, 남아프리카, 독일,

14) 나의 조잡한 계산에 의하면, 윌슨 센터 프로젝트에 참가한 사람들 중 한 사람은 마침내 대통령이 되었고(브라질의 카르도소—역자 주), 적어도 네 명이 장관이 되었으며, 다른 많은 사람들이 의원, 정당지도자 또는 정부관리로 봉사하고 있는 것으로 나온다.

미국, 그리고 브라질을 동시에 생각할 수 있어야만 한다. 이것이 우리가 현재 가고 있는 곳이다.

우리가 민주주의에 관해 질문을 던지지 않으면서 민주화를 연구했다는 것은 사실이다. 그러나 회고해 볼 때 우리는 과거보다 현재 민주주의와 민주화에 관해 더 잘 알고 있다고 생각한다.

□ 참고문헌

Alvarez, Mike & Adam Przeworski. 1994, "Parliamentarism and Presidentialism: Which Lasts? Which Works?" Working paper #7, Chicago Center on Democracy, Univ. of Chicago.

Calvert, Randall. 1994, "Rational Actors, Equilibrium, and Social Institutions," Manuscript, Univ. of Rochester, Forthcoming in Jack Knight and I. Sened(eds.), *Explaining Social Institutions,* Ann Arbor: Univ. of Michgan Press.

Condorcet. 1986(1785), "Essai sur l'application de l'analyse a la probabilite des decisions rendues a la pluralite des voix" in *Sur les elections et autres textes,* Textes choisis et revur par Olivier de Bernon, Paris: Fayard.

Cumings, Bruce. 1989, "The Abortive Abertura: South Korea in the Light of Latin American Experience," *New Left Review* 173: 5-33.

Dahl, Robert. 1971, *Polyarchy: Participation and Opposition*, New Haven: Yale Univ. Press.

Elster, Jon(ed.). 1997, *Democracy and Deliberation*, New York: Cambridge Univ. Press.

Geddes, Barbara. 1995, "Games of Intra-Regime Conflict and the Breakdown of Authoritarianism," Paper presented at the Annual Meeting of American Political Science Association, Chicago.

_____. 1991, *The Third Wave: Democratization in the Late Twentieth Century,* Norman: Univ. of Oklahoma Press.

Kaminski, Marek. 1995, "How Communism Could Have Been Saved? An Unexpected Political Consequence of an Electoral Law," Manuscript, Univ. of Maryland.

Manin, Bernard. 1995, *Principes du governement representatif*, Paris: Calmann-Levy.

Manin, Bernard, Adam Przeworski & Susan C. Stokes(eds.). 1997, *Democracy and Accountability*, Cambridge Univ. Press.

Maravall, Jose Maria. 1995, "Democracias y Democratas," *Estudios*, Madrid: Instituto Juan March de Estudios e Investigaciones.

Miliband, Ralph. 1970, *The State in Capitalist Society*, New York: Basic Books.

O'Donnell, Guillermo. 1991, "Deligative Democracy?" East-South System Transformations Working Paper #21, Univ. of Chicago.

_____. 1995. "Partial Institutionalization: Latin America and Elsewhere," Paper presented at the International Conference on Consolidating the Third Wave Democracies, Institute for National Policy Research and National Endowment for Democracy, Taipei, August 27-30.

O'Donnell, Guillermo & Philippe C. Schmitter. 1986, *Transitions from Authoritarian Rule: Tentative Conclusions about Uncertain Democracies*, Baltimore: Johns Hopkins Univ. Press.

Ostrowski, Krzysztof & Adam Przeworski. 1966, "Z sojologicznych badan wsi," *Nowe Drogi*.

Poulantsas, Nicos. 1973, *Political Power and Social Classes*, London: New Left Books.

Przeworski, Adam, 1982, "Marshall Plan for Poland," *The Bulletin of the Atomic Scientists* 38: 7-8.

_____. 1985, *Capitalism and Social Democracy*, Cambridge: Cambridge Univ. Press.

_____. 1985, "Ama a incerteza e seras democratico," *Novos Estudos*, Published in English as "Democracy as a Contingent Outcome of Conflicts," in Jon Elster & Rune Slagstad(eds.), *Constitutionalism and Democracy*, Cambridge: Cambridge Univ. Press.

_____. 1986, "Some Problems in the Study of the Transition to Democracy," in Guillermo O'Donnell, Philippe C. Schmitter & Laurence Whitehead(eds.) *Transitions from Authoritarian Rule: Comparative Perspectives*, Vol.III, Baltimore: Johns Hopkins Univ. Press.

_____. 1991, *Democracy and the Market: Political and Economic Reforms in*

Eastern Europe and Latin America, New York: Cambridge Univ. Press.

_____. 1995, "Limites economicos a las elecciones politicas," *Revista Internacional de Filosofia Politica.*

_____. 1996, "Democracy as an Equilibrium," Manuscript, New York Univ. Press.

Przeworski, Adam et al. 1995, *Sustainable Democracy*, New York: Cambridge Univ. Press.

Przeworski, Adam, Michael Alvarez, Jose Antonio Cheibub & Fernando Limongi. 1996, "What Makes Democracies Endure?" *Journal of Democracy* 7: 40-55.

Przeworski, Adam & Fernando Limomgi. 1996, "Modernization: Theories and Facts," Working Paper, Chicago Center on Democracy, Univ. of Chicago.

Roemer, John E. 1996, *Theories of Distributive Justice*, Cambridge, MA: Harvard Univ. Press.

Schmitt, Karl. 1988, *The Crisis of Parliamentary Democracy*, Cambridge, MA: MIT Press.

Schmitter, Philippe C. 1984, "Patti e transizioni: Messi non-democratici a fini democratici?" *Rivista Italiana di Scienza Politica* 14: 363-382.

_____. 1995, "On the Civil Society and the Consolidation of Democracy," Paper presented at the International Conference on Consolidating Third World Democracies. Institute for National Policy Research and National Endowment for Democracy, Taipei, August 27-30.

Wantchekon, Leonard. 1996, "Political Coordination and Democratic Stability," Manuscript, Yale Univ.

Zielinski, Jakub. 1995, "The Polish Transition to Democracy: A Game-Theoretic Approach," *European Archivew of Sociology* 36: 135-158.

참고문헌

Abalkin, Leonid. 1988, "Politico Economic Bases of the Radical Reform of the Economic Mechanism," in *Sovietskaia ekonomitcheskaia reforma: Poiski i reshenia*, Moscow: Nauka, pp.38-54.

Abreu, Dilip. 1988, "On the Theory of Infinitely Repeated Games with Discounting," *Econometrica* 56: 383-396.

Agabengyan, Abel G. 1988, "Economic Reforms," in Abel G. Agabengyan(ed.), *Perestroika 1989*, N.Y.: Scribner, pp.73-109.

Andrade, Régis de Castro. 1980, "Politica social e normalização institucional no Brasil," in Luis Maira(ed.), *América latina: Novas estrategias de dominação*, Petropolis: Editora Vozes, pp.87-114.

Arrow, Kenneth J. 1951, *Social Choice and Individual Values*, N.Y.: Wiley.

_____. 1964, "The Role of Securities in the Optimal Allocation of Risk Bearing," *Review of Economic Studies* 9: 91-96.

_____. 1971, "Political and Economic Evaluation of Social Effects and Externalities," in M. D. Intrilligator(ed.), *Frontiers of Quantitative Economics*, Amsterdam: North-Holland.

Ash, Timothy Garton. 1990, *The Uses of Adversity: Essays on the Fate of Central Europe*, N.Y.: Random House.

Asselain, Jean-Charles. 1984, *Planning and Profits in a Socialist Economy*, Oxford: Blackwell Publisher.

Auerbach, Paul, Meghnad Desai & Ali Shamsavari. 1988, "The Transition from Actually Existing Capitalism," *New Left Review* 170: 61-80.

Aumann, Robert. 1987, "Correlated Equilibrium as an Expression of Bayesian Rationality," *Econometrica* 55: 1-18.

Aumann, Robert, J. & Mordecai Kurz. 1977, "Power and Taxes," *Econometrica* 45: 1137-1161.

Axelrod, Robert. 1984, *The Evolution of Cooperation*, N.Y.: Basic.

_____. 1986. "An Evolutionary Approach to Norms," *American Political Science Review* 80: 1095-1113.

Baka, Wladyslaw. 1986, *Czas reformy*, Warsaw: Ksiazka i Wiedza.

Balassa, Bela, Gerardo M. Bueno, Pedro-Pablo Kuczynski & Mario Henrique Simonsen. 1986, *Hacia una renovación del crecimiento económico en Américal latina*, Mexico City: El Colegio de M'exico.

Balcerowicz, Leszek. 1989, "Polish Economic Reform 1981~1988," in *Economic Reforms in the European Centrally Planned Economies*, Economic Commission for Europe, Economic Studies, no.1. N.Y.: United Nations, pp.42-52.

Bauer, Thomas. 1989, "The Unclearing Market," in Jon Elster and Karl Ove Moene(eds.), *Alternatives to Capitalism*, Cambridge: Cambridge Univ. Press, pp.71-83.

Beck, Nathaniel. 1978, "Social Choice and Economic Growth," *Public Choice* 33: 33-48.

Becker, Gary S. 1976, "Comment [on Peltzman]," *Journal of Law and Economics* 19: 245-248.

Bence, Gyorgy. 1990, "Political Justice in Post-Communist Societies: The Case of Hungary," Manuscript, Eptvos Lorand Univ. of Budapest.

Benhabib, Jeff & Roy Radner. 1988, "Joint Exploitation of a Productive Asset A Game-Theoretic Approach," Manuscript, N.Y. Univ. and AT&T.

Bergson, Abram. 1984, "Income Inequality under Soviet Socialism," *Journal of Economic Literature* 22: 1052-1100.

Bideleux, Robert. 1985, *Communism and Development*, London: Methuen.

Bobbio, Norberto. 1989, *Democracy and Dictatorship*, Minneapolis: Univ. of Minnesota Press.

Bogdanowicz-Bindert, Christine A. 1983, "Portugal, Turkey, and Peru: Three Successful Stabilization Programs under the Auspices of the IMF," *World Development* 11: 65-70.

Bowels, Samuel. 1985, "The Production Process in a Competitive Economy," *American Economic Review* 75: 16-37.

Bowles, Samuel & Herbert Gintis. 1986, *Democracy and Capitalism: Property Community, and the Contradictions of Modern Social Thought*, N.Y.: Basic.

Braybrooke, David. 1976, "The Insoluble Problem of the Social Conflict," *Dialogue* 15: 3-37.

Brennan, Geoffrey & Loren E. Lomasky. 1989, "Introduction," in Geoffrey Brennan & Loren E. Lomasky(eds.), *Politics and Process*, Cambridge: Cambridge Univ. Press, pp.1-11.

Bresser, Pereira & Luiz Carlos. 1978, *O colapso de uma alianca de classes*, São Paulo: Editora Brasiliense.

_____. 1984, *Development and Crisis in Brazil 1930~1983*, Boulder, Colo.: Westview.

Bruno, Michael & Jeffrey Sachs. 1985, *Economics of Worldwide Stagflation*, Cambridge, Mass.: Harvard Univ. Press.

Bruszt, Laszlo. 1988, "'Without Us but for Us?' Political Orientation in Hungary in the Period of Late Paternalism," *Social Research* 55: 43-77.

_____. 1989, "The Dilemmas of Economic Transition in Hungary," *Südost Europa* 38: 716-729.

Buchanan, Allen. 1985, *Ethics, Efficiency and the Market*, Totowa, N.J.: Rowman and Allanhead.

Buchanan, James & Gordon Tullock. 1962, *The Calculus of Consent*, Ann Arbor: Univ. of Michigan Press.

Burawoy, Michael. 1979, *Manufacturing Consent: Changes in the Labor Process under Monopoly Capitalism*, Chicago: Univ. of Chicago Press.

Butenko, Anatoli. 1988, *Sovremennyi socializm: Aktualnyie teoreticheskiyie Problemi*, Moscow: Nauka.

Calvo, Guillermo A. 1989, "Incredible Reforms," in Guillermo Galvo, Ronald Findley, Pentti Kouri & Jorge Braga de Macedo(eds.), *Debt, Stabilization and Development: Essays in Memory of Carlos Dîaz-Alejandro*, London: Blackwell Publisher, pp.217-234.

Campbell, Donald E. 1987, *Resource Allocation Mechanisms*, Cambridge: Cambridge Univ. Press.

Cardoso, Eliana & Daniel Dantas. 1990, "Brazil," in John Williamson(ed.),

Latin American Adjustment: How Much Has Happened? Washington, D.C.: Institute for International Economics, pp.129-154.

Cardoso, Fernando Henrique. 1972, *O modelo político brasileiro*, São Paulo: Difel.

_____. 1979, "Authoritarianism at the Crossroads: The Brazilian Case," Latin American Program Working Paper, no.93, Washington, D.C.: Wilson Center.

_____. 1983, "O papel dos empresarios no proceso de transição: O caso brasileiro," *Dados* 26: 9-27.

Cariaga, Juan L. 1990, "Bolivia," in John Williamson(ed.), *Latin American Adjustment: How Much Has Happened*? Washington, D.C.: Institute for International Economics, pp.41-54.

Carr, Raymond & Juan Pablo Fusi Aizpurua. 1979, *Spain: Dictatorship to Democracy*, London: Allen and Unwin.

Carrillo, Santiago. 1974, *Demain l'Espagne*, Paris: Seuil.

Casper, Gerhard. 1989, "Changing Patterns of Constitutionalism: 18th to 20th Century," Manuscript, Univ. of Chicago.

Castroriadis, Cornelius. 1979, *Le contenu du socialisme*, Paris: Editions du Seuil.

Cohen, G. A. 1978, *Karl Marx's Theory of History: A Defense*, Princeton, N.J.: Princenton Univ. Press.

Cohen, Joshua. 1989, "The Economic Basis of Deliberative Democracy," *Social Philosophy and Policy* 2: 25-51.

Coleman, Jules. 1989, "Rationality and the Justification of Democracy," in Geoffrey Brennan & Loren E. Lomasky(eds.), *Politics and Process*, Cambridge: Cambridge Univ. Press, pp.194-221.

Collard, David. 1978, *Altruism and the Economy: A Study in Non-Selfish Economics*, Oxford: Oxford Univ. Press.

Comisso, Ellen. 1988, "Market Failures and Market Socialism: Economic Problems of the Transition," *Eastern European Politics and Societies* 2: 433-465.

_____. 1989, "Crisis in Socialism or Crisis of Socialism? A Review Essay," *World Politics*(forthcoming).

Conaghan, Catherine M. 1983, "Industrialists and the Reformist Interregnum: Dominant Class Political Behavior and Ideology in Ecuador,

1972~1979," Ph.D. dissertation, Yale Univ.

Conaghan, Catherine M., James M. Malloy & Luis A. Abugattas. 1990, "Business and the 'Boys': The Politics of Neoliberalism in the Central Andes," *Latin American Research Review* 25: 3-29.

Cordova, Effen. 1985, *Pactos sociais: Exprîencia international, tipologia e modelos*, Brasilia: Instituto Brasileiro de Relacoes do Trabalho.

Cortes, Fernando & Rosa Maria Rubalcava. 1990, "Algunas consequencias sociales del ajuste: Mexico post 82," Manuscript, El Colegio de Mexico.

Coser, Lewis. 1959, *The Functions of Social Conflict*, N.Y.: Free Press.

Covre, Maria de Lourdes M. 1986, *A cidadania que não temos*, Sao Paulo: Editora Brasiliense.

Cui, Zhiyuan. 1990, "Marx, Theories of the Firm and the Socialist Reform," M.A. thesis, Univ. of Chicago.

Cumings, Bruce. 1989, "The Abortive Abertura: South Korea in the Light of Latin American Experience," *New Left Review* 173: 5-33.

Dahl, Robert A. 1971, *Polyarchy: Participation an Opposition*, New Haven, Conn.: Yale Univ. Press.

_____. 1985, *A Preface to Economic Democracy*, Berkeley and Los Angeles: Univ. of California Press.

_____. 1990. "Transitions to Democracy," Manuscript, Yale Univ.

Delich, Francisco. 1984, "Estado, sociedad y fuerzas armadas en la transicion argentina," in Augusto Varas(ed.), *Transición a la democracia*, Santiago: Associatíon Chilena de Investigaciones para la Paz.

de pablo, Juan Carlos. 1990, "Argentina," in John Williamson(ed.), *Latin American Adjustment: How Much Has Happened?* Washington, D.C.: Institute for International Economics, pp.111-129.

Diaz-Alejandro, Carlos. 1981, "Southern Cone Stabilization Plans," in William R. Cline & Sidney Weintraub(eds.), *Economic Stabilization in Developing Countries*, Washington, D.C.: Brookings Institution.

Diniz, Eli. 1986, "The Political Transition in Brazil: A Reappraisal of the Dynamics of the Political Opening," *Studies in Comparative International Develpment* 21: 63-73.

Dmowski, Roman. 1989, *Myśli nowoczesnego polaka*(1903), 8th ed., Warsaw: Wydawnictwo Grunwald.

Dobb, Maurice. 1969, *Welfare Economics and the Economics of Socialism: To-*

wards a Commonsense Critique, Cambridge: Cambridge Univ. Press.

Domaranczyk, Zbigniew. 1990, *100 dni Mazowieckiego*, Warsaw: Wydawnictwo Andrzej Bonarski.

Dornbusch, Rudiger. 1990, "Comment," in John Wiliamson(ed.), *Latin American Adjustment: How Much Has Happened?* Washington. D.C.: Institute for International Economics, pp.312-327.

dos Santos, Mario R. 1987, *Concertación polîtica-social y democratización*, Buenos Aires: CLACSO.

Dunn, John. 1984, *The Politics of Socialism: An Essay in Political Theory*, Cambridge: Cambridge Univ. Press.

Edgeworth, Francis Y. 1881, *Mathematical Physics*, London: C. Kegan Paul.

Elson, Diane. 1988, "Socialization of the Market," *New Left Review* 172: 3-44.

Elster, Jon. 1975, "Optimism and Pessimism in the Discussion of the Standard of Living during the Industrial Revolution in Britain," Paper presented at the 14th International Congress of Historical Sciences, San Francisco.

_____. 1984, *Ulysses and the Sirens: Studies in Rationality and Irrationality*, Rev. ed. Cambridge: Cambridge Univ. Press.

_____. 1986, "Self-Realization in Work and Politics: The Marxian Conception of Good Life," *Social Philosophy and Policy* 3: 97-126.

_____. 1989, *Solomonic Judgements*, Cambridge: Cambridge Univ. Press.

Elster, Jon & Karl Ove Moene. 1989, "Introduction," in Jon Elster & Karl Ove Moene(eds.), *Alternatives to Capitalism*, Cambridge: Cambridge Univ. Press, pp.1-38.

Elster, Jon & Rune Slagstad(eds.). 1988, *Constitutionalism and Democracy*, Cambridge: Cambridge Univ. Press.

Farrand, M. 1966, *The Records of the Federal Convention*, 4 vols, New Haven Conn.: Yale Univ. Press.

Fischer, Franklin M. 1989, "Adjustment Process and Stability," in John Eatwell, Murray Milgate & Peter Newman(eds.), *General Equilibrium*, N.Y.: Norton, pp.36-43.

Fontana, Andres. 1984, "Fuerzas armadas, partidos polîticos y transicíon a la democracia en la Argentina," in Augusto Varas(ed.), *Transición a la democracia*, Santiago: Associacíon Chilena de Investigaciones para la

Paz.

_____. 1987. "La politica militar del gobierno constitucional argentino," in José Nun and Juan Carlos Portantiero(eds.), *Ensayos sobre la transición democrática en la Argentina*, Buenos Aires: Puntosur Editores, pp. 375-418.

Fudenberg, Drew & Eric Maskin. 1986, "The Folk Theorem in Repeated Games with Discounting or with Incomplete Information," *Econometrica* 54: 533-554.

García, Manuel Alonso. 1984, "En Torno a una politica de relaciones laborales, in *España: Un presente para el futuro,* vol.2: *Las instituciones*, Madrid: Instituto de Estudios Economicos.

Gauthier, David. 1986, *Morals by Agreement*, Oxford: Oxford Univ. Press.

Geddes, Barbara. 1990, "Democratic Institutions as Bargains among Self-Interested Politicians," Paper presented at annual meeting of the American Political Science Association, San Francisco, September.

Golbery do Couto e Silva, 1981, *Conjuntura política nacional: O poder executivo e Geopolítica no Brasil*, Rio de Janeiro: Livraria Jose Olimpio.

González, Fernando Suárez. 1985, "El Marco institucional de la relaciones laborales," *Papeles de Economĩa Española* 22: 265-281.

Grossi, María & Mario R. dos Santos. 1983, "La concertación social: Una perspectiva sobre instrumentos de regulación económico-social en procesos de democratización," *Crítica y Utopia* 9: 127-148.

Guilhon Albuquerque, José A. & Eunice Ribeiro Durham(eds.). 1987, *Transição política: Necessidades e limites da Negociaciao*, São Paulo: Universidade de São Paulo.

Habermas, Jurgen. 1975, *Legitimation Crises*, Boston: Beacon.

Haggard, Stephan. 1986, "The Politics of Adjustment: Lessons from the IMF's Extended Fund Facility," in Miles Kahler(ed.), *The Politics of International Debt,* Ithaca, N.Y.: Cornell Univ. Press, pp.157-186.

Haggard, Stephan & Robert Kaufman. 1989, "The Politics of Stabilization and Structural Adjustment," in Jeffrey D. Sachs(ed.), *Developing Country Debt and the World Economy*, Chicago: Univ. of Chicago Press, pp.263-274.

Hahn, F. H. 1989, "Auctioneer," in John Eatwell, Murray Milgate & Peter Newman(eds.), *General Equilibrium*, N.Y.: Norton, pp.62-68.

Hankiss, Elemer. 1989, *East European Alternatives: Are There Any?* Budapest: Institute of Sociology, Hungarian Academy of Sciences.

Hansmann, Henry. 1988, "Ownership of the Firm," *Journal of Law, Economics and Organization* 4: 267-304.

Hardin, Russell. 1987, "Why a Constitution?" Manuscript, Univ. of Chicago.

Hardin, Russell, Stephen Holmes & Adam Przeworski. 1988, "The Constitution of Democracy," Manuscript, Univ. of Chicago.

Hayward, J. E. S. 1983, *Governing France: The One and Indivisible Republic*, 2d ed., London: Weidenfeld and Nicolson.

Herrero de Mĩnon, Miguel. 1979, "Les sources 'etrang̀eres de la Constitution," *Pouvoirs* 8: 97-109.

Hicks, Alexander. 1988, "Social Democratic Corporatism and Economic Growth," *Journal of Politics* 50: 677-704.

Hirschman, Albert O. 1985, "Against Parsimony: Three Ways of Complicating Some Categories of Economic Discourse," *Economics and Philosophy* 1: 7-21.

_____. 1986. "On Democracy in Latin America," *New York Review of Books*, 10 April.

Holmstrom, Bengt. 1982, "Moral Hazard and Incentives in Teams," *Bell Journal of Economics* 13: 324-340.

Huntington, Samuel P. 1968, *Political Order in Changing Societies*, New Haven Conn.: Yale Univ. Press.

Hurwicz, Leonid. 1973, "The Design of Resource Allocation Mechanisms," *American Economic Review* 63: 1-30.

Kalyvas, Stathis N. 1989, "The Politics of Nationalization and Privatization in Great Britain 1973~1983," Manuscript, Univ. of Chicago.

Karl, Terry Lynn. 1987, "Petroleum and Political Pacts: The Transition to Democracy in Venezuela," *Latin American Research Review* 22: 63-94.

Kavka, Gregory S. 1986, *Hobbesian Moral and Political Theory*, Princeton, N.J.: Princeton Univ. Press.

Kirzner, Israel M. 1988. "Some Ethical Implications for Capitalism of the Socialist Calculation Debate," *Social Philosophy and Policy* 6: 165-183.

Kishlansky, Marc. 1986, *Parliamentary Selection*, Cambridge: Cambridge Univ. Press.

Knight, Jack. 1990, "Institutions and Distribution," Manuscript, St. Louis:

Washington Univ.

Kolarska-Bobinska, Lena. 1988, "Social Interests, Egalitarian Attitudes, and the Change of Economic Interests," *Social Research* 55: 111-139.

_____. 1989, "Poczucie niesprawiedliwosci, konfliktu i preferowany lad w gospodarce," in *Polacy* 88, Warsaw: CPBP, pp.81-159.

Kornai, Janos. 1986, "The Hungarian Reform Process: Visions, Hopes and Reality," *Journal of Economic Literature* 24: 1687-1737.

Kreps, David M. & Evan L. Porteus. 1978, "Temporal Resolution of Uncertainty and Dynamic Choice Theory," *Econometrica* 46: 185-200.

_____. 1979a, "Temporal von Neumann-Morgenstern and Induced Preferences," *Journal of Economic Theory* 20: 81-109.

_____. 1979b, "Dynamic Choice Theory and Dynamic Programming," *Econometrica* 47: 91-100.

Kuroń, Jacek. 1990, *Wiara i Wina: Do i od komunizmu*, Warsaw: Niezależna Oficyna Wydawcza.

Lamounier, Bolivar. 1979, "Notes on the Study of Re-Democratization," Latin American Program Working Paper, no.58, Washington, D.C.: Wilson Center.

Lancaster, Kevin. 1973, "The Dynamic Ineffeiciency of Capitalism," *Journal of Political Economy* 81: 1098-1109.

Lane, Frederic C. 1979, *Profits from Power: Readings in Protection Rent and Violence Controlling Enterprises*, Albany: State Univ. of New York Press.

Lange, Peter & Geoffrey Garrett. 1985, "The Politics of Growth: Strategic Interaction and Economic Performance in the Advanced Industrial Democracies, 1974~1980," *Journal of Politics* 47: 792-827.

Latin American Weekly Report. Published by Latin American Newsletters, London.

Lavoie, Daniel. 1985, *Rivalry and Central Planning: The Socialist Calculation Debate Revisited*, Cambridge: Cambridge Univ. Press.

Lechner, Norbert. 1985, "Pacto social nos processos de democratização: A experiência latino-americana," *Novos Estudos* 13: 29-44.

_____. 1986, "Responde la democracia a la busqueda de la certidumbre?" *Zona Abierta* 39-40: 69-94.

Leijonhufvud, Axel. 1986, "Capitalism and the Factory System," in Richard

N. Langlois(ed.), *Economics as a Process*, Cambridge: Cambridge Univ. Press.

Lenin, V. I. 1959, *Against Revisionism*, Moscow: Progress Publishers.

Levhari, D. & L. J. Mirman. 1980, "The Great Fish-War: An Example Using the Cournot-Nash Solution," *Bell Journal of Economics* 11: 322-324.

Lewis, David. 1969, *Conventions: A Philosophical Study*, Cambridge, Mass.: Harvard Univ. Press.

Linz, Juan. 1984, "Democracy: Presidential or Parliamentary. Does It Make a Difference?" Manuscript, Yale Univ.

_____. 1990, "Transitions to Democracy," *Washington Quarterly*, Summer: 143-164.

Lipset, Seymour Martin & Stein Rokkan. 1967, *Party Systems and Voter Alignments: Cross-national Perspectives*, N.Y.: Free Press.

Littlechild, Stephen C. 1986, "Three Types of Market Processes," in Richard N. Langlois(ed.), *Economics as a Process*, Cambridge: Cambridge Univ. Press.

Loewenstein, George. 1987, "Anticipation and the Valuation of Delayed Consumption," *Economic Journal* 97: 666-694.

Lopez, Juan. 1990, "Political Determinants of Private Investment in Argentina: Field Work Impressions," Manuscript, Univ. of Chicago.

L'opez-Pintor, Rafael. 1980, "Transition toward Democracy in Spain: Opinion Mood and Elite Behavior," Washington D.C.: Wilson Center, Latin American Program Working Paper.

Lucas, Robert E., Jr. 1988, "On the Mechanics of Economic Development," *Journal of Monetary Economics* 22: 3-42.

Luxemburg, Rosa. 1970, *Reform or Revolution*, N.Y.: Pathfinder.

McCoy, Jennifer. 1987, "State, Labor, and the Democratic Class Compromise in Venezuela," Paper presented at meeting of the Southeastern Conference on Latin American Studies, Mexico: M'erida.

McKelvey, Richard D. 1976, "Intransitivities in Multidimensional Voting Models and Some Implications for Agenda Control," *Journal of Economic Theory* 12: 472-482.

Maddison, Angus. 1989, *The World Economy in the 20th Century*, Paris: OECD

Mandel, Ernest. 1986, "A Critique of Market Socialism," *New Left Review* 159: 5-38.

_____. 1988, "The Myth of Market Socialism," *New Left Review* 169: 108-121.

Manin, Bernard. 1987, "On Legitimacy and Political Deliberation," *Political Theory* 15: 338-368.

Maravall, José María. 1981, *La política de la transición 1975~1980*, Madrid: Taurus.

_____. 1990, "Economic Reforms in New Democracies: The Southern European Experience," Univ. of Chicago, ESST Working Papers, no. 2.

Marx, Karl. 1952, *The Class Struggle in France, 1848 to 1850*, Moscow: Progress Publishers.

_____. 1967, *Capital*, 3 vols, N.Y.: International Publishers.

Matthews, Mervyn. 1986, *Poverty in the Soviet Union*, Cambridge: Cambridge Univ. Press.

Mellor, John W. & Bruce F. Johnston. 1984, "The World Food Equation: Interrelations among Development, Employment and Food Consumption," *Journal of Economic Literature* 22: 531-574.

Migranyan, A. M. 1988, "Perehod of totalitano-avtoritarnii regimov k demokratsii," in E. A. Armbarstumov & J. M. Kliamkin(eds.), *Politicheskie reformy v stranakh sozializma*, Moscow: Akademia Nauk SSSR.

Miliband, Ralph. 1975, *Parliamentary Socialism: A Study in the Politics of Labour*, 2d ed., London: Merlin Press.

Moatti, Gerard. 1989, "Las jeunes deviennent capitalistes," *L'Expansion*, 1 May.

Moene, Karl Ove. 1989, "Strong Unions or Worker Control?" in Jon Elster & Karl Ove Moene(eds.), *Alternatives to Capitalism*, Cambridge: Cambridge Univ. Press, pp.83-98.

Moisés, José Álvaro. 1986, "Sociedade civil, cultura política e democracia: Descaminhos da transição política," in Maria de Lourdes M. Covre (ed.), *A cidadania que não temos*, São Paulo: Editora Brasiliense, pp.119-151.

Montesquieu. 1905, *Extraits de l'Esprit des lois et des oeuvres diverses*, Camille Jullian(ed.), Paris: Librairie Hachette.

Moore, Barrington, Jr. 1965, *Social Origins of Dictatorship and Democracy*, Boston: Beacon.

Moulin, Hervé. 1986, *Gam Theory for the Social Sciences*, 2d ed., N.Y.: New York Univ. Press.

Murilo de Carvalho, José. 1987, "Militares e civis: Um debate alem da contituinte," Paper presented at the Eleventh Annual Meeting of ANPOCS, Aguas de São Pedro.

Nelson, Joan M. 1984, "The Politics of Stabilization," in R. E. Feinberg & V. Kallab(eds.), *Adjustment Crisis in the Third World*, New Brunswick, N.J.: Transaction Books.

_____. 1990, *Economic Crisis and Policy Choice: The Politics of Adjustment in the Third World*, Princeton, N.J.: Princeton Univ. Press.

Newbery, David & Joseph Stiglitz. 1981, *The Theory of Commodity Price Stabilization*, Oxford: Oxford Univ. Press.

Nove, Alec. 1983, *The Economics of Feasible Socialism*, London: Allen and Unwin.

_____. 1989, "Markets and Socialism," *New Left Review* 161: 98-104.

O'Donnell, Guillermo. 1978a, "Reflections on the Patterns of Change in the Bureaucratic-Authoritarian State," *Latin American Research Review* 13: 3-38.

_____. 1978b, "State and Alliances in Argentina, 1956~1976," *Journal of Development Studies* 15: 3-33.

_____. 1979, "Notas para el estudio de procesos de democratización a partir del estado burocrático-autoritario," *Estudios CEDES* 5.

_____. 1989, "Argentina, de nuevo," Manuscript, CEBRAP, São Paulo.

O'Donnell, Guillermo & Philippe C. Schmitter. 1986, *Transitions from Authoritarian Rule: Tentative Conclusions about Uncertain Democracies*, Baltimore: Johns Hopkins Univ. Press.

Offe, Claus. 1985, *Disorganized Capitalism*, Cambridge, Mass.: MIT Press.

Olson, Mancur, Jr. 1965, *The Logic of Collective Action*, Cambridge, Mass.: Harvard Univ. Press.

O'Neill, John. 1989, "Markets, Socialism, and Information: A Reformulation of a Marxian Objection to the Market," *Social Philosophy and Policy* 6: 200-211.

Organization for Economic Cooperation and Development. 1990, *Transition from the Command to Market Economy*, Summary of a meeting held at the Vienna Institute for Comparative Economic Studies, Paris: OECD.

Ostrowski, Krzysztof. 1989, "The Decline of Power and Its Effects on Democratization: The Case of the Polish United Workers Party," in *Eastern Europe and Democracy: The Case of Poland*, N.Y.: Institute for East-West Security Studies, pp.15-28.

Ostrowski, Krzysztof & Adam Przeworski. 1965, "Trade Unions and Economic Planning in Poland," *Polish Roundtable* 1.

Pappalardo, Adriano. 1985, *Il governo del salario nelle democrazie industriali*, Milan: Franceo Agneli.

Pareto, Vilfredo. 1927, Manuel d'economie politique, 2d ed., Paris: Giard.

Perez-Díaz, Victor. 1986, "Economic Policies and Social Pacts in Spain during the Transition," in Ilja Scholten(ed.), *Political Stability and Neocorporatism*, Beverly Hills, Calif.: Sage.

Petrakov, Nikolai & Evgeni Yassine. 1988, "Economic Methods of Planned Centralized Management," in *Sovietskaia ekonomitcheskaia rdforma: Polski i reshenia*, Moscow: Nauka, pp.54-86.

Pigou, A. C. 1932, *The Economics of Welfare*, 4th ed., London: Macmillan.

Pizzorno, Allesandro. 1978, "Political Exchange and Collective Identity in Industrial Conflicts," in Colin Crouch and Allesandro Pizzorno(eds.), *The Resurgence of Class Conflicts in Western Europe Since 1968*, London: Macmillan.

Porozumienia Okraglego Stolu. 1989, Warsaw: NSSZ Solidarnośc.

Przeworski, Adam. 1982, "'The Man of Iron' and Men of Power in Poland," *PS* 15: 18-31.

_____. 1985, *Capitalism and Social Democracy*, Cambridge: Cambridge Univ. Press.

_____. 1986a, "The Feasibility of Universal Grants under Democratic Capitalism," *Theory and Society* 15: 695-709.

_____. 1986b, "Marxism and Rational Choice," *Politics and Society* 14: 379-409.

_____. 1986c. "Some Problems in the Study of the Transition to Democracy," in Guillermo O'Donnell & Philippe C. Schmitter(eds.), *Transition from Authoritarian Rule*, vol.l, Baltimore: Johns Hopkins

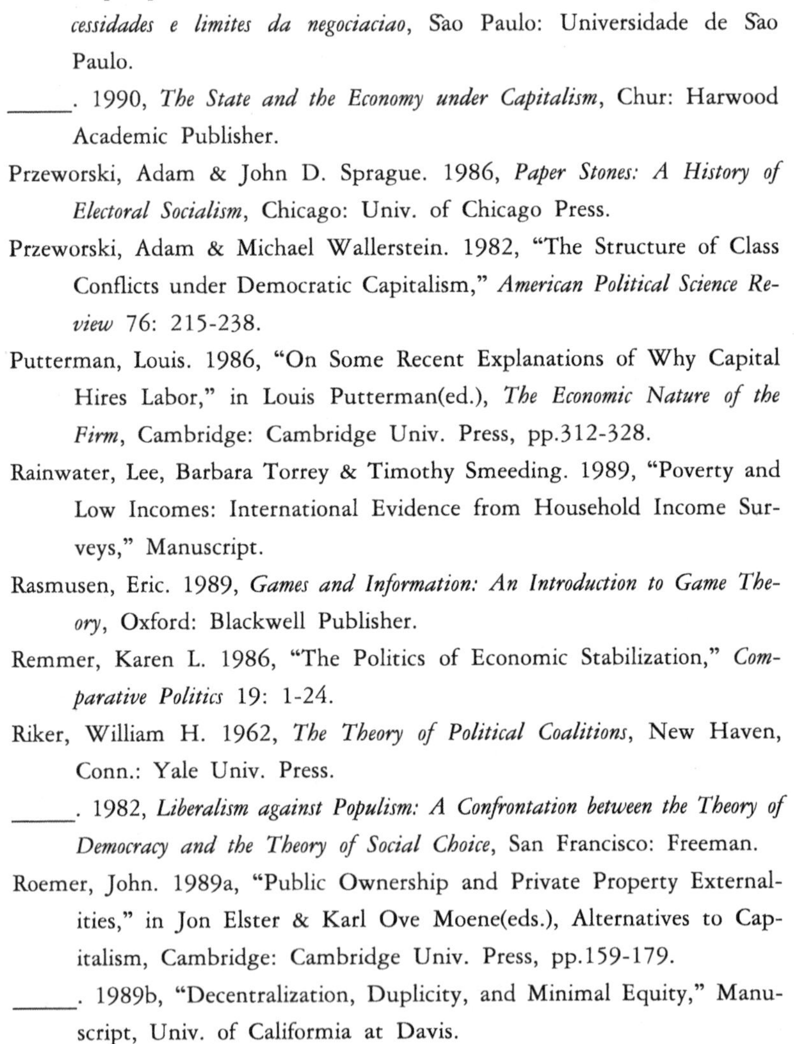

Univ. Press.

_____. 1987a, "Democracy as a Contingent Outcome of Conflicts," in Jon Elster & Rune Slagstad(eds.), *Constitutionalism and Democracy*, Cambridge: Cambridge Univ. Press.

_____. 1987b, "Capitalismo, democracia, pactos," in José A. Guilhon Albuquerque & Eunice Ribeiro Durham(eds.), *Transiçâo polîtica: Necessidades e limites da negociaciao*, São Paulo: Universidade de São Paulo.

_____. 1990, *The State and the Economy under Capitalism*, Chur: Harwood Academic Publisher.

Przeworski, Adam & John D. Sprague. 1986, *Paper Stones: A History of Electoral Socialism*, Chicago: Univ. of Chicago Press.

Przeworski, Adam & Michael Wallerstein. 1982, "The Structure of Class Conflicts under Democratic Capitalism," *American Political Science Review* 76: 215-238.

Putterman, Louis. 1986, "On Some Recent Explanations of Why Capital Hires Labor," in Louis Putterman(ed.), *The Economic Nature of the Firm*, Cambridge: Cambridge Univ. Press, pp.312-328.

Rainwater, Lee, Barbara Torrey & Timothy Smeeding. 1989, "Poverty and Low Incomes: International Evidence from Household Income Surveys," Manuscript.

Rasmusen, Eric. 1989, *Games and Information: An Introduction to Game Theory*, Oxford: Blackwell Publisher.

Remmer, Karen L. 1986, "The Politics of Economic Stabilization," *Comparative Politics* 19: 1-24.

Riker, William H. 1962, *The Theory of Political Coalitions*, New Haven, Conn.: Yale Univ. Press.

_____. 1982, *Liberalism against Populism: A Confrontation between the Theory of Democracy and the Theory of Social Choice*, San Francisco: Freeman.

Roemer, John. 1989a, "Public Ownership and Private Property Externalities," in Jon Elster & Karl Ove Moene(eds.), Alternatives to Capitalism, Cambridge: Cambridge Univ. Press, pp.159-179.

_____. 1989b, "Decentralization, Duplicity, and Minimal Equity," Manuscript, Univ. of Califormia at Davis.

Roland, Gerard. 1989, "Complexity, Bounded Rationality and Equilibrium:

The Soviet-Type Case," Maunscript, Universite Libre de Bruxelles.

Rolicki, Janusz. 1990, *Edward Gierek: Przerwana dekada*, Warsaw: Wydawnict wo FAKT.

Rousseau, Jean-Jacques. 1986, "Considerations on the Government of Poland," in Frederick Watkins(trans. and ed.), *Rousseau: Political Writings, Selections*, Madison: Univ. of Wisconsin Press.

Rubinstein, Ariel. 1988, "Comments on the Interpretation of Game Theory," Paper delivered as the Walras-Bowley Lecture at meeting of the North American Econometric Society, June.

Rustow, Dunkwart A. 1955, *The Politics of Compromise: A Study of Parties and Cabinet Governments in Sweden*, Princeton, N.J.: Princeton Univ. Press.

_____. 1970, "Transitions to Democracy: Toward a Dynamic Model," *Comparative Politics* 2: 337-363.

Saguir, Julio. 1990, "On the Origins of the Argentine Constitution," Manuscript Department of Political Science, Univ. of Chicago.

Sartre, Jean-Paul. 1960, *Critique de la raison dialectique*, Paris: Gallimard.

Saunders, Peter & Friedrich Klau. 1985, *The Role of the Public Sector: Causes and Consequences*, OECD Economic Studies 4, Paris: OECD.

Schmitt, Carl. 1988, *The Crisis of Parliamentary Democracy*(1923), lst ed. (English), Cambridge, Mass.: MIT Press.

Schmitter, Philippe C. 1974, "Still the Century of Corporatism?" *Review of Politics* 36: 85-131.

_____. 1984, "Patti e transizioni: Messi non-democratici a fini democratici?" *Rivista Italiania di Scienza Politica* 14: 363-382.

Schneider, Ben Ross. 1990, "The Politics of Privatization in Brazil and Mexico: Variations on a Statist Theme," Conference Paper, no.23, Columbia Univ.

Schotter, Andrew. 1981, *The Economic Theory of Social Institutions*, Cambridge Cambridge Univ. Press.

_____. 1986, "The Evolution of Rules," in Richard N. Langlois(ed.), *Economics as a Process*, Cambridge: Cambridge Univ. Press, pp.117-134.

Schumpeter, Joseph A. 1950, *Capitalism, Socialism and Democracy*, 3d ed., N.Y.: Harper Bros.

Shapiro, Daniel. 1989, "Reviving the Socialist Calculation Debate: A Defense of Hayek against Lange," *Social Philosophy and Policy* 6: 139-160.

Shapiro, Helen & Lance Taylor. 1989, "The State and Industrial Strategy," Manuscript, MIT.

Smith, William C. 1987, "The Political Transition in Brazil: From Autoritarian Liberalization and Elite Conciliation to Democratization," in Enrique A. Baylora(ed.), *Comparing New Democracies*, Boulder, Colo.: West-view, pp.170-340.

Sola, Lourdes, 1990. "The Politics of Hetherodox Schock in Brazil: Tecnicos, Politicians, Democracy," Manuscript, Univ. of Sāo Paulo.

Stallings, Barbara & Robert Kaufman. 1989, "Debt and Democracy in the 1980s: The Latin American Experience," in Barbara Stallings & Robert Kaufman(eds.), *Debt and Democracy in Latin America*, Boulder. Colo.: Westview, pp.201-23.

Staniszkis, Jadwiga. 1984, *Poland's Self-Limiting Revolution*, Princeton, N.J.: Princeton Univ. Press.

Stanton, Kimberly A. 1990, "The Chilean Constitution of 1925," Manuscript, Department of Political Science, Univ. of Chicago.

Stepan, Alfred. 1978, *The State and Society: Peru in Comparative Perspective*, Princeton, N.J.: Princeton Univ. Press.

Stigler, George. 1972, "Economic Competition and Political Competition," *Public Choice* 13: 91-106.

Sugden, Robert. 1986, *The Economics of Rights, Cooperation and Welfare*, N.Y.: Blackwell Publisher.

Szelenyi, Ivan. 1989, "Eastern Europe in an Epoch of Transition: Toward a Sociaist Mixed Economy?" in David Stark & Victor Nee(eds.), *Remaking the Economic Institutions of Socialism: China and Eastern Europe*, Stanford, Calif.: Stanford Univ. Press.

Tarkowski, Jacek. 1989, "Old and New Patterns of Corruption in Poland and the USSR," *Telos* 80: 51-63.

Taylor, Michael. 1976, *Anarchy and Cooperation*, N.Y.: Wiley.

Theil, Henri. 1976, *Econometrics*, N.Y.: Wiley.

Thoma, Richard. 1988, "On the Ideology of Parliamentarism," Appendix to Carl Schmitt, *The Crisis of Parliamentary Democracy*(1923), Cambridge, Mass.: MIT Press.

Tollison, Robert D. 1982, "Rent Seeking: A Survey," *Kyklos* 35: 575-602.

Torańska, Teresa. 1985, *Oni*, London: Aneks.

Ullman-Margalit, Edna. 1977, *The Emergence of Norms*, Oxford: Oxford Univ. Press.

Van der Veen, Robert & Philippe van Parijs. 1986, "A Capitalist Road to Communism," *Theory and Society* 15: 635-657.

Verney, Douglas. 1959, *Parliamentary Reform in Sweden 1866~1921*, London: Oxford Univ. Press.

Vernon, Raymond. 1988, *The Promise of Privatization: A Challenge for U.S. Policy*, N.Y.: Council on Foreign Relations.

Verou, Pablo Lucas. 1976, *Crîtica jurîdica-polîtica de la reforma suárez*, Madrid Editorial Tecnos.

Vickers, Douglas. 1987, *Money Capital in the Theory of the Firm*, Cambridge: Cambridge Univ. Press.

Walicki, Andrzdj. 1990, "From Stalinism to Post-Communist Pluralism," Maunscript, Notre Dame Univ.

Walras, L. 1874, *Eléments d'économie politique pure*, Paris: Guillaumin.

Ward, Benjamin. 1957, "The Firm in Illyria: Market Syndicalism," *American Economic Review* 48: 566-589.

Weber, Max. 1968, *Economy and Society*, 3 vols, edited by G. Roth & C. Wittich, New York.

Weffort, Francisco. 1989, "Incertezas de transiçãо na América latina," *Lua Nova* 16: 5-47.

Weil, Philippe. 1990, "Nonexpected Utility in Macroeconomics," *Quarterly Journal of Economics* 104: 29-42.

Wiatr, Jerzy J. 1983, *Polska szansa,* Krakow: Wydawnictwo Literackie.

_____. 1989, "Nie sposób zatrzymać lawiny," *Zdanie* 11-12: 2-14.

Wilk, Marian. 1988, *Cztowiek i Stal*, Warsaw: PIW.

Williamson, John. 1990, *Latin American Adjustment: How Much Has Happened?* Washington, D.C.: Institute for International Economics.

Wnuk-Lipinski, Edmund. 1989, "Nierówności, deprywacje i przywileje jako podłoże konfliktu społecznego," in *Polacy* 88, Warsaw: CBPB, pp. 18-80.

Wood, Gordon S. 1969, *The Creation of the American Republic 1776~1787*, Chapel Hill: Univ. of North Carolina Press.

Zaleski, Edward. 1984, *La planification stalinienne: Croissance et fluctuations é conomiques en URSS, 1933~1953*, Paris: Economica.

Zalyguine, Sergeuei. 1987, "Le 'projet du siècle': D'etournement des fleuves, d'etournement de la science par la bureaucracie," *Les Temps Moderns* 42: 171-192.

Zaslavskaya, Tatyana I. 1988, "Friends or Foes? Social Forces Working for and against Perestroika," in Abel G. Agabegyan(ed.), *Perestroika 1989*, N.Y.: Scribner, pp.255-280.

Zaslavsky, Victor. 1987~8, "Three Years of Perestroyika," *Telos* 74: 31-42.

찾아보기

지은이

아담 쉐보르스키(Adam Przeworski)
미국 워싱턴대학교(세인트루이스) 정치학과 교수
미국 시카고대학교 정치학과 교수
현재 미국 뉴욕대학교 정치학과 교수
저서: *The Logic of Comparative Social Inquiry*(1970),
Capitalism and Social Democracy(1985),
Paper Stones: A History of Electoral Socialism(1987),
Democracy and the Market(1991),
Sustainable Democracy(1995) 등

옮긴이

임혁백
서울대학교 정치학과 졸업
미국 시카고대학교 정치학 석사 및 박사
미국 조지타운대학교, 듀크대학교 초빙교수
미국 국립 민주주의 기부재단 초빙연구원
대통령자문 정책기획위원회 위원
현재 고려대학교 정치외교학과 교수
저서: 『세계화와 신자유주의』(2000),
『시장, 국가, 민주주의: 한국민주화와 정치경제이론』(2007),
『신 투자국가론』 (2009) 등

윤성학
고려대학교 노어노문학과 졸업
연세대학교 정치경제학 석사 및 박사
대우경제연구소 유럽CIS 지역 팀장
현재 대외경제정책연구원 유럽팀 초청연구원
저서 및 논문: 『러시아 비즈니스』(2004)
『중앙아시아 비즈니스 가이드』(공저, 2006),
『러시아 에너지가 대한민국을 바꾼다』(2008),
「Strategic Opportunities for South Korean Development of Energy Resources in Central Asia. USKI WORKING PAPER SERIES」(2009) 등

한울아카데미 245

민주주의와 시장

지은이 | 아담 쉐보르스키
옮긴이 | 임혁백·윤성학
펴낸이 | 김종수
펴낸곳 | 한울엠플러스(주)

초판 1쇄 발행 | 1997년 12월 30일
초판 6쇄 발행 | 2019년 2월 25일

주소 | 10881 경기도 파주시 광인사길 153 한울시소빌딩 3층
전화 | 031-955-0655
팩스 | 031-955-0656
홈페이지 | www.hanulmplus.kr
등록번호 | 제406-2015-000143호

Printed in Korea.
ISBN 978-89-460-6605-2 94340

* 책값은 겉표지에 표시되어 있습니다.